涨停28式

麻道明 / 著

中国宇航出版社
·北京·

内 容 提 要

本书共总结了28种涨停招式，囊括了短线抓涨停板的各种精湛技法，以实盘操作技巧为重点，对各大战法进行详细剖析，目的是让广大散户快速学会捕捉涨停的方法、策略和技巧。本书提供的操盘思路和方法，切实解决广大散户在短线抓涨停中遇到的难题，帮助散户熟练掌握狙击涨停的操盘技法，构建一套适合自己的操盘体系，全面提升操盘能力和分析水平。

版权所有　侵权必究

图书在版编目（CIP）数据

涨停28式 / 麻道明著. -- 北京：中国宇航出版社，2022.2（2024.3重印）

ISBN 978-7-5159-2018-4

Ⅰ.①涨… Ⅱ.①麻… Ⅲ.①股票交易－基本知识 Ⅳ.①F830.91

中国版本图书馆CIP数据核字(2022)第003567号

策划编辑　卢　册
责任编辑　卢　册　　封面设计　李　松

出版发行	中国宇航出版社		
社　址	北京市阜成路8号	邮　编	100830
	（010）68768548	版　次	2022年2月第1版 2024年3月第6次印刷
网　址	www.caphbook.com	规　格	787×1092
经　销	新华书店	开　本	1/16
发行部	（010）68767386	印　张	20.75
	（010）68767382	字　数	400千字
	（010）88100613（传真）		
零售店	读者服务部	书　号	ISBN 978-7-5159-2018-4
	（010）68371105		
承　印	三河市君旺印务有限公司	定　价	59.00元

本书如有印装质量问题，可与发行部联系调换

前　言

《司马法·定爵》中有一句话，"凡战，智也。斗，勇也。陈，巧也。"意思是说，作战指挥要用智谋，战斗行动要靠勇敢，军队布阵要灵活巧妙。

战法是作战的方法，是指挥战争的策略和技能。在武林中就是刀枪棍棒的战术，操枪拿剑的要领。在股市中就是取胜赢利的有效方法、策略和技巧。

每位投资者进入股市，都是奔着赚钱来的，但是股市是一个利润重新分配的场所，资金在这里并不产生新的资金链，所以，要想在股市中生存下来，必须有一套好的战法。

股市中赢利最快的方法就是抓涨停，但是，涨停不是轻易就能抓到的。即使有时候投资者买到了一只能够涨停的股票，但由于不了解盘面运行规律而提前卖出，也会与涨停板失之交臂。而更多的时候，投资者根本抓不到涨停板强势股。许多投资者都希望得到一套抓涨停的有效战法，本书就满足了大家的这个愿望。

股市中几乎每天都有涨停的个股，但散户可以选择的余地并不是很多，能够抓住涨停的则更少。在大盘强势上涨的时候，也许很容易能够捕捉到涨停，但如果大盘处于弱势调整时，抓住一个涨停实在太难了，即使侥幸抓住一个，往往也是巧合。特别是从2020年8月24日注册制新规推出之后，创业板股票的涨跌停幅度扩大到20%，新规下，市场运行格局发生了明显的变化，主力运作手法也不断翻新，不会轻易地连续拉出涨停。而且涨停之后也存在许多变数，抓涨停就更难了。

其实，股价涨停是有一定规律可循的，细心的投资者从盘面透露出来的蛛丝马迹，是可以成功捕捉到涨停的，并能很好地把握涨停股的最佳买卖点。根据多年的实盘操作和市场检验，笔者总结出一套涨停战法——"涨停28式"，奉献给在股市中渴望抓涨停板而又无从下手的散户，旨在为狙击涨停的散户指点迷津，切实解决广大散户在短线抓涨停中遇到的难题，并提供一套正确的操盘思路和方法，帮助散户熟练掌握狙击涨停的操盘技法，构建一套适合自己的操盘体系，全面提升操盘能力和分析水平，轻松享受涨停带来的赢利乐趣。

本书共总结了28种涨停招式，囊括了短线抓涨停板的各种精湛技法，每一种战法都是股市赢利的利器。书中所有战法均经过市场多年的跟踪观察，实盘检验，实用有效。

本书以实盘操作技巧为重点，对各大战法进行详细剖析，目的是让广大散户快速学会捕捉涨停的方法、策略和技巧，实现账户资金快速增长，掌握奔向财富人生的密钥。

麻道明

2021 年 10 月于楠溪江畔

目 录

涨停 1 式　集合竞价战法 / 1

一、集合竞价规则 / 1

二、集合竞价过程 / 2

三、竞价盘面强弱 / 4

四、竞价买卖技巧 / 5

五、竞价选股方法 / 11

六、竞价相关因素 / 12

涨停 2 式　20% 注册制战法 / 14

一、20% 首板共性 / 14

二、20% 首板规律 / 17

三、20% 首板晋级 / 20

四、20% 首板误区 / 21

五、20% 打板技巧 / 22

六、20% 新型模式 / 26

涨停 3 式　建仓涨停战法 / 30

一、形态特征 / 30

二、三种类型 / 30

三、战法剖析 / 33

涨停 4 式　开闸放水战法 / 40

一、形态特征 / 40

二、战法剖析 / 40

三、操作提示 / 43

涨停 5 式　低位首板战法 / 45

一、形态特征 / 45

二、首板性质 / 47

三、战法剖析 / 52

四、支点战法 / 55

五、特别提示 / 59

涨停 6 式　火箭升空战法 / 61

一、形态特征 / 61

二、战法剖析 / 63

三、特别提示 / 68

涨停 7 式　蛟龙出海战法 / 71

一、技术含义 / 71

二、盘面特征 / 73

三、战法剖析 / 74

四、操作提示 / 76

涨停 8 式　飞雁开路战法 / 78

　　一、形态特征 / 78

　　二、向上倾斜式 / 78

　　三、水平横向式 / 81

　　四、操作提示 / 84

涨停 9 式　"登天梯"战法 / 86

　　一、形态特征 / 86

　　二、战法剖析 / 87

　　三、变异形态 / 92

　　四、操作提示 / 95

涨停 10 式　摘绿帽子战法 / 97

　　一、形态特征 / 97

　　二、战法剖析 / 99

　　三、操作提示 / 107

涨停 11 式　夹心饼干战法 / 110

　　一、技术要点 / 110

　　二、战法剖析 / 110

　　三、操作提示 / 114

涨停 12 式　强烈撞顶战法 / 117

　　一、形态特征 / 117

　　二、战法剖析 / 118

　　三、操作提示 / 125

涨停 13 式　倒锤头线战法／128

　　一、形态特征／128

　　二、战法剖析／129

　　三、操作提示／136

涨停 14 式　彩虹腾飞战法／138

　　一、形态特征／138

　　二、实盘分析／140

　　三、操作提示／145

涨停 15 式　前呼后应战法／148

　　一、形态特征／148

　　二、形态级别／149

　　三、战法剖析／153

　　四、操作提示／158

涨停 16 式　三外有三战法／160

　　一、技术要点／160

　　二、战法剖析／160

　　三、操作提示／169

涨停 17 式　一字涨停战法／170

　　一、形态特征／170

　　二、战法剖析／171

　　三、特别提示／179

涨停 18 式　天衣无缝战法 / 184

　　一、形态特征 / 184

　　二、实盘分析 / 185

　　三、操作提示 / 193

涨停 19 式　圆底淘金战法 / 195

　　一、形态特征 / 195

　　二、战法剖析 / 197

　　三、特别提示 / 202

涨停 20 式　强势反包战法 / 204

　　一、形态特征 / 204

　　二、反包类型 / 205

　　三、操作策略 / 205

　　四、战法剖析 / 207

　　五、技术要求 / 216

涨停 21 式　龙回头战法 / 219

　　一、形态特征 / 219

　　二、龙回头买点 / 221

　　三、龙回头卖点 / 224

　　四、特别提示 / 226

涨停 22 式　重要支撑战法 / 228

　　一、形态特征 / 228

　　二、重要支撑 / 230

三、运用法则 / 231

四、战法剖析 / 233

五、注意事项 / 239

涨停 23 式　强势回调战法 / 241

一、形态特征 / 241

二、技术要点 / 241

三、战法剖析 / 243

四、战法分解 / 248

五、操作提示 / 249

涨停 24 式　空头陷阱战法 / 251

一、形态特征 / 251

二、战法剖析 / 253

三、破解陷阱 / 261

涨停 25 式　分时台阶战法 / 264

一、分时台阶式涨停类别 / 264

二、解密分时台阶式涨停 / 265

三、狙击分时台阶式涨停 / 276

涨停 26 式　垂死挣扎战法 / 278

一、技术含义 / 278

二、形态特性 / 278

三、使用前提 / 279

四、技术调整 / 284

五、信号确认 / 286

　　六、判断方法 / 291

涨停 27 式　虎口逃生战法 / 295

　　一、形态特征 / 295

　　二、战法剖析 / 295

　　三、分时图形 / 300

涨停 28 式　尾盘异动战法 / 305

　　一、尾盘异动 / 305

　　二、尾盘拉升 / 306

　　三、尾盘打压 / 308

　　四、尾盘选股 / 309

　　五、战法剖析 / 313

　　六、特别提示 / 318

涨停1式　集合竞价战法

一、集合竞价规则

竞价是指在股票交易时有效的卖出单或买入单，由交易系统撮合后产生的买卖配对价格的过程。竞价分为集合竞价和连续竞价。

集合竞价是指在规定时间内将所有合规的买卖申报一次性集中撮合的竞价方式。连续竞价是在一段时间内（通常所说的交易时间）连续不停地对买卖申报进行撮合的竞价方式。

连续竞价投资者都比较熟悉，在此不再赘述。不少散户对集合竞价的整个过程还有些模糊，这里讲解一下。

1. 基本原则

（1）集合竞价时间：目前沪深两市每个交易日的9:15—9:25为开盘集合竞价时间，14:57—15:00为收盘集合竞价时间。

（2）竞价优先原则：价格优先，时间优先。

（3）价格确定原则：①高于该价格的买入申报与低于该价格的卖出申报全部成交的价格。②与该价格相同的买方或卖方至少有一方全部成交的价格。③集合竞价的所有交易以同一价格成交。④在"价格优先，时间优先"的基础上，集合竞价还要体现"成交量优先"，即在符合上述条件的基础上，撮合成交量最大的价格为开盘价，以体现"大多数人"的价格意愿。

（4）系统撮合原则：①所有买方有效委托按委托价格由高到低的顺序排列，价格相同者按照进入交易系统电脑主机的时间先后排列。②所有卖方有效委托按照委托价格由低到高的顺序排列，价格相同者按照进入交易系统电脑主机的时间先后排列。③依序逐笔将排在前面的买方委托与卖方委托配对撮合。也就是说，按照价格优先、同等价格下时间优先的成交顺序依次撮合，直至成交条件不满足为止，即让所有符合买卖要求的买卖申报最大限度地撮合成功，且所有买卖申报都以同一价格成交。④在集合竞价中未能成交的买卖申报，自动进入连续竞价。

（5）开盘竞价原则：开盘竞价产生的价格为当日该证券的第一笔成交价。通过集合竞价方式产生，不能产生开盘价的，以连续竞价方式产生。

（6）收盘竞价原则：通过集合竞价的方式产生。收盘集合竞价不能产生收盘价的，以当日该证券最后一笔交易前一分钟所有交易的成交量加权平均价（含最后一笔交易）为收盘价。当日无成交的，以前一日的收盘价作为当日的收盘价。

2. 竞价要求

每个交易日各个竞价时段的要求。

（1）9:15—9:20，可委托，可撤销。

（2）9:20—9:25，可委托，不可撤销。

（3）9:25—9:30，可委托，不撮合，可撤销。

（4）9:30—14:57（连续竞价时间），可委托，可撤销，即时逐笔撮合（午间休市除外）。

（5）14:57—15:00，可委托，不可撤销。

（6）15:00—15:30（大宗交易时间），可委托，可撤销。

二、集合竞价过程

举例说明，假设某只股票在开盘前分别有 6 笔买入委托和 5 笔卖出委托，根据价格优先的原则，按买入价格由高至低和卖出价格由低至高的顺序将其分别排列如下。如表 1-1 所示。

表 1-1　开盘集合竞价撮合过程（1）

序号	数量（手）	委买价（元）	委卖价（元）	数量（手）	序号
1	2	10.80	10.52	5	1
2	6	10.76	10.57	1	2
3	4	10.65	10.60	2	3
4	7	10.60	10.65	6	4
5	6	10.54	10.70	6	5
6	3	10.35			

按不高于申买价和不低于申卖价的原则，首先可成交第一笔 10.80 元的买入委托和 10.52 元的卖出委托。若要同时符合申买者和申卖者的意愿，其成交价格必须是在 10.52 元～10.80 元之间，但具体价格要视以后的成交情况而定。这对委托成交后，其他的委托排序如表 1-2 所示。

表 1-2　开盘集合竞价撮合过程（2）

序号	数量（手）	委买价（元）	委卖价（元）	数量（手）	序号
2	6	10.76	10.52	3	1
3	4	10.65	10.57	1	2

（续表）

序号	数量（手）	委买价（元）	委卖价（元）	数量（手）	序号
4	7	10.60	10.60	2	3
5	6	10.54	10.65	6	4
6	3	10.35	10.70	6	5

在第一次成交中，由于卖出委托的数量多于买入委托，按交易规则，序号 1 的买入委托 2 手全部成交，序号 1 的卖出委托 5 手成交了 2 手，还剩余 3 手。

第二笔成交情况，序号 2 的买入委托价格为不高于 10.76 元，数量为 6 手。在卖出委托中，序号 1～3 的委托数量正好为 6 手，其价格意愿也符合要求，正好全部成交，其成交价格在 10.60 元～10.76 元的范围内，成交数量为 6 手。需要注意的是，第二笔成交价格的范围是在第一笔成交价格的范围之内，且区间要小一些。第二笔成交后剩下的委托情况，如表 1-3 所示。

表 1-3　开盘集合竞价撮合过程（3）

序号	数量（手）	委买价（元）	委卖价（元）	数量（手）	序号
3	4	10.65	10.65	6	4
4	7	10.60	10.70	6	5
5	6	10.54			
6	3	10.35			

第三笔成交情况，序号 3 的买入委托，其价格要求不超过 10.65 元，而卖出委托序号 4 的委托价格符合要求，这样序号 3 的买入委托与序号 4 的卖出委托正好配对成交，其价格为 10.65 元。由于卖出委托数量大于买入委托，故序号 4 的卖出委托仅成交了 4 手。第三笔成交后的委托情况如表 1-4 所示。

表 1-4　开盘集合竞价撮合过程（4）

序号	数量（手）	委买价（元）	委卖价（元）	数量（手）	序号
4	7	10.60	10.65	2	4
5	6	10.54	10.70	6	5
6	3	10.35			

完成以上三笔委托后，委托单中最高买入价为 10.60 元，而最低卖出价为 10.65 元，买入价与卖出价之间再没有相交部分，不能配对成交。

这样，整个集合竞价就已完成，最后一笔的成交价就为集合竞价的平均价格。剩下的其他委托将自动进入开盘后的连续竞价。

在以上过程中，通过一次次的配对，成交的价格范围逐渐缩小，而成交的数量逐渐增大，直到最后确定一个具体的成交价格，并使成交量达到最大。在最后一笔配对中，如果买入价和卖出价不相等，其成交价就取二者的平均值。

在这次集合竞价中，三笔委托共成交了 12 手，成交价格为 10.65 元。按照规定，所有这次成交的委托无论是买入还是卖出，其成交价都定为 10.65 元，交易所发布的该股开盘价就为 10.65 元，成交量 12 手。

当股票的申买价低而申卖价高导致没有股票成交时，上交所就将其开盘价空缺，将连续竞价后产生的第一笔价格作为开盘价。深交所对此另有规定：若最高申买价高于前一交易日的收盘价，就选取该价格为开盘价；若最低申卖价低于前一交易日的收盘价，就选取该价格为开盘价；若最低申买价不高于前一交易日的收盘价、最高申卖价不低于前一交易日的收盘价，则选取前一交易日的收盘价为今日的开盘价。

三、竞价盘面强弱

1. 集合竞价的意义

通过集合竞价，有些个股会完成一次弱转强（或者说是分歧转一致），或者是强转弱（或者说是一致转分歧）。对于弱转强的个股，不要急于卖出，或者可以择机介入。而对于强转弱的个股，可以直接出掉，或者是不要急于买入。

集合竞价走势的强弱，很大程度上决定了个股开盘后的走势，这也是很多个股集合竞价走势与该股当天的走势高度类似的原因。因为集合竞价也是短线多空盘中的一次较量，是一次博弈的过程。

一般来说，集合竞价只对短线波动较大的个股或最近的热门股起作用，对于其他波动不大、平淡无奇的个股，参考价值不大。关注集合竞价，主要看的是个股由弱转强，也就是集合竞价完成了一次由分歧转一致，就是一个买点。所谓买在分歧，指的就是在分歧转一致的时候买入。在一致转分歧的时候卖出，也就是在个股由强转弱的时候卖出。

在竞价方框内，红柱代表买方，当红柱稳步放大，且价格逐步推升，是最佳状态，这是一种分歧转一致，由弱转强的过程。绿柱代表卖盘，如果绿柱很多，股价也在下跌，这就是一次强转弱的过程。

如果卖盘大于买盘，则需要观望等待。如果买盘大于卖盘，则稳健性会更高。若买盘远大于卖盘，说明买盘强劲，可坚决介入。若集合竞价的价格较高，但得不到成交量的验证，且盘口并无明显大单出现，则需要观望，不必急于介入。

在成交匹配量方框中，上面和下面都有量柱，上方的量柱表示未匹配量，下方的量柱表示成交匹配量。

若上方的绿柱变多，表示很多卖盘没有成交，代表卖方增多，而买盘有限，所以卖盘有一部分没有在集合竞价阶段成交。卖盘增加，买盘跟不上，在成交未匹配量上反映的就是绿色量柱变多，变长。若上方的红柱变多，则技术意义相反。

通过集合竞价走势图，可以看出买卖双方的较量过程，到底是空方胜还是多方胜，一目了然。

2. 高开与低开

开盘价是众多投资者深思熟虑一晚后的交易结果。如果没有重大消息的影响，开盘价往往与昨日持平。之所以有的开盘价高于或低于昨日收盘价，是投资者对该股的一致看多或看空所致。但是，情况往往并非如此，现实交易中，主力经常利用自己的筹码优势、资金优势和集合竞价的交易规则操纵开盘价，从而达到其预期目的。

第一，高开。

（1）底部区间高开。底部高开往往反映的是主力为了达到快速吸筹的目的，利用高开低走或者高开振荡的方式快速震出场内的散户投资者。

（2）拉升过程高开。在启动或拉升过程中，主力为了达到快速拉升的目的，往往采用高开高走的方式迅速脱离建仓成本区，吸引市场跟风盘，并提高散户的持仓成本。

（3）高位区间高开。股价经过一波上涨行情后，在高位大幅高开，表面上给散户造成仍然有暴利可图的假象，实则是庄家为出货而拉高出货空间，同时吸引接货盘的涌入。

第二，低开。

（1）底部区间低开。底部低开往往反映的是主力通过低开高走或者低开低走的方式，在底部区间吸取廉价的筹码。

（2）拉升过程低开。拉升过程中低开，往往意味着庄家通过低开再拉升，或者低开向下振荡的方式进行强势洗盘，以洗出获利盘，减轻再次拉升的抛压。

（3）高位区间低开。这是高位区间常见的K线形态之一，往往意味着庄家在进行最后的疯狂出货。

四、竞价买卖技巧

实盘中，投资者最关心的是开盘集合竞价，对于收盘集合竞价则没那么在意。

市场经过一个晚上的消息酝酿整合后，板块或个股总会有重大的消息发布。如果是利好消息，则应该趁早盘集合竞价进行强势建仓，以获取红利；反之，如果是利空消息，则应该趁早盘集合竞价立即出局，以规避风险。

1. 无量一字型

（1）开盘就小幅高开，也可以是前一个交易日的收盘价。在 9:20 后，撮合价格稳定不动，价格轨迹呈一条直线。9:20 之前有涨停或跌停的价格出现更好。

（2）成交量要缓慢地增加，不要变动太大。成交量不断变化，最好红柱多，绿柱少。买入数量比卖出数量大许多，最好在 1.5 倍以上。

（3）这种走势要求个股在上升通道没有暴涨暴跌的情况，且最好有利好消息。

买点：开盘之后，股价不低于开盘价，稳步上攻时买入。如果开盘后股价往下杀跌，没有快速反弹到开盘价之上，则不能介入。

如图 1-1 所示，立昂微（605358）2020 年 10 月 21 日集合竞价和分时走势图。集合竞价一开始，股价就直接拉高封涨停，背后一定有主力大资金在操控，直到 9:20 之后，涨停也没有打开，说明主力做多意愿非常强烈。接近 9:25 时，股价却出现快速回落，这样做的目的是制造振荡，让短线投资者离场。这种走势在连续竞价时继续涨停的概率非常大。

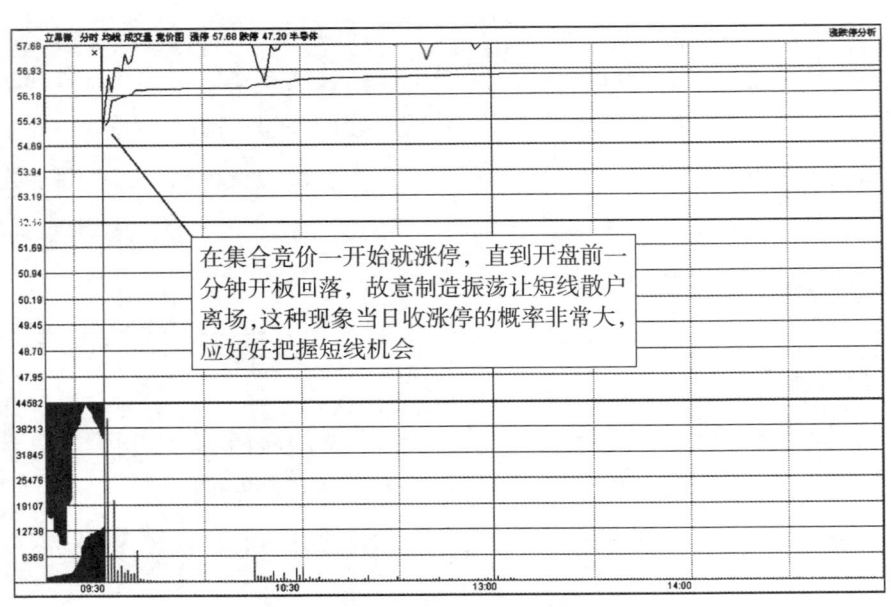

图 1-1　立昂微（605358）集合竞价和分时走势图

2. 缓慢上攻型

（1）在整个集合竞价期间，撮合价格逐步抬高，最后一两分钟里有突破拉升，成交价高于开盘价 1%，低于 4%。

（2）在9:20之后成交量逐渐缓慢放大，并且是以红柱为主，形成密集的成交量。9:20之前出现涨停或跌停更好。

（3）这种走势要求最好是个股行为，不受消息面的影响，K线形态处于相对低位，近期有过异动，剔除处于下降通道的个股。

买点：参与集合竞价，一定要在9:24左右下单，太迟的话追涨成本会比较高，太早则容易出现变数，所以在时间的把握上要精准一些。

如图1-2所示，当代文体（600136）2020年11月10日集合竞价和分时走势图。9:20之后出现向上推升股价的情况，说明主力有做多意愿，也反映入场资金积极，开盘后出现两波快速拉涨停。

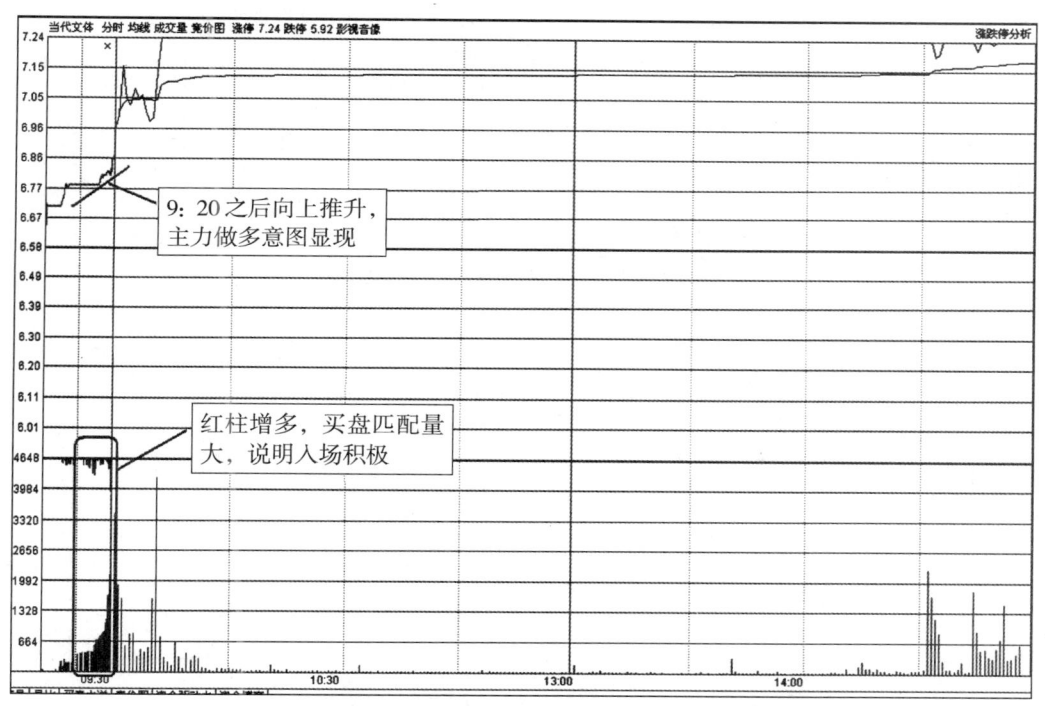

图1-2　当代文体（600136）集合竞价和分时走势图

如果在9:20之前出现这种情况，可能是主力在试盘。主力通过拉升股价，来判断跟风筹码多不多，有无其他主力，其他主力是多头还是空头等信息，然后再决定下一步的操作计划。

3. 急剧下坠型

（1）在9:20之前股价呈现高开走势，并且保持涨停价持续到9:20之后，申报单也没有撤单，同时买单并不减少，卖单逐渐增加，直至卖单超过买单，价格缓慢下降。价格下降五六个点，甚至在最后几分钟急速下降1%～2%也可以，但开盘必须是红盘。

（2）这种走势要求开始的买单一定要大，越大越好，而且不能撤单。同时，开始的买单价格要高，一定要以涨停价开始，并且会延续到9:20之后。

（3）这种走势要求最好是个股行为，如果是板块行为，就很容易失败。如果是前期暴涨股，投资者则要谨慎。

买点：这种走势不急于买入，在连续集合竞价快速拉起后，回落至均价线附近时可以考虑买入。

如图1-3所示，因赛集团（300781）2020年10月21日集合竞价和分时走势图。在集合竞价开始后，股价快速拉起，冲击涨停。但主力不想让更多人关注，所以在9:20之后快速撤单。触及涨停又被打下来，很容易让人联想到空头力量非常强。但是这只个股的开盘依然高开7.20%，暴露了主力想拉高股价的意图，分时走势中股价强势涨停。

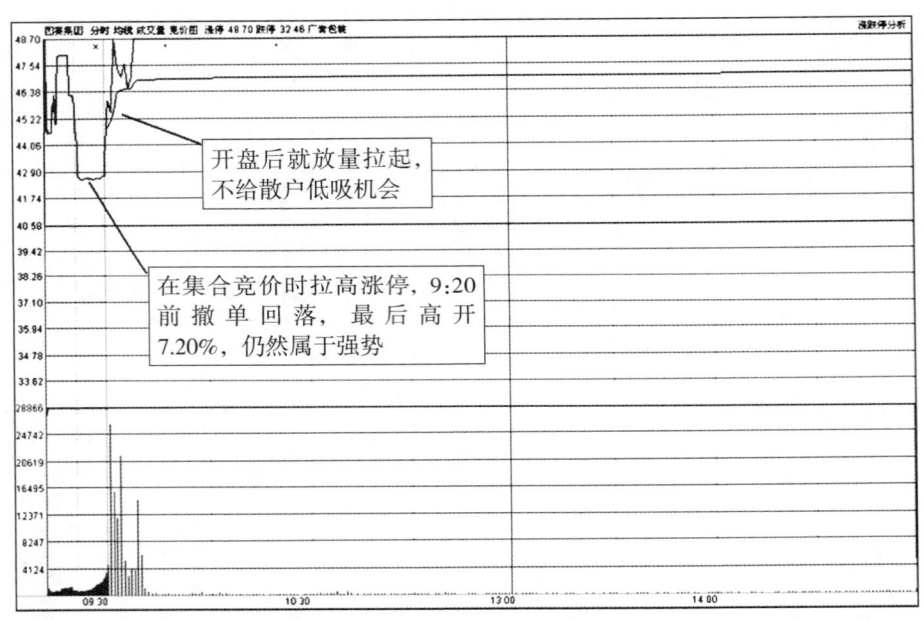

图1-3　因赛集团（300781）集合竞价和分时走势图

4. 竞价看盘方法

（1）集合竞价最主要还是看9:20—9:25之间的情况，因为9:20之前的挂单是可以撤掉的，所以为避免被诱多或诱空，在9:20之前不要挂买单或卖单。

（2）当坚决看好该股且决心买进时，最好在9:22—9:24之间，集合竞价稍稍稳定后，在当时价格的基础上加多几分钱，以确保买进成交。同样，当坚决看空该股卖出时，也在9:22—9:24之间，集合竞价稍稍稳定后，在当时价格的基础上减少几分钱，以确保卖出成交，规避风险。买入要留有仓位，不要一次性全仓买入，要分批逐步操作。

集合竞价买入时挂单价要高，卖出时挂单价要低。为了确保100%成交，无论高挂或低挂，最终的成交价格还是以开盘价为准。

（3）看盘方法：①以涨幅榜为序。按涨幅大小一个一个地翻看，跳空高开的为兴奋缺口，需要配合观察量比和换手率。K线形态最重要，同时追涨的时候以指数为准，指数回档再买进。重点是：巨量跳空回档买进，量比较大时具有很好的涨势，重点封锁量比较大的个股。抓住放量过前头、跳空过平台的个股。避免连续涨幅很大的个股，因为涨幅大会有强烈的回调。②以量比榜为序。量比大的，增量比较快的为好，仍然是看K线形态。③以涨速榜为序。涨得快的一定是有力量的，出现涨停板的可能性也很大。

5. 买卖要快、准、狠

在开盘后9:25—9:30这段时间里，找到最有可能当天封在涨停板上的个股。一是涨停板必须从2%、3%、4%慢慢涨上去，所以要关注这些点位开盘的个股，但并不是说开盘在低点位的就不可能涨停，只是说开盘在这个幅度的个股具有更强的实力，有更大的把握抓住当天的涨停。二是有封锁2%、3%、4%的量能基础，有量才能确保开盘的稳定，注意量的变化，掌握好追涨的价位。

在这个时间段下单抓涨停，要做到快、准、狠。

快：就是利用9:15—9:25这10分钟做准备，9:25开始利用1～3分钟的时间看两市涨幅榜，从涨幅量比下手，翻看排在前面的个股K线形态，形态符合判断的作为目标股下单。必须在9:30之前下单，才能抢占先机。

准：就是只有两三分钟的时间留给你作判断，这种功力不是一两天就能获得的，需要不断地摸索和总结，才能开始实盘操作。

狠：就是毫不犹豫，看好的个股下单要狠，不要按照当前价格下单，那样强势股根本买不到，买入价格要高几个价位，才能确保买入成交。当然，这个"狠"是建立在快速判断和准确分析基础上的，是自信的表现，即使多花些钱也要抢到看好的个股。

6. 竞价特别提示

（1）集合竞价的成交依次按照价格优先、时间优先、数量优先的原则。主力的单也是9:15进入交易系统的，但通常数量很大，所以排在前面。9:15—9:25挂的单，按时间优先的原则处理。

（2）9:15之前的委托只是保存在证券公司，没有报到交易所。有的证券公司可以提前挂单，但实际上都是9:15进入交易系统。前一天晚上的挂单与9:15时的挂单是同一时间进入交易所系统的，同样按价格优先、数量优先的原则成交。

（3）由于9:15—9:20的挂单是不撮合的，且可以撤销，所以经常出现个股涨停或跌停。而到了9:25开盘时，并不一定是涨停或跌停。

（4）网络传输有时间差，所以你的交易信息不一定是最先传输到交易系统的。

（5）交易显示不是每笔成交都显示，大约每5秒显示一次，这5秒之间，价格相同时以大单者优先成交，价格不同时以价高者优先成交。

（6）遇大利好，主力在9:15输入的单比较大，涨停价也一样高，所以散户买不到。

（7）集合竞价时间价格变化较大，谨防主力诱导。一是要防主力集合竞价诱空战术。主力在本意做多的情况下，故意在集合竞价时引诱别人作出相反的动作，通过别人上当受骗，达到自己坐庄的目的。二是要防集合竞价诱多战术，主力隐瞒自己的做空意图，刻意在集合竞价时摆出一副要上攻的态势，拼命往高处报买单，推高股价，诱使散户认为股价将要拉升，开盘后却猛烈下挫，主力大肆抛售。

如图1-4所示，健民集团（600976）2020年10月22日集合竞价和分时走势图。该股在9:20之前一直红盘，而且一直处于涨停状态。但到了9:20之后，股价迅速下跌，这是很明显的诱多，或者说是多空激战最后空方取胜。这就是集合竞价买入股票要在9:20以后买入的原因，在9:20之前买入，后面想撤单都撤不了，最后不管是什么价格，买入价格都比9:25的时候高，当天亏损较大。对于9:20之后的走势，成交匹配量都是绿柱，强弱一看便知。可见，了解集合竞价的规则，有利于琢磨主力的意图。

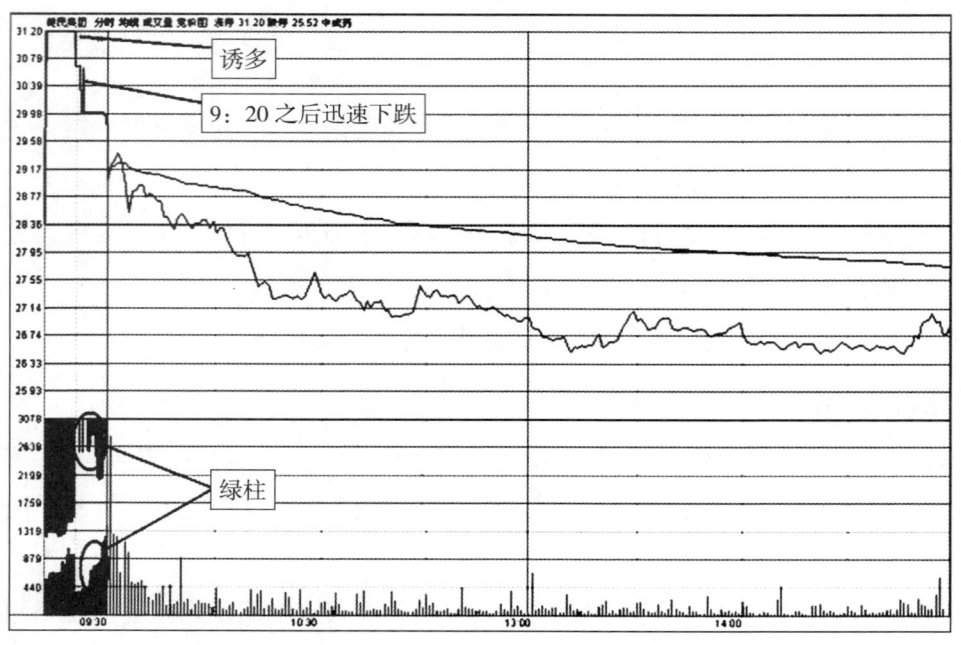

图1-4 健民集团（600976）集合竞价和分时走势图

五、竞价选股方法

1. 集合竞价选涨停股的条件

（1）个股波段涨幅小于25%。实盘中有80%以上的个股，涨幅在40%左右时，就会展开整理走势。涨幅在25%以上的个股往往是波段涨幅的末期，再追高买入就会有被套的风险，所以在集合竞价选股时，涨幅小于25%为宜。

（2）集合竞价必须高开，一般高开2%～8%比较合适，高开2%以下的个股，说明多方虽然取胜，但是强度还是不足。高开8%以上的个股，虽然很强势，但一旦不能封盘，就有回落的风险。

（3）开盘后一小时股价处于强势中，回调不破当日开盘价、均价线或前日收盘价。

（4）个股形态看涨。比如底部整理很久的个股，集合竞价时直接突破平台位的，5日、10日、30日均线多头排列的。必须选择有涨停基因的个股，以前从来没有涨停的个股，可以直接排除。

（5）看个股属性。比如量子科技题材强势，看个股有没有量子科技属性。又如生物疫苗题材强势，看个股是不是具有生物疫苗属性。

（6）大盘处于牛市或波段上涨行情中最佳，在牛市小级别调整行情或平衡市中次之，大盘处于熊市或牛市大级别二浪调整中要谨慎。

（7）出现巨量。是指集合竞价时的成交量，也就是早盘9:25的成交量。如果此时出现巨额成交量，在波段涨幅不大的情况下，往往是主力在疯狂扫货。个股出现这种情况，大多是由于突发利好或者潜在利好造成的，是股价启动或者加速上涨的标志。散户力量分散，意志也不统一，获取企业信息的渠道也很单一，所以集合竞价中的巨量成交绝不可能是散户所为，散户大多是开盘价出来后的跟风者。对突发利好进行了精心分析或提前获知企业内幕的，只有主力，所以主力才是集合竞价巨量成交的"幕后黑手"，当然，这种情况内幕交易者居多。关于巨量成交的标准，可以根据个股盘子大小以及前期缩量和近期放量情况进行分析。

2. 集合竞价选涨停股的策略

（1）想要选择当天可能涨停的个股，那么必定是弱转强的个股。弱转强在集合竞价中的一个标志就是高开，股价必定比昨天收盘价要高。当然，低开的个股中也有弱转强的，但重点要抓高开的这部分个股。

（2）大盘处于牛市环境中，参与仓位可以在5成以上；大盘处于熊市环境或牛市二浪调整环境，参与仓位要严格控制在2成以下。

（3）在条件（1）的前提下，对符合涨停战法的个股，资金使用上要合理分配，个股形态好的，资金多分配一些，形态不好的，资金少分配一些，切忌孤注一掷。股市变幻莫测，涨停战法是短线行为，市场环境及突发事件往往会改变个股的短线走势。说白了，主力不是傻子，他们会根据市场环境的变化采取不同的策略，集合竞价选涨停股战法只能保证总体成功率在 40% 左右，无法保证某一只个股一定涨停。

（4）确定股与不确定股。确定股是指投资者关注或持有的个股当日开盘情况，开盘符合预期的，可以根据操作计划实施，没有达到预期的，要采取相应的措施。不确定股是指除关注或持有的个股之外的股票。9:25—9:30 这短短 5 分钟内，交易者要快速选出符合操作条件的个股，这对看盘技巧要求比较高，除了观察高开幅度、流通盘、成交量大小外，还要结合 K 线形态、趋势、位置等因素进行分析。复盘和实盘存在预期差，复盘是预案，实盘要临盘应变。

六、竞价相关因素

集合竞价主要是针对短线来说的，短线操作必须学会看集合竞价，也必须学会对前一天涨停个股的开盘价进行预判，这是短线投资者必须具备的基本功。

集合竞价是所有交易者经过前一夜的复盘思考和情绪积累，最终给出的个股正负溢价。看懂了集合竞价，才能更好地了解手中的个股是立即买入还是卖出，或是继续持股。对于昨天的热点题材，可以通过集合竞价来判断它的持续性，以及当天的短线走势方向。集合竞价是对板块、个股开盘价的预判，更是判断个股弱转强还是强转弱的一个信号，短线高手善于通过集合竞价来抓涨停。

集合竞价还要特别注意以下几点相关因素。

（1）走势独立的个股。一般走势独立的个股，股价走势我行我素，不跟板块，不受板块影响。如果昨天涨停了，今天集合竞价可能是平盘或溢价很少（1% 左右），一般不会有明显的高开幅度。

（2）老题材个股。比如，5G 概念算是老题材了，受到某一消息或政策的影响，前一天作为热点走强，数只个股涨停，那么板块龙头股第二天的溢价一般在 5% 左右，后面跟风个股的溢价会逐渐递减。

（3）新题材个股。当日发酵的新题材，如果当天涨停个股超过 10 只，新题材最先涨停的个股或者板块龙头股，第二天溢价至少会有 9% 以上，或者直接开一字板都是正常的。如果低于这个幅度，就属于不及预期，题材一日游的概率比较大。

如果溢价不在上面的范围，要么是弱转强，要么是强转弱，短线可以通过这些情形来判断当天是适合买入还是卖出，抑或要切换题材。

（4）个股走势模型。股价所处位置、K线形态、趋势与集合竞价有关，是弱势板还是强势板，是低位板还是高位板，是一板还是二板或多板，是缩量板还是放量板，是趋势板还是盘整板，是拉升板还是盘升板等，开盘溢价都不一样。

手中个股的溢价，还要观察下面这些个股的情况：①总龙头（两市连板最多的个股，空间板，高度板）；②板块龙头（某个板块的空间板，高度板）；③同板块涨停时间卡位板；④当前主流题材板块溢价。了解这些之后，就大概知道当天的方向。比如，某板块有3只以上一字板个股，且封单都很大，其他板块没有或者很少，那么谁是主流题材一目了然。又如，龙头股出现负溢价，那么其他跟风者就更差了。

还有其他影响手中个股集合竞价的因素，比如个股的历史股性。看历史涨停后第二天的溢价情况，看走势图都可以了解。

（5）其他因素。①个股流通盘大小。当市场以"小为美"的时候，小盘股溢价就很高。②图形筹码结构。一方面是获利盘，一方面是套牢盘。③前一天涨停个股的封单大小、涨停时间、打板次数、分时走势等，都对开盘后的走势有一定的影响。④龙虎榜席位，比如，最近机构席位溢价高低。这些因素都可以进行量化观察，当然，这些涨停个股不包括庄股。

涨停2式　20%注册制战法

一、20% 首板共性

从 2020 年 8 月 24 日开始，创业板实行注册制，股价每天的涨跌幅度由原来的 ±10% 扩大到 ±20%，对散户来说，这是机会也是风险，原有狙击涨停的操作方法和技巧也要发生明显的变化。由于涨跌停幅度扩大，必然带来涨停板数量减少，这是可以预见的。

那么，创业板大涨首板（指连板中的首个涨停板）有哪些共性呢？

1. 共性一：题材级别

创业板注册制本身就是一个独立的大题材，并且是一个新制度下的大题材，跟传统题材不完全一样。

在注册制实施后的两个月，从涨停股票的统计数据分析，出现连板的个股可谓凤毛麟角。连板个股占总涨停数的比例在 10% 左右，也就是说，90% 的个股只有一个涨停。

20% 涨跌幅的限制，就会出现这样一个结果：加速情绪的释放。在 10% 涨跌幅制度下，一个原本高度在 4 个板的题材，炒作周期可以持续 4 天，而有了 20% 的涨幅，可能 2 天都持续不到，整个炒作周期就结束了。如果题材龙头缺乏持续性，那么板块持续性就更难了。

这就说明，创业板的涨停接力，能走出高度板的很少，一进二难，二进三更难，三进四难上更难，多数机会还是集中在首板上。这一点跟注册制实施之前不一样，注册制实施之后，连板数量大幅减少。

2020 年 9 月到 10 月，两个月时间里能走出二板以上的个股，如豫金刚石（300064）、乾照光电（300102）、聚灿光电（300708）、长方集团（300301）等，都是十四五规划中三代半导体材料的题材，后期延伸到光伏、能源、战略金属等分支题材，这些都是三代材料题材的补涨。

此外，科隆股份（300405）的股权，银邦股份（300337）的小米，卡倍亿（300863）的超跌，都是典型的局部小行情，二板相对多一些。比如，博晖创新（300318）、新余国科（300722）、永清环保（300187）、双林股份（300100）、天能重工（300569）、酷特智能（300840）、康泰生物（300601）、西部牧业（300106）等，这些个股背后的题材，有疫情、军工、环保、汽车等，都很中规中矩，也是之前反复炒过多次的题材，没有新鲜感，没有辨识度，没有稀缺性。

所以从题材角度来看，还是一个老生常谈的话题，首板背后都有题材背书，横空出现的稀缺题材有涨停溢价。而一些普通题材，即使是龙头股，高度也普遍定格在二板，所以二板以后再去做接力，其实意义不大。直白地说，二板以上，少碰，性价比不高。

2. 共性二：市场节奏

市场节奏的共性，主要是指题材的演绎节奏是单主线行情，还是多主线行情（两三线），或者是持续轮动行情。单主线和多主线往往互相成就，最后高度都不错，之前主板经常这样，如科技板块和医药板块，科技板块和新能源板块，新能源板块和医药板块，相辅相成地炒作。

市场节奏主要看题材炒作特征，如果是单主线行情启动，首板机会较多。如果是轮动行情，需要把握节奏，因为轮动节奏很快，很容易追高被套。

比如，2020年9月初以超跌为主，卡倍亿（300863）走出4连板，然后9月17日炒半导体，18日炒金融，21日（周一）炒军工，22日炒疫情，23日炒光伏，24日又炒农业，几乎一天一个日内主线。

这种情况能不能走出强势上涨个股？不能。能不能走出一般性个股行情？能。比如，新余国科（300722）9月21日和22日二连板，博晖创新（300318）9月22日和23日二连板，但二连板之后都掉头下跌。在卡倍亿4连板后的10多个交易日里，没有出现三连板的个股。

从市场节奏看，创业板大涨首板主要诞生在单主线或两三条题材并列的行情上，轮动行情找不到大涨首板，连板少之又少。而且轮动行情对接力来讲，二板及二板以上的接力多数都没必要再碰了。

3. 共性三：板块地位

板块地位的共性，主要是指龙头股和跟风股各自的溢价。创业板经常和主板分开炒作，如果资金集中在创业板时，即便对创业板"恐高"，也要顺势而为，追随风口。

比如，2020年9月初的军工板块和光伏板块，当时军工板块最先涨停的是主板洪都航空（600316），但资金重心在创业板的新余国科（300722），次日该股涨停，而洪都航空走势振荡。第三天该股最高上涨15%，而洪都航空则全天在"水下游"，两股相差足足35个百分点。

9月23日，光伏板块最先涨停的是主板精功科技（002006），当天双良节能（600481）竞价异动，开盘即封上涨停板，创业板的青岛中程（300208）随后涨停。第二天，最强的双良节能最高上涨10%，但仅仅是一瞬间，卖不了就会错过。精功科技直接一字板，但青岛中程高开两波冲高上涨19%，相当于主板的两个涨停板。

可见，纵使投资者主观上不想投机创业板，但当创业板是主流时，想要赚大钱，还是离不开主流，应直面现实，摒弃恐慌，追随主流。

4. 共性四：走势方面

走势方面的共性，主要是指个股走势有没有趋势，以及一些典型特征，如新高、超跌等。创业板首板大涨的股票走势有很多共性，首先是趋势，占比 50%，其次是新高突破，占比 25%，然后是超跌反弹，占 15%，其他占 10%。换言之，如果选择的股票不是这类，其溢价就会打折扣。

这里的趋势指碎步阳线涨停加速，这类股票经常会大涨，即便没有连板，次日大多会高开，这是趋势个股的特点。比如，豫金刚石（300064）、易事特（300376）2020 年 9 月初的走势，如图 2-1 所示。

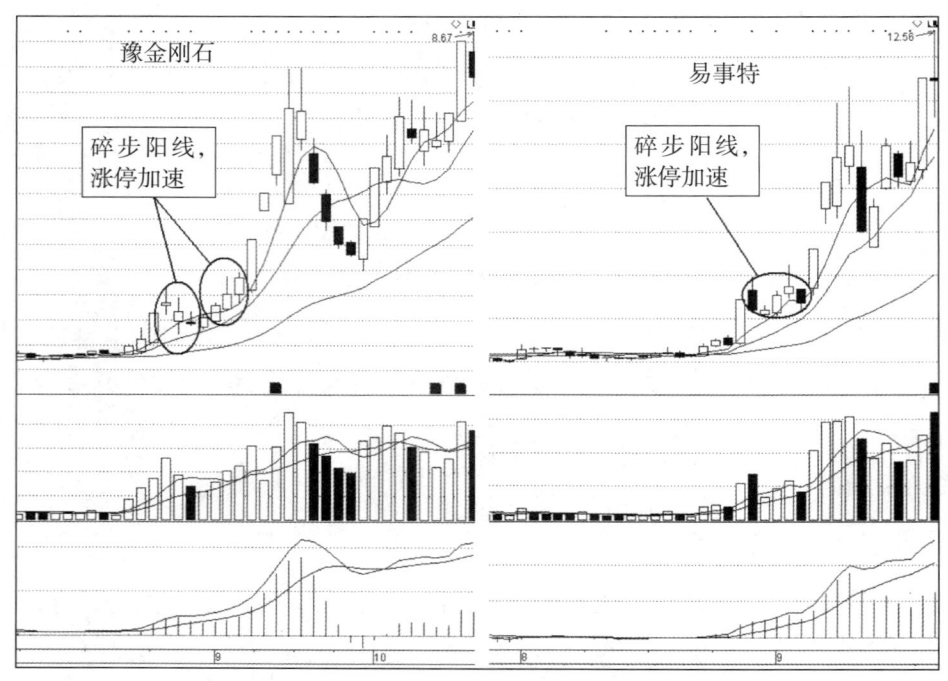

图 2-1　豫金刚石（300064）和易事特（300376）日 K 线图

这里的新高股票是指突破前期新高压力或脱离盘整区牵制，股价创出新高。这类股票起步时往往没有明显的碎步阳线，但股价涨停后整体 K 线节奏感很强，呈突破形态。比如，双林股份（300100）、永清环保（300187）2020 年 9 月初的走势，如图 2-2 所示。

通过上述分析，可总结出如下几点。

（1）在注册制新规下，抓涨停与大涨首板、题材以及个股地位有关，只是持续性有差别。在 20% 涨跌停制度下，纯粹做接力连板已经行不通，应调整思维方式。

（2）一些普通的题材龙头股高度普遍定格在二板，轮动行情很难出现二板以上的接力。在了解了创业板的低晋级率后，相信投资者会少犯类似错误。

（3）在图形走势上同样需要改变过去的认知。以前认为逻辑比图形重要，其实趋势更重要，牛股都有相似的基因。如大涨个股中上升趋势占50%，新高突破占30%，而超跌反弹只有10%，其他占10%。

（4）很多投资者以为20%的涨跌停幅度，赚钱效应会更好。通过分析后就知道，注册制下连板非常少，接力也很难，更有数不尽的暗坑，亏钱速度还特别快。知道什么不该做，在创业板炒作中显得尤为重要。

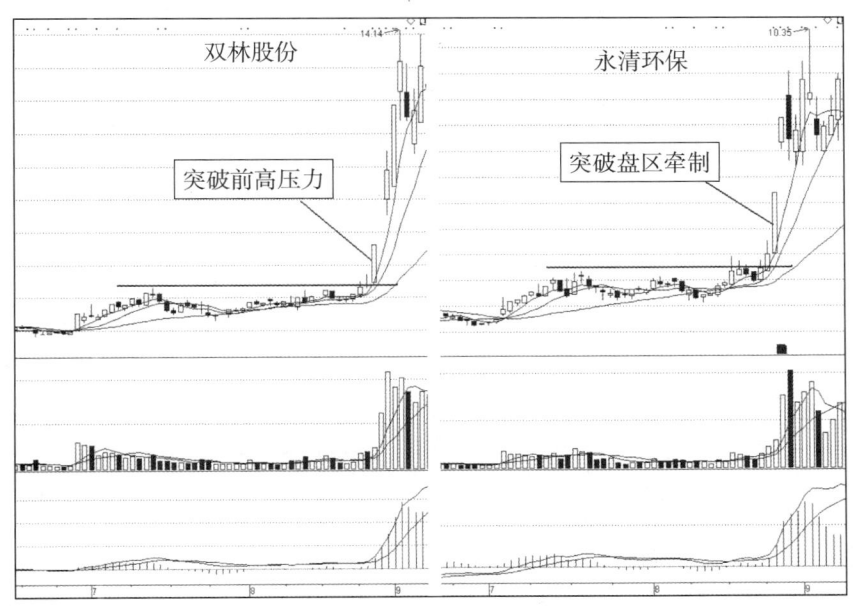

图 2-2　双林股份（300100）和永清环保（300187）日K线图

二、20% 首板规律

创业板虽然涨跌幅波动大，但封板成功率还是很高的，并没有想象中那么可怕。在具体操作过程中，需要提防的是开盘高开秒板。开盘秒板适合做题材首板补涨，而新题材启动则不适合开盘秒板。

1. 首板炸板率

炸板即涨停后开板，收盘时也没有回封。一个打板模式好不好，可以参考炸板率的高低。如果一个模式炸板率很高，10只炸8只，即便2只暴涨，也抵不过8只的累积亏损。

那么创业板首板的炸板率如何？从8月24日注册制开始到9月18日的20个交易日中，创业板摸过涨停的股票有262只，其中封板202只，炸板60只。

炸板率 = 炸板数 / 摸过涨停数 =60/262=22.9%

换言之，打板成功率（封板）为77.1%，高于注册制实施之前的首板成功率，说明创业板的打板风格很受市场欢迎。

2. 首板盈亏比

从8月24日注册制开始到9月18日的20个交易日中，共有20只股票首板，其中失败8只（炸板），成功12只（封板），封板成功率为60%，略低于整体成功率。

在失败的个股中，前三名是新宁物流（300013），9月10日炸板，次日大幅低开，最大亏损率为30%，最小亏损率为22%；金盾股份（300411），9月3日炸板，最大亏损率为23%，最小亏损率为8%；筑博设计（300564），8月31日炸板，最大亏损率为15%，最小亏损率为12%。

在赢利的个股中，最高赢利率为20%的有9只，获得20%利润的概率接近75%，还不包括其他赢利的，所以赢利可以覆盖亏损。换言之，首板只要封住，次日最高赚20%利润的概率有75%（这是理想算法，实盘中往往很难在理想价位卖出）。

3. 涨停时间分布

（1）9:31之前摸涨停的有9只，其中炸板6只，失败率66.7%，说明9:31之前的秒板非常危险，务必慎重。

（2）剔除开盘前一分钟的秒板，随后自然板的有11只，封板的有9只，也就是开盘一分钟后，自然板封板的成功率接近82%。

（3）创业板首板适宜涨停的时间是9:31—9:40，共有11只，占比55%，且炸板率极低。

4. 失败个股共性

（1）由于9:31前的秒板失败较多，这个时间段内的秒板务必警惕。

（2）从形态上看，失败个股的共性几乎都是一个涨停刚刚突破前高，正好遇到套牢盘，而不是常见的容易大幅上涨的趋势突破（连阳+涨停，俗称趋势加速）。

（3）从情绪角度也能理解这件事。创业板20%的涨跌幅，盘中振荡幅度会让持筹的心态不稳。能够封板的个股，要么盘中换手充分，要么靠气势"镇住"卖出资金，进而达到锁仓效果。

如图2-3所示，幸福蓝海（300528）的走势图。2020年9月16日，该股跳空高开5.12%后，盘中一口气拉涨停，但封盘15分钟后炸板。为什么会失败？因为涨停正好碰到前方筹码套牢区，如果突破失败，很容易M头见顶。很显然，在这样的位置打板，成功率很低。除非题材超级强劲，如9月4日的乾照光电（300102），其实也是临近前高，但遇到第三代半导体新题材，而且当时市场需要新题材，注册制炒作也逐渐升温，所以靠着气势顶住了。但幸福蓝海情况不一样，它最近的上涨没有强逻辑驱动，所以容易失败。

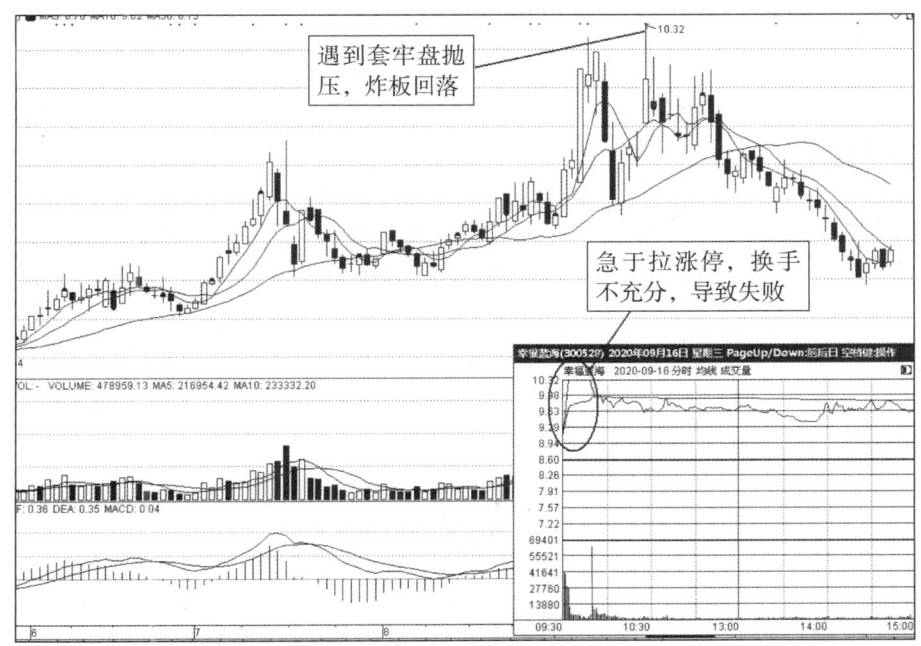

图 2-3 幸福蓝海（300528）日 K 线和分时走势图

如图 2-4 所示，新宁物流（300013）的走势图。2020 年 9 月 10 日，该股大幅高开 11.45% 后快速冲板，是典型的趋势突破。但突破过程中没有充分换手，强行顶板，一旦失败，很容易一哄而散。这类走势如果换手突破成功，符合很多人的买点，容易"吃大肉"，而一旦失败，就是"吃大面"。

图 2-4 新宁物流（300013）日 K 线和分时走势图

并不是说这类股票不能突破，而是不适合开盘快速突破。这类股票多数是盘中振荡，选择在中午或者午后突破，换手充分的情况下，突破成功率会高出很多。

三、20% 首板晋级

创业板的二板，也就是常说的一进二（晋级）。注册制实施以来，创业板连板的个股不多，多数是二板，上三四板纯连板的更少。投资者如果是做晋级板，重点应该放在二板上。

那么创业板一进二有哪些关键点呢？哪些二板值得做，哪些不值得做？哪些容易封板，哪些不能封板？

1. 涨停时间

晋级二板的炸板率为 22.9%，对应的封板成功率为 77.1%，成功概率是非常高的。晋级二板与涨停时间有关，而且呈现强烈的集中效应。统计数据分析，32 只二板个股，剔除一字开盘的 7 只，在余下的 25 只中，开盘后 1 小时内涨停的竟有 16 只，收盘前 1 小时内涨停的有 5 只，中间 10:30—14:00 之间涨停的只有 4 只。也就是说，好的股票开盘很快就会涨停。

换言之，追求换手二板的，不要错过开盘后的 1 小时，此时段诞生换手二板的概率近 64%。如果错过这个阶段，那就看尾盘 1 小时是否有补位板。至于中间批次的，诞生换手二板的概率不高，换手时间长，冒头的少。

2. 高开幅度

据统计数据分析，除开盘一字板外，35 只摸过二板的个股，高开 9% 以上的有 19 只，最终涨停的有 13 只，封板率为 68%。高开 15% 以上的有 5 只，3 只封板，2 只炸板。也就是说，高开幅度在 9%~15% 的股票容易出现换手二板，涨停经常出现在开盘半小时内，其成功概率也最高。

此外，首板次日平开乃至低开的股票，晋级二板的成功概率极低，成功率不到 10%。遇到这种情况，就要找机会赶紧出来。比如，中泰股份（300435）和东岳硅材（300821），在 2020 年 9 月 10 日低开低走收跌。当然，偶尔也会有冲高个股，比如万里马（300591）2020 年 10 月 16 日出现低开冲高走势，但这类个股经常被闷杀，总的来说，晋级二板的概率非常低，应逢高出局。

3. 首板涨停强度

通常来说，首板涨停强度高，说明要么市场情绪好，要么板块情绪好，而这两样又正好是题材前进的推动力，也预示二板晋级的概率高，真正逆袭的还是少数。首板次日平开或低开，说明市场、题材、个股肯定有瑕疵。所以，容易晋级二板的股票与首板涨停强度有关，首板强度越强，晋级概率越高。

4. 稀缺性二板

在当天没有二板的情况下，出现唯一的二板个股是否可以参与？按正常想法，稀缺性的二板是值得关注的。

但是创业板二板少，且出现稀缺性二板时往往市场交易比较清淡，导致经常出现没有连板的情况，所以，稀缺性二板乃至后面的溢价并没有明显联系，甚至出现负溢价。

5. 注册制对超短线操作的影响

（1）对涨停板的影响。涨停板幅度的提高必然带来数量的减少。

应对策略：减少打板操作。超短线打板操作是存活率最低的一类操作，打板不适合绝大多数投资者。即使打板天赋很好，技术炉火纯青，在20%涨跌幅制度下，失败率依然不低。其实只要理解力够，低吸比打板更适合绝大多数投资者。注册制的实施会加速投资者的操作向低吸手法转变，如果原来是一个混合操作手法的投资者，可以向低吸操作手法倾注更多的研究精力。

（2）对各类周期的影响。情绪周期、指数周期、题材周期、个股周期等，"周期"是很复杂的。可以预见的是，涨停板幅度的提高，会带来各类周期运行速度加快，也就意味着周期缩短。

应对策略：从选股上来讲，情绪、题材、技术、基本面这4项，以前权重比大约为4：2：2：2。新规则实施之后，现在转向为2：2：2：4，也就是更加重视个股基本面。从题材选择上来看，没有基本面和想象力的情绪股、编个字母博眼球的纯题材股，会逐渐被市场抛弃和遗忘。没有无缘无故上涨20%的个股，敢上涨20%肯定要有真材实料。

四、20% 首板误区

成功的股票都是相似的，失败的股票却各有各的原因。创业板首板有许多陷阱，哪些首板不该买呢？通过失败的案例来分析哪些特征容易失败，反过来就知道成功的要素了。

（1）无规则上涨。一些没有溢价的首板经常是这样，一个涨停出现后，既不是趋势，也不是新高，更不是超跌。比如佳云科技（300242）9月2日的涨停，天银机电（300342）9月9日的涨停，延江股份（300658）9月10日涨停，都是无缘无故的无规则涨停，这类股票不能买。

这类走势无规则的股票，溢价普遍低。为什么会出现这些差异走势？本质上和市场资金的分类有关。买股票有纯逻辑派，也有纯技术派，也有逻辑和技术综合派。好的图形走势，如果有逻辑配合，那就是左右逢源，各种资金都喜欢。

一只股票的加分项多，溢价自然也就高。如果只有微不足道的一两处优势，关注的资金自然就少，溢价低也很正常。

有些趋势大牛股往往有资金作引导，妖股出现的某一阶段，从龙头股到妖股的蜕变必然有资金守候和打造。

（2）没板块支持的独立逻辑容易失败。在主板能浑水摸鱼，在创业板不行。比如，普通题材的恒泰艾普（300157）、聚隆科技（300475）、锦富技术（300128），都是炒独立的股权逻辑，而且股权板块只有2016年爆炒过，自那以后都是小板块，个股自己炒自己，互相也没有联动性。注册制实施以来，只有科隆股份（300405）成功过，扛过二板后，三板换手才熬过来，其他多数都半路夭折了。

（3）有板块支持但不是前排的也容易失败。创业板一进二相当于主板4个涨停，炒题材达到这个高度，除非题材超级大，比如三代半导体题材，普通题材的跟风股根本无法达到这个高度。

创业板的普通题材跟风涨40%，还不如去做首板套利。这是创业板晋级显著区别于主板的地方，一进二已经涨了40%，靠浑水摸鱼不行，很容易失败。

（4）资金对首板一字接力认可度不高。首板一字板（竞价），这些纯粹是情绪博弈，次日不好接，以失败居多，应以观望为主。

（5）题材至少预期炒3天，才值得做接力晋级。成功的实例几乎都是这样，第一天启动，第二天晋级，第三天、第四天有希望再炒炒，二板后接力资金有念想，游戏才能进行下去。

单纯这一点，其实已经剔除80%的轮动小题材了。如广信材料（300537），当时主流题材是新能源汽车、光伏和军工，科技题材只属于小支线轮动，这样的题材性价比很低，晋级接力不足。

五、20%打板技巧

1. 巷战

如果把传统的10%涨跌幅制度下的打法称之为野战的话，那么20%涨跌幅制度下的这种风格就是典型的巷战。所谓巷战，就是在一个小空间内来回躲闪腾挪，来回折腾，来回套利。

在创业板，很多操作方法都变了，其中最大的变化是由"高举高打"转为"巷战"。以前10%涨跌幅的龙头股，大多高举高打，放长击远，一气呵成，如今在20%涨跌幅制度下，方法出现了明显的变化。

20%涨跌幅制度诞生之初，其龙头走势和赢利模式还在刻意模仿10%涨跌幅制度下的龙头股，特别是天山生物（300313）、长方集团（300301）和乾照光电（300102），其风格和步伐与传统龙头没有本质区别。但之后的龙头股，无论K线风格还是分时图的内部细节，都逐渐摆脱了传统龙头的套路，逐步走出了一套自己的模式。

传统的龙头股，一旦确定市场地位之后，其走势干净利落。比如，君正集团（601216）、光启技术（002625）、王府井（600859），其走势大步流星，雷厉风行，风风火火。而20%涨跌停制度下的龙头股，即使确定了市场地位，其走势也扭扭捏捏，一步三回首，比较典型的是新余国科（300722）、中能电气（300062）。

为什么会出现这种变化？

（1）20%涨跌停制度下，监管更加严格。更重要的是，监管更加扑朔迷离，捉摸不定，或者说更加无常。这种情况下，很难采用过去那种大步流星的模式。

（2）20%涨跌停制度下，由于长度变长，一旦买对，第二天溢价更高，动辄十几个点的溢价。在这么大的溢价面前，游资兑现的冲动更强烈。以前10%涨跌停制度下，打板对了，竞价能给5个点溢价都算是很成功的了，现在十几个点的溢价都是家常便饭，所以经常看到反复出现"兑现—分歧低吸—情绪修复拉升—兑现"这种模式。

（3）20%涨跌停制度下，股票的分时图也更加飘忽不定。有时候明显被A游资给砸死了，但半路又被B游资给低吸成功了，尾盘C游资又来个点火，分时图的股价又涨停了。

2. 打板方法

注册制下20%的涨跌幅，打板被淘汰了吗？当然没有，相反还加强了不少。以前打板后，次日的溢价达到10%的极少，甚至溢价达到5%的都寥寥无几。现在改革后20%涨跌幅是什么样的情形呢？

当天只要封住，次日基本都有溢价，而且还特别高。好的股票竞价就有将近10个点的开盘，即使有些低开，盘中也会大幅冲高。行情稍微好点，大部分都会冲到10个点以上，甚至超过15%。主力资金想方设法顶住比以前多一倍的抛压，封住了涨停，次日肯定会有更高的利益。也就是说，在20%涨跌停制度下，能够大幅提高溢价。当然，闷杀的个股也不少，成功概率明显降低。

那么，如何解决炸板问题？怎样才能赚到高溢价？

（1）不打无板块效应的个股。这类个股即使当日封住，次日溢价也有限，更多的是当日冲高回落炸板，不值得博弈。当然，有足够辨识度的个股除外。辨识度是个股的核心生产力。比如，中泰股份（300435）先后两次封板，第一次9月10日封板，次日低开闷杀。第二次10月16日当日炸板，其重要原因就是板块效应不足，这在创业板上体现得更加明显。

（2）上板强度低，反复烂板的首板不打。这样的涨停板即使当日封住，次日多数也是闷杀的结局。在注册制实施之前还有机会弱转强，现在弱转强的概率很低。比如，中飞股份（300489）10月13日烂板，此后几日基本没有溢价机会。

（3）当天板块爆发，打前排涨停。以光伏概念的炒作为例，2020年10月9日光伏板块第一个涨停的是青岛中程（300208），因一字板，参与不了，但一字板可定方向。当天光伏板块的爆发势在必得，那么第二个冲高20%的珈伟新能（300317）上板就可以跟风，随即该股也走出了一波拉升行情。

（4）量能足够放大的，涨停封板的几率更大，特别是突破前高或者平台时，也叫做分歧度量。比如，聚杰微纤（300819）2020年10月15日首板突破大平台以及前高，量能放至近期最大，所以冲板后封盘的可能性增加，其本质是充分换手，减少抛压。

（5）做龙头股。这与注册制之前的战法变化不大。值得注意的是，此时不再考虑上板强度，有时甚至不用考虑板块效应，辨识度便是一切。比如，新余国科（300722）2020年9月下旬的走势，天山生物（300313）2020年8月下旬的走势，不用考虑分时波动，当天封住即可。

龙头股再大的分时波动，再晚的上板，也不影响龙头的溢价，而且更晚的上板还可以保证当天封板的有效性。

（6）大盘和情绪周期的时机很重要。一个好的大盘环境，一个好的情绪周期节点，可以提高涨停板的溢价与封板率。此点为核心，也是悟道的根本。行情好多做，行情差少做。不管规则如何变化，有些东西是永恒不变的。

当然，在注册制下打板也有缺点，就是炸板导致的回落。一旦炸板，当天回撤可能会达到10%，次日还会有惯性下跌，可能回撤瞬间就超过20%，这也是很多人担心的。

3. 低吸方法

打板是跟随，低吸为预判。在注册制实施以前，打板比低吸更受投资者欢迎，许多游资也是通过打板做大的。在注册制实施之后，低吸的盈亏比被放大了，一旦低吸成功，往往是20%以上的利润。低吸以安全闻名，却不易预判。打板具有确定性，低吸却经常是无效交易。

低吸虽好，却不易成功。那么如何提高低吸的成功率？

（1）5日均线低吸。方法非常简单，但实盘中有几点需要注意，也是这个模式能够成功的核心。

低吸目标股：近期连板的强势股调整时，并且正在主升浪中，形态未破坏。个股越有辨识度越好，配合近期热点板块为佳。

如图 2-5 所示，卡倍亿（300863）的走势图。2020 年 9 月 11 日，该股连拉 4 个涨停板，强势特征明显，具有辨识度，股性也极好，一攻就上板。这是目标股的最佳选择。图中 A、B、C 处均可在 5 日均线附近低吸获利，实际操作中不用那么刻板，可以灵活掌握。

A 处为第一个主升浪，在阴线处，靠近 5 日线低吸，次日有接近 20% 的利润。B 处为反抽浪，在阴线见顶次日时低吸，隔日也有 10% 以上的冲高幅度，配合见顶分时走势，可以轻松赢利出局。C 处同理。

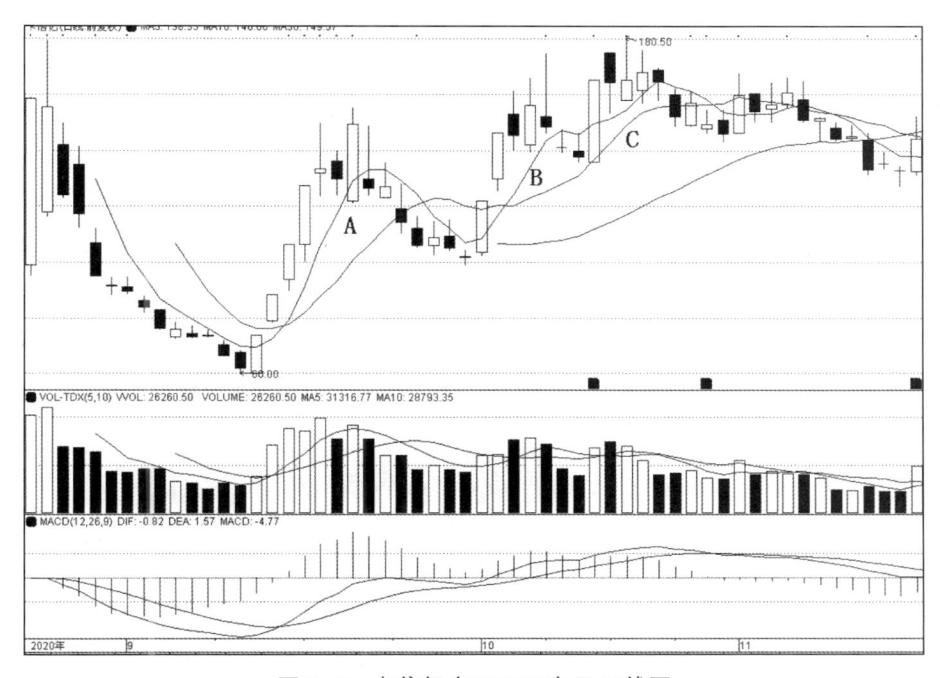

图 2-5　卡倍亿（300863）日 K 线图

主升浪第一次调整时，是最好的入场点。需要注意的是，该方法多以短线隔日套利为主，不做波段。实盘操作时，需要提前预判 5 日均线距离，方法不用拘泥完全落在 5 日均线之上。

（2）10 日均线低吸。该方法是对第一点的补充，当在市场情绪较差时，个股可能会调整至 10 日均线附近再做反弹。5 日均线低吸本质上是资金博弈主升浪的继续上涨，一旦市场情绪较差，会导致资金趋向谨慎，从而使个股承接力度不足，股价会继续调整，寻找下一个支撑点。在方法上，拉升结束后首次回落到 10 日均线附近时更佳，二次以后谨慎参与。

如图 2-6 所示，珈伟新能（300317）的走势图。当时市场环境是强势分歧叠加退潮，板块龙头恒星科技（002132）当日一字跌停。资金恐慌情绪爆发，疯狂出逃。此时 5 日均线没有资金承接，只能顺势调整，向下寻找 10 日均线支撑。2020 年 10 月 19 日，股价拉升结束后，首次下探到 10 日均线附近时是短线较好的买点，当日股价收涨 10.44%，次日溢价出局。

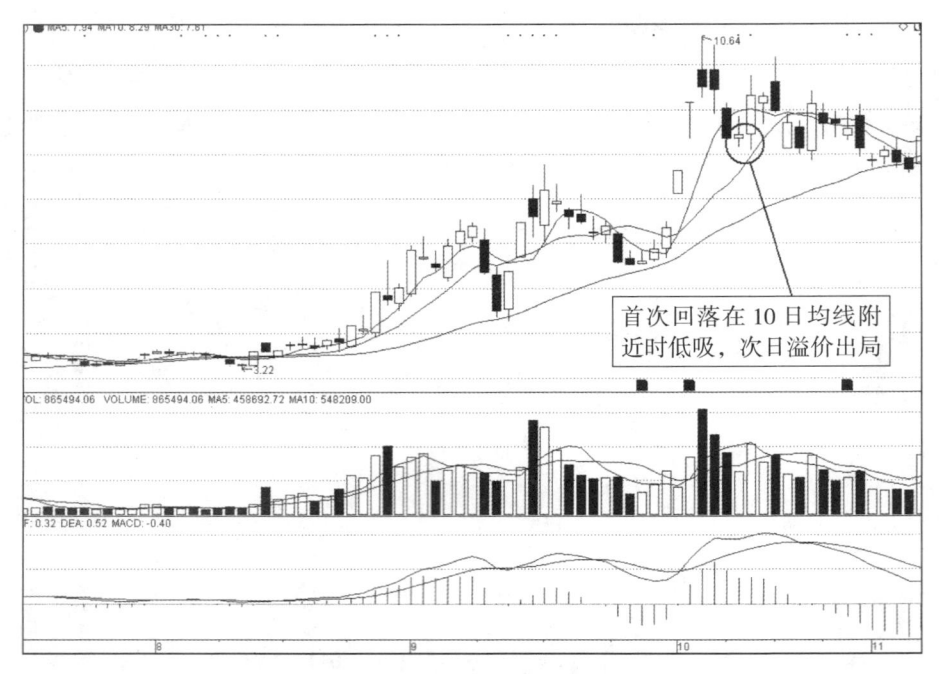

图 2-6 珈伟新能（300317）日 K 线图

（3）涨停后次日闷杀。这个方法成功率很高。具体战法是：涨停后次日闷杀无红盘，或者稍微红盘便向下杀。在涨停次日收盘前买入，隔日会有冲高修复溢价。本质上是资金花费大力气打造的 20% 涨幅，次日闷杀后资金的自救行为。该战法如果叠加多种支撑和个股形态，成功率更高。

如图 2-7 所示，双林股份（300100）的走势图。2020 年 10 月 20 日，股价强势涨停，次日闷杀，只给了 1 分钟的红盘，就向下杀跌，隔日以涨停修复。该股形态也很好，属于庄股游资合作的高辨识个股。这种股性好，辨识度高，又符合战法的个股，简直就是天赐良机，再好不过了。

六、20% 新型模式

创业板注册制推出以后，市场操作层面上出现了一些微妙的变化。那么，20% 涨跌幅制度下，有哪些新模式呢？

1. 新股量化参与模式

2020 年 8 月 24 日创业板改革的第一天，涨跌幅度由 10% 变成 20%，新股上线不设置涨跌幅度限制。初期的"18 罗汉"（首日 18 只注册制股票上市）中，人气股一天可翻番 N 倍，

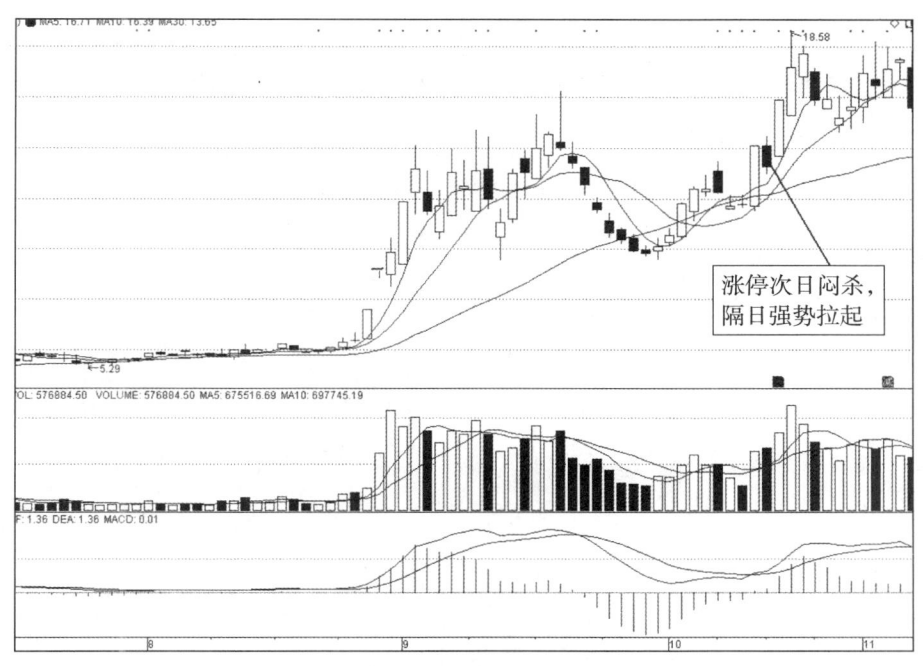

图 2-7 双林股份（300100）日 K 线图

背后更多的是新股情绪玩法。

那么，如何才能参与这些注册制新股？

这里就有一个量化数据，如果发行的新股发行价比较低，股价在 10 元～20 元之间，流通市值小于 20 亿元左右（小于 15 亿元最好），股价能够在 50 元以下，是可以中短线参与的。当然，玩新股更适合超短线，当天进，次日出。

2. 龙头信仰战法

所谓龙头不坑人，龙头在手多活一命，这就是龙头信仰战法。初期的天山生物（300313）、长方集团（300301）、银邦股份（300337）等是创业板大妖股，几天之内就完成了翻番。

这种方法可行，但不能长久，只适合 2～3 天的单兵作战。

主要理由是：创业板如同茫茫大海，20% 的涨跌幅需要的资金量更加庞大。当一只股票获得更多的人气后，资金自然就会聚集而来，形成市场合力。不能长久是因为资金获利盘太大，越往上分歧也就越大，很少能出现类似原来的分歧转一致，因此，此战法仅适合快进快出，2～3 天或者隔夜套利。

3. 板块轮动战法

既然龙头战法都成了快进快出，那板块的热度谁来维持？唯有轮动战法接过大旗。

轮动战法，顾名思义，就是更换炒作对象，风水轮流转，股票轮流炒，没有谁是永远的王者，只有谁还没被轮动到。从军工板块来看，一茬接着一茬，基本上能被拉到 20% 涨幅的个股都已经轮动一遍。

如果喜欢这种战法的话，可以寻找同一个题材内趋势上升的个股，等着轮动到来就可以，赢利虽慢但风险较小。

轮动战法建议慢进快出，快进容易在阶段性高点套牢。

4. 缩小范围战法

如何在创业板中买到一只涨幅能达到 20% 的股票，这里发现了一条捷径。

在板块内部寻找支线。如第三代半导体题材中包括很多材料，如氮化镓、金刚线等，那么，在大主流中是有可能炒作分支的。这里就需要容纳小题材了，就拿氮化镓概念来说，能在该概念里面找到的创业板股票总共只有 13 只，对当天摸板的股票再细化一下，找出图形能走上升趋势的个股，这样范围就大大缩小了，成功的概率也就提高了。因此，这里的捷径就是在容量小的题材中找上升趋势的个股。

追高、打板支流小题材龙头。创业板的赚钱效应不仅存在于前排的核心个股，低位支流新题材首板的追高、打板也是一个很不错的补涨思路。

5. 主力自救模式

有不少涨幅 20% 的股票，在拉板的前一两天均有拉升痕迹。比如，西域旅游（300859）在 2020 年 8 月 26 日有想上板的痕迹但失败，第二天振荡洗筹，第三天再上板自救，第四天出货。这种模式的适用性较小。

6. 人气股二波战法

有的个股在注册制之前出现过涨幅达 10% 的情形，积累了一定的市场人气，那么这些个股在注册制实施之后也会率先被人关注，比如，汇金股份（300368）、华昌达（300278）等。

当然，这些个股都面临新高问题、筹码转换问题。如果能够完成新高突破，是可以大胆持仓的。

7. 龙头低吸模式

与主力自救模式相比，低吸模式的范围更广。比如烂板第二天低开，走势由弱转强，又比如系统性风险造成的低开预期差。如果一只人气股还未迎来顶部断板的话，低开是可以大胆博弈的。这里的低吸建议在下跌 5% 以下。

为何要低吸龙头股？很简单，注册制背景下游资改变了打法，20% 的涨停板游资不再打板，转而进入了低吸。

既然是龙头股低吸，就要判断是不是之前热点题材的龙头股，否则成功率会大打折扣。

什么是强势调整，就是调整的空间越小越好，调整的时间越短越好，这样更容易把股价拉起来。

低价也可以潜伏。潜伏创业板低价股或有其他共性但还没有上涨的股票，这种操作虽然优先级最低，缺乏效率，且低吸的股票不一定被市场认可，但安全性最高。

需注意的是：在创业板中，追高行为还是少做为好，尽量以 7 个点以下的半路参与或者强势股的板上确认为主，而且尽量围绕板块人气股，快进快出。

涨停 3 式　建仓涨停战法

一、形态特征

在熊市中，主力很容易在低位吃到大量的低价筹码，因此熊市环境中主力不大可能利用涨停板建仓。但是牛市中，两类股票容易受到主力的青睐，一是资质甚好具备高成长能力的个股，二是突发中长期显著利好的个股。这两类股票具备基本面的强有力支撑，主力在大势环境较好的情况下，为了掌控股价走势，常常采用涨停的方式快速完成建仓计划。对于这类股票，在控制仓位分配的情况下，要敢于狙击，争取与主力同步建仓。

市场机理：股价处于低迷时期，超卖导致市场不愿卖出筹码，主力难以完成低位建仓计划，在这种情况下，主力只好向上拉抬，让股价回升到前期心理价位，让人解套，交出筹码。或者遇到某种利好，时间紧迫，主力不得不拉涨停建仓。有时候，主力为了提高中小投资者跟风买进的成本，会大幅拉高股价，以促使更多投资者在高价区买入，为自己将来出货打下基础。

建仓型形态的技术特征和要点。

（1）通常出现在大幅杀跌后，量能极度萎缩的情况下。主力想建仓，但由于市场过于超跌导致惜售，很难吸筹。

（2）形态内部结构是涨停反复打开，放出量能。这样能激发人气，让一部分散户解套交出筹码。

（3）建仓型涨停出现后，短期内股价不会涨得很高，因为只是为了吸引人气，让一部分散户解套交出筹码。

建仓涨停战法，股价一定要处于低位或中低位。在底部建仓涨停之后，往往还会再次被打压，因为主力资金是要建仓，而不是拉升，涨停的作用在于吸筹。所以，不应该继续拉升，而是应该继续打压，只有把价格压得很低，才能低吸筹码。如果价格连续上涨，会造成主力吸筹成本增加，还会造成股民惜售，增加主力建仓的难度。

二、三种类型

（1）底部伏击型涨停。这种涨停方式多出现在上升初期阶段，主力经过洗盘后，以连续涨停的方式进行吸筹。此类涨停较为安全，但涨停连续性较差，一般 1～2 板居多。

操作要领如下。

第一,大幅下跌后形成止跌信号,即收盘价高于前一天开盘价(阴线)或收盘价(阳线),成交量放大,股价出现小幅上涨。

第二,出现缩量二次探底,并在前期低点获得技术支撑,即不破起涨线。

第三,放量向上突破,出现单倍量(指股价上涨,成交量大于前一天的一倍以上)。

概括地说,涨停模型就是止跌后拉高"刹车",然后缩量回调"换挡",小阳线加小阴线,守住起涨线。经过"刹车"和"换挡",最后一加油门就是涨停,也叫涨停三步曲。

如图3-1所示,国农科技(000004)的走势图。股价经过快速打压后,在2020年2月4日出现止跌回升信号。小幅上涨后"刹车",缩量回调"换挡",而股价不破起涨线。2月17日股价放量涨停,形成单倍量态势,构成起涨信号,接着股价出现大幅拉高行情。

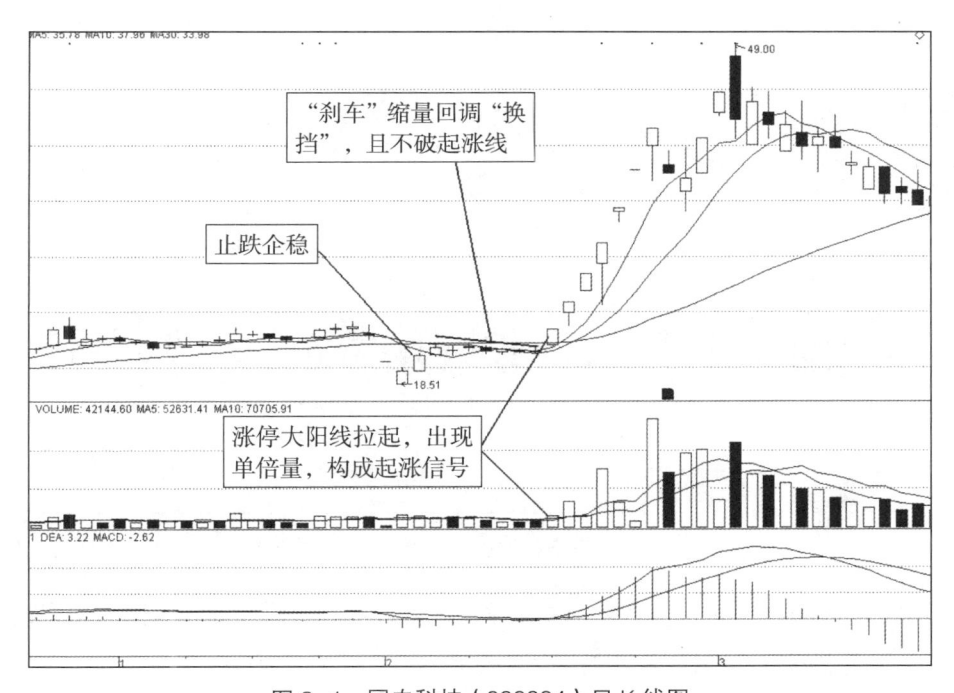

图3-1 国农科技(000004)日K线图

(2)快速拔高型涨停。出现在长期缩量下跌后(累计跌幅超过30%),股价几乎趴地不动,某日以一根涨停大阳线吹响进攻号角。此类涨停往往由于突发利好催生,游资为拉升的主要力量。

操作要领如下。

第一,在大幅下跌之后出现百日地量,价格突破下降趋势线。

第二,在前期起点附近止跌,若MACD指标出现大级别背离,涨停更有底气。

第三,通常是出现重大利好刺激,由游资快速拉升。

如图 3-2 所示，中潜股份（300526）的走势图。该股见顶后逐波振荡走低，大批散户被套牢，也有短线主力被套其中。之后，实力强大的主力看好该股的潜力，不断采用拉高手法建仓。在 2019 年 4 月 26 日、5 月 13 日、5 月 30 日和 31 日均采用快速拉涨停建仓，解放了前期在底部被套牢的大批散户。那么主力此举的目的是什么？当然不是为了做善事，而是拉高建仓的一种手法。每次拉高涨停后，股价均出现小幅回落整理，给套牢散户一个解套离场的机会。主力完成建仓计划后，7 月 1 日开始进入拉升阶段，股价从此中线走牛，累积涨幅超过 1271%。

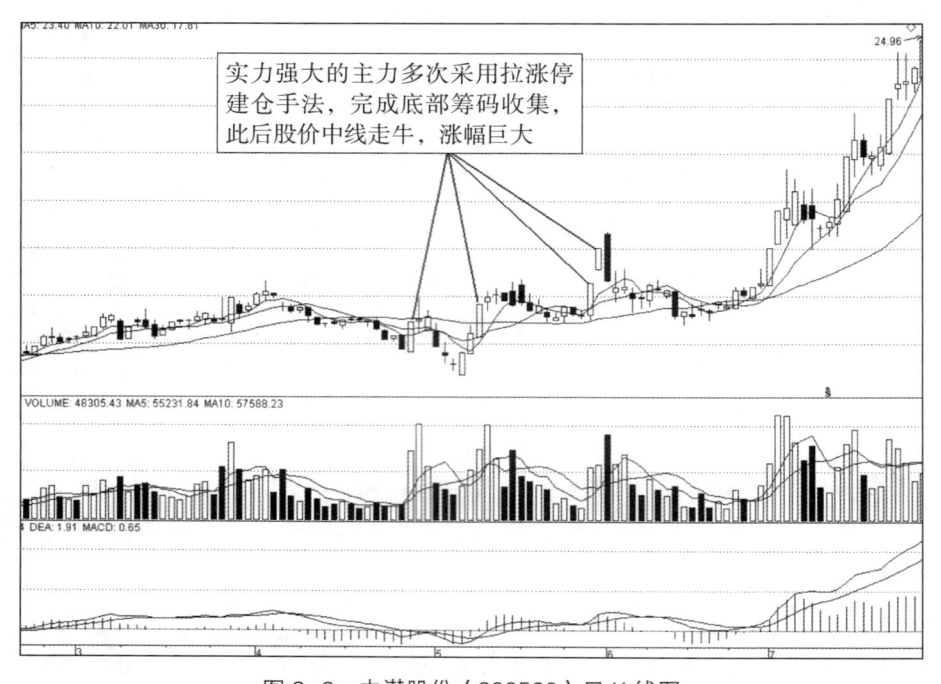

图 3-2　中潜股份（300526）日 K 线图

（3）凹底淘金型涨停。一般经过底部盘整之后，突然以涨停形式启动，K 线形态呈现凹底形态。此类涨停容易辨认，上涨持续性较强。

操作要领如下。

第一，不是所有的凹底都能起涨，值得淘金的是有主力卧底的凹底。

第二，缩量双阴、黄金柱是发现主力卧底的核心技巧。

第三，参与时机可以结合单倍阳量及盘口技巧把握。

如图 3-3 所示，罗博特科（300757）的走势图。股价大幅下跌后，在低位出现横盘整理，2019 年 9 月 6 日，股价放量涨停，构成凹底淘金型形态，然后股价向上盘升，主力建仓迹象明显。均线系统呈多头发散，成交量形成"单倍阳量"看涨信号，此时可以大胆追板介入。

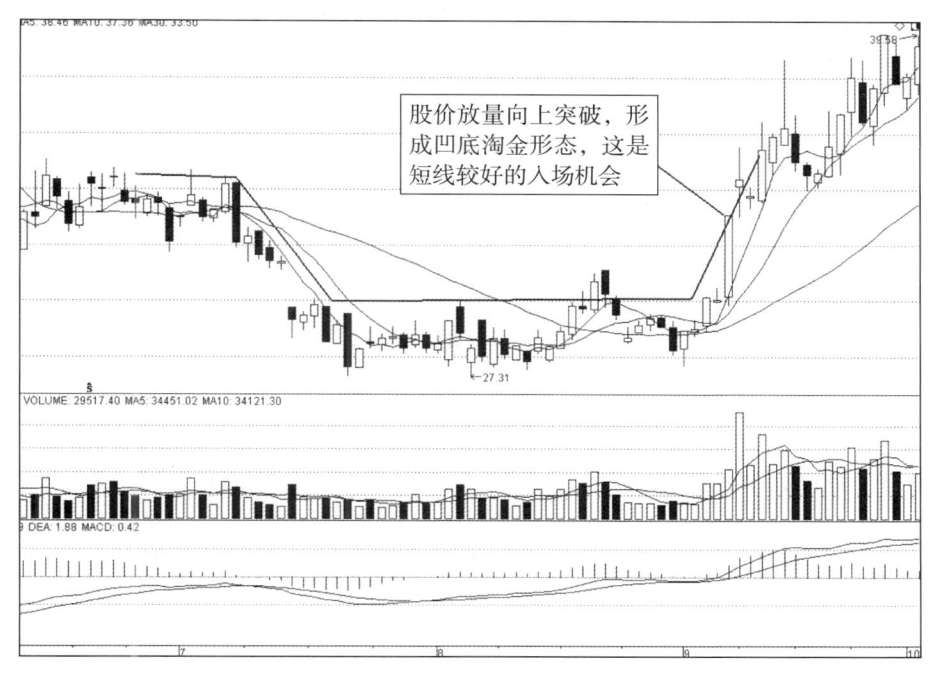

图 3-3　罗博特科（300757）日 K 线图

三、战法剖析

1. 建仓性低开涨停

在股价波动中，有时突然大幅波动会让人摸不着头脑，低开涨停就是其中一种。低开涨停常常是主力建仓的一种运作手法，一般出现在股价回调或横盘整理中，某个交易日低开之后，主力趁机强力建仓。其特征是：股价莫名其妙地大幅跳空低开，随后便慢慢爬升，当天收涨停。这时散户可以跟随主力一起建仓，与主力成本一致。与主力站在同一起跑线上，无论日后主力如何洗盘，均在成本价之上波动。

建仓性低开涨停的操作技巧。

（1）在底部区域出现时买入。这里说的低开涨停形态，主要是指在股价底部或中部区域出现的形态，短线介入风险比较小，一般都有利可图。如果出现在高位，往往是主力的诱多行为，短线介入风险较大。

（2）低开稳步拉升时买入。股价在底部区域连续回调或横盘整理中，均线系统一般会出现空头排列或者纠缠在一起，这时可以在低开之后股价稳步推高时买入。

（3）次日高开时可适当追涨。在底部区域出现这种 K 线形态，一般是主力急于进场，其战略意图在于追求速战速决，有可能立刻进入拉升期。所以，如果次日跳空高开高走，即可追涨杀入，注意仓位不宜过重，不宜超过半仓。

如图3-4所示，正川股份（603976）的走势图。该股反弹结束后大幅回落，企稳后出现横盘整理，主力埋伏其中悄然吸货，但纯粹的横向运行很难达到吸筹要求。2020年4月29日，股价小幅低开后，缓缓向上拉起，尾盘收于涨停，股价重回30日均线上方，既保持日K线的完整性，又达到低吸筹码的目的。5月8日出现相似的走势，在形态上进一步转强，分时走势开板振荡，建仓效果非常好。之后股价大幅走高，累积涨幅接近500%。

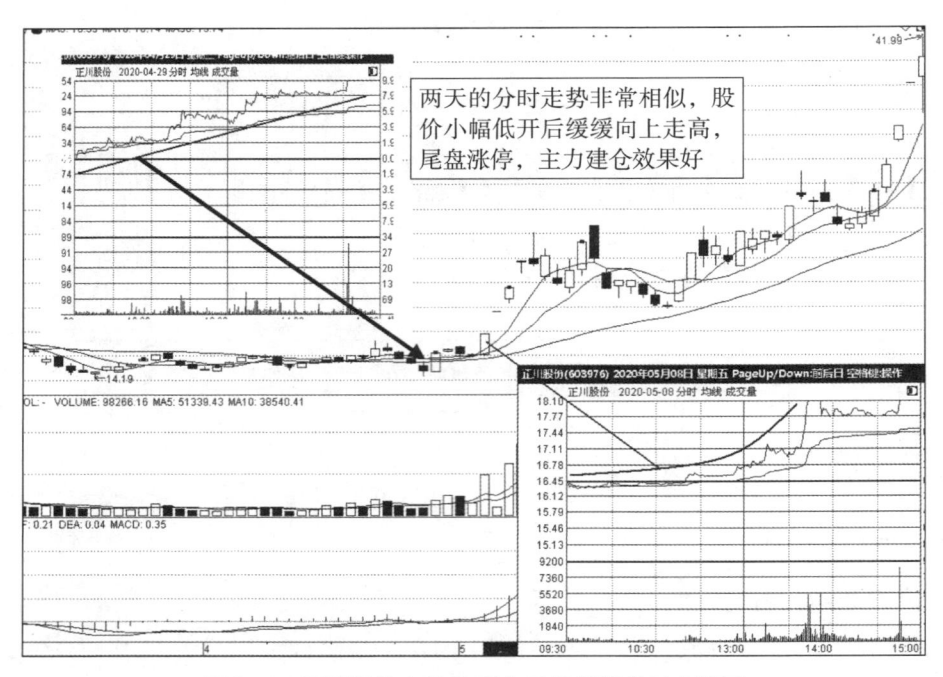

图3-4 正川股份（603976）日K线和分时走势图

如图3-5所示，西藏药业（600211）的走势图。该股主力利用涨停建仓的迹象非常明显。2020年4月28日，股价高开3.15%后，向上推升至涨停，然后主力利用前期盘区高点压力作用进行振荡吸筹，股价重心有所回落。5月25日股价小幅低开后，再次向上推升至涨停，随后几日股价在高位强势振荡，轻易将浮动筹码收入囊中。接着一路上涨不回头，股价大涨500%以上。

建仓性低开涨停在K线上有以下特征。

（1）常常出现在一波上涨行情之后的回调或横盘整理中。也就是说，低开涨停出现时股价在回调，并且前几个交易日往往是大阴线或连续阴线下跌。当然，也有不少出现在长期跌势的末期。

（2）在股价回调过程中，当股价跌破30日均线时，突然有一日股价大幅低开，而市场中并没有利空消息出现，随后股价被主力迅速拉起，最终以涨停报收，返回30日均线之上。

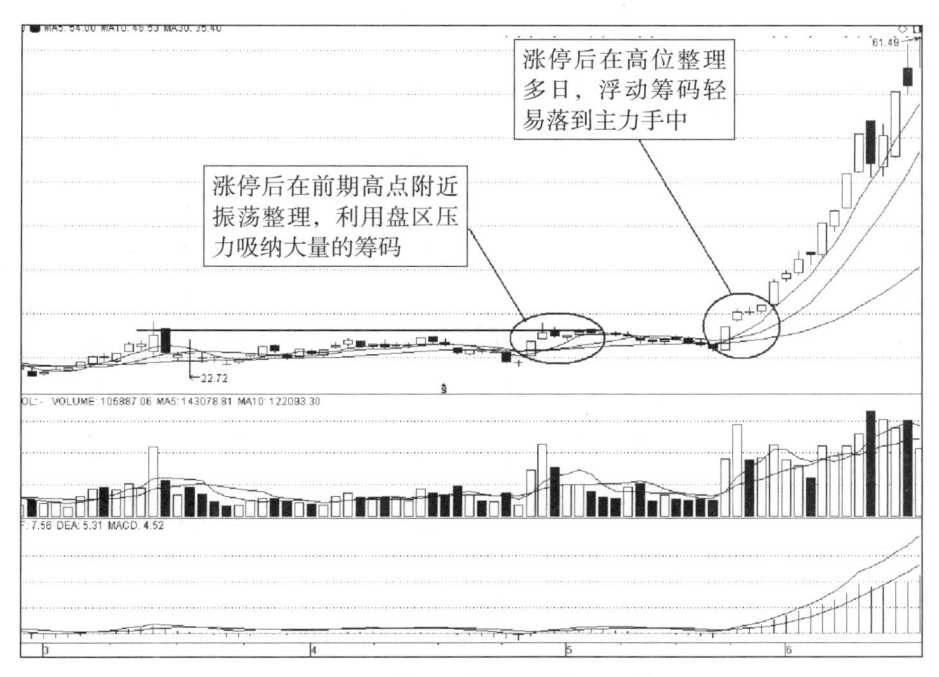

图 3-5 西藏药业（600211）日 K 线图

（3）低开涨停出现时，移动平均线并没有变坏，特别是 30 日均线保持上行和平走，市场依然是多头市场。此时，股价大幅跳空低开，至少需要低开 1% 以上（越大越好），形态上呈穿底而出。如果出现在跌势中，股价远离均线系统，乖离率越大越好。

（4）如果低开当天没有封住涨停，而是一根大阳线，其他要求符合以上条件，也可以作为买入信号。

2. 建仓性高开涨停

一般情况下，建仓性高开涨停由两种特别的因素决定：一是受突发性利好消息刺激，二是主力以成本换时间快速建仓。

在底部阶段，当日股价高开涨停，则是主力突击拉高建仓。如果向上攻击的量能没有有效放大，则是主力纯粹试盘型攻击建仓行为。建仓性高开涨停通常有两种情形：一是在弱势背景下高开涨停建仓；二是在企稳或转强背景下高开涨停建仓。

（1）在弱势背景下高开涨停建仓，是指股价处于下跌调整过程中，均线系统呈空头排列，主力突然拉出涨停大阳线。从形态上看，涨停如天外飞来之物，属于超跌反弹性质，之后股价渐渐走强，这是主力常用的拉高建仓手法。

如图 3-6 所示，中文在线（300364）的走势图。该股股价见顶后跌跌不休，不断创出调整新低，均线系统向下发散，空头气氛笼罩着盘面。2020 年 4 月 2 日和 7 日，相继拉出两个涨停，形态上属于典型的反弹走势，接着继续振荡整理，这让不少散户选择了离场。

之后，主力进行短期整理，股价进入强势上涨行情。

（2）在企稳或转强背景下高开涨停建仓，是指股价已经明显止跌，30日均线平走或上行，主力在振荡中拉出涨停，接着继续振荡整理或回落。主力在振荡中完成建仓计划，这也是比较多见的涨停建仓手法。当主力完成建仓或筑底成功后，股价进入强势上涨行情。

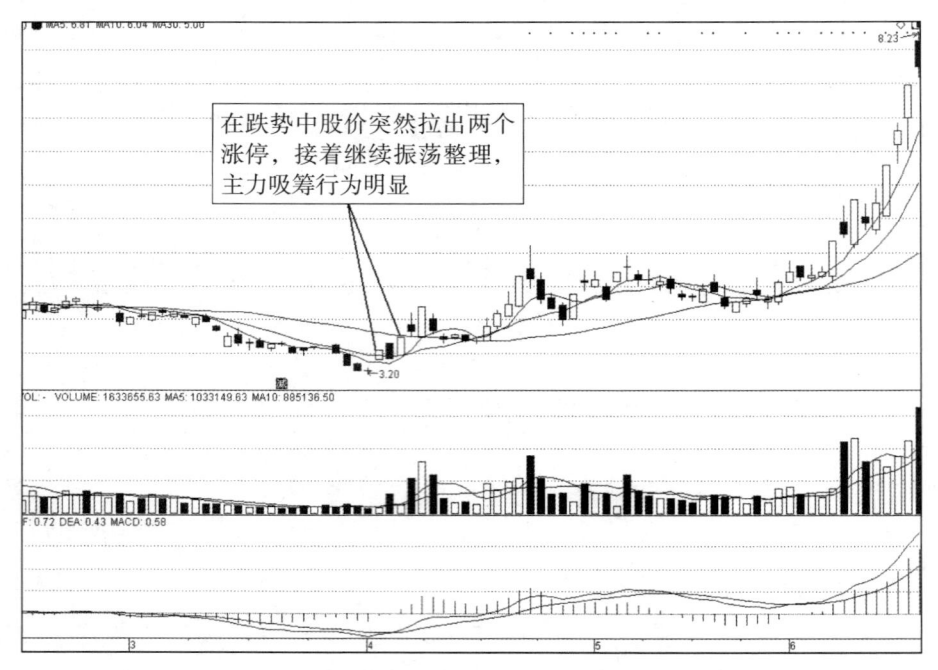

图 3-6　中文在线（300364）日 K 线图

如图 3-7 所示，宣亚国际（300612）的走势图。该股探底成功后，股价渐渐企稳回升，2020 年 6 月 8 日和 9 日连拉两个涨停，突破了前期高点压力，给人一种美好的想象。可是，紧接着的两根大阴线抹去了全部涨幅还不止，希望破灭的散户在随后几个交易日的振荡中纷纷抛售筹码离场观望。主力先拉高后打压，收集筹码的时间快、成本低，随后股价走出了涨幅超过 200% 的行情。

在了解了底部建仓性高开涨停外，对其他阶段出现的高开涨停，应区别分析。

（1）在股价拉升阶段初期，股价高开涨停，说明主力要加速发力上攻，以脱离建仓成本区。如果成交量不大，说明主力基本控盘，直接用大单将股价封在涨停位置，不给跟风盘任何机会。

（2）在股价拉升阶段中期，股价高开涨停，说明主力操盘计划进展顺利，随后继续发力上攻，股价加速上涨。如果成交量不大，说明主力基本控盘，盘中还没有大规模出货。

（3）在股价拉升阶段末期，股价高开涨停，这是主力欲大量出货进行的诱多性攻击，股价将完成最后的加速上涨。如果成交量不大，说明主力盘中出货量较少。

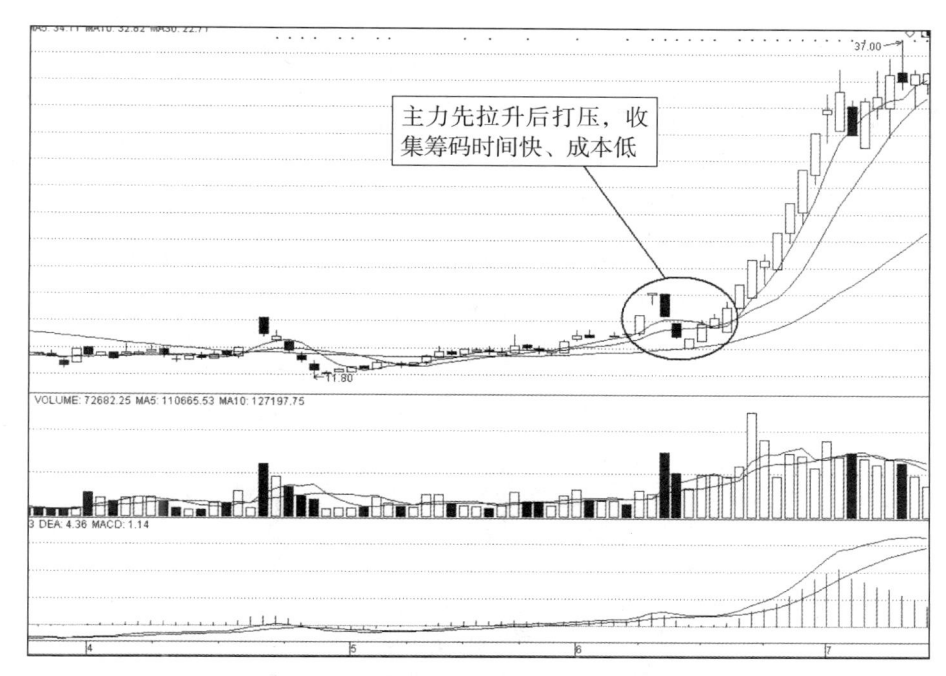

图 3-7 宣亚国际（300612）日 K 线图

（4）在股价做头阶段初中期，股价高开涨停，这是主力欲大量出货进行的诱多性攻击，股价将完成最后的振荡盘升，有可能会创新高，形成第二个或第三个头部。如果成交量不大，说明出货量较少。如果放量（量比 3 倍以上）攻击，换手率在 5% 以上，股价在涨停板位置反复开板，说明主力投入部分资金对敲，滚动操作，暗中出货，因此盘中涨停是诱多行为，目的是吸引短线跟风资金进场。

（5）在股价做头阶段末期，股价高开涨停，这是主力欲完成最后出货计划进行的诱多性攻击，股价将完成最后的振荡盘升，有可能会创新高，形成最后一个头部。如果成交量不大，说明主力已经基本完成总仓位 60% 以上的出货计划，因此涨幅有限。如果放量（量比 3 倍以上）攻击，换手率在 10% 以上，股价在涨停板位置反复开板，说明主力投入部分资金对敲，滚动操作，暗中出货，盘中涨停是诱多行为，目的是吸引短线跟风资金进场。

（6）在股价下跌阶段初中期，股价高开涨停，这是主力进行最后出货行为的诱多性攻击，股价将在头部平台附近遇阻回落。如果成交量不大，说明主力控盘量较大，股价还将反复振荡，因此涨幅空间有限。如果放量（量比 3 倍以上）攻击，换手率在 10% 以上，说明股价在涨停板位置反复开板，主力正投入部分资金对敲，滚动操作，暗中出货，盘中涨停是诱多行为，目的是吸引短线跟风资金进场。

3. 分时建仓经典形态

在低位区域，主力将股价强势拉涨停后，封盘不久便开板振荡，长时间处于开板状态，诱使散户因长时间开板不回封而卖出手中的低价筹码。或者，主力在涨停板位置反复开板振荡，甚至以炸板收盘，诱导散户离场。

如图3-8所示，华天科技（002185）的走势图。2019年11月27日，该股开盘后沿着一个角度缓缓向上推升，但股价到达涨停板附近后，主力有意不封盘，而是在涨停板附近振荡，这时有的散户就会逢高减仓。午后股价封板，但主力封板不坚决，开板后长时间不回封，又让部分散户选择离场。通过一天的涨停振荡后，主力吸纳了不少的低价筹码。

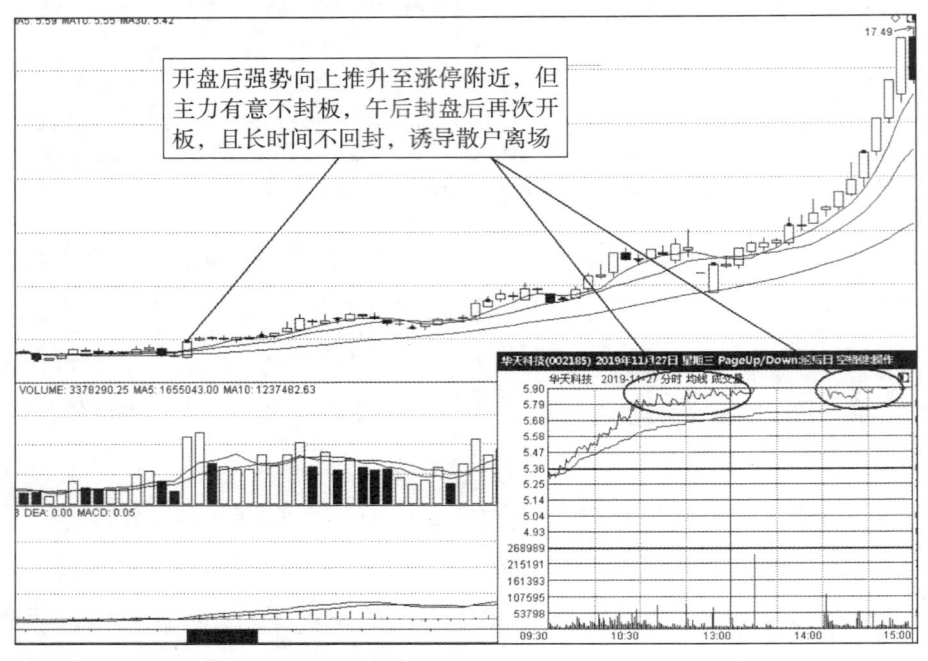

图3-8 华天科技（300612）日K线和分时走势图

如图3-9所示，三友化工（600409）的走势图。2020年6月1日，该股开盘后逐波向上推升，几度触及涨停，但主力故意不封盘。因为如果封盘，散户就会安心持股，这样主力就无法拿到低价筹码了。股价之后一直在涨停板下方振荡，直到收盘也没有回封，这种炸板走势着实让散户有些担心。在此后一段时间里，股价继续维持弱势整理（不破大阳线低点），这期间不少散户选择换股操作。炸板+横盘，主力完成建仓后，7月3日放量向上突破，股价出现盘升上涨。

不少散户买入被套后，就会安心持股，甘愿被套，有的甚至一拿几年。如果有一天股价企稳回升，手中股票解套回本，或稍有赢利，就会担心股价再次下跌，失去解套机会，再次挨套的恐惧心理会使他们不问青红皂白，夺路出逃，股价往往在他们出局后一路高歌，青云直上，这就是主力低位拉高快速建仓的手法。

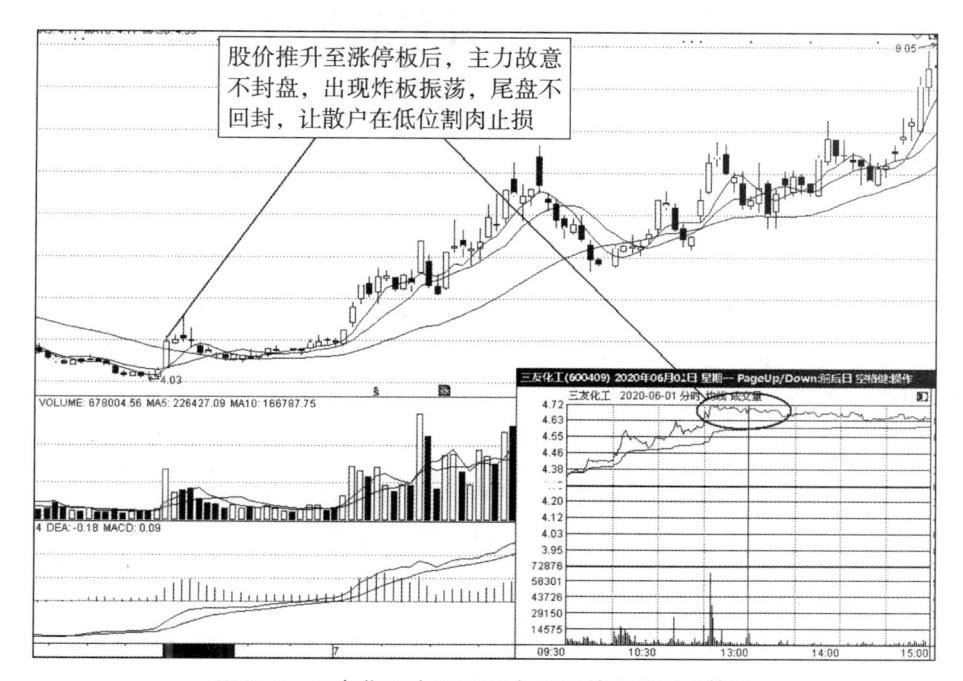

股价推升至涨停板后，主力故意不封盘，出现炸板振荡，尾盘不回封，让散户在低位割肉止损

图3-9　三友化工（600409）日K线和分时走势图

涨停4式　开闸放水战法

一、形态特征

主力完成低位建仓后，开始发力向上拉升股价，在分时走势中，股价开盘后向上拉至涨停，封板一段时间后，主力在盘中或尾盘"开闸放水"，对盘中浮动筹码进行清洗。或者股价直接从涨停价位开盘后，主力在盘中或尾盘打开一字板"放水"，将盘中浮动筹码清洗出去，故称开闸放水形态。

市场机理：主力通过涨停后的开板振荡，吓退盘中持仓散户，同时吸引场外散户入场，以提高市场平均持仓成本。散户一般胆子不是特别大，持仓时间也不会长，跟那些慢腾腾的洗盘方式相比，开闸放水洗盘无论从力度还是效率上都出类拔萃。

开闸放水战法的技术特征和要点。

（1）开闸放水形态主要出现在上涨初期，在下降趋势中以及大幅上涨后出现涨停打开的，一般不是洗盘，而是出货性涨停行为。

（2）开闸放水形态一旦打开涨停，通常会在3天内给在涨停位置买入的散户解套，以达到洗盘目的。

（3）在分时图中，涨停打开的成交量，不能超过封涨停的成交量，即涨停量大，打开量小，这一点很重要。

（4）涨停打开后缩量回落，但收盘仍能维持5%以上的涨幅。

如图4-1所示，游久游戏（600652）的走势图。主力成功完成建仓计划后，突然股价跳空高开8.02%，分时走势中上午维持横盘振荡，下午复盘后一波放量式拉涨停，封盘后两次开闸放水形态洗盘，尾盘巨单封涨停。这种盘面属于打开涨停洗盘走势，通过封盘后再打开，让胆小的散户产生涨停封不住的感觉，误导散户离场。这种情况如果出现在下降趋势中或大幅上涨后的高位，不是洗盘行为，而是出货型涨停，这一点投资者务必要分清。

二、战法剖析

（1）反复打开涨停。在分时走势中，股价封住涨停后再打开，又封涨停，然后再次打开，如此反复进行，不少散户以为涨停难以封住而选择离场，主力以此达到洗盘目的。

如图4-2所示，智慧农业（000816）的走势图。该股连拉4个涨停后，在高位出现高

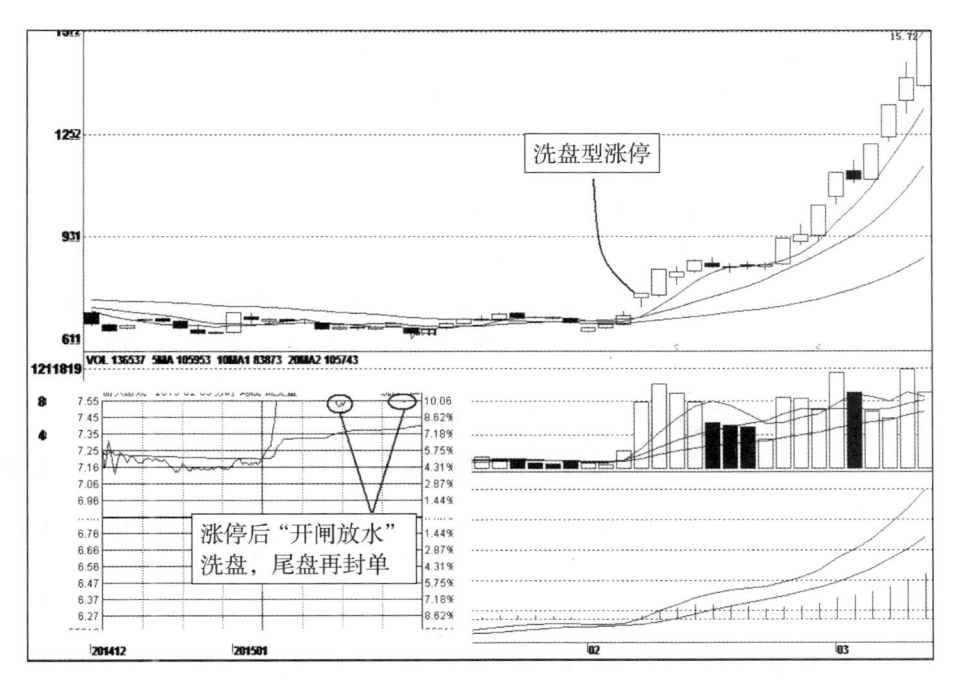

图 4-1　游久游戏（600652）日 K 线和分时走势图

开低走振荡收阴，这一天会有不少短线散户选择离场。2020 年 11 月 3 日，该股开盘后快速秒板，但封盘不到 10 分钟就出现"开闸放水"，10:16 重新封板，直到收盘都封盘不动。这次开板对于前一天振荡中没有离场的散户来说，无疑是一个难得的抛空离场机会。主力通过两天的振荡后，盘中浮动筹码所剩无几，接着股价连续拉升。该股在 K 线结构上又符合"摘绿帽子"形态，遇到这种情形时，可在股价封板的瞬间入场。

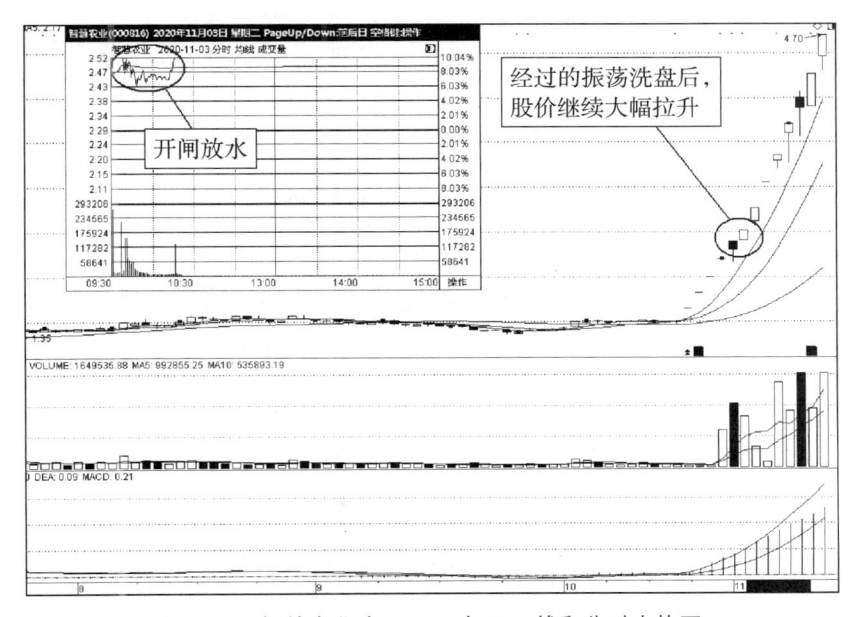

图 4-2　智慧农业（000816）日 K 线和分时走势图

（2）开板不回封。在分时走势中，封盘一段时间后开板回落，直到收盘不再回封，在形态上造成主力减仓的假象。这种走势大多在K线上形成较长的上影线，造成上方压力较大，股价不能突破而冲高回落的假象。

如图4-3所示，金徽酒（603919）的走势图。2020年10月14日，该股开盘后股价出现三波式拉涨停，涨停后反复多次开板振荡，主力对前方高点压力进行了很好的消化，午后开板振荡，收盘时没有回封。这种盘面走势，对散户的持股信心产生了动摇，经过"开闸放水"后股价出现强势上涨。实盘中，当股价向上突破当天涨停板时，就是一个短线买入机会。

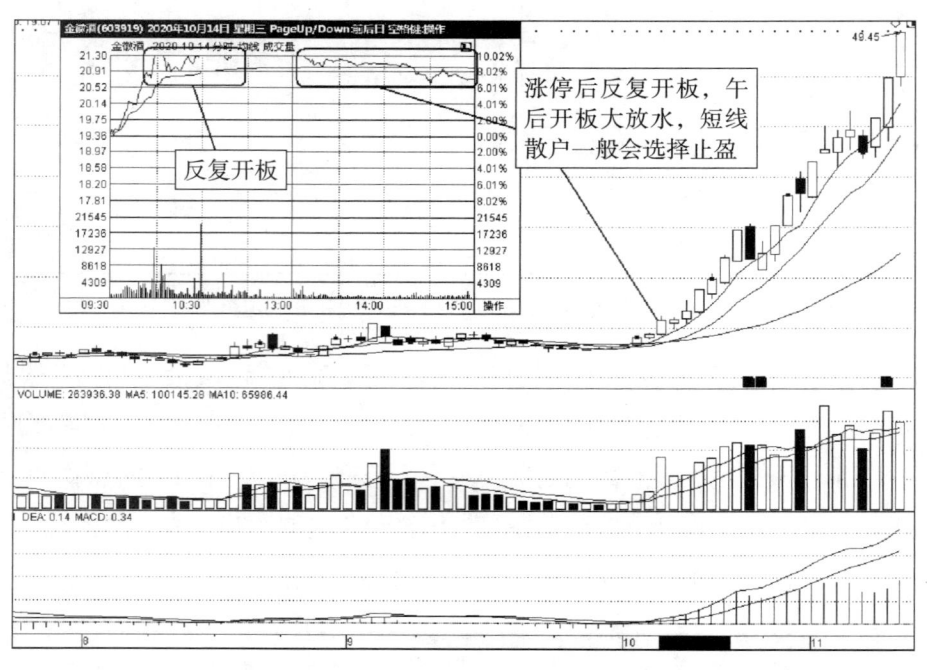

图4-3 金徽酒（603919）日K线和分时走势图

（3）尾盘开板回落。无论是一字板还是盘中拉板，涨停封板都没有异常，可是到了尾盘几分钟，主力砸开封盘，股价快速回落。遇到这种情况时，散户一般在第二天上午会选择逢高离场观望。

如图4-4所示，国电南自（600268）的走势图。该股企稳后出现小幅回升，然后出现横向振荡走势，消磨了散户的持股意志。2020年4月9日，该股开盘后逐波振荡走高，10:30股价封于涨停。可是在尾盘15分钟的时间里，巨量打开涨停，股价出现小幅跳水。不少散户见此情形，纷纷选择尾盘离场观望。之后两天股价回落，吞没了上涨阳线。这是一种洗盘或试盘性涨停走势，主力的意图就是通过尾盘开板，让原本有了封板"定心丸"的散户产生恐慌，误导散户离场。4月14日，洗盘结束，股价拔地而起，放量涨停，随后连收7个涨停。

遇到这种盘面时，关键要看随后几天的走势。如果之后几天继续走强，可以判断尾盘的开板就是主力的洗盘行为，可大胆介入；如果后续几天股价走弱，可以认定为只是反弹走势，后市不宜过于乐观，股价有可能进入横盘振荡或重新出现下跌，此时应离场观望。

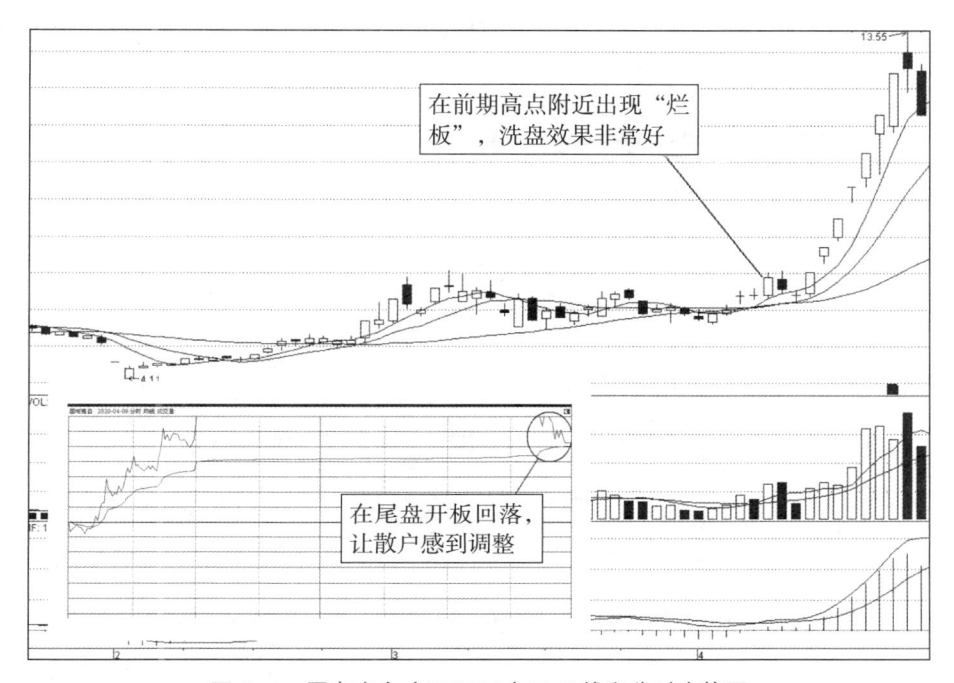

图 4-4　国电南自（600268）日 K 线和分时走势图

三、操作提示

（1）分清位置和涨停性质，在上升趋势中选择突破平台、回踩支撑最佳。

（2）洗盘型涨停通常在上涨初期出现大阳线，甚至出现涨停，所以选股难度较低。

（3）洗盘过程中量能萎缩，再次上涨时出现放量，这是判断走势强弱的重要依据。

（4）在上涨初期，出现涨停打开或尾盘不回封，可以跟踪关注，当后期出现放量突破该 K 线时立即跟进。

（5）多数个股 3 天内给在涨停位置买进的散户解套，不要盲目追高，可以在当天分时图中出现一个小级别的调整时介入，或在回调到分时均价线附近买入。

总体而言，开闸放水战法通常有两个买入时机，一是在当天涨停或"放水"时买入，二是后续调整几日后向上突破时买入。

如图 4-5 所示，达安基因（002030）的走势图。该股经过一波爬高行情后，小幅回落进入横盘振荡整理，股价与均线系统渐渐接近，三条均线呈黏合状态。2019 年 12 月 31 日，开盘后股价逐波走高，午后股价一度封于涨停，但很快打开涨停，然后一直在高位振荡，直到收盘，股价也没有重新封板。

　　这种走势表面上给人的感觉就是上方压力大，主力没有实力封盘或做多意志不坚决，从而让不少散户在收盘前离场，其洗盘效果非常好。洗盘整理12个交易日后，在2020年1月20日，该股以一字板开盘向上突破，盘中也出现开闸放水现象，午后封板形成T字线，这时形成了较好的入场机会，此后股价出现快速拉升行情。

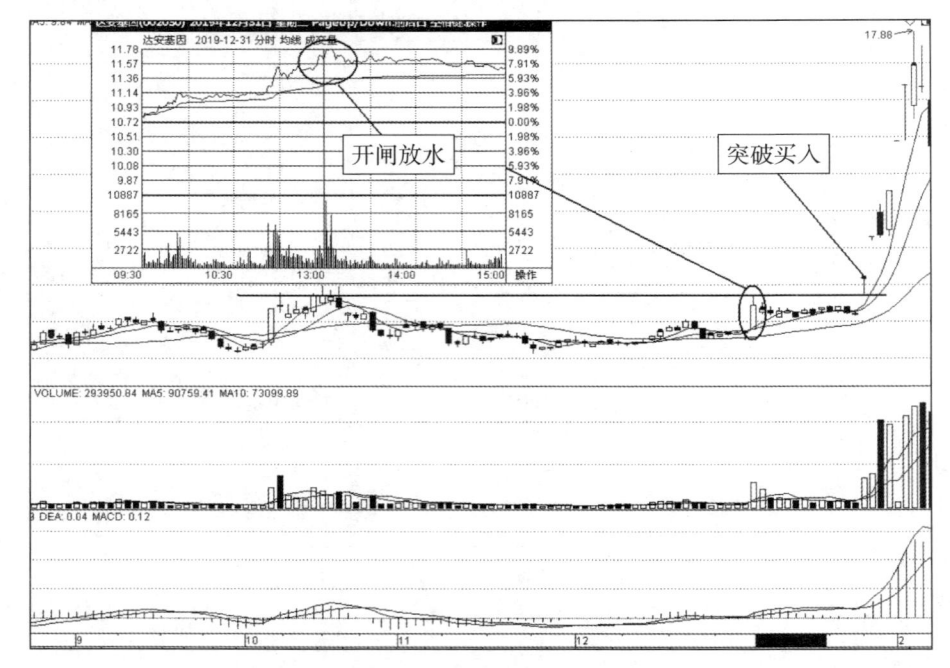

图4-5　达安基因（002030）日K线和分时走势图

涨停 5 式　低位首板战法

一、形态特征

1. 特征和要点

低位首板是指股价经过长期下跌之后，在阶段性低位出现近期首个具有标志性的涨停。任何牛股都是从低位首板开始起涨的，但低位首板不一定都会成为牛股。抓低位首板有可能赢利，也有可能"吃面"，所以掌握低位首板战法非常必要。

市场机理：经过充分的调整或蓄势整理后，市场集聚了大量的做多能量，同时主力也完成了筹码收集计划，时机成熟，开始发力向上。涨停就是主力积极举旗，开始做多的象征，预示市场进入强势上涨阶段。

低位首板形态的技术特征和要点。

（1）前期市场调整充分，股价位于低位或阶段性低位。

（2）在均线系统已经转多或渐渐转多的前提下，出现近期首个涨停。

（3）技术上具有标志性意义，有突破性、攻击性、加速性的特点。

（4）必须得到成交量放大的支撑（一字板、T 字板除外）。

2. 买入条件

那么，低位首板怎么参与呢？在选股时，在符合"低位和首板"的前提下，必须同时具备以下 5 个条件。

（1）题材丰富。个股要契合当前的市场热点，有利多消息或者政策扶持等。

（2）流通盘小。盘子小主力拉升轻松，股价上涨空间大。

（3）基本面好。公司基本面良好，业绩稳定增长，估值合理，近期不存在利空因素。

（4）价位不高。股价处于底部区域，盘面调整充分，近期没有炒作过的个股更受游资青睐。

（5）盘面抛压轻。在低位启动时，距离上方压力位较远，或已突破短期压力，或临近短期压力，次日高开就可能突破压力，这种形态的个股可积极关注。

如图 5-1 所示，石大胜华（603026）的走势图。该股盘子小，流通盘只有 2.03 亿，基本面稳定，适合主力运作。技术上，调整时间长，主力建仓充分，30 日均线渐渐走平。2020 年 6 月 30 日，股价放量拉起，收出标志性低位首板涨停 K 线，次日强势振荡，小幅回落洗盘，然后出现一波快速拉高行情。

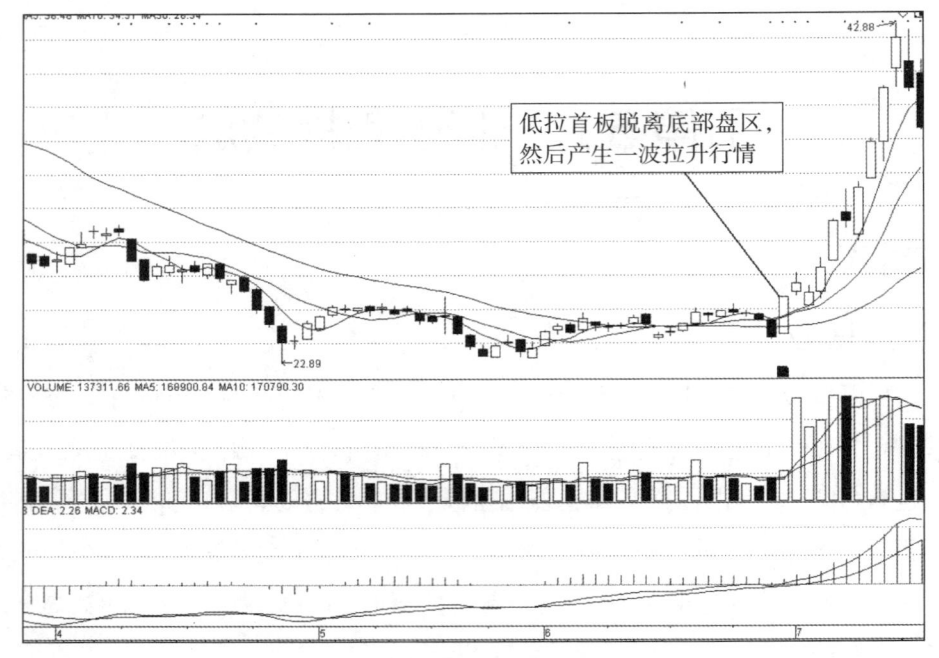

图 5-1 石大胜华（603026）日 K 线图

3. 买入机会

如何获取强势首板上车机会？根据多年实盘经验总结，可以从以下几点入手。

（1）发现个股：早盘开盘后，从综合排名中迅速浏览涨停股。对于从 0 轴附近直线封板的个股，一看 K 线图，首板，形态较好；二看属性，是否是热点，跟风，选择转势和加速首板。

（2）核心要点：一字板、秒板除外，必须从 0 轴附近直线拉升，曲线越直越好。

（3）涨停时间：最好是 10 分钟内涨停的，时间不能超过 10:30，拉升越早越好，越坚决越好。

（4）排板买入：做出判断后迅速排板，一旦有板上换手或漏水，就是捡漏上车的机会。一般情况下，刚刚强势封板的个股，都有分歧的机会，早排板成交的几率就大。

（5）模式逻辑：该股要有利好或是热点风口，游资连续用大买单下单，股价强势直线涨停，不给散户机会，拉升过程就是换手的过程。

4. 次日盘面

首板涨停出现后，次日盘面的表现情况是确定能否参与的重要环节。

（1）次日必须要高开，低开直接放弃。集合竞价能反映出市场的承接能力、抛压大小。涨停的个股，次日开盘理应高开，才代表承接力较强。若低开，说明抛压较大，即使盘中有冲高，也非常容易被砸。

（2）观察开盘半小时走势，也就是10点左右的价格不能低于开盘价，这是进一步体现个股承接力的表现。若低于开盘价，基本上可以反映个股承接力较弱，应果断放弃。

（3）涨停时必须充分换手。几乎所有的妖股都是低位放量换手，由分歧到统一。通常低位一两个涨停时市场有些犹豫，涨停并不那么坚决，或反复开板，但后续再涨停则由犹豫转向一致，上涨将加速。所以，有换手的涨停才有持续性。低位未经充分换手，甚至是一字板涨上去的个股，往往是一波到头的走势，要么买不进，要么买到炸板股被套。这里需要注意的是，换手并没有严格的统一标准，根据个股近段时间以来的成交量大小而定，通常小盘股换手率在20%以上算是高换手，大盘股则可以适当降低要求。

上述三个方面必须同时具备，否则不要轻易介入。

如图5-2所示，经纬辉开（300120）的走势图。该股经过底部充分整理后，2020年7月20日出现低位首板，股价突破底部盘区，形成标志性K线。次日高开6.92%后，进行半个小时的换手整理，10:02直线拉板。该股形态上符合低位首板的特征和选股条件，为较好的短线介入品种，此后股价出现强势拉升行情。

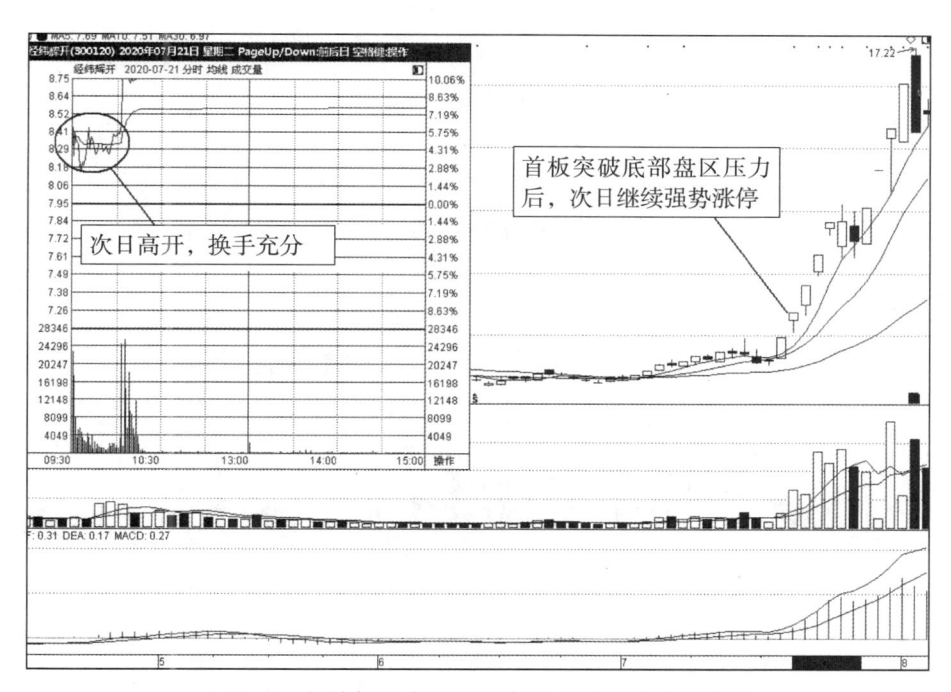

图5-2 经纬辉开（300120）日K线和分时走势图

二、首板性质

股价涨停总是有原因的，为什么会涨停，投资者首先要了解股价涨停的性质。只有定性正确，加上操作方法得当，才能有获利机会。若定性错误，则很难赢利。

从涨停逻辑来看，分为题材板、公告板、消息板、复牌板等。

从涨停周期来看，分为启动阶段的涨停、主升阶段的涨停、退潮阶段的涨停。

从涨停位置来看，又分为首板启动、二板确认、三板爆量、四板加速等。

这里就首板涨停的性质进行详细分析。市场上出现低位首板的个股很多，但能够发展成为未来大牛股的只是其中少数个股，也就意味着多数低位首板个股难以走出大行情。也正因为是"首板"，后面充满许多变数，所以分析判断低位首板的性质非常重要。

低位首板的性质，主要有以下几种。

（1）弱势首板，也叫反弹涨停。在弱势盘面中出现的低位首板，是股价超跌后的技术修复性反弹走势，只是名义上的首板而已，本质上属于反弹，不符合低位首板的买入条件。

如图 5-3 所示，九鼎新材（002201）的走势图。该股见顶后逐波下跌，形成一条明显的下降趋势线，30 日均线不断压制股价走低，盘面弱势特征明显。2020 年 2 月 11 日和 4 月 2 日两次出现"低位首板"现象，虽然是首板，但属于超跌反弹性质，并不具备真正意义上的低位首板买入条件，弱势首板不能参与。

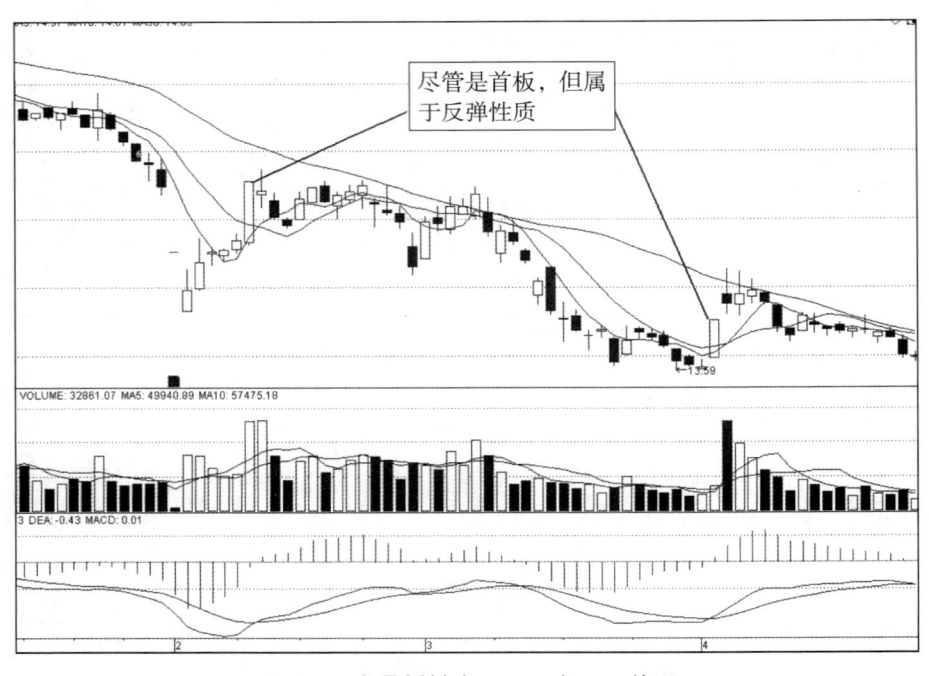

图 5-3 九鼎新材（002201）日 K 线图

如图 5-4 所示，国机汽车（600335）的走势图。2020 年 4 月 1 日，股价放量涨停，出现低位首板，看起来似乎突破了 30 日均线的压力，但不具备标志性的技术意义。趋势处于下降状态，均线系统并没有转多，30 日均线缓缓下行，不支持股价进一步走高，属于弱势反弹性质，不宜参与。

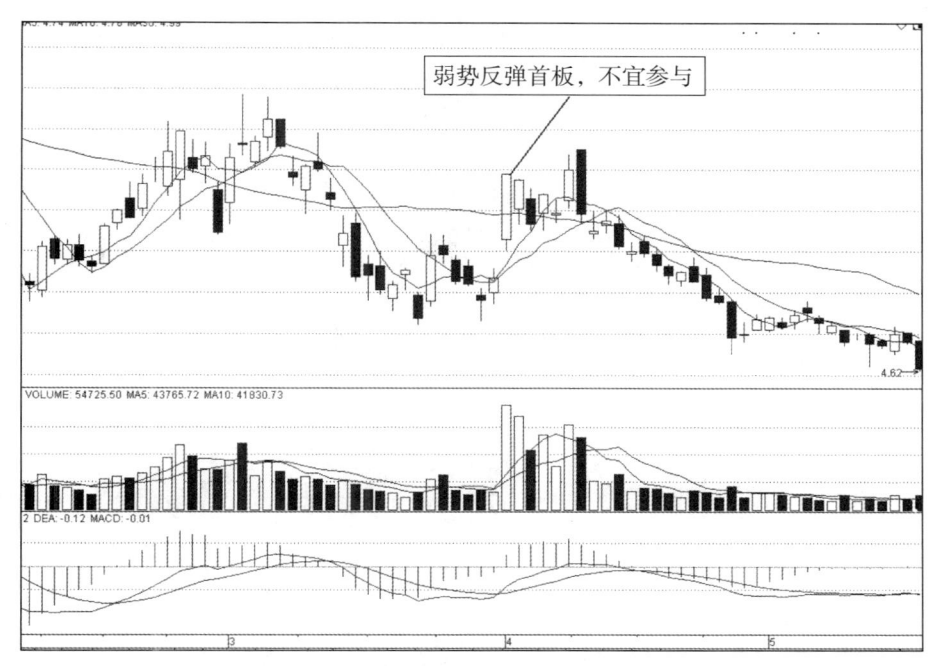

图 5-4 国机汽车（600335）日 K 线图

（2）企稳首板。股价经过长时间的下跌后，在低位渐渐企稳整理，这个阶段经常出现涨停，但股价上涨的持续性不够，技术上还不支持股价持续上涨，往往还会再次回落整理，因此，这种涨停不是上涨信号，而是一种企稳现象。

如图 5-5 所示，晶科科技（601778）的走势图。该股经过持续调整后，股价渐渐止跌企稳，2020 年 9 月 23 日出现低位首板。如何看待这个首板的性质？是否可以追板入场？经分析，这是企稳首板，不宜追板入场。因为技术形态没有得到很好的修复，趋势没有转强，30 日均线处于下行状态中，不支持股价短期持续上涨，后市仍需进一步的蓄势整理。

如图 5-6 所示，神州细胞（688520）的走势图。2020 年 9 月 17 日，该股出现低位首板，这是一个企稳首板，不具有操作意义。此时趋势下跌，30 日均线下移，量能低迷，人气涣散，盘面处于弱势形态之中。在这种情况下，很难指望股价有良好表现，投资者遇此现象时应继续观望，不宜贸然入场。

（3）转势首板。股价底部构筑完毕，主力准备工作就绪，技术形态趋向多头，盘面渐渐由弱转强，这时出现的涨停具有转强性质，这是短线投资者需要重点关注的个股。

如图 5-7 所示，和顺石油（603353）的走势图。该股上市之后一路阴跌下行，然后在底部企稳振荡，构筑了完整的底部区域，主力筹码收集到位。2020 年 6 月 4 日，股价放量拉出首板，脱离底部盘区，均线系统向多头发散，盘面由弱转强，技术上具有标志性意义，为短线较好的买点。

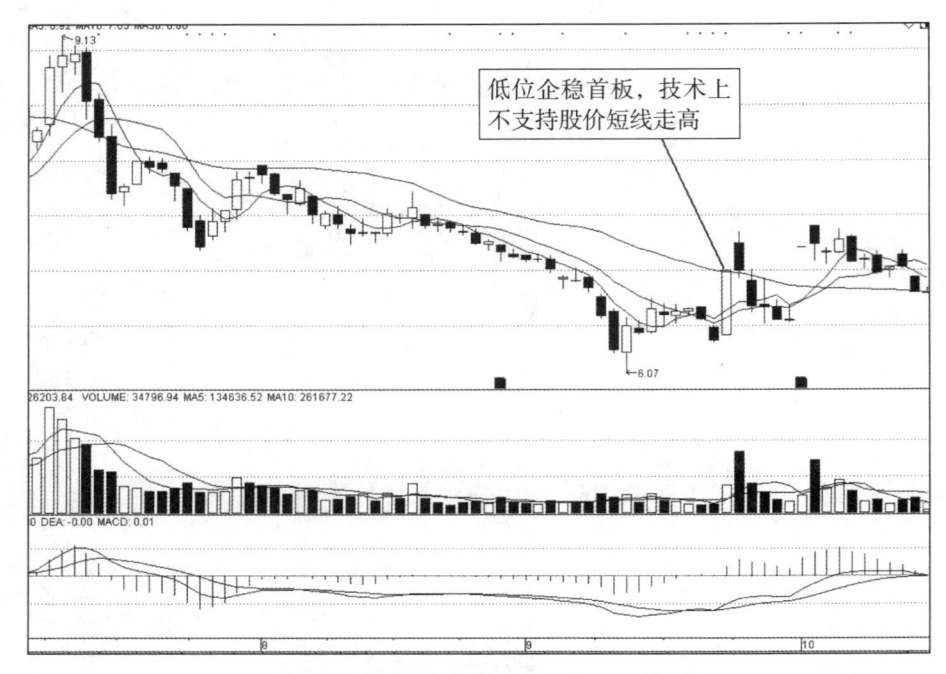

图 5-5 晶科科技（601778）日 K 线图

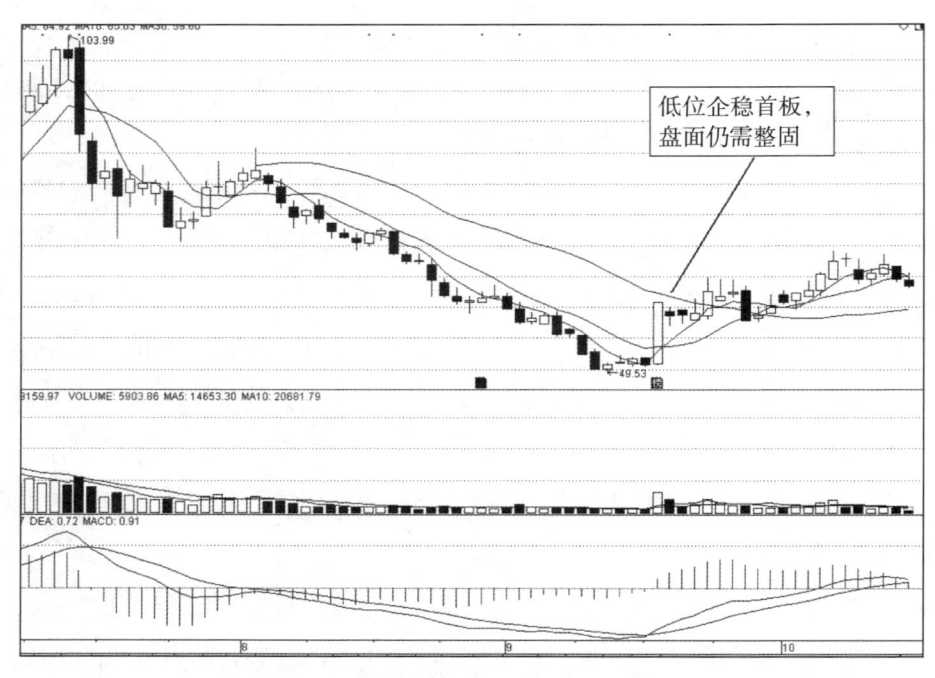

图 5-6 神州细胞（688520）日 K 线图

如图 5-8 所示，星徽精密（300464）的走势图。该股主力在底部吸纳了大量的低价筹码，在完成筑底后，盘面渐渐走强，均线系统向多头发散。2020 年 6 月 24 日，该股出现低位放量首板，盘面由弱转强的态势确立，技术上具有标志性意义，接着股价直接进入拉升，出现 10 连板行情。

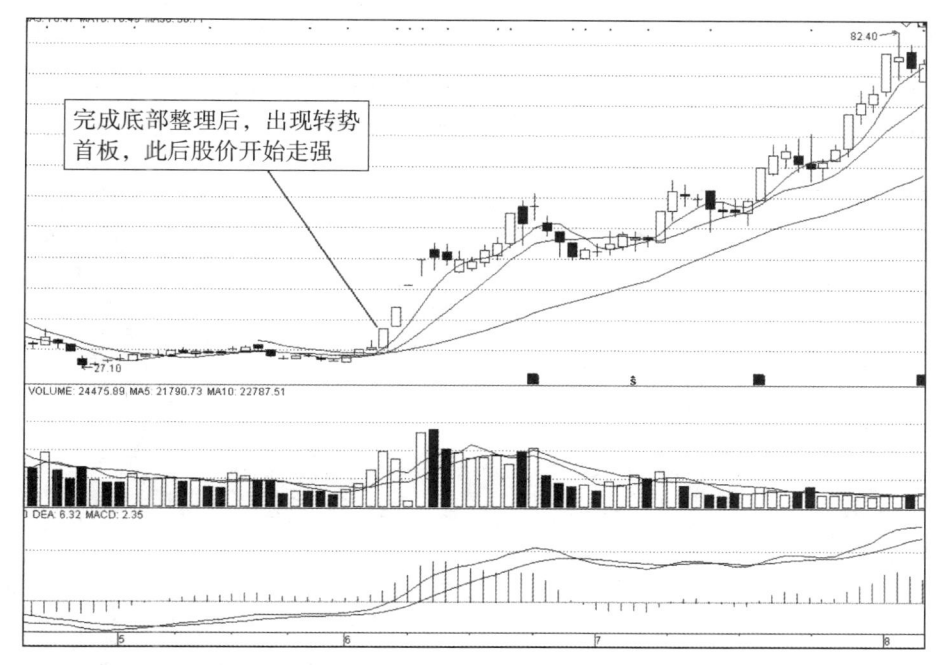

图 5-7　和顺石油（603353）日 K 线图

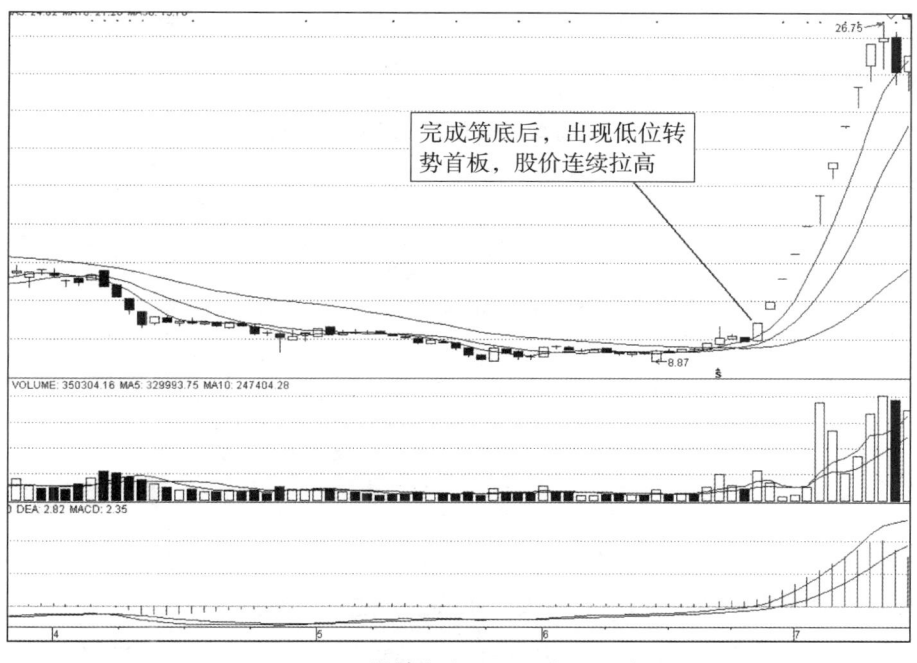

图 5-8　星徽精密（300464）日 K 线图

（4）加速首板。盘面由弱转强后，均线系统呈多头发散，技术上支撑股价上涨，题材热点得到认可、发酵，市场人气得到提升，股价容易出现快速上涨。此时出现的首个涨停，具有拉升加速的性质，这是短线投资者重点狙击的对象。

如图 5-9 所示，青鸟消防（002960）的走势图。该股成功见底后，股价渐渐回升，人气慢慢恢复，均线系统呈多头排列。2020年7月2日，该股出现低位首板，这个涨停就具有拉升性质，表明主力有强烈的拉升欲望，上涨具有突破性、攻击性、加速性的特点，投资者应积极关注。

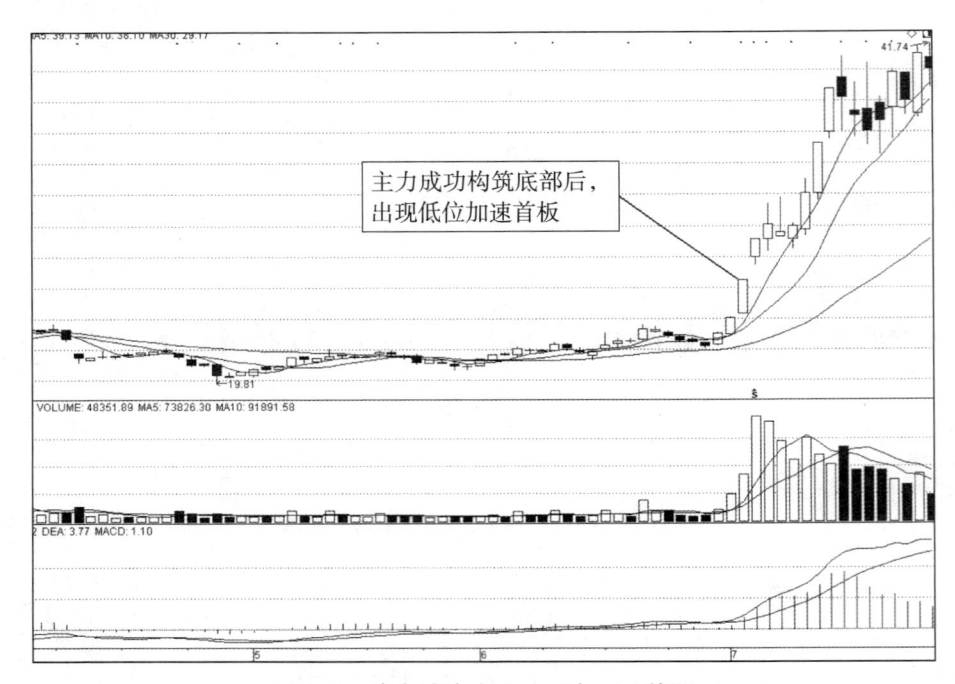

图 5-9　青鸟消防（002960）日 K 线图

如图 5-10 所示，岭南控股（000524）的走势图。该股完成底部整理后，股价以小阴小阳的形式向上推高，技术形态有进一步走强的要求。2020 年 7 月 13 日，股价放量涨停，形成低位加速首板，技术意义非常强烈，之后股价出现 5 连板。

三、战法剖析

如何能够找出简单有效的抄底买入信号，是很多投资者最想学习的，这里就分析一下低位首板中的实盘技巧。

从首板的分类来看，主要包含以下 4 类：公告、消息类首板；时间周期共振首板（或称为情绪板）；助攻市场主线题材的首板；主线发散题材的首板。

（1）超跌首板。超跌首板性质上属于弱势反弹板，只是由于股价超卖而产生的短期投机机会。一般情况下，纯粹技术超跌引发的反弹行情，其力度和幅度都不大，如果超跌＋题材，则有可能出现报复性反弹行情。

如图 5-11 所示，大港股份（002077）的走势图。该股短期出现超跌，技术上有反弹要求。2019 年 5 月 7 日，受芯片相关消息影响走出涨停，符合"超跌＋题材"，又是底部

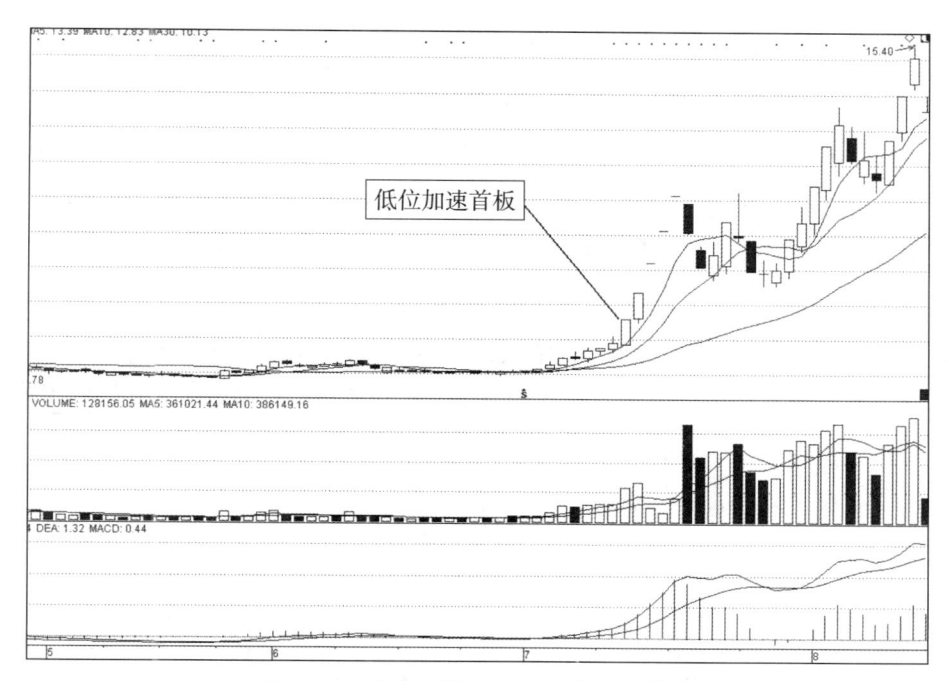

图 5-10　岭南控股（000524）日 K 线图

首板，且该股流通市值较小。低位首板的次日出现高开，开盘 50 分钟快速拉升，10:20 封板，且经历了高换手。之后随着芯片概念消息的刺激，股价连续上涨，带领整个板块走强。一旦龙头效应得到确立之后，投资者可以积极关注，无论从哪个时间节点介入，都有非常高的溢价。

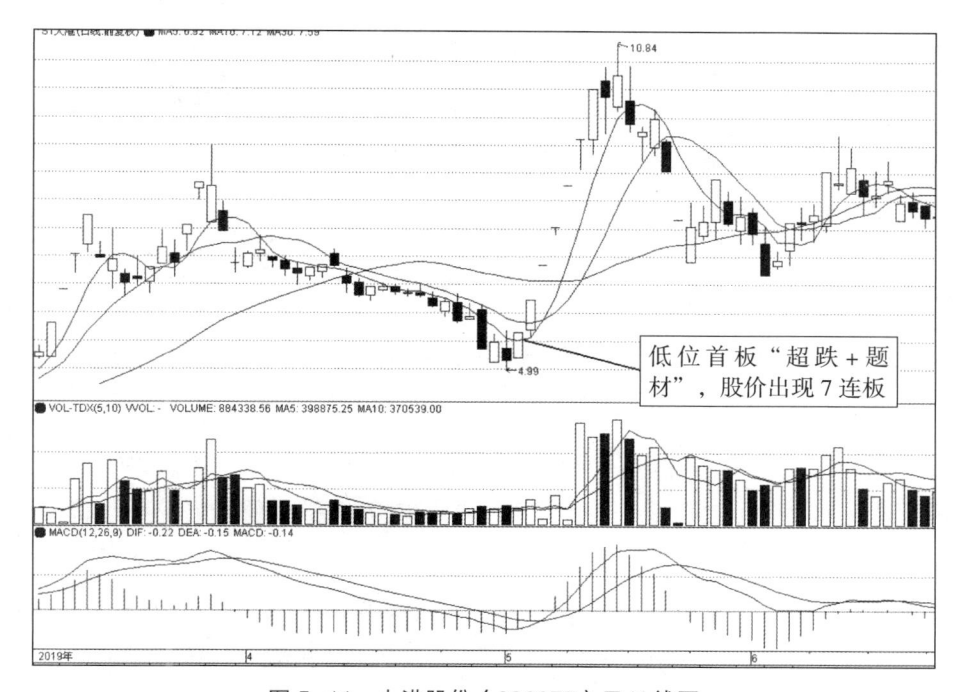

图 5-11　大港股份（002077）日 K 线图

（2）有重大消息刺激，逻辑支撑足够强。当你买入一只个股时，一定要有充分的说服自己的理由，要有吸引大家的地方，逻辑支撑要够强、够新颖。同时题材要有持续性，有发酵的可能，今天可以成为你买入的理由，明天依然有大概率成为别人买入的理由。

如图5-12所示，克劳斯（600579）的走势图。2020年2月26日，低位首板涨停后，出现7连板行情，它的题材就是口罩保护概念。由于新冠肺炎疫情爆发突然，口罩需求超出预期，导致股价爆拉。但是，由于市场认识不够，2月27日从涨停价开盘后，被潜伏资金砸开，但午后主力继续封板。晚上口罩保护概念继续发酵，2月28日再次强势从涨停价开盘。但是由于潜伏盘太多，再次被砸，最终主力强势封板，这就是有强逻辑支撑的结果。涨停后即使一时被潜伏资金砸开，还会被市场再次关注，再次封板、拉升，从这一点来说，容错率要远远好于没有概念的个股。

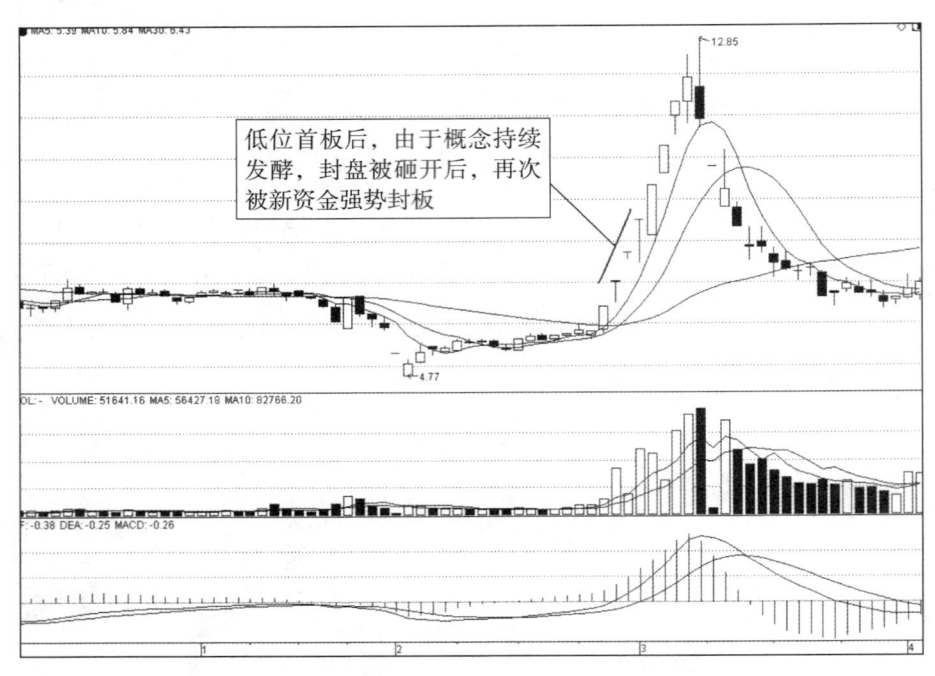

图5-12 克劳斯（600579）日K线图

（3）带动板块，多股助攻，调动市场情绪，龙头股第二日收盘出现高溢价。这个方法的关键点就是题材或概念要贴近市场主流，这样更容易得到市场资金的认可。一个龙头股拉涨停，板块能不能被带起，与市场环境及板块所处的位置有关。从市场运行特点来看，能够被带动的板块，都是之前没有炒作过的，板块内的个股大部分处于超跌状态，以及之前有群众基础、人气足的超跌到位的板块。

（4）板块龙头打开绝对空间的，龙头一字板买不到，可以挖掘补涨龙头。这是买不到龙头之后的一种补涨思路，常见的形式就是龙头出现连板之后的竞价一字涨停，由于龙头买不到，可以挖掘与龙头有相关属性的，能够出现跟风强势板的个股。比如，2018年7月成都路桥（002628）连拉了3个实体板之后，在4连板时配合消息刺激，直接一字板。这时龙头买不到，可以挖掘四川路桥（600039）、山东路桥（000498）等跟风强势板。

又如，金安国纪（002636）受覆铜板涨价的影响，2018年7月连拉2个实体板之后，直接竞价一字板。龙头买不到，可以挖掘最强跟风股华正新材（603186）的短线机会。

（5）次新首板，"次新＋题材"。这个方法投资者应该比较熟悉，也是各路游资达成共识的手法。当有重磅消息时，首先想到的就是去寻找相关的有叠加次新的个股，同时次新涨停也是连板资金最喜欢的。次新首板龙头容易成为第二天接力涨停的目标，近年来次新板块中出现的妖股实在太多。

（6）竞价抢筹战法。这个方法有利有弊，很多短线爆发力强的个股来源于此，当然，坑也比较多。尽量在大势转强的时候使用这一战法，注意叠加市场热点、题材，这样成功率更高，否则容易被坑。

（7）复牌杀跌之后反包极速拉板。在没有新题材炒作、主流缺失的时候，市场也喜欢拉一些复牌个股，尤其是复牌之后杀跌一段时间的个股。比如南卫股份（603880）、甘咨询（000779），都是这种手法。

（8）趋势蓝筹加速突破首板。当市场资金出现匮乏时，大体量游资很难介入那些情绪秒板的个股，这时资金会转战到流动性较好的趋势蓝筹股。这种趋势蓝筹股加速首板，也是一种非常好的套利模式，也是大体量游资的一种主力战法，可以从容进退。

（9）老龙头回踩到位超跌急拉板。这个战法主要是利用之前妖股的人气，超跌回踩到位，炒作时机一般是在市场没有主流炒作或者主流炒到高位分化的时候，这时比较容易出现龙回头。老龙头妖股的超跌反弹，大部分都是脉冲走势，但是也有走出连板行情的牛股。

需要注意的是，低位首板也意味着上方压力较大，实盘中务必记住该战法的前提条件，唯有5个前提条件同时具备，低位首板战法的操作才具有实际意义。在具体操作中，需要结合大势灵活运用，同时配合形态、股性、量价和逻辑作充分考量，不可盲目追涨。尤其是在市场行情不好，连板个股很少的情况下，要谨慎使用低位首板战法。当战法失灵的时候，要找到根本原因，不断总结经验教训，进一步完善该战法。

四、支点战法

个股出现低位首板涨停后，后续走势可分为三种类型。

第一类：当日股价勉强封板，次日大概率低开。若次日高开可以忽略，低开高走冒头放量也放弃，低开低走跌停不参与。当低开弱势振荡时，一般可在尾盘低吸。

如图 5-13 所示，澳柯玛（600336）的走势图。2020 年 7 月 27 日，该股在当天早盘放出巨量，一度触板后，由于前期获利盘太多，抛压过大，导致炸板。之后主力再次组织封板，大单封死后又陆续开板，多次封板后抛压才逐渐减轻，尾盘勉强封板，当天板上成交占比超过 50%，主力资金明显介入很深。

这类封板盘面，次日主力大概率会采取低开低走洗盘，隔日或者隔几日再进行拉升的迂回战术。次日走势如果直接高开水上放量，那么这类个股可以忽略。如果低开低走水下洗盘，尾盘可以考虑参与博弈主力资金自救，也就是短期反抽。一般来说，次日回调会在某一重要均线处或者近期密集成交区域获得企稳，这一区域也是次日重要的低吸参考区域。该股 7 月 28 日的回调，就是以前一日的高位密集成交区和 5 日均线附近区域作为支撑，之后股价出现 4 连板行情。如果涨停次日水下回调尾盘介入，后续就有 40% 以上的利润。

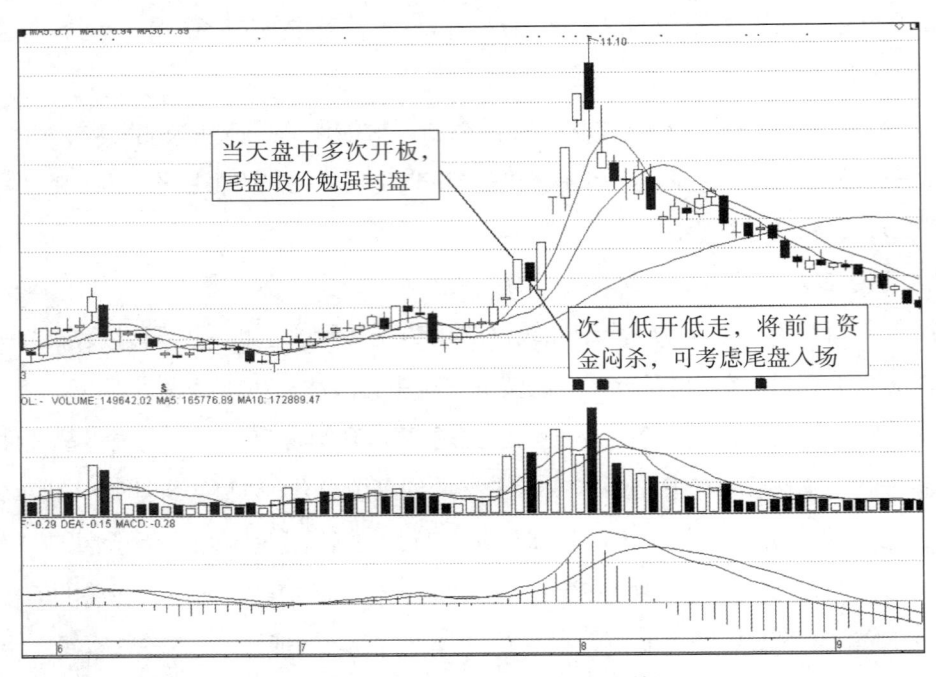

图 5-13　澳柯玛（600336）日 K 线图

这类个股的特征就是选择当日涨停过的，参与思路是次日低开闷杀封板资金，短线就可以博弈封板资金自救。发现这类个股后，次日一般以观察为主，尾盘才可伺机而动。

第二类：首板涨停后，接下来几个交易日几乎没有冒出水面放量，并且在涨停阳线内振荡，投资者可在支撑位附近尾盘入场。这类个股很多时候是由第一类转化而来的，其操作思路就是短线博弈被套封板资金的自救。一般涨停后 5 个交易日左右没有表现，就可以放弃观察。

如图 5-14 所示，惠发食品（603536）的走势图。2020 年 8 月 31 日，该股低位首板涨停，封板动作以及封单都比较好，板上成交占比50%，并且还突破了前面盘区的两个高点，上攻力度很强。但是，次日开盘后股价略做冲高，然后反手快速下杀，水上几乎没有放量，全天呈现弱势振荡。这个时候就可以断定封板资金被套，尾盘可以尝试介入。

首板之后的两个交易日，股价在均线密集交叉区域企稳，只要不跌破这个支撑区域，都是可以买进的。经过两个交易日的洗盘整理后，主力选择在第三天反包上板。

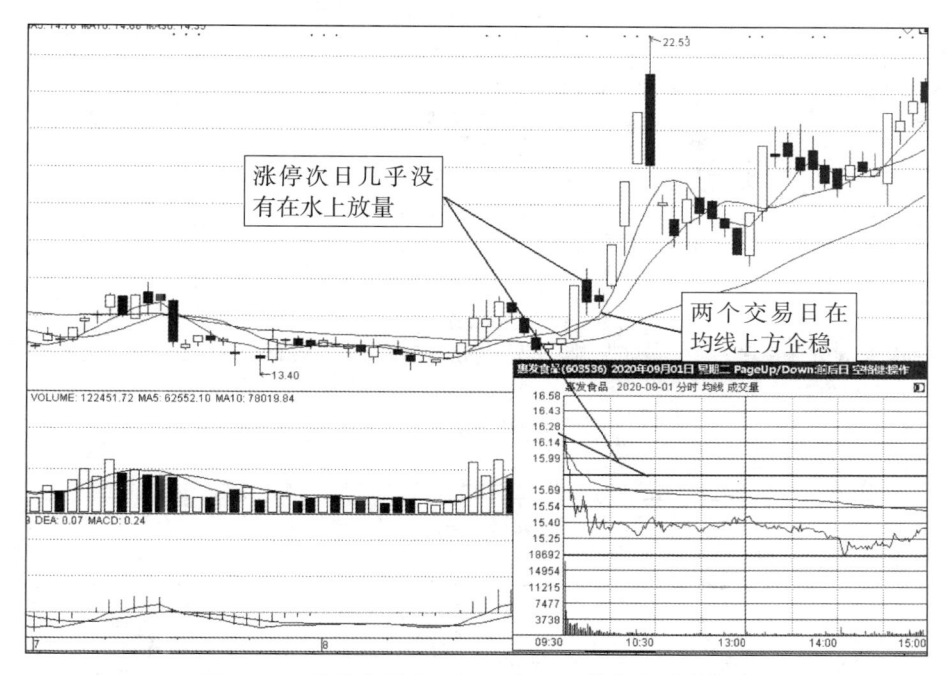

图 5-14　惠发食品（603536）日 K 线和分时走势图

第三类：低位首板涨停后，接下来若干个交易日在首板位置附近小幅振荡，筹码进行充分换手。这可能是上行的中继平台，经短暂调整后还会继续上涨，盘面如同"飞雁开路"形态。

如图 5-15 所示，朗博科技（603655）的走势图。2020 年 8 月 11 日，该股出现低位首板涨停，之后 3 个交易日强势站在涨停板上方，筹码换手充分，说明里面的资金对该股的预期不止这个涨停板，后续经过短暂调整后可能还会继续上行。这类个股一旦再次上行，就是短线较好的买点。8 月 17 日再次涨停，随后股价强势上涨。

这和第二类股票是两种不同的模式，第二类股票是首板后下行博弈主力资金自救，而这类股票是首板后上行换手博弈主力的第二波行情。

一般来说，在首板位置调整时间越长，代表换手越充分，并且筹码集中度越高，后期的参与性也会更强。

如图 5-16 所示，长鸿高科（605008）的走势图。2020 年 9 月 23 日，该股收出低位首板涨停，之后在涨停位置附近调整了 5 个交易日。洗掉大部分短线浮动筹码后，10 月 9 日股价放量向上突破，走出一波涨幅较大的上涨行情。

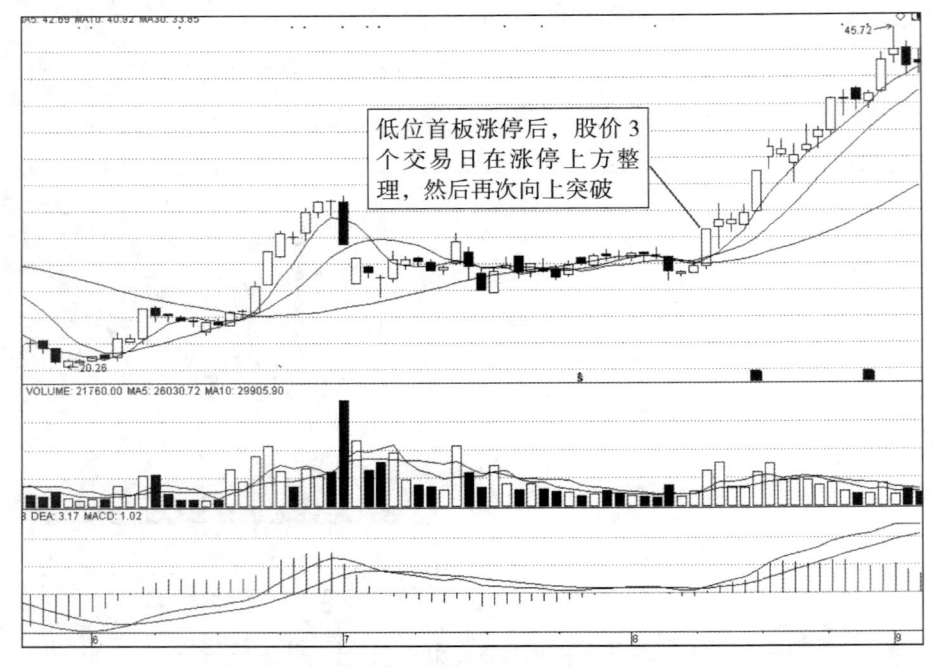

图 5-15　朗博科技（603655）日 K 线图

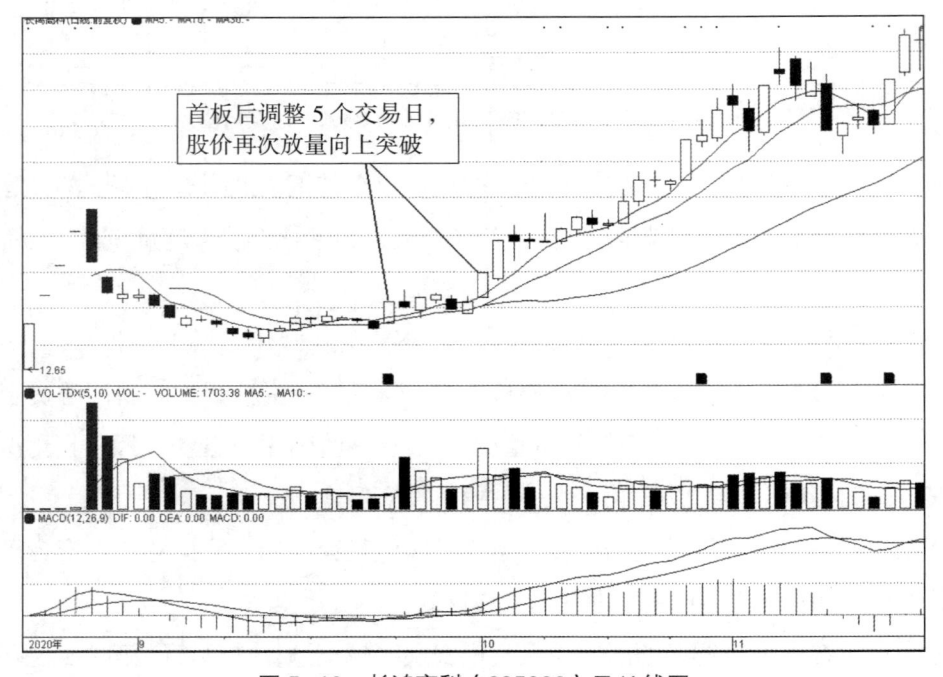

图 5-16　长鸿高科（605008）日 K 线图

上面这三类个股的转化关系：当日盘中勉强涨停，次日大概率低开，作为第一类股票看待；若次日水下闷杀，作为第二类股票看待；若次日水上放量，作为第三类股票看待。

五、特别提示

1. 首板优势

（1）首板，顾名思义，就是第一个涨停，买入成本相对于连板要低很多，一旦成功连板，可以多获取一部分利润。同时相对于连板，资金也有心理成本优势。

（2）首板因为位置低，获利盘相对较小，一旦失败，回撤幅度相对于连板会小很多。连板尤其是高位连板，一旦失败，很多都是15%以上的"大面"。而首板涨停很多个股还没有脱离主力成本区域，一旦失败，很容易回到支撑区域。一般首板失败，亏损幅度在−10%以内，大部分在−5%左右，相对于连板失败的回撤幅度有很大的优势。

（3）首板失败，杀跌不会特别迅速，流动性相对较好，有人接盘，便于出货。而连板一旦失败，里面的资金都是抢砸逃离，1分钟就可以直接杀跌−5%，给投资者的反应时间很短，另外一旦失败，基本上流动性处于枯竭，底下根本无人承接，导致出货困难。

2. 首板劣势

（1）目标个股太多，每天面临无数的冲板回落，需要投资者具备较强的综合分析能力，在瞬间判断相同走势的个股孰优孰劣，投资和思考的时间较短，难度大。

（2）买到主升浪的概率相对于连板较小，大部分个股都是冲高回落，更多的是以量取胜，也就是积少成多，更多的是靠概率。这也是为什么有人把资金分成10份，每天不断打板，就是通过分仓来加大自己首板买入连板牛股的几率。

（3）首板的个股很多都是股性较差，潜伏盘比较多，筹码结构复杂，筹码不稳定，市场关注度不高，导致冲板容易被炸。一旦冲板失败，很难得到资金的重新拉抬，容错率相对较小。

3. 注意事项

（1）一定要逻辑够强，叠加市场主流。要了解当时市场的偏好，市场喜欢什么你就做什么。比如，市场喜欢超跌一板，那就做超跌低价股；市场喜欢次新股的时候，那就做次新股；市场喜欢科技股的，那就做科技股。这样首板+市场偏好，成功率会大大提高。

（2）首板的经典分时走势，基本都是直线流畅波，拉升气势十足。对于那些分时走势疲软的个股，一定要小心。K线最好做两端，要么突破，要么超跌，不要做股性呆滞的箱体盘整、左侧有密集套牢盘以及有大量潜伏盘的个股，这些个股容易被砸。

（3）容易出现牛股的时间段是上午9:30—9:45、下午13:00—13:15。记住，这两个黄金时间段，都是代表资金主动出击的时间段，极易出现当日及阶段牛股。

（4）想要提高首板成功率，首先做9:30—9:45、13:00—13:15这两个黄金时间段的龙头个股，其次是其他时间段的拉升个股。如果不是特别看好的个股，应该先等一等，排板或者换手等二次回封时买入。毕竟首板的陷阱比较多，需要多几种方式过滤，排板或者换手二次回封是不错的方法。

（5）尽量不要买什么题材都没有、看不懂或者逻辑比较牵强的首板个股，这种股票对于其他投资者的吸引力小，很难得到接力资金的认可。

涨停 6 式　火箭升空战法

一、形态特征

经过持续下跌调整后，股价在底部出现企稳盘整，多空双方处于休战状态，长时间呈现横向运行，成交量持续低迷，盘面窄幅波动，K 线呈现小阴小阳走势，说明股价已经跌无可跌。这阶段主力悄然吸纳大量低价筹码，然后股价一跃而起，快速拉升，形成火箭升空走势。

市场机理：这是主力压价逼仓所致。主力在 30 日均线下方通常会出现压价逼仓，由于下档吸筹能力较强，从而形成底部横向盘整。在此期间，散户由于没有投机机会而选择观望。当主力完成建仓后，市场环境具备做多机会时，就会出现火箭升空走势，由此可判断该股未来会有一定的上升空间。

投资者有时候会将"压价逼仓"和"震仓洗盘"混为一谈，其实二者之间是有区别的。所谓震仓洗盘，是指股价已经上涨一段时间，在出现获利盘的情况下，主力所进行的一次驱赶散户的过程。而压价逼仓是指股价还在底部区间没有上涨的情况下，进行的一次逼迫散户最后在地板上割肉的动作。因此，"压价逼仓"逼出来的都是割肉盘，而"震仓洗盘"洗出来的可能还有获利盘。通常以 30 日均线为分界区，在 30 日均线以下的为"压价逼仓"，在 30 日均线以上的为"震仓洗盘"。

火箭升空形态的技术特征和要点。

（1）股价前期出现明显的下跌行情，在底部区域或上涨中段出现长时间的横向运行。

（2）在盘整期间人气涣散，成交量持续低迷，振荡幅度窄小，K 线呈现小阴小阳走势。

（3）5 日、10 日、30 日均线黏合或缠绕，30 日均线由下行转为上行或平行。

（4）横盘时间越长、越平坦，后市突破力度越大。

（5）在横盘尾端出现做多迹象，成交量温和放大。最后出现放量突破，股价脱离盘整区域。

如图 6-1 所示，江淮汽车（600418）的走势图。该股反弹结束后回落调整，长时间处于横盘振荡，盘面一片沉寂。成交量低迷，股价窄幅波动，K 线呈现小阴小阳走势，5 日、10 日、30 日均线趋向黏合状态。该股看起来缺乏主力关照，实则是主力在悄然埋伏吸货。当主力完成建仓后，2020 年 5 月 20 日，股价一跃而起，放量涨停，火箭点火升空，股价飙升上涨。

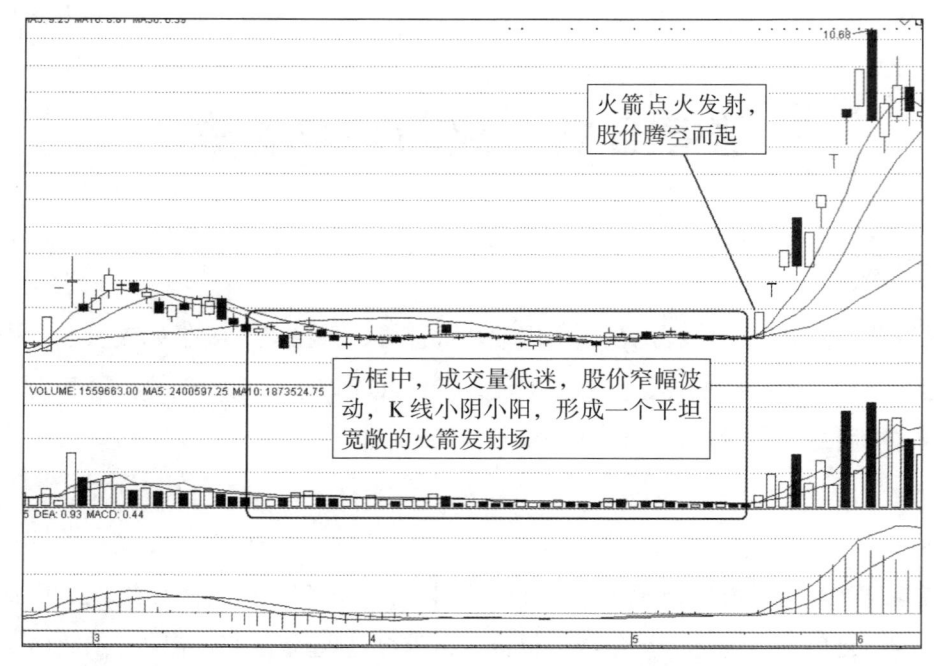

图 6-1　江淮汽车（600418）日 K 线图

如图 6-2 所示，绿地控股（600606）的走势图。该股在底部的整理时间长达 3 个多月，盘面走势符合火箭升空的形态特征，表明主力在此期间吸货充分，前期准备工作到位，一旦出现向上突破，强度和力度都非常惊人。2020 年 6 月 30 日，股价放量涨停，出现火箭升空形态，短期涨势喜人。

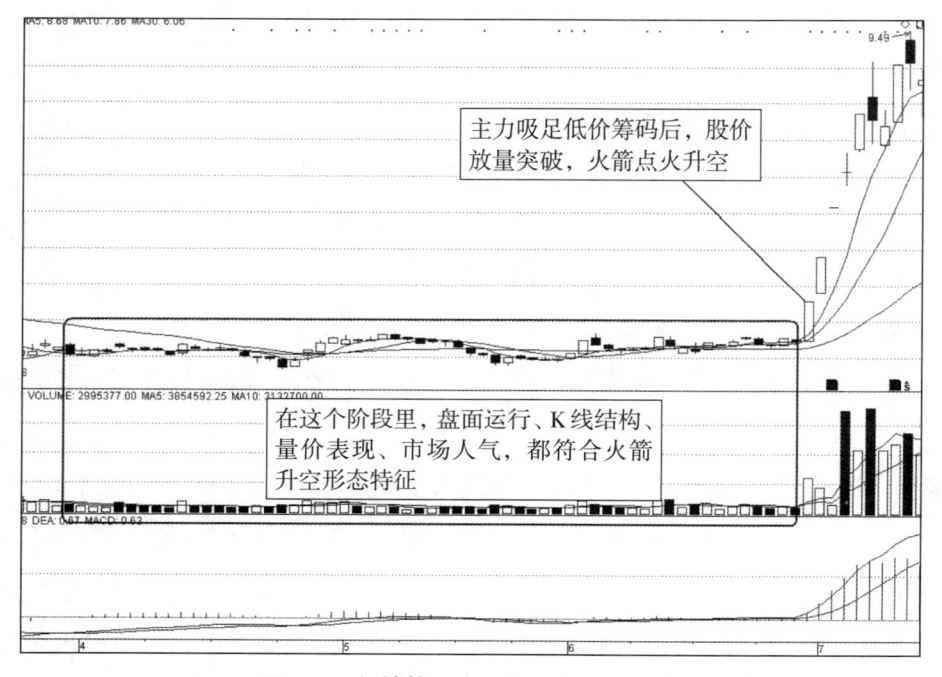

图 6-2　绿地控股（600606）日 K 线图

二、战法剖析

（1）发射场与火箭。通常火箭升空式股票在升空之前，都有一段沉寂的横盘整理过程，这就是火箭发射场。火箭发射场大多选择在周围没有崇山峻岭、距离人员密集区较远的荒无人烟的地方。火箭发射需要一个具备发射要求的场地，而且只有运到发射场的火箭才可以发射，没有进入发射场的火箭肯定不能发射升空。所以，股票拉升需要一个好的环境和前提，否则很难拉升上涨。

如图6-3所示，佛山照明（000541）的走势图。该股长时间下跌后，股价几乎跌无可跌，在底部出现横向振荡整理，成交量持续低迷，振荡幅度窄小。K线呈现小阴小阳走势，5日、10日、30日均线系统黏合或缠绕，表明主力在这一阶段筹码收集非常成功，反映出股价已经进入火箭发射场，一旦点火，就会马上升空。2020年5月20日，股价大幅跳空高开后，略做回落整理，午后强势封板，同时股价突破前期高点压力，火箭发射成功，接着股价强势上涨。

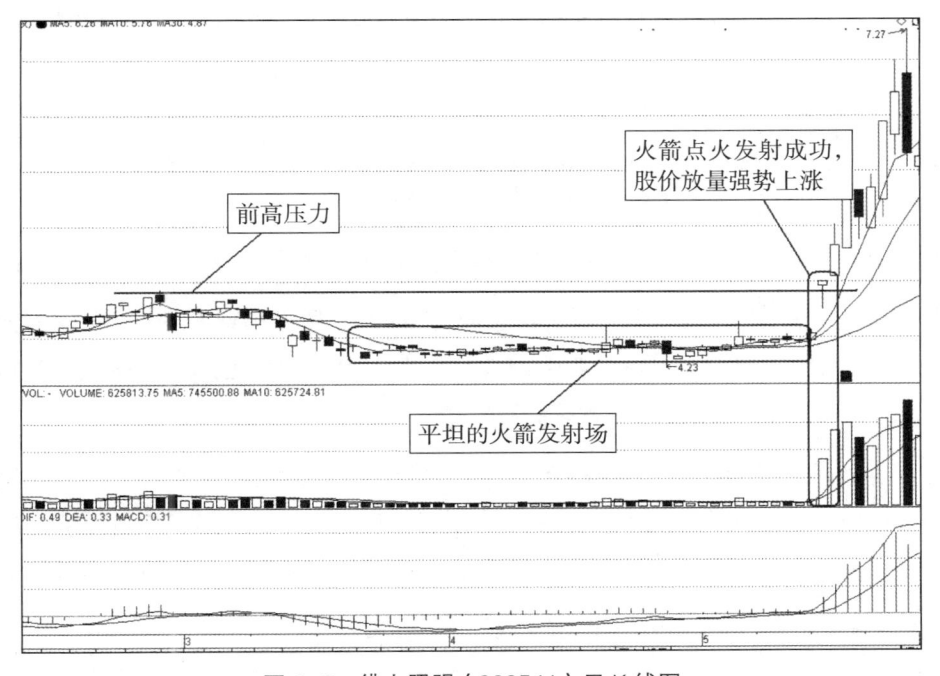

图6-3 佛山照明（000541）日K线图

通常，在发射场的整理时间越长越好，形态越平坦越好。30日均线基本平坦或倾斜不明显，意味着主力收集筹码充分，浮动筹码越来越少。横有多长，竖有多高，说的就是这种形态。

如图6-4所示，无锡银行（600908）的走势图。该股在长达3个多月的时间里底部横盘整理，成交量持续低迷，股价窄幅振荡，30日均线水平运行，表明底部构筑扎实，主力筹码收集充分，浮动筹码已经很少，是一个理想的火箭发射场，一旦发射，上涨势不可挡。2020年7月2日，股价放量上攻，虽然股价不是以涨停方式出现，但随后持续上涨，也符合火箭升空战法。7月6日股价涨停，短线攻势加强，回调时可短线入场。

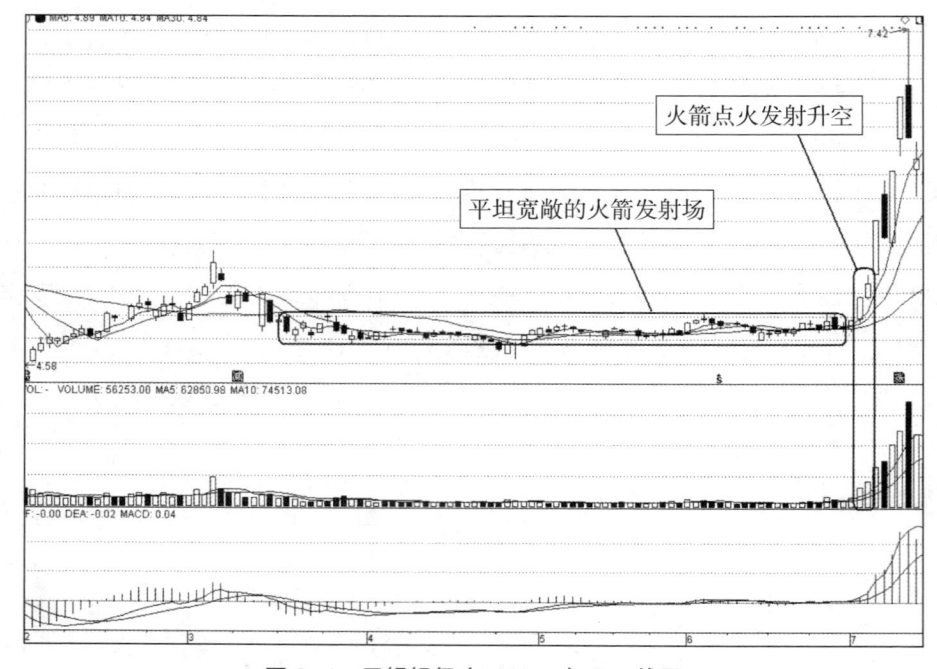

图6-4　无锡银行（600908）日K线图

（2）发射架与点火。火箭升空需要一个发射架，这个发射架就是5日、10日均线穿过30日均线，但没有向上远离30日均线，或者5日、10日均线向30日均线渐渐靠拢，而30日均线转为平行或上行，形成黏合或缠绕状态。点火就是主力为该股注入燃料后，对处于发射架上的火箭进行点火，火箭开始发射升空。

如图6-5所示，爱康科技（002610）的走势图。该股经过长时间的下跌调整后，股价渐渐企稳，并呈现横盘整理状态，成交量持续萎缩。5日、10日均线向30日均线渐渐靠拢，构成一个火箭发射架，等待点火发射。2020年7月1日，主力开始点火，成交量放大，股价发射升空，随后出现一波强势上涨行情。

火箭绑在发射架上之后，并不能说明马上就会发射升空，还需要注入燃料，点火推动，才能发射升空，否则就是一堆普通的物体。而这里所谓的燃料，就是主力投入资金，点火就是成交量放大，推动股价腾空而起。

火箭一旦点火发射，股价就会拨云见日，一跃升空，这个时候游资就来了。游资是市场上最聪明的资金，他们建仓不参与，洗盘不参与，试盘不参与，拉升突破就来了，游资会进一步助力股价升空。

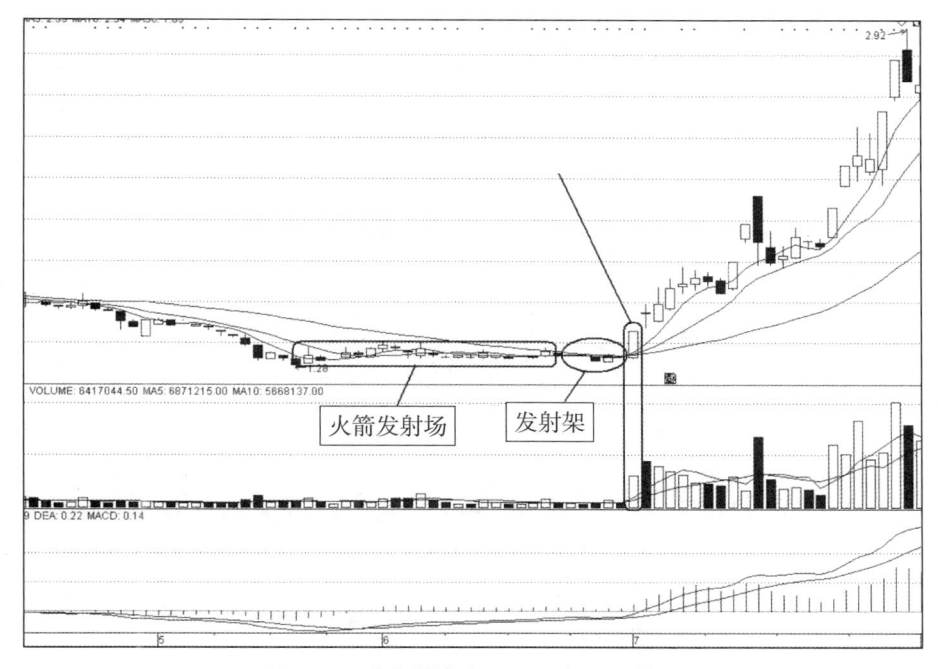

图 6-5　爱康科技（002610）日 K 线图

如图 6-6 所示，胜利股份（000407）的走势图。该股大幅调整后，在底部形成横向整理，股价既没有上升动力，也没有下跌力量。5 日、10 日均线穿过 30 日均线后，没有进一步向上发散远离 30 日均线，而是在 30 日均线附近逗留。30 日均线走平后微微上行，技术形态上构筑了一个火箭发射架，等待发射指令。但没有主力资金投入，股价无法点火升空，于是再次出现一段横向整理。2020 年 7 月 2 日，主力入场点火发射，股价随即腾空而起，放量涨停，展开一波强势拉升行情。

（3）发射架与水下发射。任何一枚火箭都是处在发射架上点火升空的，所以对股价"发射架"的把握很重要。如果股价没有"发射架"，就属于水下发射，一般很难成功。也就是说，股价必须处于均线系统的交汇处，或者在交汇之后发射。在交汇之前的发射都属于"水雷"，短线不宜跟进。

如图 6-7 所示，百大集团（600865）的走势图。该股企稳后出现横向整理，成交量缩小，K 线呈现小阴小阳走势，5 日、10 日均线靠拢 30 日均线，也就是说均线系统出现交汇，构成一个火箭发射架形态，符合火箭发射要求。2020 年 6 月 1 日，股价放量涨停，并突破前期盘区高点压力，火箭发射成功，随后股价连拉 4 板。

在实盘运行中，火箭发射架也可能在发射当天出现，即发射架与点火同一天完成。先前有一定的底部结构后，股价放量向上拉起，既形成突破走势，又具有火箭发射架特征。

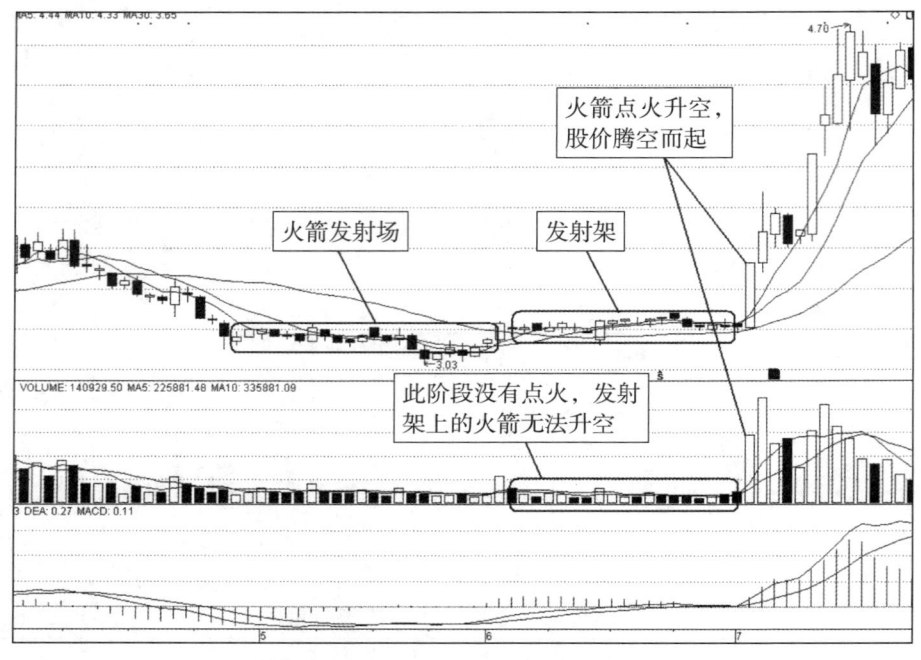

图 6-6　胜利股份（000407）日 K 线图

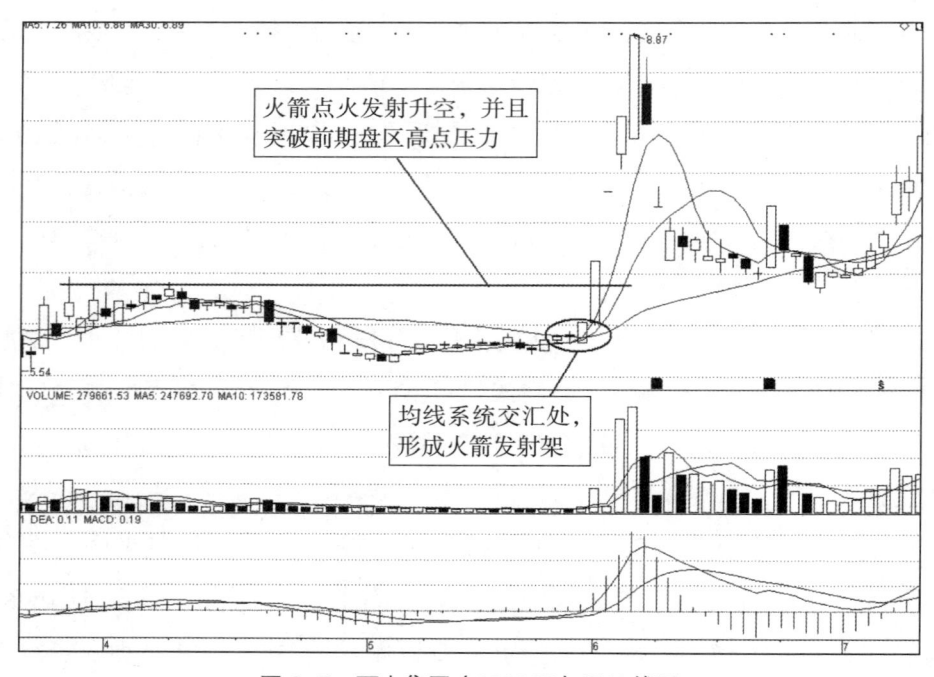

图 6-7　百大集团（600865）日 K 线图

如图 6-8 所示，览海医疗（600896）的走势图。经过一段时间的筑底后，2020 年 3 月 5 日，股价回升到 30 日均线之上，但此时火箭发射架形态并不明显。次日股价放量涨停，形成向上攻势。股价当天脱离底部区域，出现火箭发射架，突破与发射架同一天出现，这种情况不属于水下发射情形，之后短线涨势依然强劲。

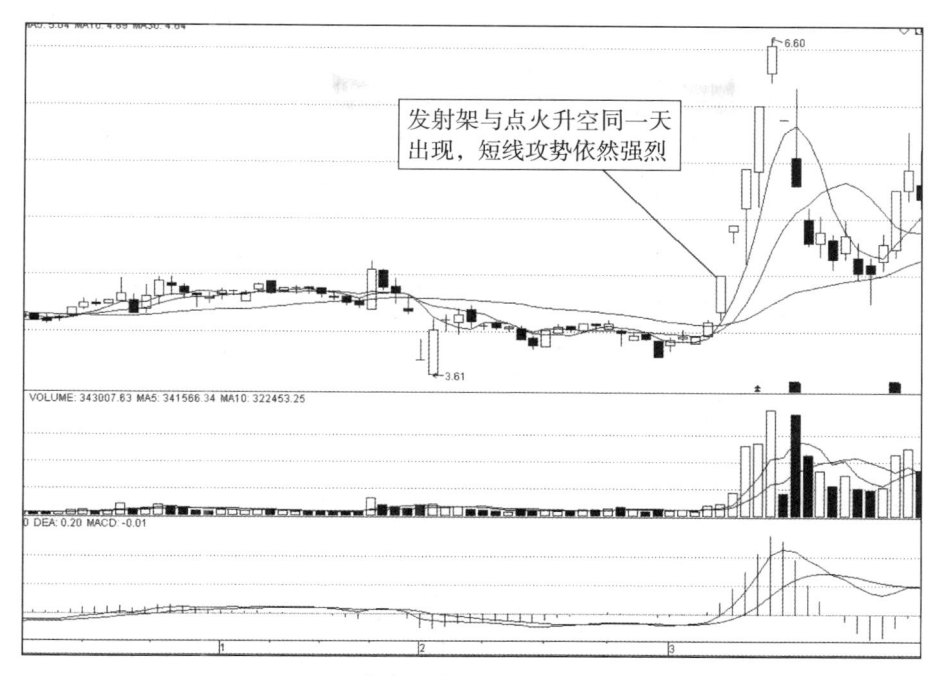

图 6-8　览海医疗（600896）日 K 线图

如图 6-9 所示，悦达投资（600805）的走势图。股价见顶后逐波下跌，2020 年 4 月 28 日以大阴线向下破位，然后出现一段时间的横向整理。5 月 27 日放量涨停，但此后股价没有出现持续强势上涨。为什么没有上涨？原因就是股价上涨之前，缺少一个火箭发射架。

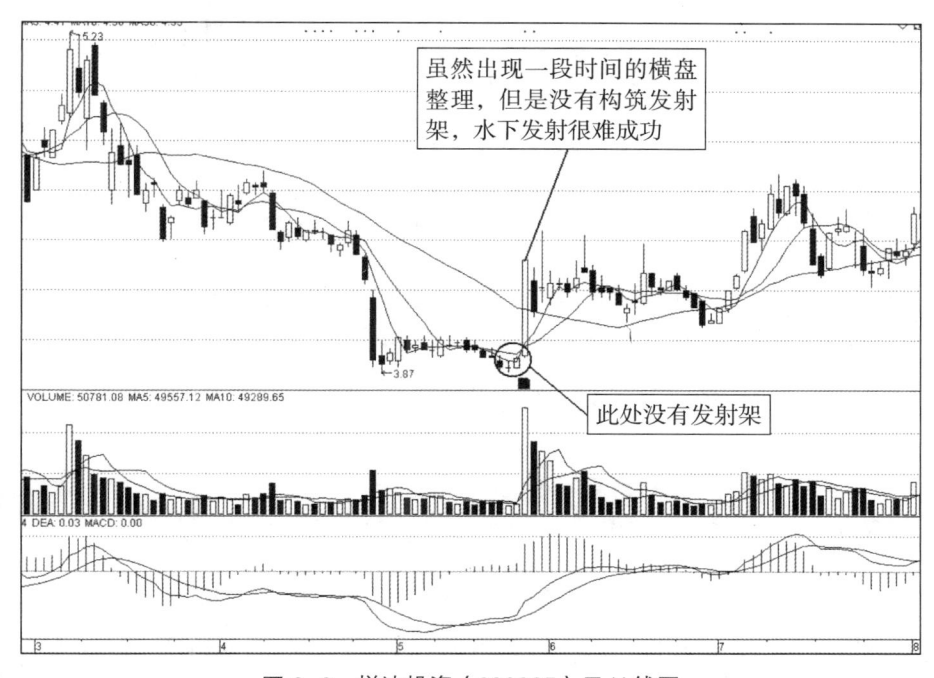

图 6-9　悦达投资（600805）日 K 线图

不具备火箭发射要求，属于水下发射的"水雷"，这种情况下，多数个股都难以走出强势上涨行情，只有少数遇突发性利好的个股才有上涨表现。

（4）推升力与量能。火箭升空要有推动力，股价拉升要有能量支持。股价突破时必须量价齐升，最好是以放量涨停的方式出现，如果股价突破前期压力位，效果更佳。

如图6-10所示，香溢融通（600830）的走势图。该股打压探底回升后，在前期盘区下方构筑一个整理平台，整理末期搭建了一个火箭发射架。2020年3月6日，股价点火升空，走出涨停大阳线，同时突破前期盘区压力，量价齐升，短期推升力量强大。经回抽确认后，股价连拉3板，回抽时即是短线较好的买点。

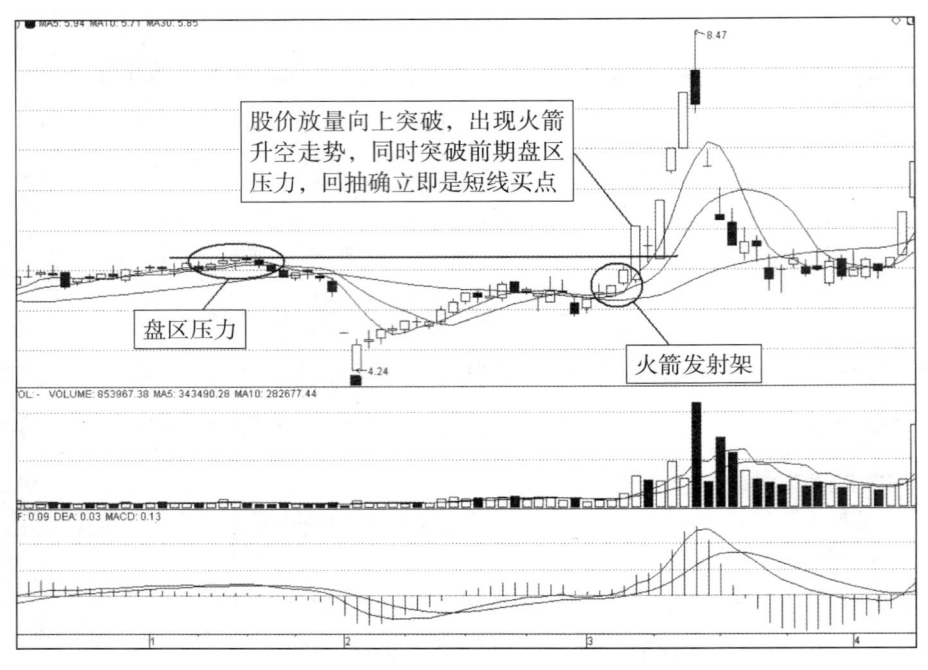

图6-10　香溢融通（600830）日K线图

如图6-11所示，杭州银行（600926）的走势图。该股短线攻势明显不及香溢融通（600830）强劲，虽然盘面符合火箭升空形态，但量价放大不明显，也就是说放量不积极。股价没有以涨停的方式展开，说明短线爆发力不够，这就决定了后面该股是以振荡方式向上盘升的。

三、特别提示

（1）在火箭升空之前，主力为了达到自己的目的，可能会出现一次打压行为，这是主力最后的打压建仓、试盘、洗盘动作，然后重新强势拉升。如星湖科技（600866）2020年1月22日拉升前的打压现象。

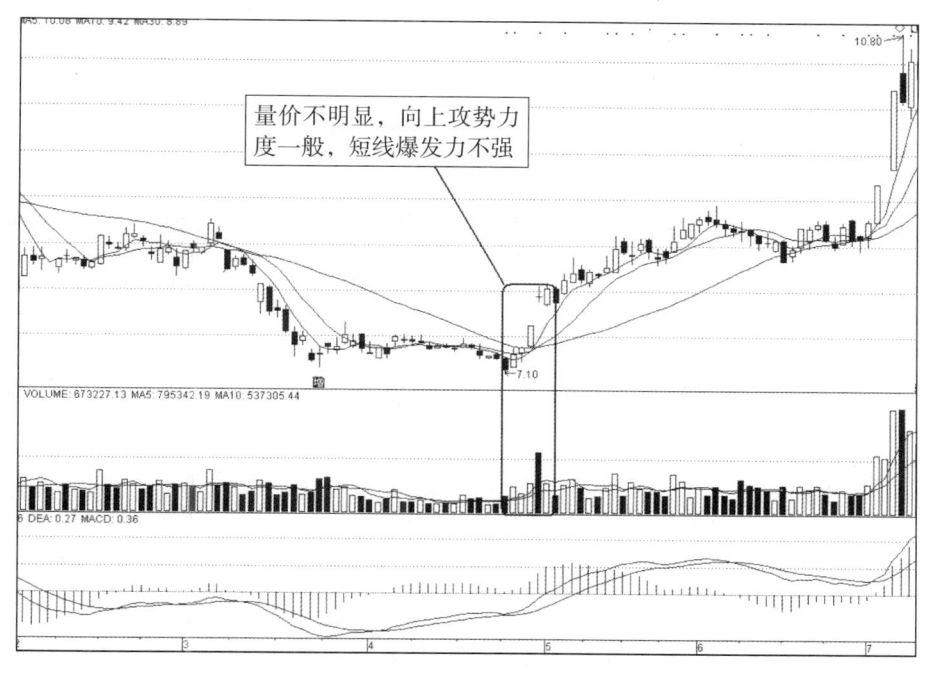

图 6-11　杭州银行（600926）日 K 线图

（2）在"发射场"阶段，股价走势不一定很平整，只要上下起伏不大就可以，而且有可能出现略微向上或向下倾斜的情形。

（3）与其他形态一样，股价突破后也会出现回抽走势，比如中国海防（600764）2020 年 7 月的走势。

（4）火箭升空形态大多是一种短线快速拉升行为，股价拉升结束进入调整后，很少出现龙回头或第二波拉升行情。

（5）火箭升空也经常出现失败形态，假上涨真下跌，这种现象大多发生在中高价位的个股。

如图 6-12 所示，空港股份（600463）的走势图。股价反弹结束后缓缓下行，然后出现横盘整理，30 日均线走平，盘面走势符合火箭升空形态的前期底部结构。2019 年 12 月 17 日和 2020 年 1 月 10 日，市场两次出现拉升，但股价冲高后均回落，未能形成持续上涨，火箭发射失败。为什么会失败？一是市场跟风不积极；二是量能没有持续放大；三是上方压力太大；四是主力做多愿意不强；五是整理不充分。

如图 6-13 所示，新世界（600628）的走势图。该股在 2020 年 7 月 9 日出现火箭升空形态，次日股价跳空上涨，形成强势突破之势。但接着在高位收出十字星，其后股价出现持续阴跌走势，火箭发射失败。失败的原因是什么呢？主要是股价处于高位，上升空间有限，主力减仓心切。因此，对于高位出现的火箭升空形态，要谨防主力拉升出货。

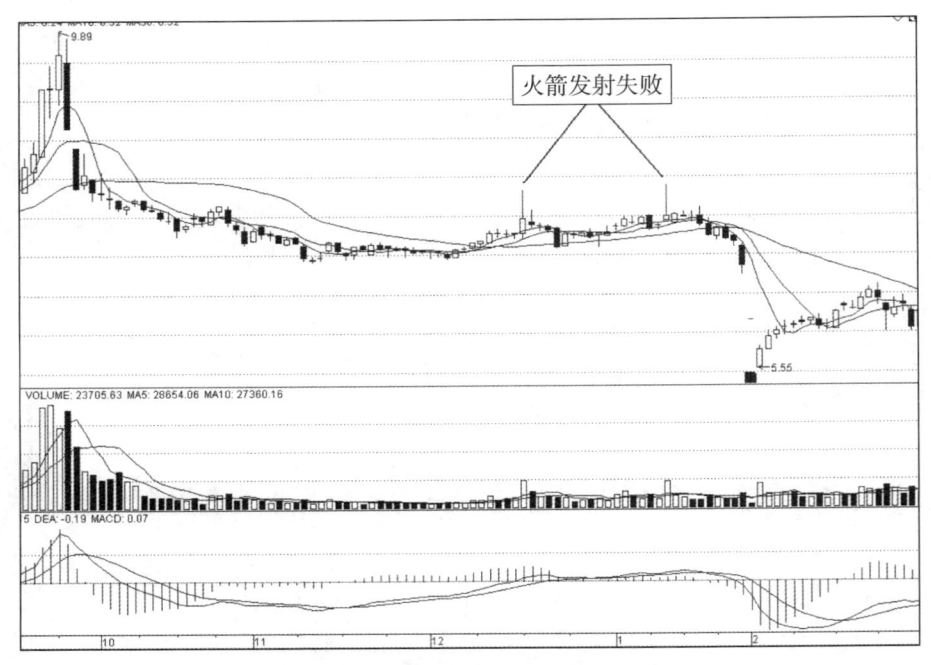

图 6-12 空港股份（600463）日 K 线图

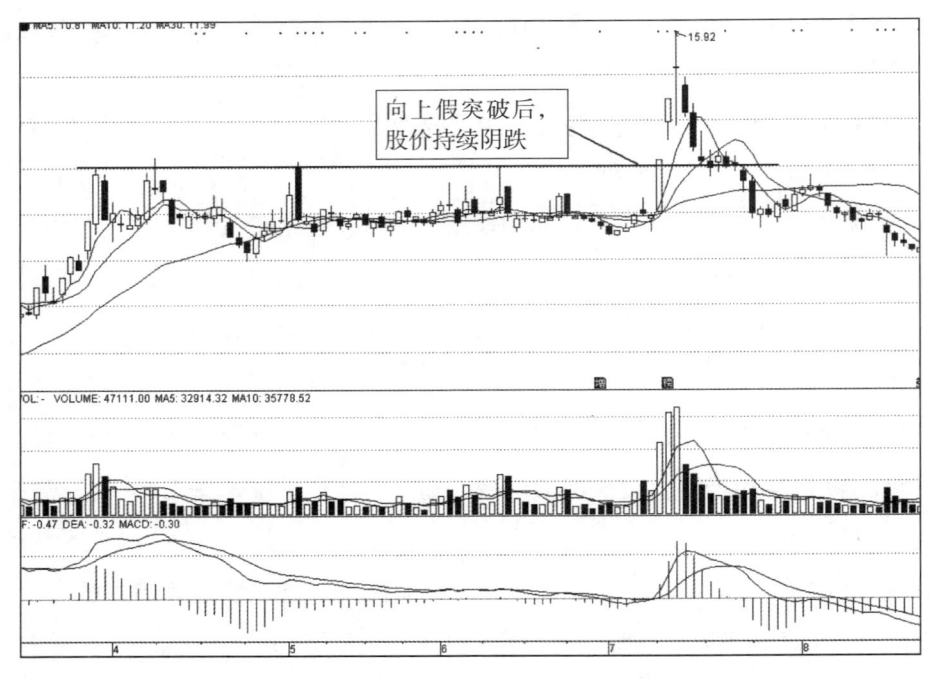

图 6-13 新世界（600628）日 K 线图

涨停 7 式　蛟龙出海战法

一、技术含义

股价经过大幅下跌调整后，以地量的形式在一个狭小的价格空间内横盘振荡整理，此时 5 日、10 日、30 日均线之间的空间乖离变得很小，三者之间逐渐形成略微上翘的多头排列，5 日均线和 10 日均线发生黏合或金叉，此时突然一根大阳线（涨幅要求至少在 5% 以上）冲破所有均线压制，形成蛟龙出海形态（也叫出水芙蓉形态）。如果这根大阳线是涨停 K 线，后市上攻力量更强大。

该形态是一个成功概率非常高的股价见底信号，一旦走出这种形态，股价很可能转跌为涨。股价在底部区域出现放量大阳线甚至是涨停，肯定是主力所为，而一根 K 线突破多条均线的压制，则充分显示了主力的控盘程度以及拉抬股价的意愿。所以，这种走势出现之后，股价很容易出现大涨行情。

市场机理：长时间的低位振荡整理走势，反映底部构筑扎实，股价已无调整空间。主力在此期间完成了低价筹码收集，市场聚集了大量的做多量能，等待拉升机会的到来。大阳线的拉起，表明卧槽的黑马开始奋蹄而起，展开千里马征途。

该战法的技术含义如下。

（1）该战法中提到的"出海"，是指股价一直处于横盘整理，并且一直围绕均线上下波动，这时均线一定是多次揉搓。

（2）蛟龙出海的启动特征：股价一直在均线下方横向运行，有一天突然以一根放量大阳线穿越 3 条短期、中期均线，此现象就称为蛟龙出海。

（3）出现此形态后，股价继续上攻将是大概率事件，而且是横盘时间越长，后市爆发力度越强。

（4）有时股价分几次上冲均线，其中有一根阳线最终能站稳在均线之上，这根阳线也称为出水芙蓉。

如图 7-1 所示，华中数控（300161）的走势图。该股长时间在底部振荡整理，股价围绕均线系统上下窄幅波动，多次黏合在一起。2020 年 1 月 20 日，一根中阳线向上穿过 3 条均线的压制，由于穿越力度不大，此后 3 个交易日出现振荡态势。2 月 3 日，该股大幅低开 8.93%，股价在均线系统下方整理。午后股价强势拉起，穿过 3 条均线并封于涨停，形成蛟龙出海形态，随后股价强势上攻，构成短线买点。

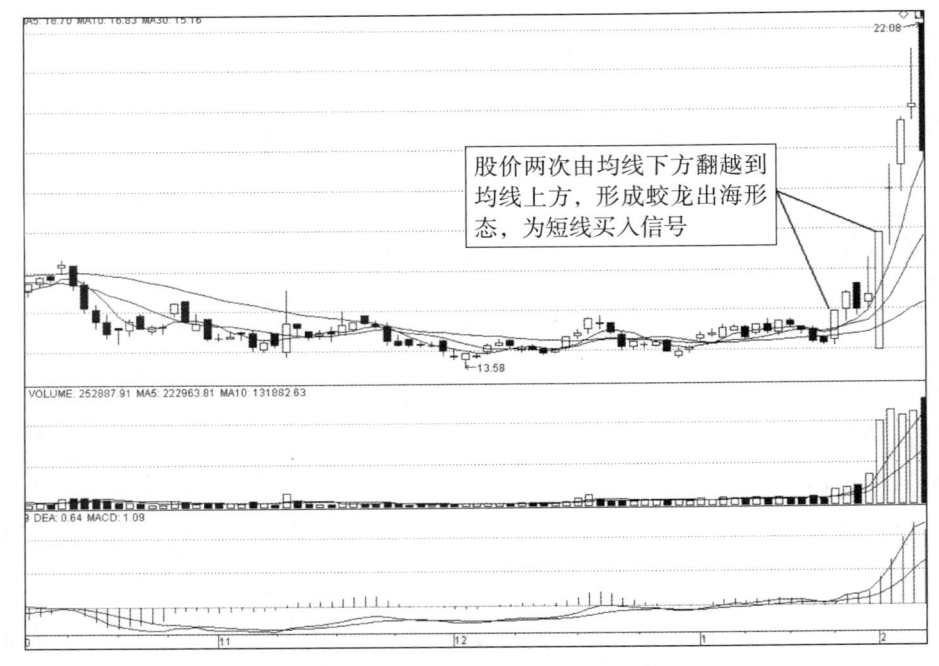

图 7-1　华中数控（300161）日 K 线图

如图 7-2 所示，智度股份（000676）的走势图。该股成功见底后小幅爬高，然后重新回落到均线系统之下，30 日均线走平。2019 年 10 月 10 日，股价一跃而起，放量涨停，返回到均线系统上方，次日继续涨停，股价随后进入强势上涨行情。

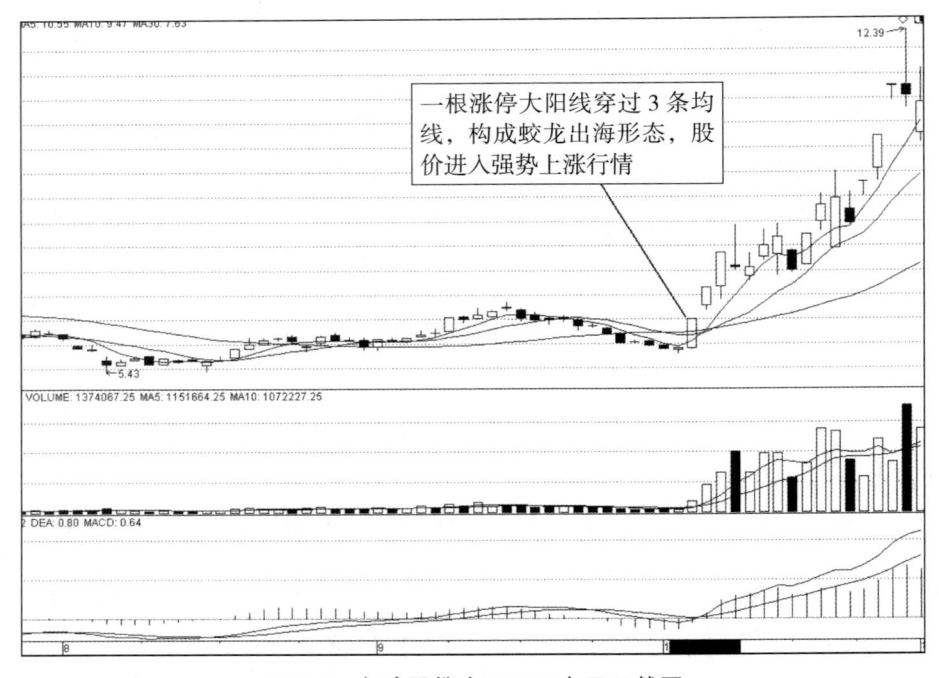

图 7-2　智度股份（000676）日 K 线图

二、盘面特征

蛟龙出海形态以 5 日、10 日、30 日均线组合为佳。主要盘面特征如下。

（1）形态出现在下跌趋势或者盘整阶段的后期。

（2）涨停前股价出现地量结构。股价出现实体很小的 K 线整理。

（3）出现涨停前，5 日、10 日、30 均线出现黏合或金叉，之后一根大阳线向上穿过 3 条均线。

（4）收盘价站于这 3 条均线的上方。

（5）均线系统上行，或即将上行、平走。

如图 7-3 所示，金辰股份（603396）的走势图。该股庄家在长时间的底部振荡过程中成功地吸纳了大量的低位筹码，2019 年 12 月 13 日，股价拔地而起，收出一根放量涨停大阳线，向上突破底部盘区。从盘面可以发现，这根大阳线出现在底部盘整阶段后期，向上有效穿过 5 日、10 日、30 日这 3 条均线的压制，并大幅收高于均线之上，形成"站立式"突破走势，这就是"蛟龙出海"形态。此后，盘面出现"水平式飞鹰"形态。12 月 25 日，股价再次向上突破，均构成中短线较好的买点。

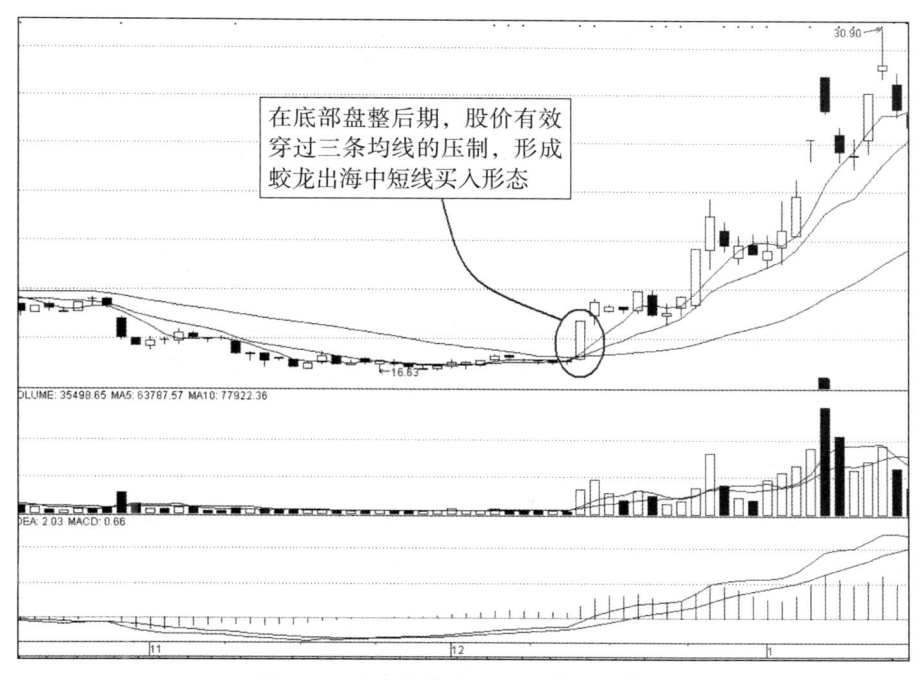

图 7-3　金辰股份（603396）日 K 线图

如图 7-4，爱迪尔（002740）的走势图。该股在长期调整的底部出现一波急跌行情后，股价渐渐企稳，围绕均线系统窄幅整理，主力在低位吸纳了大量的低价筹码。2020 年 6 月

24日，一根光头光脚的放量涨停大阳线拔地而起，成功站于均线系统之上，形成蛟龙出海形态，构成较好的短线买入点，此后股价出现7连板行情。

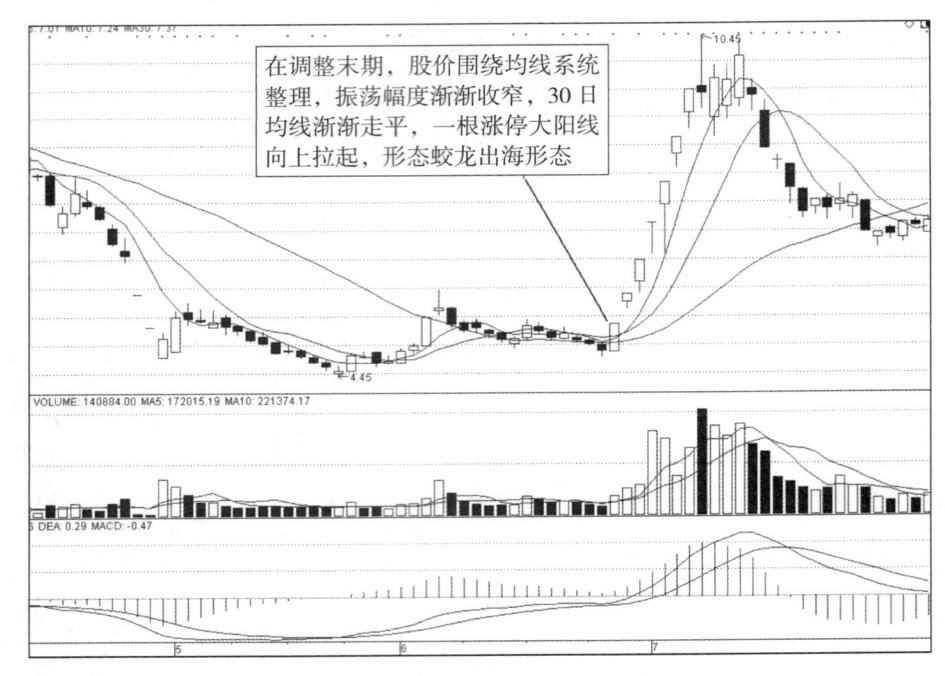

图7-4 爱迪尔（002740）日K线图

三、战法剖析

蛟龙出海战法需要重点把握以下四种买入信号。

（1）无金叉买入：股价一举突破均线系统，这种类型的走势爆发力强，上升高度很可观。

（2）一金叉买入：均线系统中有两条均线黄金交叉后出现蛟龙出海，这种情况的拉升准备比较充分。

（3）二金叉买入：5日均线上穿30日均线，形成第一个黄金交叉，随后10日均线上穿30日均线，形成第二个黄金交叉，这时出现蛟龙出海形态，爆发力极强。

（4）上穿三角托：大阳线穿过第二个黄金交叉的正中间，图形典型，信号明确，是可靠的买入点。

如图7-5所示，神驰机电（603109）的走势图。该股在长达两个多月的底部整理过程中，庄家吸纳了大量的低价筹码。2020年4月14日，股价承接前一天涨幅7.78%的光头大阳线，放量拉出涨停大阳线。两根上涨阳线，实体较长，量能充足，多头气势强盛，形成"蛟龙出海"多头形态。

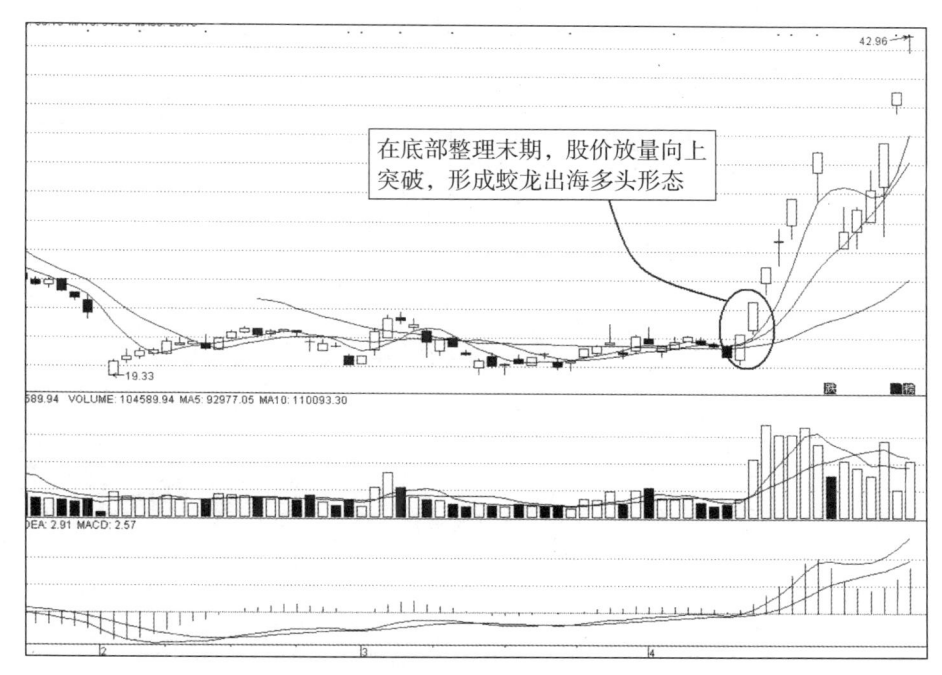

图 7-5 神驰机电（603109）日 K 线图

在实盘中，蛟龙出海形态必须出现在底部区域，股价已经明显企稳，并有渐渐走强之势，或出现在洗盘整理结束阶段。高位出现该形态时，谨防主力诱多出货。

通常大阳线实体越长，多头信号越可靠。最好是涨停大阳线，形态可以由 1～3 根阳线组合而成。

大阳线在穿越均线系统的同时，最好股价也脱离底部区域或突破前期高点压力。

大阳线需要得到成交量的配合，量比在 3 倍以上。涨停当日盘中出现攻击波和持续性量峰结构。如果成交量没有有效放大，则需要谨慎。

如图 7-6 所示，爱康科技（002610）的走势图。该股见顶后股价逐波回落，调整时间长，回落幅度大，主力在低位吸纳了大量的低价筹码，均线系统黏合在一起，30 日均线渐渐走平。2020 年 7 月 1 日，一根光头光脚的放量涨停大阳线拔地而起，成功穿过均线系统的压制，同时股价脱离底部区域，形成蛟龙出海形态，具有强烈的看涨技术意义，构成较好的短线买入点。

一般而言，形态整理的时间越长，量能越萎缩，K 线实体越小，后市爆发力越强。涨停当日可以 60% 仓位介入，剩下的资金供滚动操作。

如果整理的时间不是很长，K 线实体大小不一，忽大忽小，涨停后出现调整的概率大。首仓宜以 30% 的仓位介入，调整时再介入 30%，剩余资金供滚动使用。

在底部整理末期，一根放量涨停大阳线拔地而起，成功站于均线系统之上，形成蛟龙出海形态，为较好的短线买入点

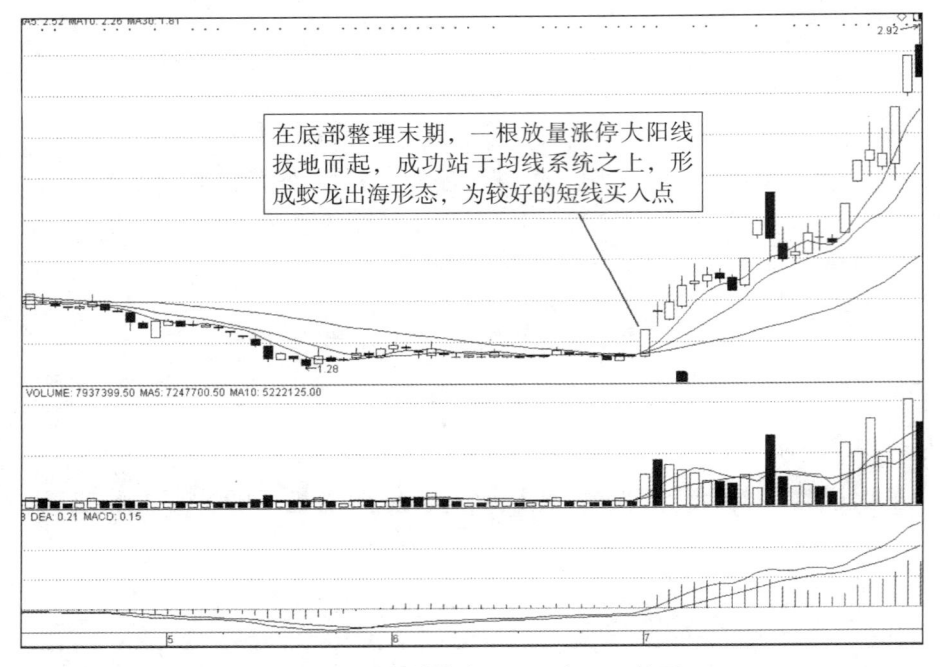

图 7-6　爱康科技（002610）日 K 线图

四、操作提示

蛟龙出海形态是一个明显的起涨信号，但在实盘操作时也有讲究，重点需掌握以下几点。

（1）当趋势明显企稳后，股价向上突破 30 日均线时跟进。

（2）在股价穿越 30 日均线后，再次放量突破压力位时买入。

（3）在股价即将涨停时可追板入场，或涨停后排单买入。

（4）次日强势整理时，可逢低介入。此时注意大盘不要处在下降趋势中，板块整体运行稳健。

（5）稳健者可在股价突破后回抽确认有效时再考虑买进，或者在股价缩量回调到均线组合附近时入场。

（6）当股价跌破涨停大阳线的低点时，应止损离场。

如图 7-7 所示，海德股份（000567）的走势图。该股完成筑底后，2020 年 5 月 27 日股价放量涨停，形成蛟龙出海形态。从日 K 线和分时图中看，买点非常清晰。买点一，在股价放量拉起脱离底部盘区时跟进；买点二，在股价涨停后开板时介入；买点三，次日强势整理时低吸入场。该股之后出现 6 连板行情，买入后短线均有不错的收益。

蛟龙出海是一种极度强烈的做多信号，如果配合跳空形态，会更加确立上涨的信号。当然，也要配合大盘走势。在大盘运行健康时，股票纷纷出现拉升甚至涨停，这样成功率就会非常高。

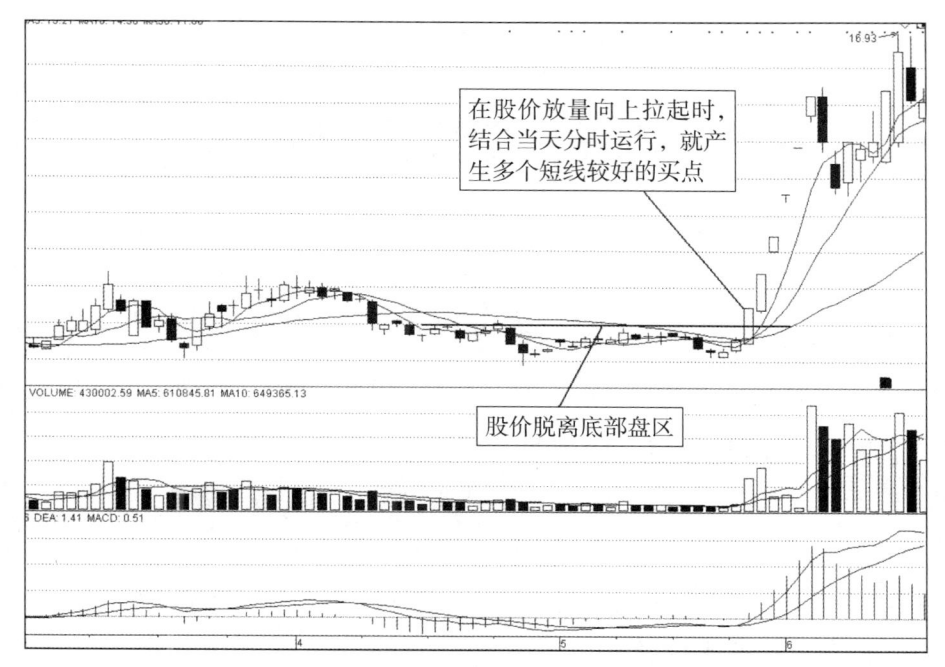

图 7-7　海德股份（000567）日 K 线图

当然，战法也有失灵的时候，并不是百分之百会成功，存在一定的概率。在大盘环境比较恶劣时，失败的概率就会增大。

涨停 8 式　飞雁开路战法

一、形态特征

主力构筑完整的底部后，放量脱离底部区域，收出涨停大阳线，然后股价出现短暂的窄幅缩量整理，但股价没有出现明显的回落，甚至形成向上倾斜式发展，最后股价拉出涨停，形成加速上涨势头。形态结构如同天空中的雁群，朝一个方向排成一字型飞行，故得其名。

飞雁开路的基本形态：涨停 + 高位若干"锤纺线" + 涨停或大阳线。

市场机理：主力以涨停的方式强势上攻，但既不出现持续上涨，又不出现明显回落，而是维持在高位振荡，这样做的目的是既让浮动筹码离场，又不至于使股价回落丢失低价筹码，当主力的意图实现后，股价开始向上飞奔。

飞雁开路形态的特征和要点。

（1）底部特征明显，股价放量突破某一个重要阻力位。

（2）均线系统呈多头排列，上升趋势已经形成。

（3）在整理期间，K 线虽有起伏，但股价收盘时涨幅不大。

（4）在整理期间，成交量明显萎缩，但不能严重缩量，保持盘面活跃所需的量。

（5）股价再次涨停或大阳线突破时，成交量放大。

（6）该形态可以出现在上涨趋势的途中。如果在高位出现这种形态，大多属于滞涨信号，是主力出货所为。

如图 8-1 所示，新城市（300778）的走势图。该股经过充分调整后，2020 年 6 月 16 日，一根放量涨停大阳线一跃而起，脱离了底部盘区，然后出现短暂的窄幅缩量整理。但股价没有明显下跌，依然保持强势运行，K 线以小阴小阳的走势并行排列，如同一群飞雁凌空飞翔。盘口符合飞雁开路形态，一旦向上突破就是短线买点。6 月 29 日，大阳线拉起突破整理盘区，此后股价强势上行。

二、向上倾斜式

股价在底部经过一段时间的盘整后，某一天放量涨停，股价向上脱离底部区域或上方压力位。在突破之后的几个交易日里，股价既没有出现持续上涨，也没有出现明显回落，而是出现强势向上推高走势，这就是"飞雁开路"形态。盘面越走越强，然后股价出现加速上行。遇到这种盘面走势时，可以追涨买入。操盘时重点把握介入点、设置止损位和止

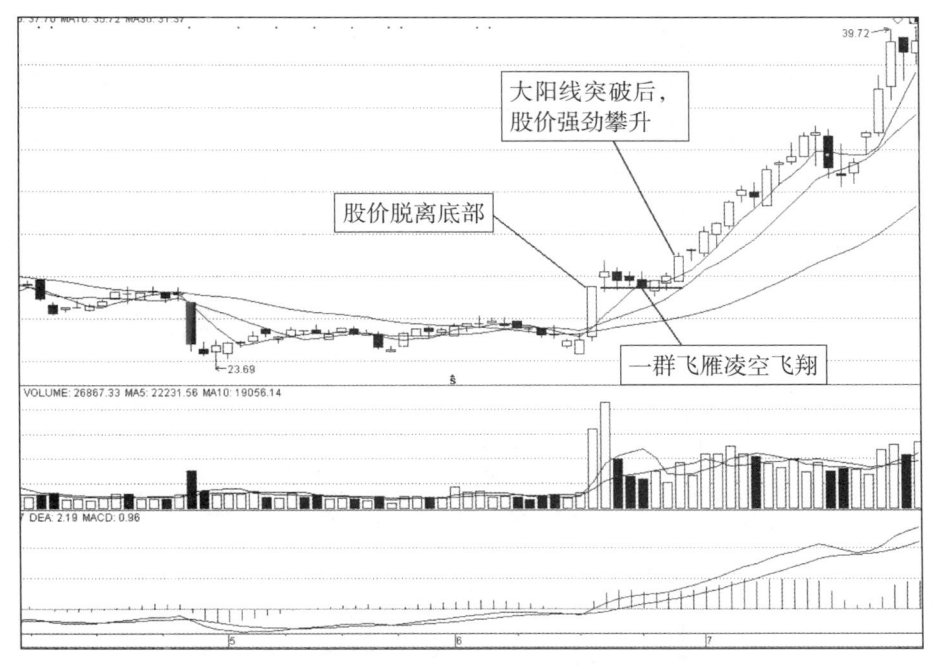

图 8-1　新城市（300778）日 K 线图

盈线，既可以控制风险，又可以锁住利润。

技术技巧方面，在涨停后的强势振荡时，只要收盘价站于涨停价之上即可，下影线可以不予考虑。另外，涨停之后的整理时间不等，可以是一日整理也可以是多日整理。如图 8-2 所示。

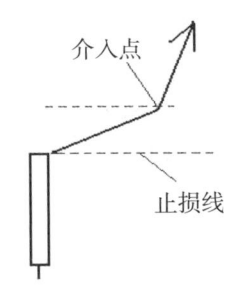

图 8-2　向上倾斜式示意图

如图 8-3 所示，卓胜微（300782）的走势图。该股经过一段时间的蓄势整理后，2020 年 2 月 13 日股价放量涨停。此后的两个交易日里，股价强势运行，重心上移。涨停后的两个交易日里，主力对前期高点压力进行了很好的消化，让部分散户在这个位置解套或微利离场。当筹码得到成功换手后，2 月 18 日股价出现向上拉升，构成较好的短线买点，之后形成加速上涨走势。2 月 27 日，股价向下跌破止盈线时卖出。

如图 8-4 所示，雅化集团（002497）的走势图。该股在底部出现长时间的振荡整理，主力成功吸纳了大量的低位筹码。2019年12月24日，股价放量上涨，收出一根涨停大阳线，向上突破底部盘区，均线系统多头发散。在后面的几个交易日里，股价在涨停价位之上继续强势向上推升，12月31日股价跳空上行，形成较好的买点。之后股价出现加速上涨，2020年1月21日，股价向下击穿止盈线，产生短线卖点。

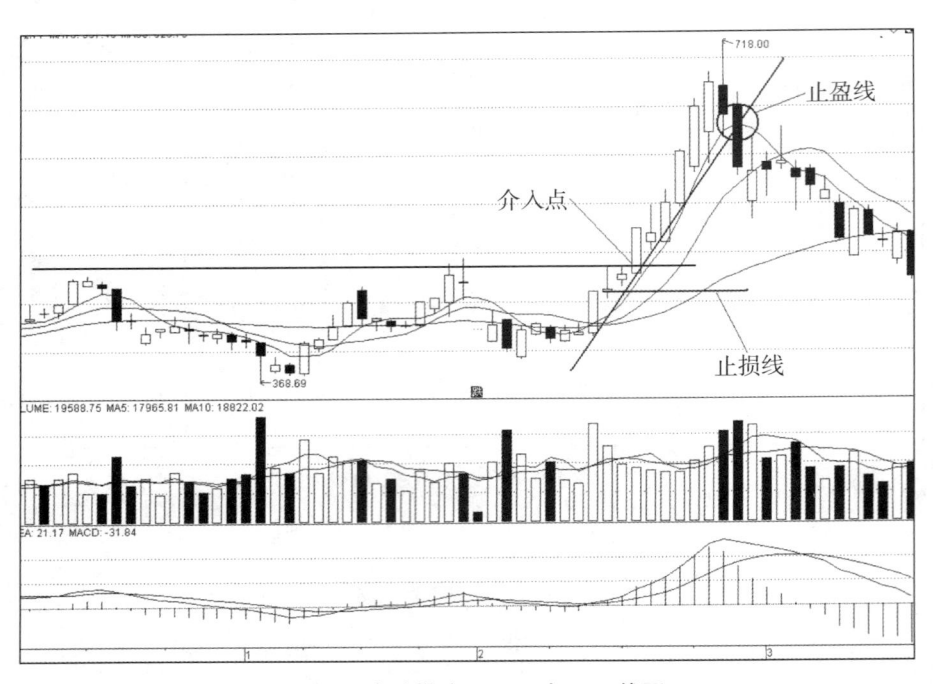

图8-3 卓胜微（300782）日K线图

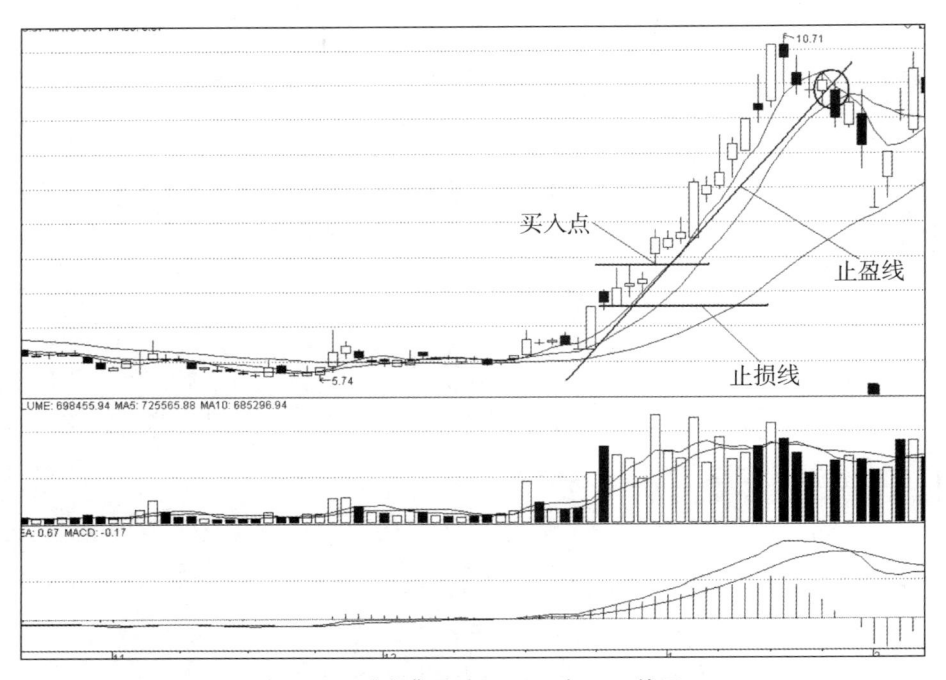

图8-4 雅化集团（002497）日K线图

三、水平横向式

股价在底部经过一段时间的盘整后，某一天放量涨停，向上突破盘区，突破之后股价基本维持在涨停价位附近作横向振荡整理，并没有出现明显的涨跌。之后股价强势向上拉升，形成短线买点。

技术技巧方面，在涨停后的强势振荡时，股价基本在涨停价位附近作强势振荡（在涨停阳线的 1/3 位置上方运行均属于强势），下影线最好不要低于涨停大阳线的 1/2 位置。另外，涨停之后的整理时间可以是一日整理，也可以是多日整理。如图 8-5 所示。

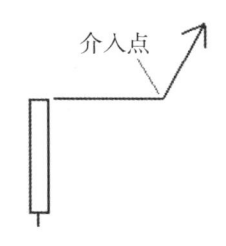

图 8-5　水平横向式示意图

如图 8-6 所示，金辰股份（603396）的走势图。该股主力在长时间的底部振荡过程中，成功地吸纳了大量的低位筹码。2019 年 12 月 13 日，股价拔地而起，收出一根放量涨停大阳线，向上突破底部盘区。在后面的 7 个交易日里，股价没有出现明显的回落，而是在涨

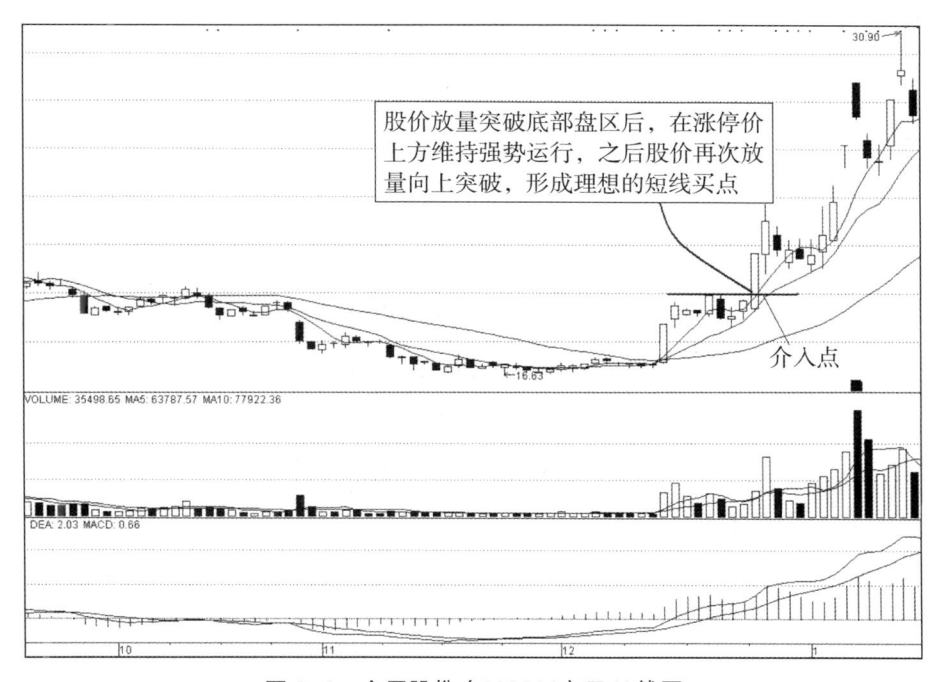

图 8-6　金辰股份（603396）日 K 线图

停价上方维持强势走势，表明主力控盘程度较高。12月25日，股价在尾盘快速拉至涨停，这一天成为较好的买点。之后股价继续强势上涨，短线利润丰厚。

如图8-7所示，京威股份（002662）的走势图。该股主力在低位连续向下打压，成功地制造了一个空头陷阱。2020年2月5日，股价企稳回升拉至涨停。在之后的几个交易日里，基本在涨停价位附近作强势振荡走势，股价涨跌幅度均不大。经过短暂的蓄势整理后，2月18日股价开始上攻，形态上产生较好的买点。接着股价出现强势上涨，在7个交易日中拉出5个涨停。

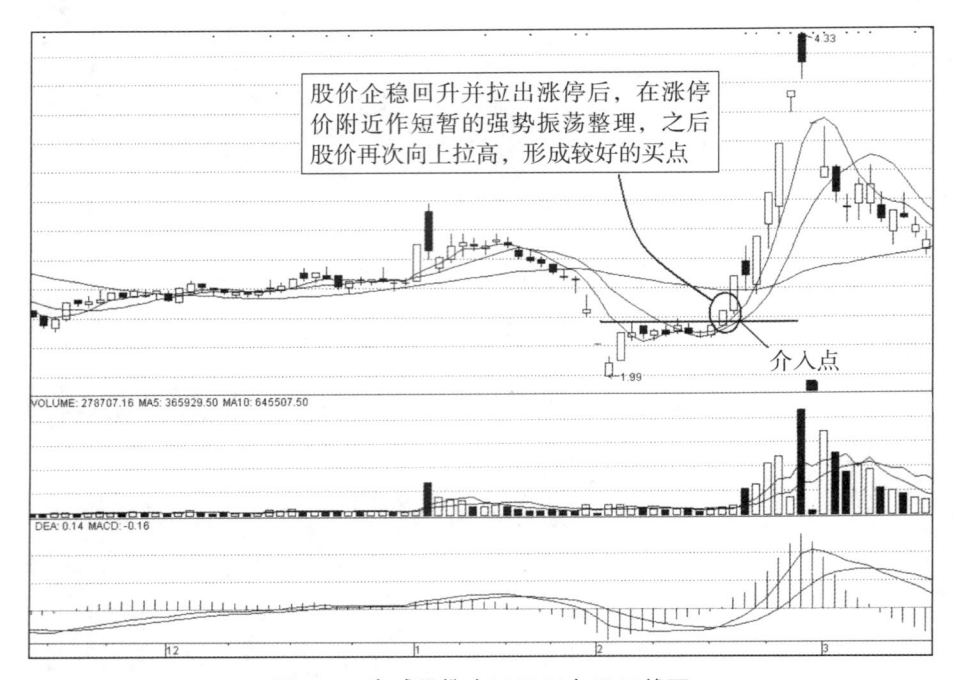

图8-7 京威股份（002662）日K线图

如图8-8所示，智慧松德（300173）的走势图。该股见顶后逐波回落，在底部出现长时间的缩量整理走势，主力在此期间成功吸纳了大量的低位筹码。2019年12月11日，股价向上拉起，收出一根放量涨停大阳线，向上突破底部盘区。在之后的9个交易日里，股价稍有回落，但盘面依然处于强势状态。12月25日，股价开盘后快速拉涨停，产生较好的买点。之后股价连拉4个涨停，短线获利丰厚。

飞雁开路形态也可能出现在第二个涨停之后，或者出现在上涨中断阶段。在盘升类股票中也经常出现这种形态。

如图8-9所示，戴维医疗（300314）的走势图。2020年6月24日，股价放量涨停，脱离底部区域，次日出现连板，然后出现4个交易日的缩量横盘整理。7月6日再次放量涨停，股价出现加速上涨。

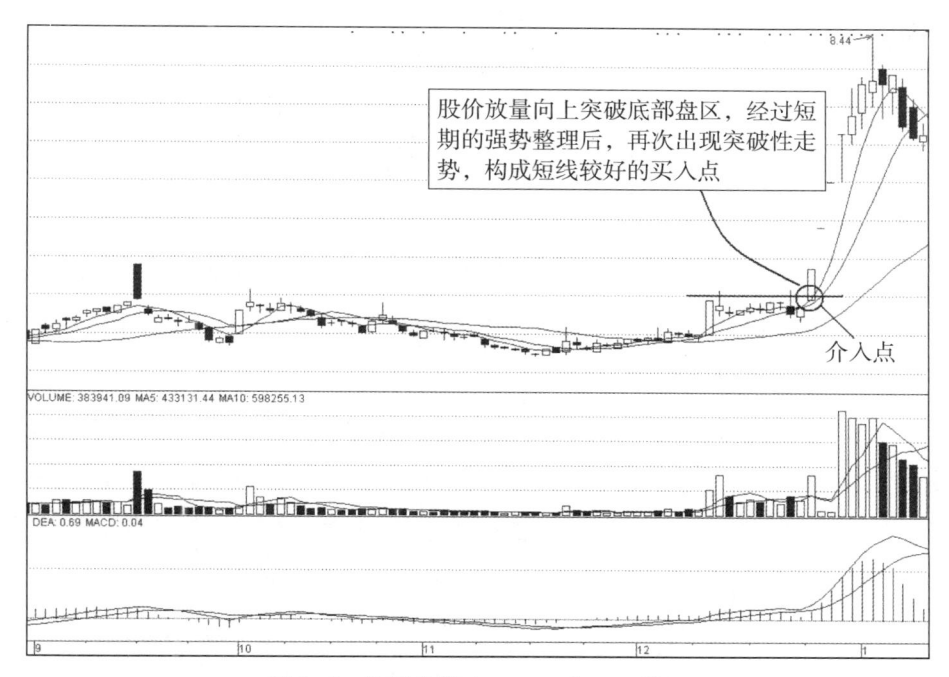

图 8-8　智慧松德（300173）日 K 线图

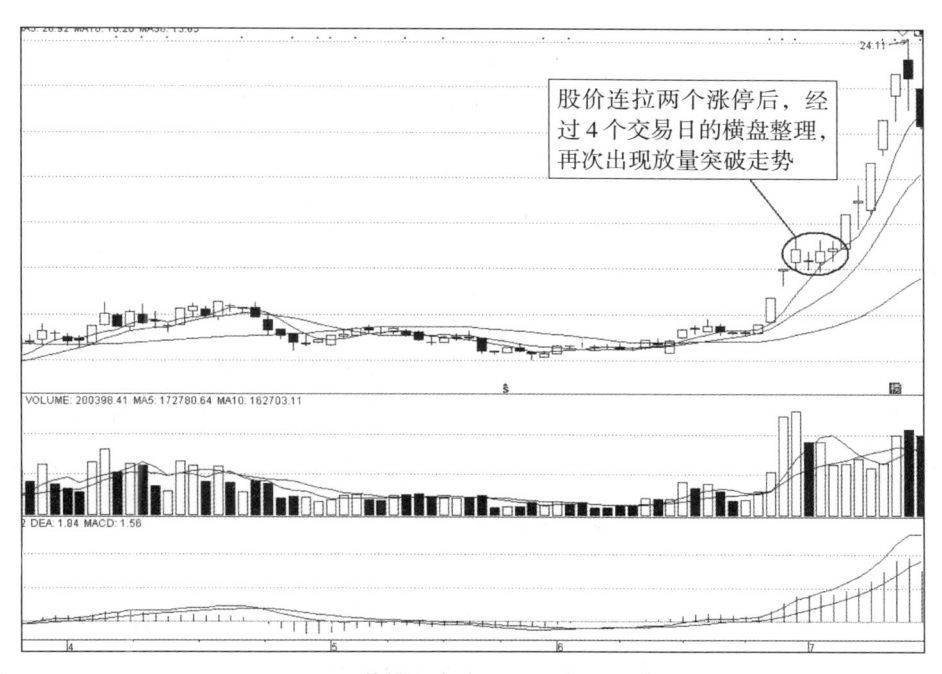

图 8-9　戴维医疗（300314）日 K 线图

很多时候，在第二个涨停之后出现飞雁开路形态，比首板之后的形态会更为强劲，因为市场气势更加强势。比如，2020 年 7 月新黄浦（600638）的走势，2020 年 7 月青鸟消防（002960）的走势，都是在第二个涨停之后出现这种形态，后市股价走势非常强劲。

四、操作提示

（1）飞雁开路形态的心迹。

第一，为何要选择有涨停的股票？股市的定律是强者恒强。做股票就要做强势股，涨停是A股市场中极强的表现。

第二，涨停代表主力资金向上做多的决心。那么，出现涨停就意味着主力后续会立即拉升吗？未必！主力也可以通过涨停测试上方的抛售压力，也可以吸引场外投资者关注该股。

第三，市场上存在太多的散户，存在太多看不懂走势的人。主力建仓后，必然有大幅度的洗盘。这个时候，主力往往采取两种方式：磨（长时间的横盘，让散户耐不住寂寞而割肉）和打（狠狠地向打压股价，让散户恐慌止损）。洗盘是为了清洗看不懂主力意图的人，留下和主力一样志存高远的人。看法不一致的人会给主力造成困扰，主力想拉升他想卖，必然是主力的对手盘，消耗主力更多的控盘资金，因此，将这部分人洗出去，是主力必须做的事。

（2）飞雁开路形态的误区。

大部分投资者看见股价涨停后，认为该股已经启动，第二天早盘高开高走，更加确认该股上涨，甚至进入主升浪，因此快速追高买进。结果怎样？至少短期受折磨。

（3）飞雁开路形态的模型。

底部启动和上涨趋势初期出现涨停后，往往会出现三种情况。

A. 股价在涨停位上方缓慢缩量小幅上涨（向上倾斜式）。

B. 股价在涨停位附近缩量窄幅盘整（水平横向式）。

C. 股价涨停后缩量回调，遇支撑回升（前呼后应式，参见涨停15式）。

如图8-10所示，大连重工（002204）的走势图。2020年4月13日，该股股价放量突破底部盘区，然后出现5个交易日的整理，成交量逐步萎缩。4月21日，股价放量拉涨停，K线结构呈"N"字形态，构成短线买点。

（4）飞雁开路形态的买卖点。

买点：不管出现上述A、B、C哪种情况，都会有缩量的现象。短期缩量后一旦出现放量涨停或大阳线，就是买入良机（放量指当日成交量超过近3个交易日的平均成交量）。在早盘进场时，可参考当天的虚拟成交量。

止损：跌破进场当天最低价时减仓，回落到前期涨停大阳线的1/2位置时止损。

仓位：首次买入建议仓位在30%以内。

难点1：当日成交量需要超过近3个交易日的平均成交量，需仔细辨认。

难点 2：个股回调时尽量不要破前期上涨趋势线。

难点 3：缩量阶段最好出现阶段性地量（5 个交易日以上的最低成交量）。

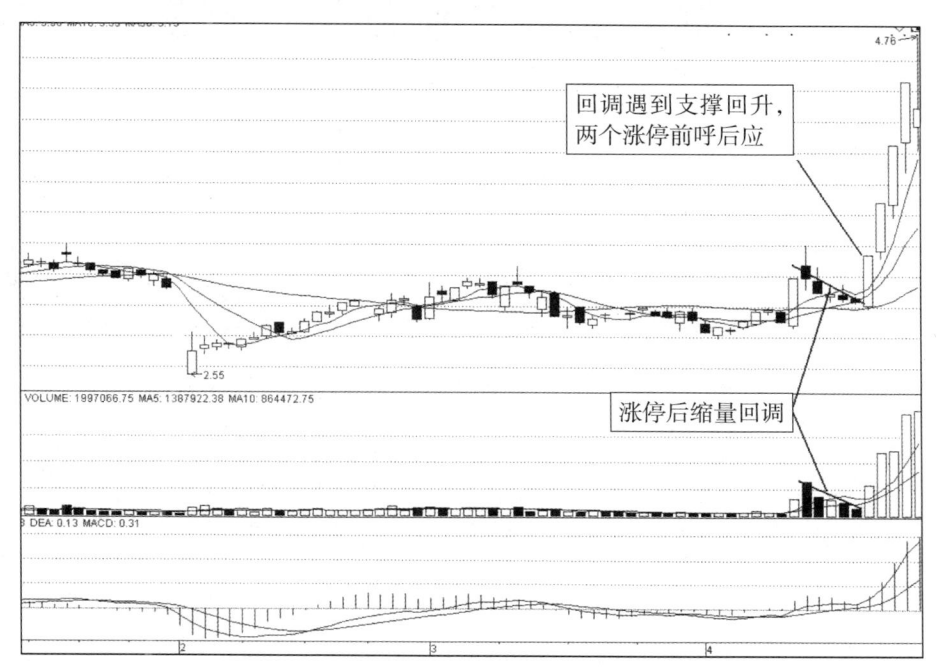

图 8-10　大连重工（002204）日 K 线图

涨停9式　"登天梯"战法

一、形态特征

　　这里介绍一种特殊的低开涨停K线组合——登天梯形态。登天梯指的是攀登高处时所用的梯子，由于攀登的目标极高，称之为天梯。股市中的登天梯，指的是两根K线组合而成的一种形态。由于出现这种形态后，股价后市继续惯性上涨的概率大，并且两根K线组合而成的形态看上去与天梯的形态极其相似，故称之为登天梯形态。

　　这种形态在图形上的表现是，股价在前一天拉出一根放量涨停之后，次日股价低开高走，再次拉出第二根涨停。虽然股价次日低开，却能够再次拉起封于涨停，说明市场上攻力量强大。如果该形态出现在市场相对低位，后市短线往往有不错的惯性上涨。

　　市场机理：洗盘，换手，通过低开动摇持股者的持股信心，在股价回升过程中让部分持股者选择止盈离场。

　　登天梯战法的技术特征和要点如下。

　　（1）主力成功构筑底部后，股价出现首次放量涨停。

　　（2）次日股价出现低开，低开幅度在3%左右。

　　（3）次日股价低开高走，强势涨停（大阳线也可以接受）。

　　（4）当出现登天梯形态的时候，股价在盘中要不断地放量，后市的短线赢利才能够保证。

　　登天梯形态最好在股价充分调整之后，底部刚刚企稳反转的时候形成，并且伴随着登天梯形态的出现，盘中要不断地持续放量，形态才更加完美，后市短线的赢利才能有保证。

　　在主升浪的加速拉升过程中，也经常出现登天梯形态。股价在第一天涨停后，主力在次日低开快速换手，然后继续拉升，这反而给投资者一次介入的良机。因为股价一旦进入主升浪阶段，主力只能一气呵成，强势拉升，容不得更多时间进行洗盘调整了，否则会影响拉升士气。主力一旦失手，有可能前功尽弃，功亏一篑。

　　如图9-1所示，天华超净（300390）的走势图。该股经过前期的振荡爬升行情后，股价进入加速上涨阶段。2020年2月11日，股价放量强势涨停。第二天，股价低开2.12%，经过10多分钟的整理后，股价强势上涨再拉涨停，成交量持续放大，之后股价继续强势上涨。

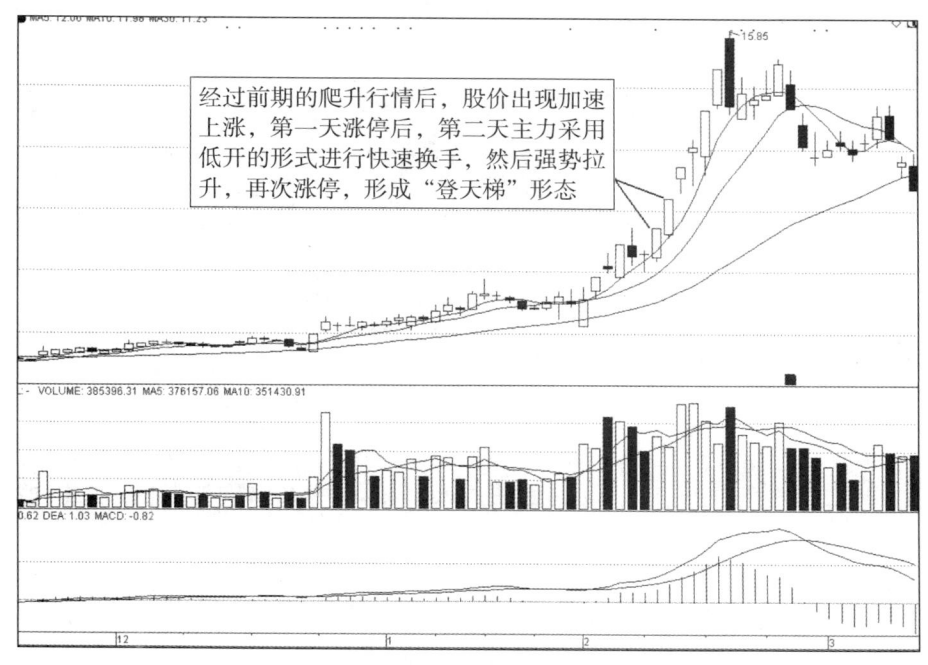

图 9-1 天华超净（300390）日 K 线图

图中批注：经过前期的爬升行情后，股价出现加速上涨，第一天涨停后，第二天主力采用低开的形式进行快速换手，然后强势拉升，再次涨停，形成"登天梯"形态

二、战法剖析

（1）量能放大。在 K 线组合有可能形成登天梯走势时，一定要配合成交量的持续放大，综合研判登天梯形态的真实性与可靠性，而且必须是在股价的相对低位，刚启动出现上攻形态的时候。

如图 9-2 所示，高澜股份（300499）的走势图。该股主力成功构筑底部区域后，股价慢慢向上爬高，均线系统呈现多头排列。2020 年 1 月 22 日，股价拔地而起，放量涨停，向上突破底部区域。次日，股价低开 1.72% 后快速拉涨停，形成登天梯形态。经过第三天的振荡洗盘后，股价再拉 2 个涨停。2 月 6 日冲高回落离场，短线成功获利。

（2）上涨初期。该形态有时出现在股价刚刚突破的一二板位置，有时可能出现在二三板甚至三四板之间。如果在大涨后的高位出现该形态时，不宜作为买入形态看待。

如图 9-3 所示，深南股份（002417）的走势图。该股的登天梯形态出现在二三板之间。2020 年 8 月 6 日放量突破，股价涨停，次日走出连板。第三天股价低开 1.06% 后，盘中略作下探，然后强势拉涨停，形成登天梯形态，此后股价再拉 2 个涨停。

如图 9-4 所示，星期六（002291）的走势图。该股的登天梯形态出现在三四板之间。2019 年 12 月 13 日，洗盘整理结束后，主力发力拉升，连拉 3 个涨停。这时盘中出现了一

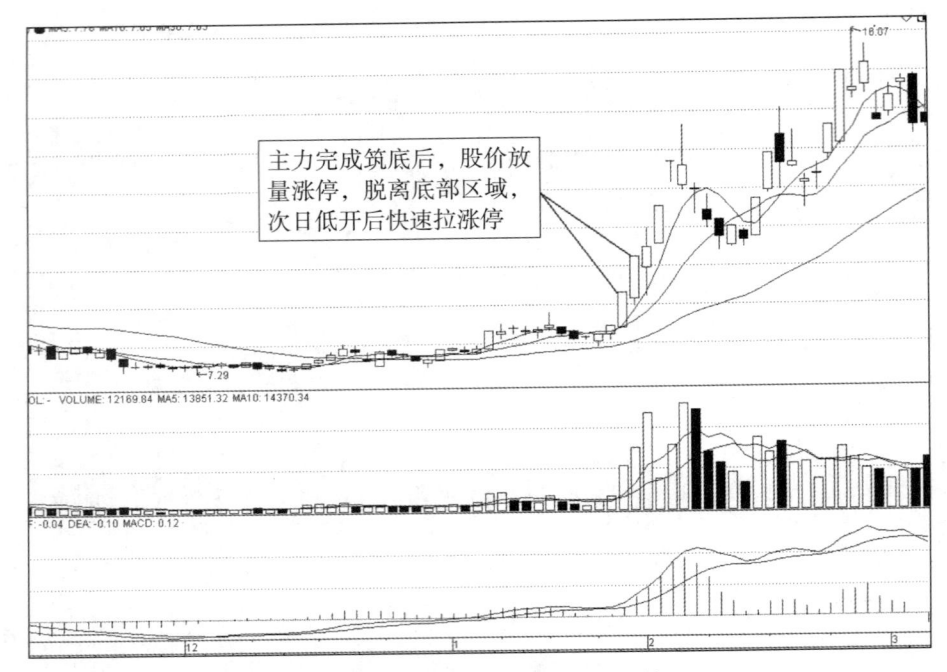

图 9-2　高澜股份（300499）日 K 线图

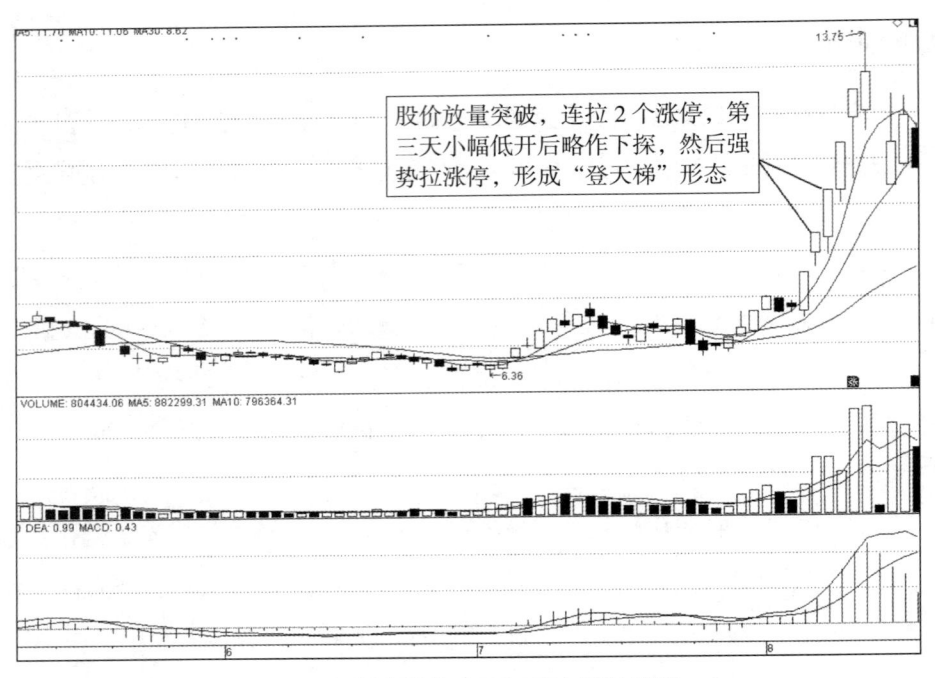

图 9-3　深南股份（002417）日 K 线图

定的短线获利筹码。此时主力不愿采用打压方式洗盘，而是采用低开方式洗盘。第四天股价低开 2.09% 后稍作整理，接着快速拉起，股价强势涨停。低开—涨停—开板—再涨停，这种方式洗盘效果非常好，股价此后大幅走高。

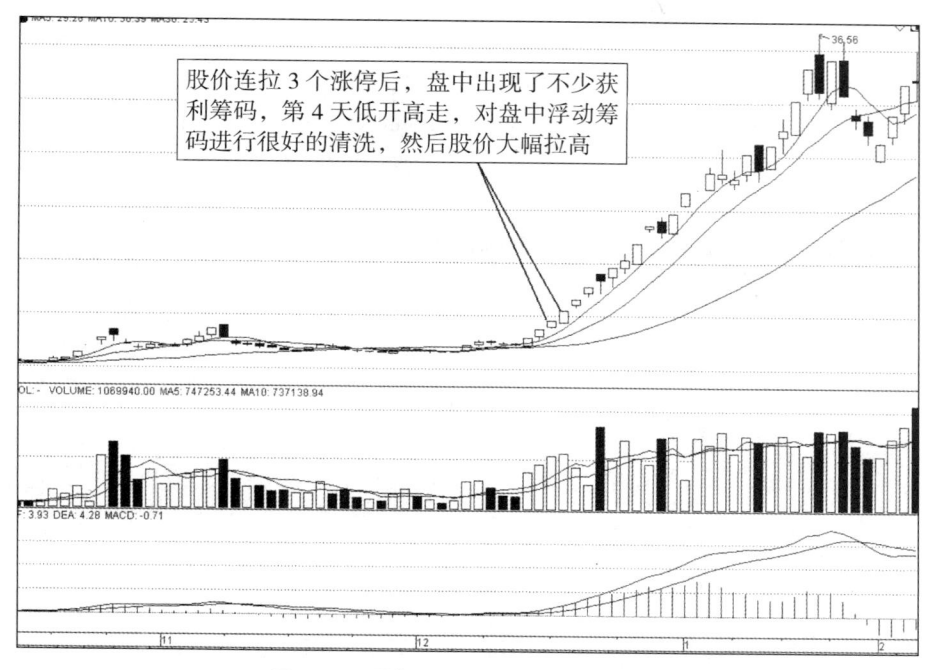

图 9-4 星期六（002291）日 K 线图

（3）低开走强。当股价在相对低位拉出第一根放量涨停 K 线之后，可以把该股加入自选股中，密切关注第二天的走势。次日该股盘中一旦低开超过 3%，分时图显示该股盘中再次放量向上攻击的欲望时，不妨通过分时盘中提供的买卖信号择机介入，也可以等待该股盘中放量走高越过第一个涨停收盘价时挂单买入。

如图 9-5 所示，天山生物（300313）的走势图。该股于 2020 年 8 月 19 日放量涨停，股价突破底部区域。次日股价低开 4.52%，经过近 1 个小时的整理后，盘中浮动筹码得到较好的消化，然后股价直线拉涨停。经开板洗盘后，午后股价坚定地封板不动，形成登天梯形态。之后股价实现 9 连板，短期涨幅超过 300%。在实盘中遇到股价低开时，可以在分时走势中股价放量向上拉起时介入，也可以在股价翻红时买入，激进型投资者可在涨停价位置追涨买入。

（4）短线为宜。该形态只适合短线操作，持股时间尽量不要超过 4 个交易日，期间一旦出现回调迹象，须及时出局。

如图 9-6 所示，深粮控股（000019）的走势图。该股经过一段时间的缩量回调之后，2020 年 4 月 20 日拉出一个涨停，第二天继续收涨停。第三天在低开 3.60% 的情况下还是放量拉至涨停，形成典型的登天梯形态。这时应大胆介入，之后股价连拉 2 个涨停。4 月 27 日低开时立即挂单卖出，3 个交易日至少获利 15%。

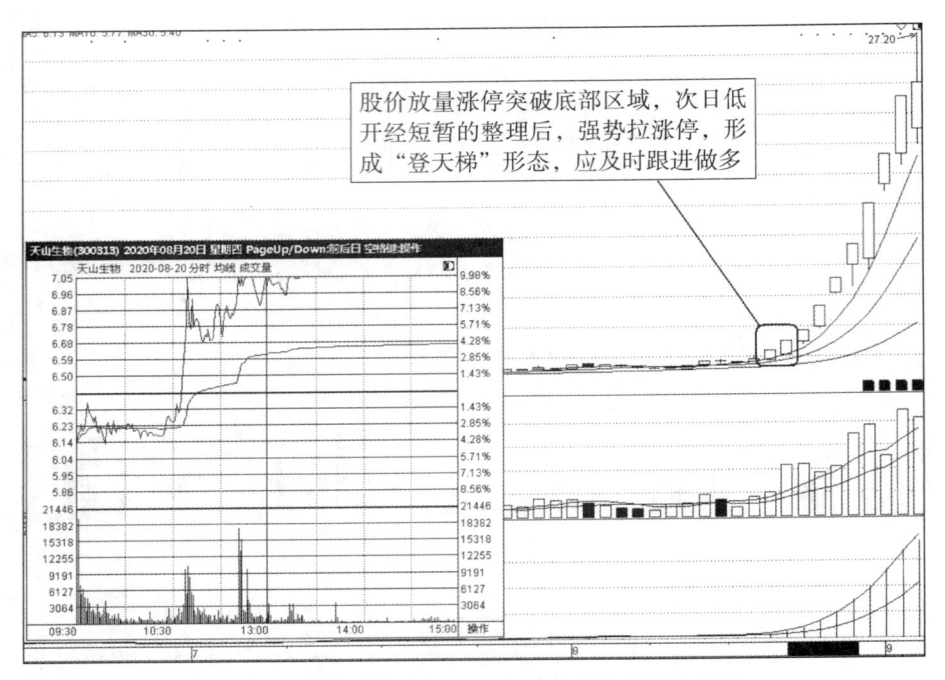

图 9-5 天山生物（300313）日 K 线和分时走势图

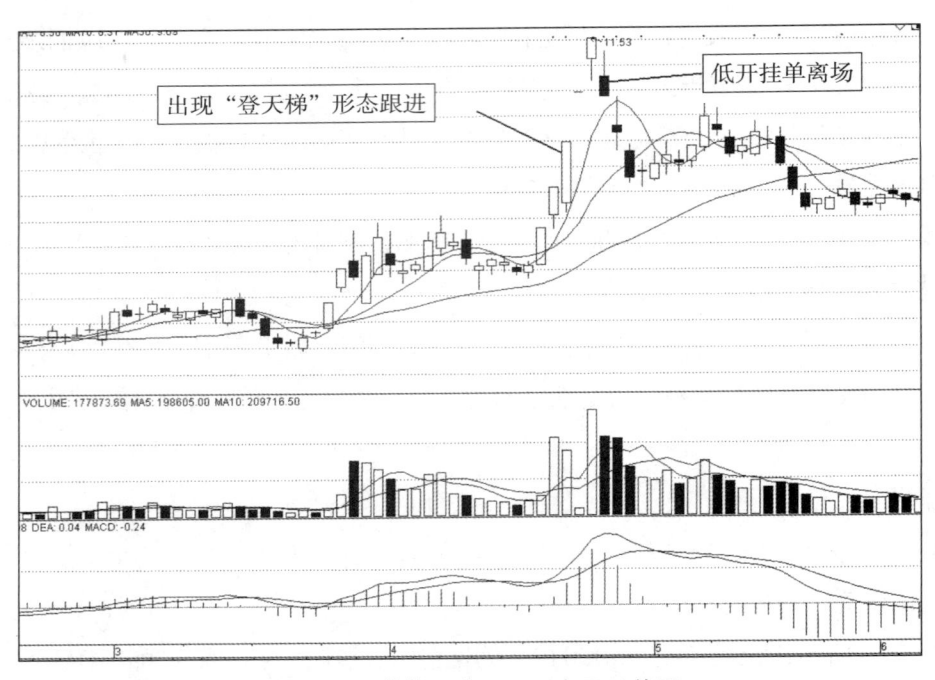

图 9-6 深粮控股（000019）日 K 线图

如图 9-7 所示，四环生物（000518）的走势图。该股连拉 2 个一字板后，收出一个洗盘性 T 字板。2020 年 1 月 23 日，股价低开 5.01% 后，盘中强势振荡走高，收出一个实体板，构成登天梯形态。经过 T 字板和低开高走这两天的洗盘后，盘中浮动筹码得到较好的释放，接着股价又连收 4 个涨停。在 2 月 7 日振荡中离场，5 个交易日收益超过 40%。

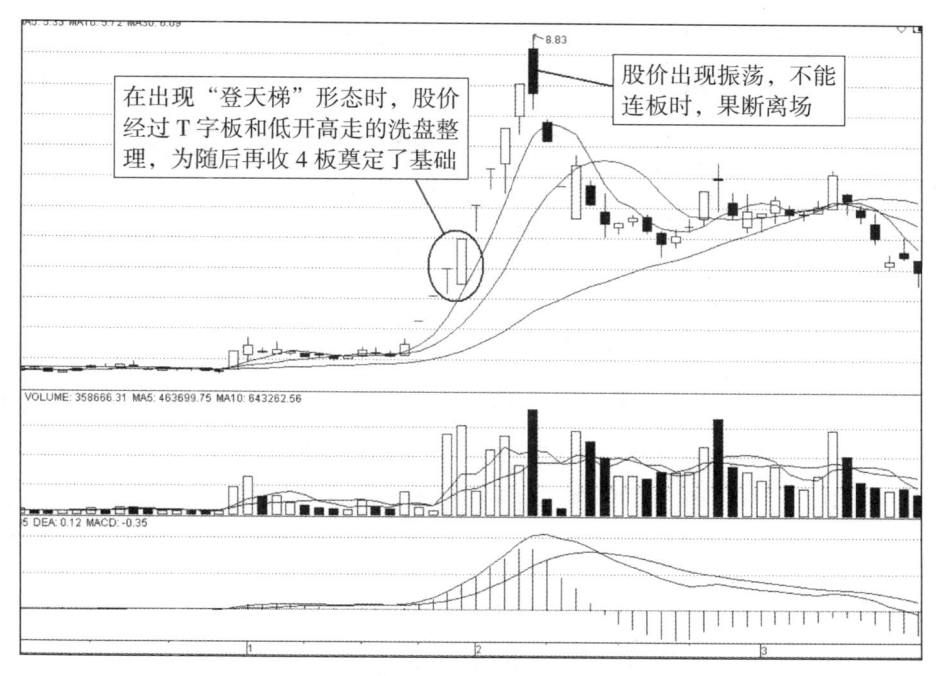

图 9-7 四环生物（000518）日 K 线图

如图 9-8 所示，万通智控（300643）的走势图。该股见底后缓缓向上推高，均线系统呈现多头排列，对股价上涨构成重要的支撑作用。2019 年 11 月 29 日，该股放量拉出了一个涨停，形成突破走势。第二天继续放量涨停，巩固了前一天的突破成果，强势特征得以

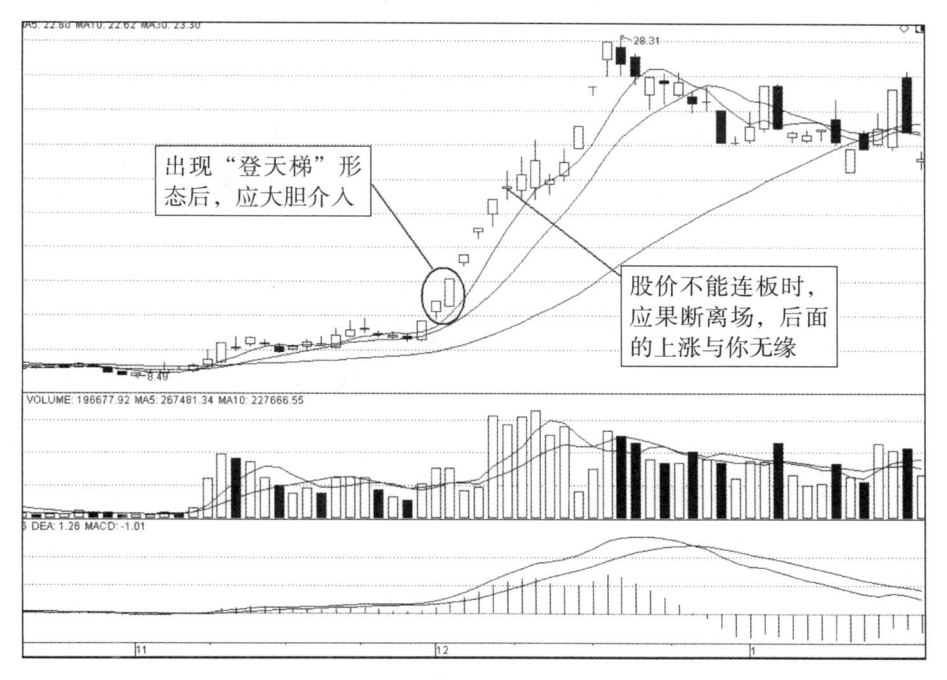

图 9-8 万通智控（300643）日 K 线图

显现。12月3日，股价低开2.41%，经过盘中振荡整理后，再次拉出一个涨停，形成了完美的放量登天梯形态，短线投资者应果断介入。接着股价继续连板上涨，在12月9日不能连板时逢高离场，短短4个交易日就有38%的收益。虽然该股经过短暂的整理后，股价再次出现强势上涨，但市场中还是以稳健为好，无把握的赢利不做也罢。

（5）高位失败。如果登天梯形态出现在涨幅较大的高位，就要谨防主力拉高出货了，此时不能盲目追涨。

如图9-9所示，国电南自（600268）的走势图。该股主力在低位吸纳了大量的低价筹码后，2020年4月14日开始放量拉升，股价连拉7板，短线涨幅较大。在日K线图中，4月21日股价探底回升，尾盘强势封板。次日股价低开2.67%后，强势拉涨停，两根涨停K线构成登天梯形态。但是，由于该形态出现在快速上涨后的高位，不宜过分看涨。加之前一天的涨停K线有主力出货的嫌疑，投资者应谨防主力拉高出货。

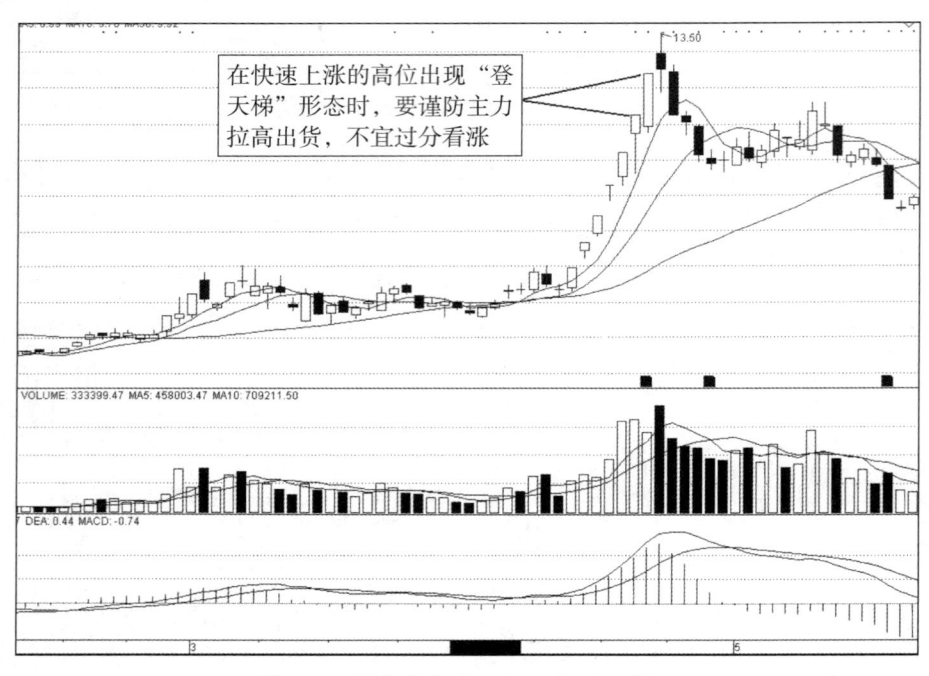

图9-9　国电南自（600268）日K线图

可见，无论什么好的技术形态，股价涨高了就要提高风险意识。所有技术形态都有其两面性，登天梯形态也是如此。这样的实例在实盘中很常见，如2020年5月19日安记食品（603696）的走势。

三、变异形态

（1）在实盘操作中，两根K线可以作弹性处理，一根为涨停大阳线，另一根为接近涨停的大阳线，也可以视作登天梯形态。上涨大阳线的涨幅至少要大于 5%（科创板和创业板个股要求涨幅在 10% 以上），涨幅太小容易演变为失败形态。

在两根 K 线中，后一根 K 线出现涨停比前一根 K 线出现涨停的形态要可靠得多。通常，前一根 K 线涨停而后一根 K 线没有涨停（涨幅又不大）的，需要等待下一个交易日的验证。

如图 9-10 所示，容大感光（300576）的走势图。股价渐渐企稳后振荡走高，均线系统呈现多头排列，支撑股价进一步走强。2020 年 2 月 8 日，股价放量涨停，次日低开 4.18% 后冲高回落，这时并没有形成登天梯形态，需要等待下一个交易日的验证。4 月 30 日，股价强势涨停，这时可视为登天梯形态，之后股价强势拉高。

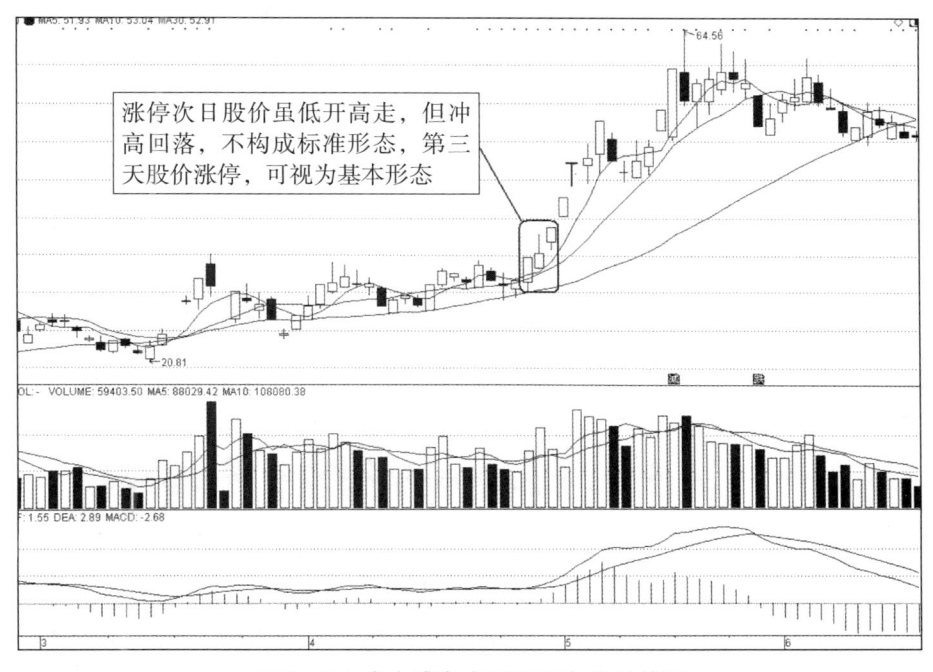

图 9-10　容大感光（300576）日 K 线图

（2）标准的登天梯形态要求第二天低开。在实盘中有时候平开或小幅高开后，盘中快速打压下跌 3～4 个点，然后又重新回升并涨停，K 线中一根长长的下影线深入到前一根阳线的实体之中，这种走势虽然不是标准的形态，但技术意义基本相同。

如图 9-11 所示，国农科技（000004）的走势图。在股价走势的前期，主力向下打压成功制造空头陷阱后，股价渐渐企稳回升。2020 年 2 月 17 日温和放量涨停，连拉 3 个涨停。2 月 20 日，股价延续强势，高开 3.42% 后，盘中大幅回落，一度被打压到跌停。午后主力强势拉升，并封于涨停，日 K 线图上留下了一根长长的下影线。这种盘中打压的洗盘方式，与低开高走的登天梯形态技术意义是相同的，可以参考该形态进行操作，股价之后又连拉 3 个涨停。

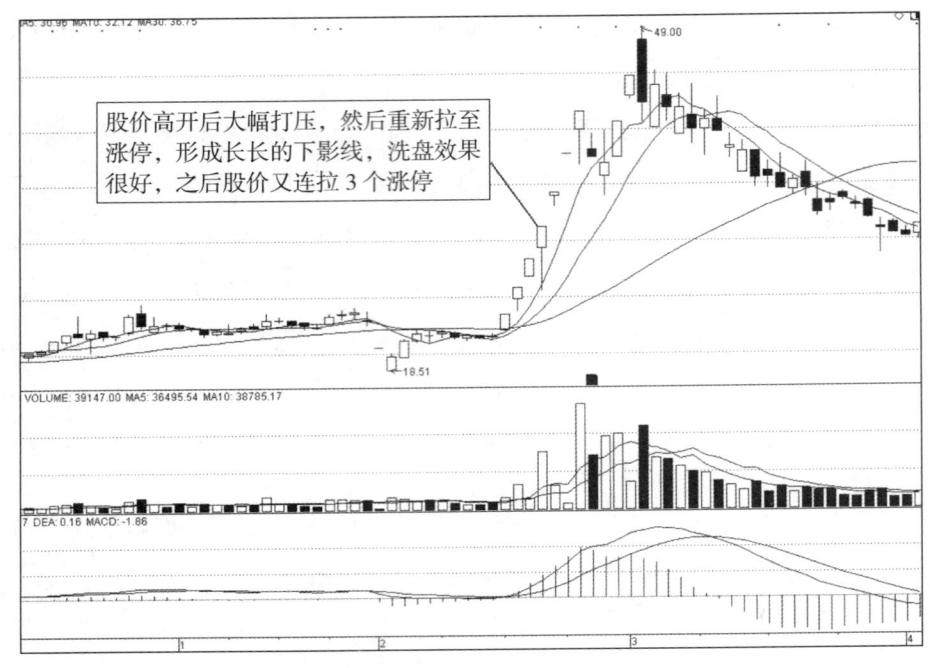

图 9-11 国农科技（000004）日 K 线图

如图 9-12 所示，华昌达（300278）的走势图。该股见底后缓缓向上推高，股价成功站于均线系统之上。2020 年 8 月 11 日，股价放量强势涨停，次日平开后略作下探，然后快速拉涨停，同样具有登天梯形态的技术意义，之后股价又连拉 3 个涨停。

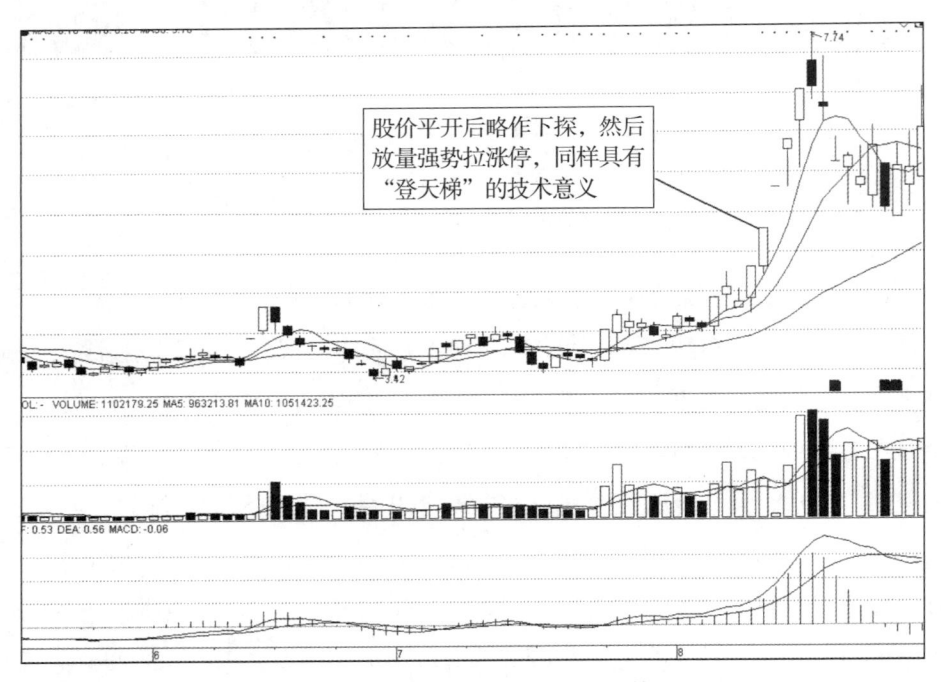

图 9-12 华昌达（300278）日 K 线图

四、操作提示

按照分时图提供的买点介入之后，只要股价在盘中能够持续放量，极有可能当天再次拉出涨停，完成标准的放量登天梯K线组合走势。这种走势一旦形成，后市股价上涨的概率大于90%以上，股价在两三天内极有可能出现借力打力的惯性上涨行情，连续快速拉升，获得不错的短线收益。

登天梯形态在实盘中比较多见，成功概率也较高，投资者在操作中还要注意以下几个方面。

（1）持有方法：如果买入后当天涨停，次日再涨停，证明该股已形成强势涨停的惯性。从涨停之后起，以收盘不再涨停为卖点，也就是收盘前5～10分钟，如果确定不能涨停时卖出。盘中如果出现跌停，必须在跌停板上挂单卖出，一般跌停板都有机会开板。

（2）卖出原则：除遵循上述通用原则卖出外，还必须做到反抽抛、双头抛。次日如果单边向上涨停当然可以持有，如果单边向下跌破买入当天的最低点，则坚决抛出，即使跌停也必须迅速离场。

（3）止损设置：为了更加稳健地操作，设置止损位也是必要的，可以参考以下标准。

第一，如果早盘股价低开放量上攻，在分时图中没有越过前一天涨停价之前介入的，止损位可以设置在前一个涨停的开盘价附近。

第二，如果是在分时图中越过前一个涨停价之后介入的，止损位可以设置在前一个涨停的二分之一位置。

第三，如果是在第二板追涨入场的，止损位可以设置在前一个涨停收盘价附近。这样设置止损位，可以降低风险，增加收益。

（4）登天梯战法是一种高风险的短线操作方法，习惯中长线操作的投资者不要尝试，盯盘时间不充裕者不要尝试，短线操作能力不强者也不要尝试。

如图9-13所示，迪安诊断（300244）的走势图。该股以登天梯的形式向上突破底部盘区，然后回抽确认，股价在第一个涨停价附近得到较强的支撑，之后股价继续振荡攀高。可见，止损位本身也是支撑位，股价不破止损位时，可以持股或加仓。

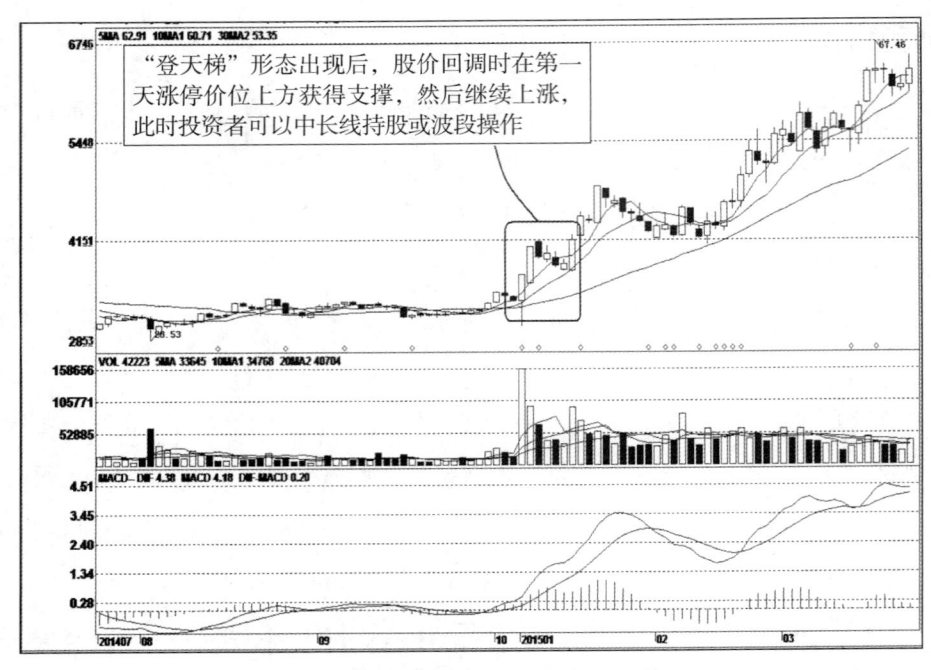

"登天梯"形态出现后,股价回调时在第一天涨停价位上方获得支撑,然后继续上涨,此时投资者可以中长线持股或波段操作

图9-13 迪安诊断(300244)日K线图

涨停 10 式　摘绿帽子战法

一、形态特征

在股价上升过程中，主力大多采取涨停的方式向上突破。多数情况下，涨停后第二天是高开的，但高开之后却出现低走，收出一根阴线，实际股价涨跌幅度均不大（标准形态是小涨假阴线），在 K 线形态上如同一个"绿帽子"戴在头顶上。次日或随后几日，股价再次发力上行，往往以涨停的方式出现，覆盖了这根阴线（绿帽子），即收盘价高于阴线的开盘价或最高价。主力摘掉扣在头顶上的绿帽子，后市将迎来一片艳阳天，股价形成强势上涨势头，所以将这种走势称之为摘绿帽子。

市场机理：主力洗盘，换手，震慑浮动筹码，是为了日后更好地拉升。

摘绿帽子战法的技术特征和要点如下。

（1）底部整理已经结束，股价放量向上突破进入拉升阶段，收出一根（或多根）涨停阳线或大阳线。

（2）次日跳空高开后，出现振荡走低阴线。但当天股价只是小涨小跌（标准形态是小涨假阴线），形似一顶"绿帽子"扣在头顶上，感觉很是压抑。

（3）第三天或随后几天，股价放量强势拉涨停，吞没了前面的阴线，即多头摘掉"绿帽子"。

（4）阴线没有上影线或上影线很短，少数情况下以星形线出现。

（5）除前期一字板、T 字板外，阴线不应该出现天量现象，理想的成交量是持平或相差不大。

（6）当主力摘掉"绿帽子"时，是一个非常好的买入时机，在股价即将涨停或在涨停位置排单买入。

如图 10-1 所示，浙江龙盛（600352）的走势图。2019 年 3 月 22 日，该股跳空向上突破，股价连拉 2 板。3 月 26 日，该股从涨停价开盘，盘中开板振荡，股价走低收盘，股价小涨 3.60%。在 K 线形态上，如同一顶"绿帽子"戴在头顶上，看起来不太舒服。但是，第二天高开 5% 后，股价强势涨停，覆盖了前一天的阴线。多头主力成功摘掉压在头顶上的"绿帽子"，意味着后市股价将迎来艳阳天。此后两个交易日，该股出现变异形态，接着股价出现强势上涨。

在实盘中，"绿帽子"形态可以灵活变通地应用，不一定要求都是假阴线。也就是说，股价可能是实际下跌的阴线，只要形同"绿帽子"即可。

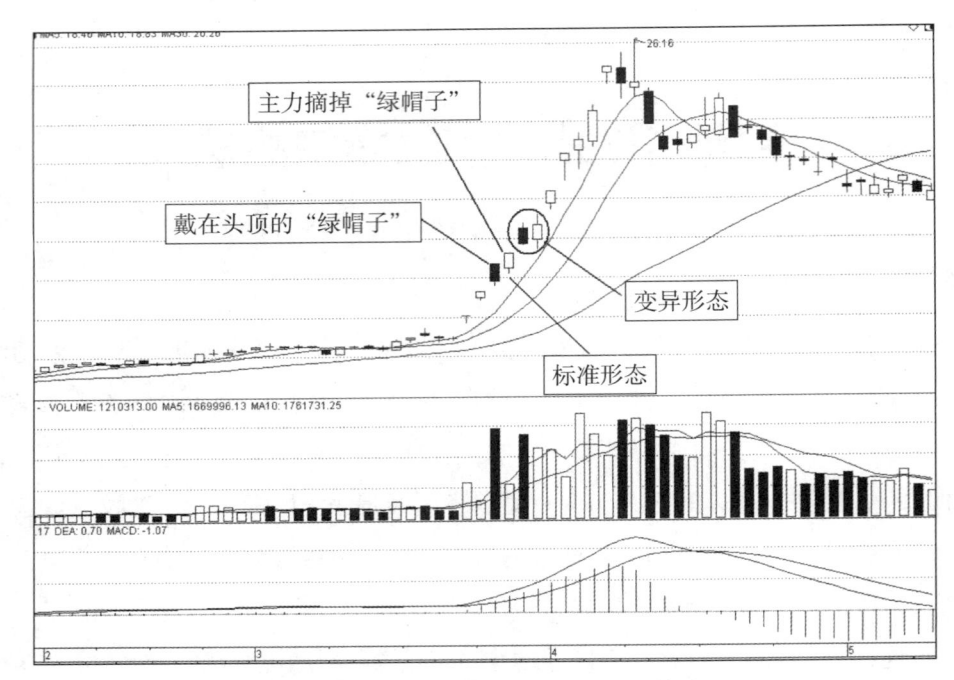

图 10-1　浙江龙盛（600352）日 K 线图

如图 10-2 所示，航天长峰（600855）的走势图。该股主力在建仓末期向下打压制造空头陷阱，当股价企稳回升至前期盘区附近时遇阻回落。2020 年 3 月 20 日，股价拔地而起，疑似构筑 W 底形态。连拉两个涨停后，3 月 24 日，股价跳空高开 4.19%，开盘后快

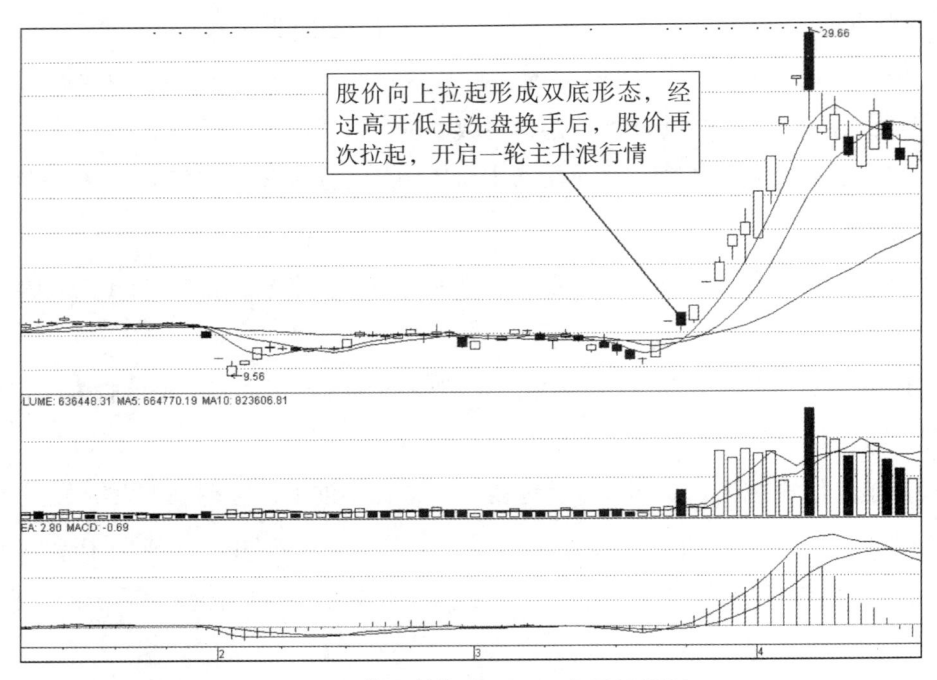

图 10-2　航天长峰（600855）日 K 线图

速回落作弱势整理，当日收跌 2.37%，形成"绿帽子"形态，不少散户见此形态后相继离场。次日，股价高开 2.91% 后快速拉板，收于阴线的开盘价之上。主力成功摘掉"绿帽子"，从而开启了一轮拉升行情。

主力建仓后，既想快速拉升，又想把底部获利盘振荡出局，同时又需要吸引新的短线跟风盘参与，这根"绿帽子"K 线，反映了主力和投资者都处于十分矛盾的心理。若连续涨停，就无法把获利盘振荡出局，若回落洗盘，又容易丢失低价筹码，所以主力就采取这种洗盘方式。毕竟多数投资者在短线获利颇丰的情况下，都愿意落袋为安。

对于短线跟风盘而言，看到这样的形态，洞察主力想继续加速抬升的真实目的之后，就会快速跟进。对主力而言，让市场经过充分的换手之后，抬高了短线筹码的成本，有利于日后进一步快速拉升。

二、战法剖析

（1）在实盘中，这种形态出现在第 2 板或第 3 板之后的位置比较多，也是一种最为可靠的模式。第 1 板之后的位置，由于股价刚刚走强或突破，还没有完全进入强势，走势仍存在许多变数。在第 5 板前后也经常出现该形态，一般是强势大波段拉升股。

如图 10-3 所示，振德医疗（603301）的走势图。该股主力完成低位建仓计划后，不断向上推升股价，成交量温和放大。然后股价小幅回落整理，清理盘中的浮动筹码。2020 年 1 月 20 日和 21 日，连拉 2 个涨停后，23 日受上涨惯性影响，从涨停价位开盘，

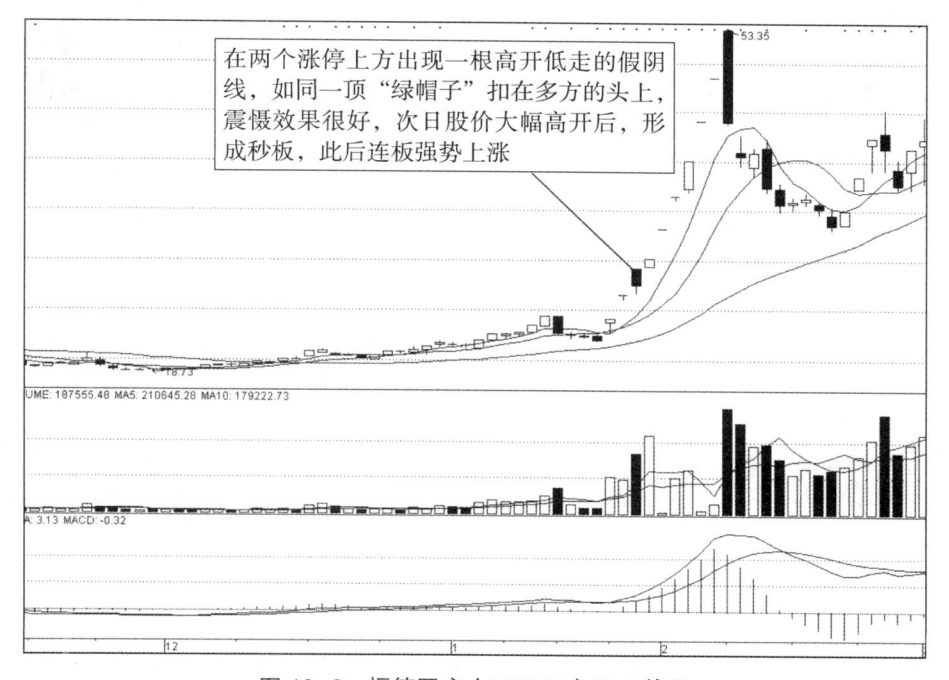

图 10-3　振德医疗（603301）日 K 线图

尾盘开板回落，当日收涨3.05%，收出一根高开低走的假阴线。在K线形态上，这根假阴线如同扣在两个涨停上方的一顶"绿帽子"，吓退了不少短线持股的散户，大家纷纷选择获利离场操作。可是，次日股价大幅高开7.12%，直接开在"绿帽子"上方，股价出现秒板，强势特征极为明显。接着股价连板上攻，气势强盛，涨幅较大。

如图10-4所示，惠而浦（600983）的走势图。该股的"绿帽子"形态出现在第4板后的位置。主力以实体涨停大阳线放量突破底部区域后，股价连拉2个一字板和1个T字板，盘中产生大量的获利筹码，短线投资者开始兑现赢利。2020年8月31日，股价高开6.64%后快速回落，全天基本围绕前一天的收盘价作振荡整理，当天微涨0.12%收盘。在全天的振荡过程中，多数散户选择离场操作。但是第二天低开2.13%后，股价快速拉至涨停，覆盖了前一天的阴线。随后股价出现3连板，短线获得较好的收益。

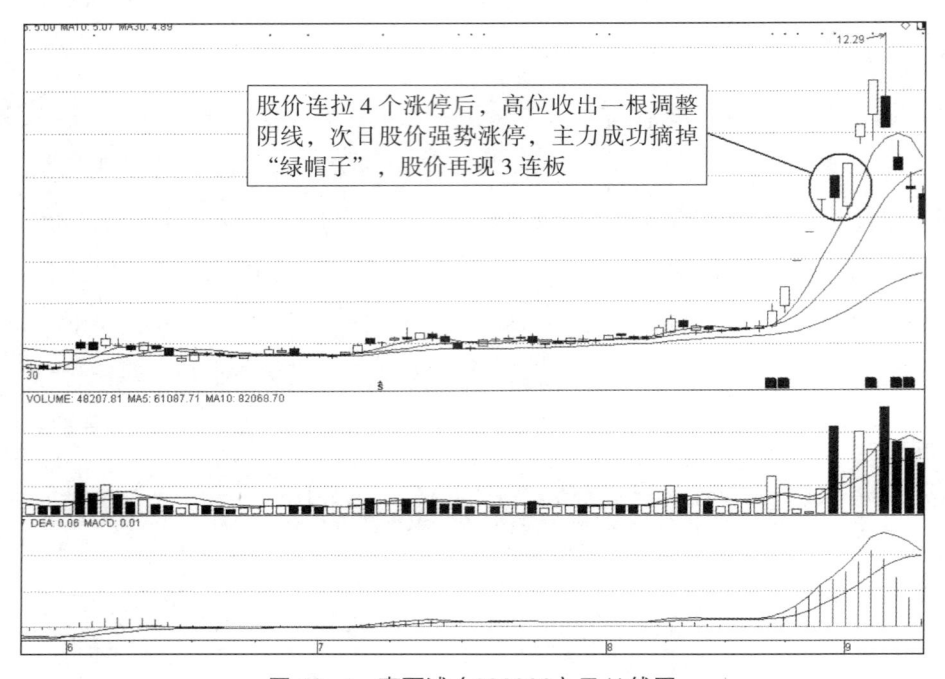

图10-4 惠而浦（600983）日K线图

如图10-5所示，星期六（002291）的走势图。该股的"绿帽子"形态出现在第6板后的位置。2019年12月13日开始，股价连拉6板，12月23日出现高位调整阴线，次日股价强势拉涨停，形成"摘绿帽子"形态。此后股价大幅走高，一时成为两市的明星股。实盘中，在6板之后形成这种形态的，只有极少数个股会出现这种极端走势，因此原则上不提倡买入。

（2）在"绿帽子"线之前，如果出现一字板和T字板，"绿帽子"线当天往往出现较大的成交量，通常有短线获利盘涌出，大量的换手反而有利于主力后市拉高。

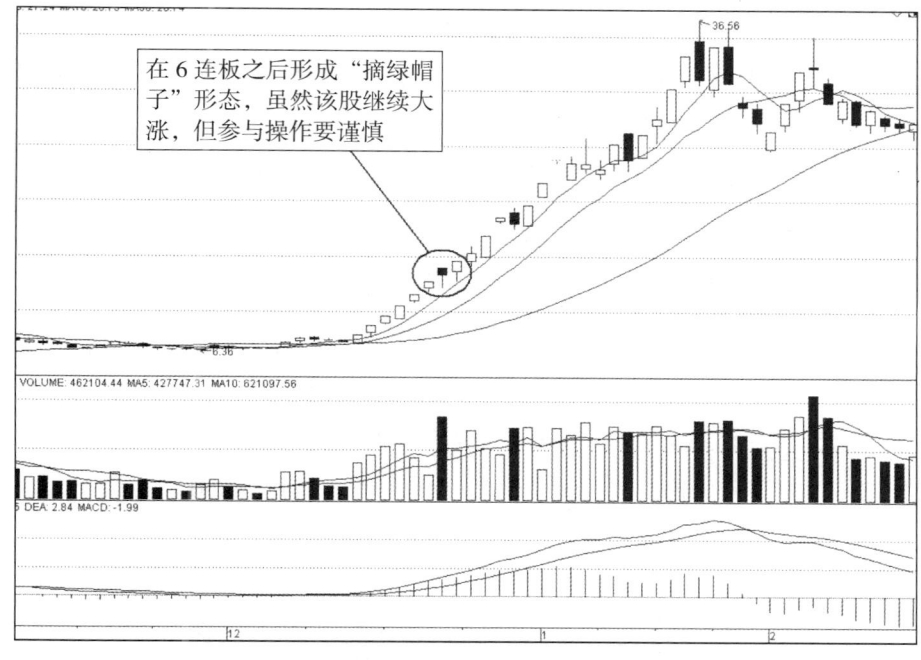

图 10-5　星期六（002291）日 K 线图

如图 10-6 所示，协鑫集成（002506）的走势图。股价大幅下跌后渐渐企稳回升，2020 年 8 月 5 日出现涨停。次日出现一字板，第三天高开低走收假阴线，形成"绿帽子"线。第四个交易日，主力摘掉头顶上的"绿帽子"，股价迎来一片艳阳天，出现 4 连板行情。

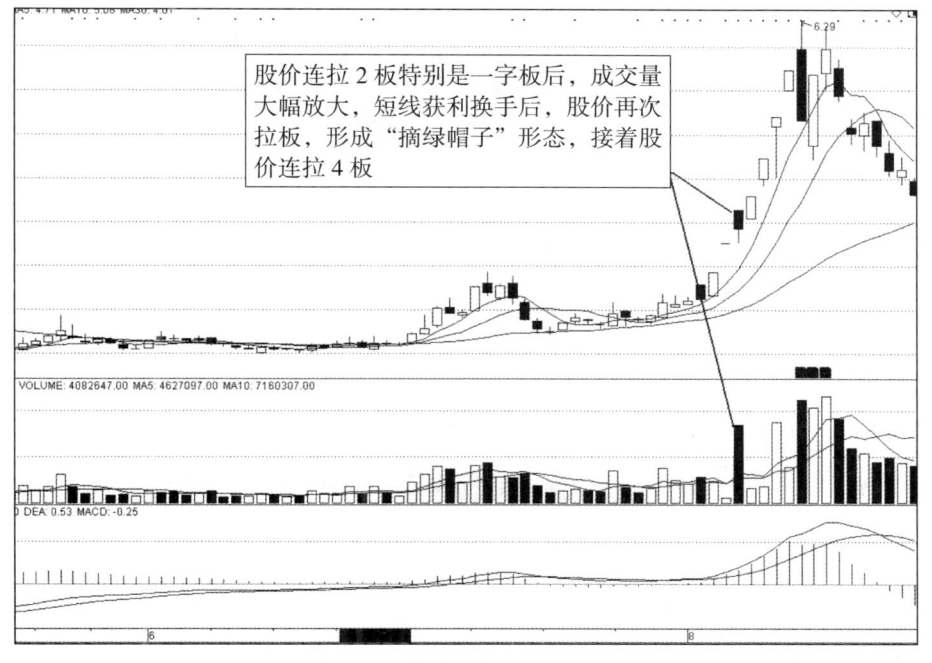

图 10-6　协鑫集成（002506）日 K 线图

从图中可见，在 8 月 7 日出现"绿帽子"线的当天，成交量较大，换手率达到 16.70%，为当时一段时间的最大成交量。由于"绿帽子"线之前出现过 1 个实体板和 1 个一字板，盘中堆积了大量的短线获利盘。当股价不能实现连板时，在"绿帽子"线当天的振荡过程中，就会有很多短期获利盘和解套盘开始涌出，从而导致成交量骤增。所以，这个量是换手量，而不是见顶量，投资者没必要感到恐慌。

如图 10-7 所示，金力永磁（300748）的走势图。股价见底企稳后向上走高，并突破 30 日均线的压制，2019 年 5 月 21 日收出 T 字板。次日从涨停价位开盘后，主力封盘并不坚决，盘中反复开板振荡，当天以上涨 7.28% 收盘，产生"绿帽子"线。在当天振荡过程中，成交量大幅放大，换手率达到 67%，说明换手非常充分。5 月 23 日，股价小幅低开后强势涨停，形成"摘绿帽子"形态，接着股价连收 7 个涨停。

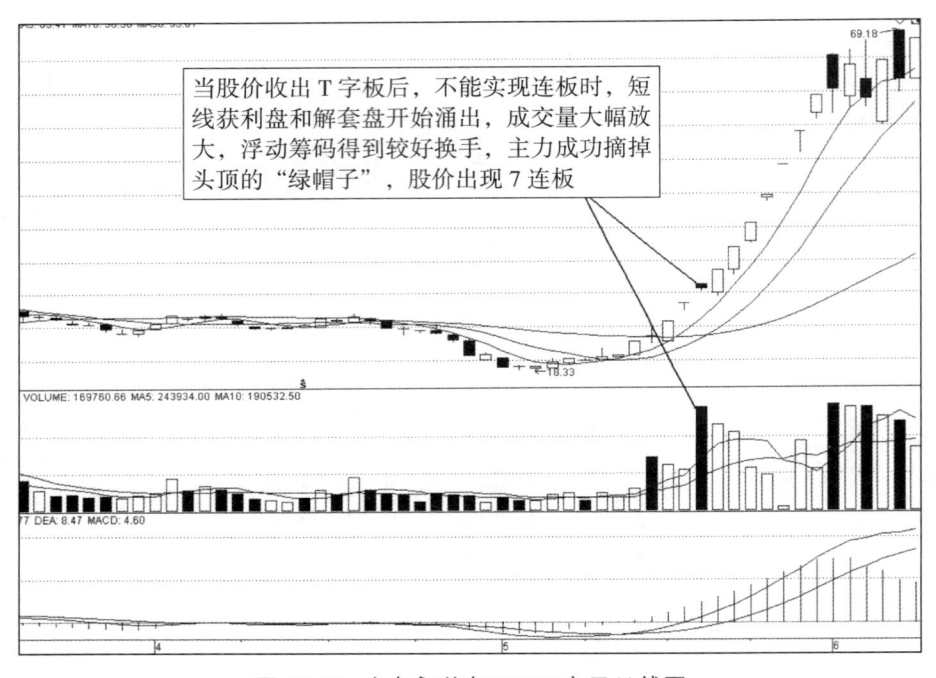

图 10-7　金力永磁（300748）日 K 线图

（3）在实盘中，"绿帽子"可能出现 1～3 根 K 线。有时候由于主力洗盘换手不充分，或遇到某些其他因素，需要振荡几个交易日后才能发力上攻。

如图 10-8 所示，光大证券（601788）的走势图。2020 年 6 月 19 日，股价放量向上突破底部区域，连拉 3 个涨停后，出现两天高开低走的整理阴线，股价涨跌幅度都不大。6 月 30 日，股价振荡走高，强势封涨停，覆盖了前面的两根阴线，构成"摘绿帽子"形态。之后，股价持续强势拉升，在高位再次出现"摘绿帽子"形态，并继续拉升。

如图 10-9 所示，奥特佳（002239）的走势图。2020 年 6 月 22 日，股价拔地而起，强势涨停，之后出现 3 个交易日的振荡整理。6 月 30 日，股价再次涨停，基本收复前面 3 根调整 K 线，形成"摘绿帽子"形态。由于主力并不急于拉升，涨停后再次调整 3 个交易日，股价涨跌幅度都不大。7 月 6 日股价强势涨停，覆盖了 3 根调整阴线，构成非常完美的"摘绿帽子"形态，股价出现加速上涨。

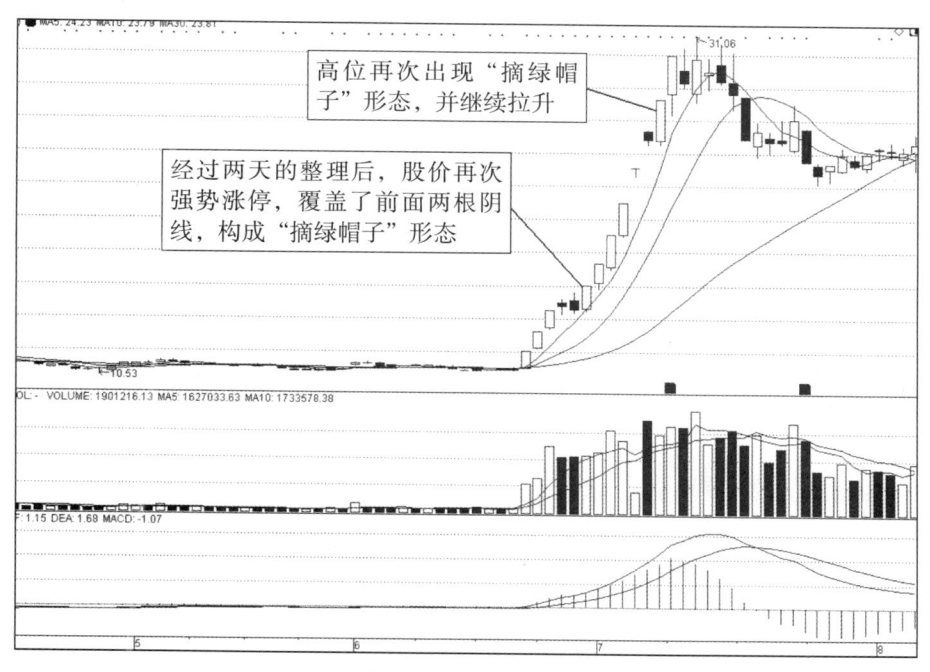

图 10-8　光大证券（601788）日 K 线图

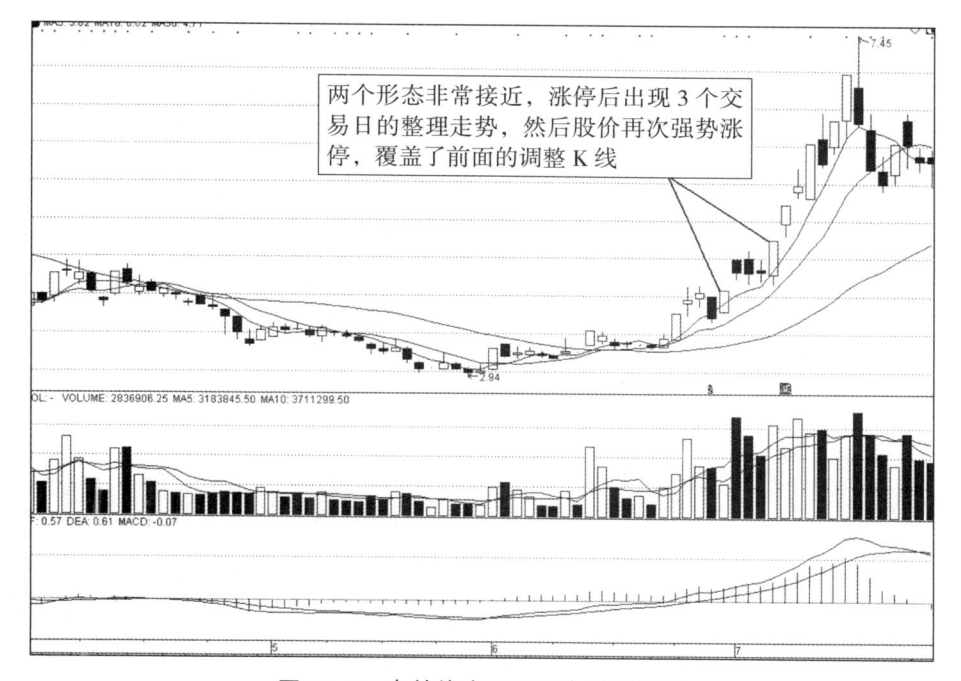

图 10-9　奥特佳（002239）日 K 线图

（4）在强势市场中，"绿帽子"线产生后，第二天可能直接出现一字板和T字板，或接近涨停价开盘后出现秒板，强势特征明显。

如图10-10所示，四方精创（300468）的走势图。该股回调整理结束后，股价再次强势上攻，2019年10月24日出现"撞顶式"涨停。次日高开6.82%后强势振荡，盘中一度上摸涨停，最后以上涨3.42%收盘，出现一顶"绿帽子"。这样的K线形态，当天振荡中会有不少散户选择离场，特别是尾盘涨停无望的情况下，短线投资者往往会逢高了结。可是，第二天大出意料之外，股价直接一字板开盘，并全天封盘不动，强势特征明显。这类个股在当天一字板时投资者一般难以买入，但在后面回调到"绿帽子"线附近时可以关注。当然，此时是否买入，还要结合其他因素综合分析。

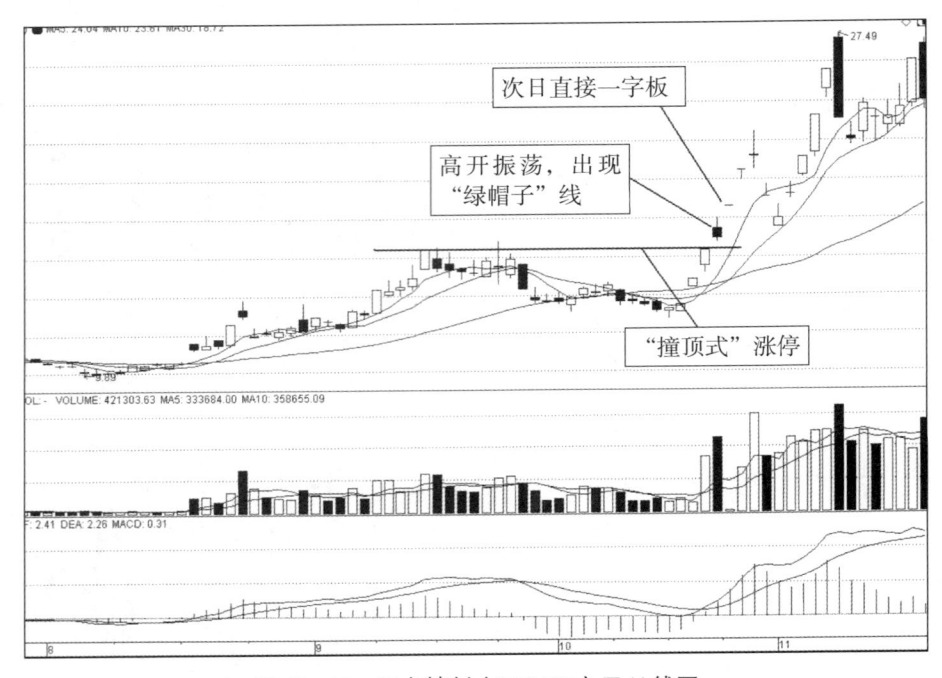

图10-10　四方精创（300468）日K线图

（5）在出现"绿帽子"K线时，第二天不一定马上就会拉升，可能进入短期振荡整理走势，经过蓄势整理后再次发力向上突破，这也是"摘绿帽子"形态。

这种走势如果调整幅度较大，后面的单根涨停K线可能难以覆盖"绿帽子"线，只要盘面上攻势头强烈，仍视为"摘绿帽子"形态。

如图10-11所示，中潜股份（300526）的走势图。经过一段时间的盘整后，股价向上突破盘区，连拉4个涨停后在高位收出"绿帽子"线，然后回落调整4个交易日。2020年3月24日，股价强势涨停，虽然当天股价并没有覆盖"绿帽子"线，但上涨势头强劲，可以在当天追板买入。稳健型投资者可以待形态完整形成时介入，或者等股价回调时再入场。

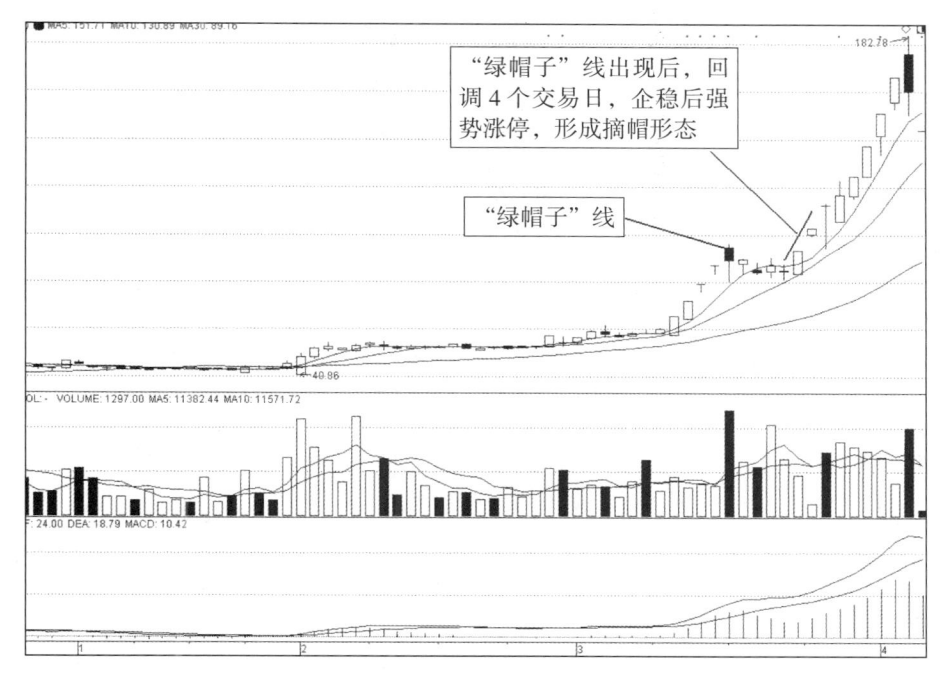

图 10-11　中潜股份（300526）日 K 线图

如图 10-12 所示，南风股份（300004）的走势图。股价见底企稳后，于 2019 年 10 月 14 日强势拉起，突破 30 日均线的压制。但次日股价高开 8.43% 后回落整理，当日收跌 0.40%，形成"绿帽子"形态。经过一段时间的蓄势整理后，夯实了底部基础，11 月 11 日

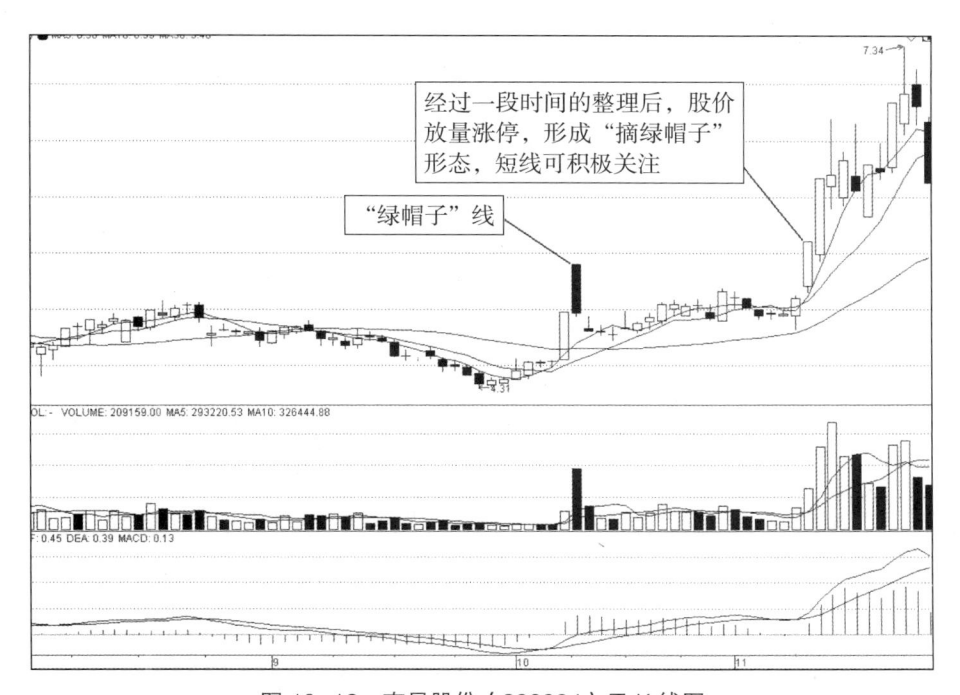

图 10-12　南风股份（300004）日 K 线图

股价放量涨停,收复了"绿帽子"线,构成"摘绿帽子"形态,短期股价迎来曙光,可以积极入场做多。

(6)主力成功摘掉头顶的"绿帽子"后,虽然拨开乌云见天日,迎来曙光一片,但不一定都会直接拉升,可能振荡一两个交易后再上行。

如图10-13所示,新朋股份(002328)的走势图。该股主力完成建仓计划后,向下打压股价,成功设置了一个空头陷阱。然后股价连拉2板,突破了前期整理盘区。2020年2月7日,股价从涨停价位开盘后,主力不做封盘处理,而是让股价回落振荡,当天上涨4.30%收盘,K线形态出现假阴线,即"绿帽子"线。次日股价强势涨停,覆盖了"绿帽子"线,构成标准的"摘绿帽子"形态。但形态出现后股价并没有立即拉升,而是继续强势整理两个交易日,到2月13日才出现向上突破,形成5连板走势。

出现这种现象的主要原因:一是主力筹码不够,继续通过振荡加仓;二是股价短线涨幅不大,浮动筹码不多;三是大盘环境不佳,主力不敢轻易发动行情。

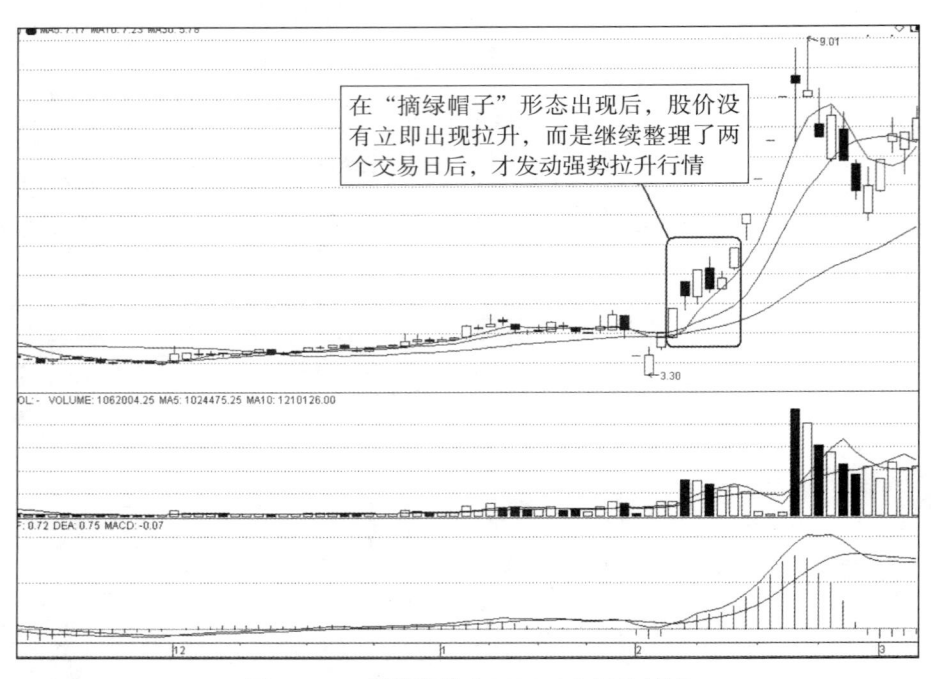

图10-13 新朋股份(002328)日K线图

(7)当"绿帽子"线实体过大时,单日上涨K线难以覆盖该阴线,可能需要两个交易日才能摘掉"绿帽子"。这种情况一般有两种盘面现象:一是阴线实体超出涨停价格范围;二是先收出一根振荡阳线,接着拉出涨停K线。

如图10-14所示,江淮汽车(600418)的走势图。2020年5月20日,股价拔地而起,放量涨停,脱离底部盘区,连拉3个涨停。5月25日,股价跳空高开9.12%后,盘中振荡回落，当日股价收跌 4.56%，阴线实体长达 13.68%。可见，次日股价涨停也不可能覆盖"绿帽子"线。

这种现象可以作为提前买入信号，但技术上需要下一个交易日的巩固。若下一个交易日股价顺利覆盖阴线，则可以继续持有；若盘面不能形成"摘绿帽子"形态，则应逢高离场。该股次日继续涨停，覆盖了全部大阴线，技术上得到进一步巩固，股价继续强势上涨。

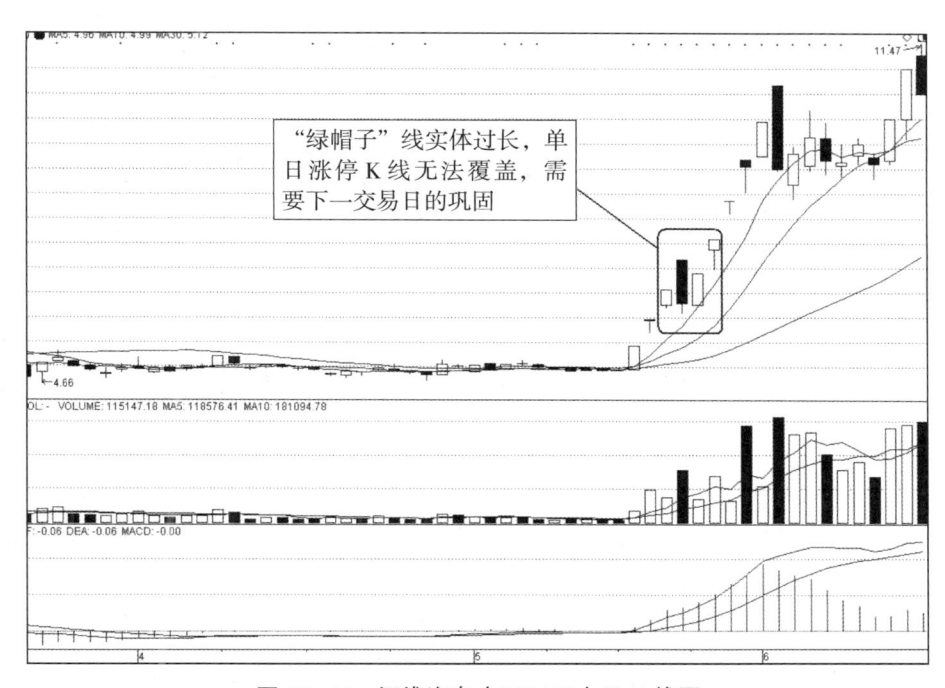

图 10-14　江淮汽车（600418）日 K 线图

如图 10-15 所示，西菱动力（300733）的走势图。2020 年 8 月 17 日，股价放量涨停，突破盘区压力，连拉 2 个涨停。8 月 19 日，股价高开 5.81% 后，盘中快速回落振荡，当日收跌 7.69%，一根光头光脚阴线的实体长达 13.50%。阴线实体超过次日股价涨停价格范围，即使涨停也不可能覆盖阴线。第二天股价低开高走，收涨 5.35%，次日股价涨停，覆盖了"绿帽子"线，构成"摘绿帽子"形态。之后股价振荡走高，短线产生较好的获利机会。

三、操作提示

该形态出现在强势行情中，是短线赢利的重要利器之一。特别是股价刚突破不久更好，形态出现在高位时需要谨慎。

实盘中，投资者可以参考以下几个买卖时机。

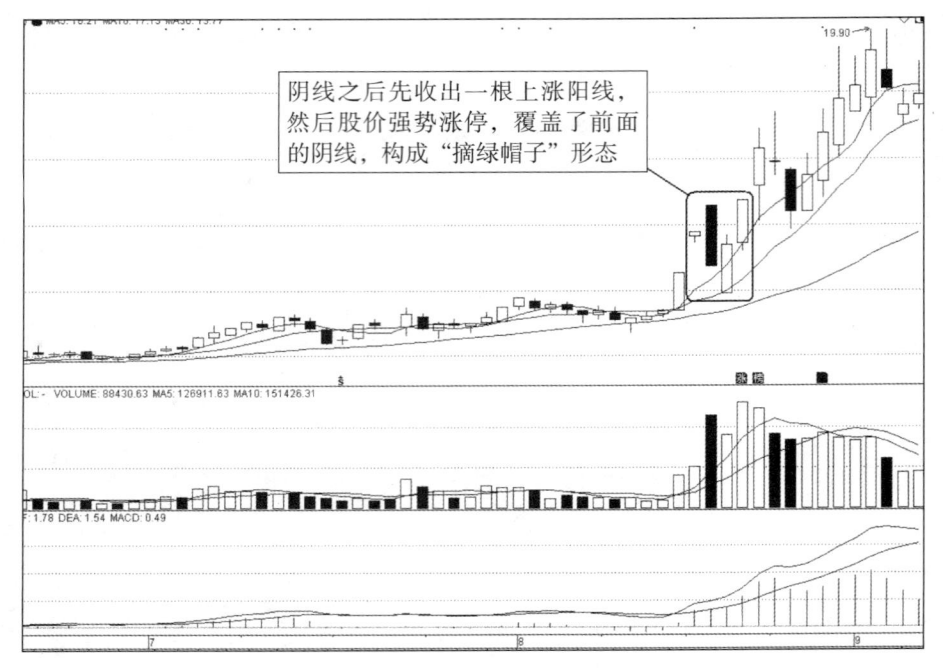

图 10-15　西菱动力（300733）日 K 线图

（1）股价在盘中突破"绿帽子"线高点，形成"摘帽"之势时买入。

（2）当"摘绿帽子"形态出现后，可在涨停位置追板买入，或在盘中开板时入场。

（3）当"绿帽子"线实体过大，单日上涨 K 线难以覆盖时，如果盘面强势，也可以在第一根阳线出现时提前买入，无须等待"摘绿帽子"形态出现，但要关注下一个交易日的盘面强弱表现。

（4）当"摘绿帽子"形态出现后，次日不能连板时，应引起警惕或减仓，降低风险。

（5）在股价回落到"绿帽子"线之内时，应减仓处理，如果盘中不能重新走强，则应减仓处理。

（6）在股价回落到"绿帽子"线前一天涨停板的开盘价之下时，应止损离场。

（7）股价回落击穿"绿帽子"线的低点，说明短线仍需调整，应及时止损，控制风险。止损后等待股价再次放量突破，重新形成"摘绿帽子"形态，再考虑买入。

如图 10-16 所示，福瑞股份（300049）的走势图。该股连拉 2 个涨停后，2020 年 4 月 14 日，股价高开 3.70% 后出现振荡整理走势，当天微涨 0.53% 收盘，呈现"绿帽子"线。次日开盘后不到 5 分钟股价强势涨停，全天封盘不动，上涨势头强劲，构成"摘绿帽子"形态。可是第二天股价大幅低开 6.22%，午后盘中翻红回落，当日收跌 4.88%，难以维持形态的上涨气势，此时应减仓。4 月 17 日，股价继续走弱并回落到"绿帽子"线下方，此时应再次减仓。随后几个交易日，股价继续弱势振荡，并击穿形态前一个涨停的低点，这时应止损观望。

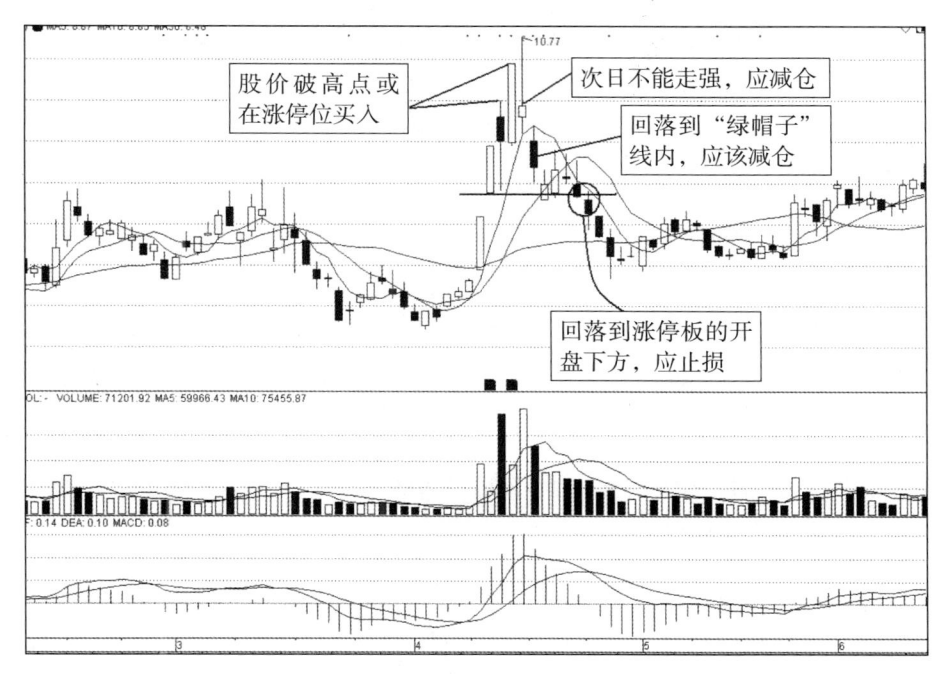

图 10-16　福瑞股份（300049）日 K 线图

涨停 11 式　夹心饼干战法

一、技术要点

夹心饼干战法是"摘绿帽子"形态的变异走势，但又有其独立性，所以将其单独列出来进行分析。

当股价以涨停的方式向上突破后，第二天主力展开洗盘整理，K 线形成纺锤线。第三天股价继续强势涨停，前后两根涨停 K 线中间夹着一根小 K 线，形似"夹心饼干"，有时也像"两阳夹一阴"形态。

市场机理：主力洗盘，换手，清理盘中的浮动筹码，有利于更好地拉升。

夹心饼干战法的技术特征和要点如下。

（1）第一天的涨停阳线，必须明显地突破一个重要的技术位置，如均线、盘区、趋势线等。

（2）第二天盘中振荡幅度较大，但回调低点一般不低于前一天阳线的开盘价，K 线实体较小，形似纺锤线。

（3）第三天股价继续涨停，并覆盖了纺锤线的最高点，强势特征明显。

（4）这种形态也经常出现在拉升途中，后市仍有不俗表现。但如果出现高位，应谨防主力诱多出货。

如图 11-1 所示，坚瑞沃能（300116）的走势图。在长时间的底部振荡中，主力成功地完成了建仓计划。2020 年 8 月 19 日，股价放量向上突破，拉出了涨停阳线。主力不想让散户有更多的获利空间，第二天立即展开振荡整理走势，股价小幅高开后冲高回落，小涨 2.70% 收盘，呈现纺锤线形态，主力洗盘恰到好处。第三天股价又再次放量涨停，表明主力整理结束。接着股价强势上涨，出现 3 连板行情。图中可见，两根涨停 K 线中间夹着一根小 K 线，三根 K 线如同一块"夹心饼干"形态。

二、战法剖析

（1）纺锤线可以是小幅上涨的阳线，也可以是小幅下跌的阴线，或者是涨跌幅度不大的假阴线和假阳线。

如图 11-2 所示，金健米业（600127）的走势图。2020 年 3 月 23 日，该股放量向上

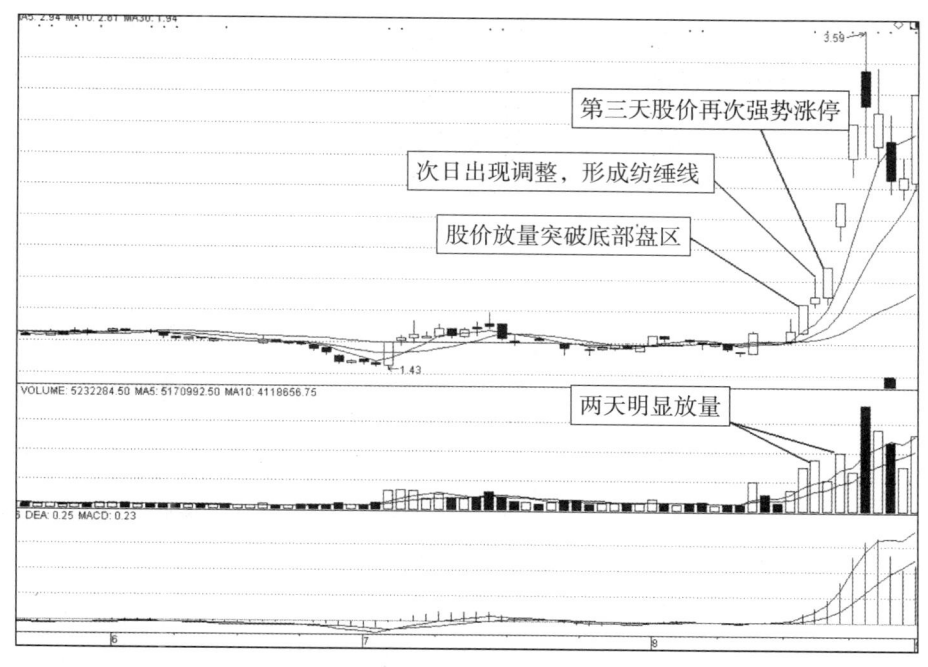

图 11-1　坚瑞沃能（300116）日 K 线图

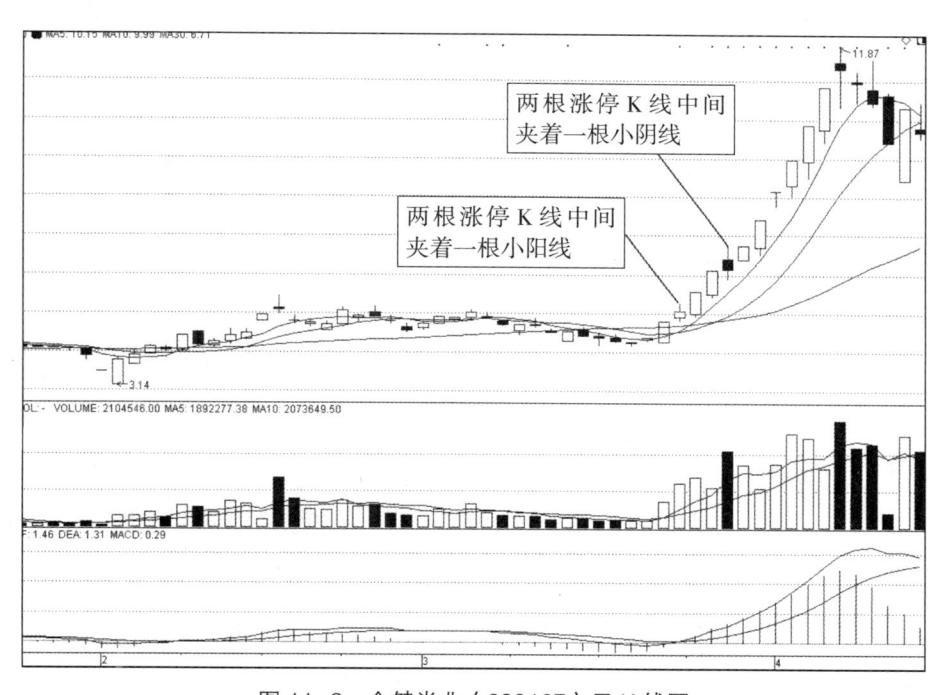

图 11-2　金健米业（600127）日 K 线图

突破 30 日均线后，出现两个纺锤线形态，前一个是两根涨停 K 线中间夹着一根小阳线，后一个是两根涨停 K 线中间夹着一根小阴线，两个形态只是中间的小 K 线颜色有差异，其技术意义是相同的，此后股价出现强势上涨。

如图11-3所示，佳云科技（300242）的走势图。主力向下打压后，股价企稳回升。2020年5月26日，股价放量突破30日均线，形成"撞顶式"涨停。次日，股价小幅低开振荡，对前期盘区中的筹码进行了消化。5月28日，股价强势涨停，三根K线形成"夹心饼干"形态，表明主力整理结束。之后出现强势拉升行情，短期股价涨幅较大。

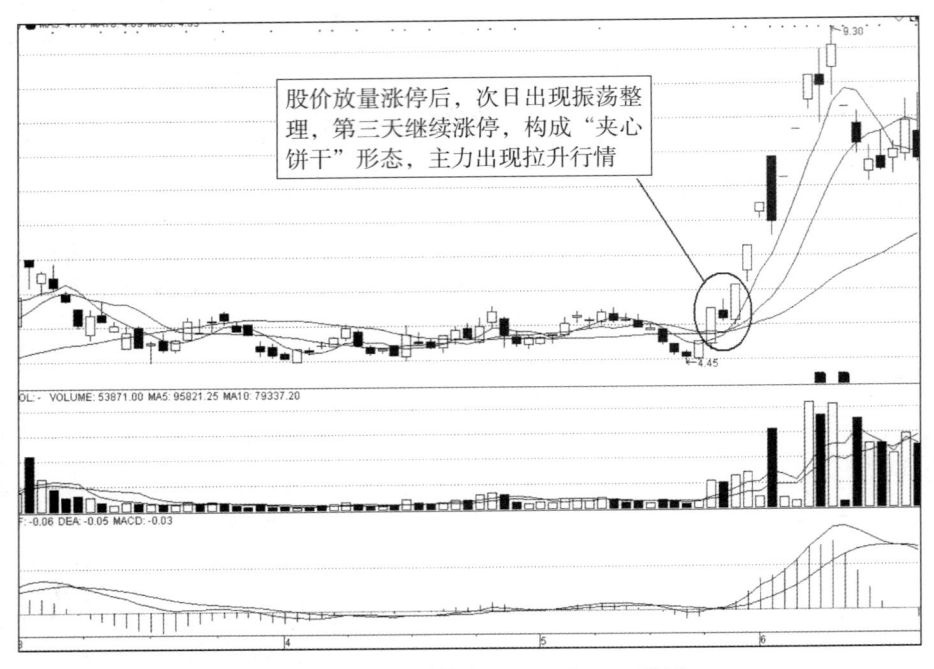

图11-3　佳云科技（300242）日K线图

（2）形态中间的纺锤线可作弹性处理，有时可能出现若干根小K线，而且纺锤线也可以是星形线。

如图11-4所示，鄂武商A（000501）的走势图。该股成功脱离底部后进入盘升行情，2020年6月30日开始连拉2个涨停。接着出现2个交易日的振荡整理，收出两根星形小阴线。7月6日再次出现突破涨停，构成"夹心饼干"形态。

（3）第一天和第三天要求有明显的成交量配合（一字板和T字板除外），通常第三天的成交量大于第一天的成交量。

如图11-5所示，中亚股份（300512）的走势图。该股完成筑底后，步入上升行情。2020年7月27日，股价涨停，次日出现调整。第三天再次涨停，构成"夹心饼干"形态。在走势中，第三天的成交量明显大于第一天的成交量，表明短线资金渐渐介入。

（4）原则上第一天股价就形成突破走势，但实盘中有时股价前期回调较深，突破信号可能发生在第三天，只要"夹心饼干"形态整体构成突破走势，就可以认定形态有效。

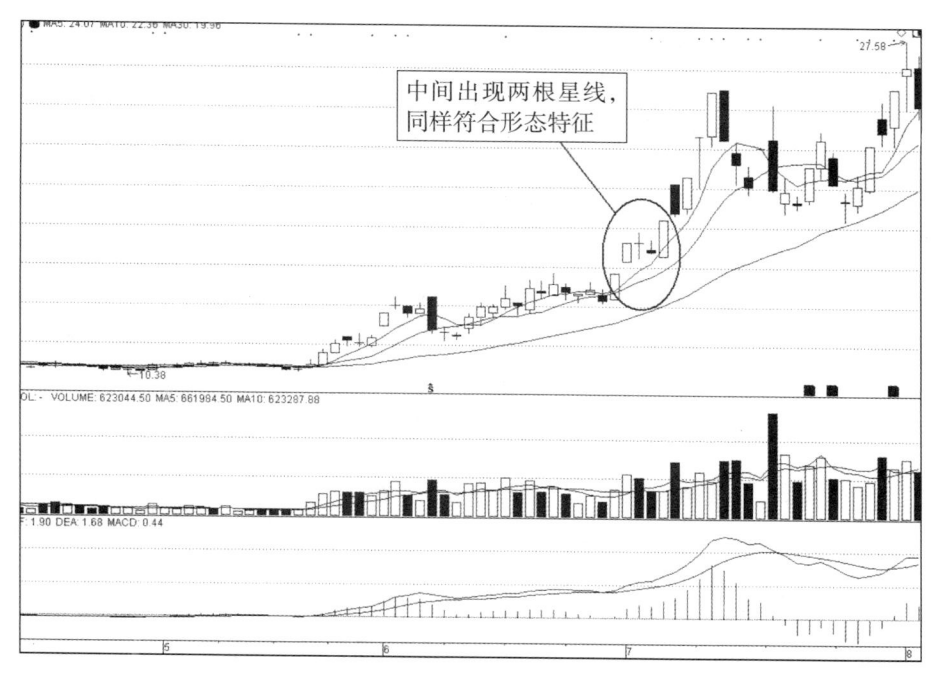

图 11-4　鄂武商 A（000501）日 K 线图

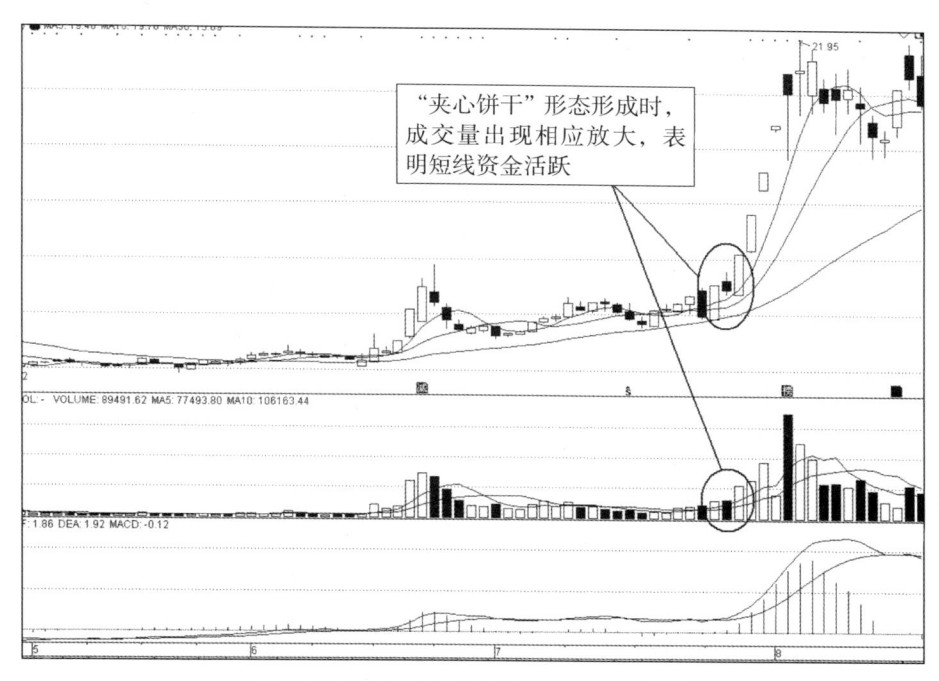

图 11-5　中亚股份（300512）日 K 线图

如图 11-6 所示，新力金融（600318）的走势图。该股经过主力刻意打压后，股价渐渐企稳回升。2020 年 2 月 14 日股价涨停，但此时并没有形成突破走势。随后展开 2 个交易日的调整，消化上方的压力。2 月 19 日，股价再次涨停，成功突破了 30 日均线的压力，构成"夹心饼干"形态,接着股价出现拉升行情。

（5）实盘中,"夹心饼干"可能产生连环形态,表明市场处于强势持续拉升状态。连环形态有两种表现:一种是由两个以上的独立形态排列在一起,一个接着一个,相互不重合,如上述的金健米业（600127）走势;另一种是两个形态之间有重合,相互依存,形态中的一部分既是前一个形态的组成部分,又是后一个形态的组成部分。

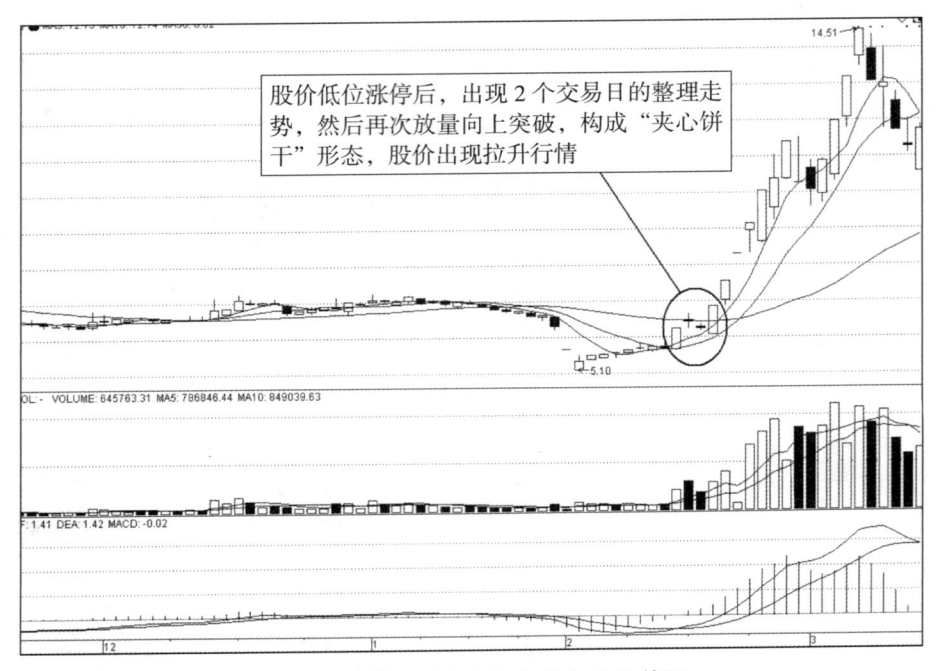

图 11-6　新力金融（600318）日 K 线图

如图 11-7 所示,聚飞光电（300303）的走势图。在长时间的振荡过程中,主力完成了建仓计划。2019 年 12 月 10 日,股价放量突破,次日出现整理,第三天再次涨停,然后又出现调整,接着股价又涨停,出现连环"夹心饼干"形态。很明显,12 月 12 日的这根涨停 K 线,既是前一个形态的组成部分,又是后一个形态的组成部分,两个形态有重合,表明主力处于强势拉升中,投资者可以持股待涨。

三、操作提示

在实盘中,经常出现"夹心饼干"形态,短线参与成功率也较高。投资者主要参考以下几个买卖时机。

（1）如果中间的纺锤线高于前一天的涨停 K 线,第三天盘中股价突破纺锤线高点时,可以考虑买入。

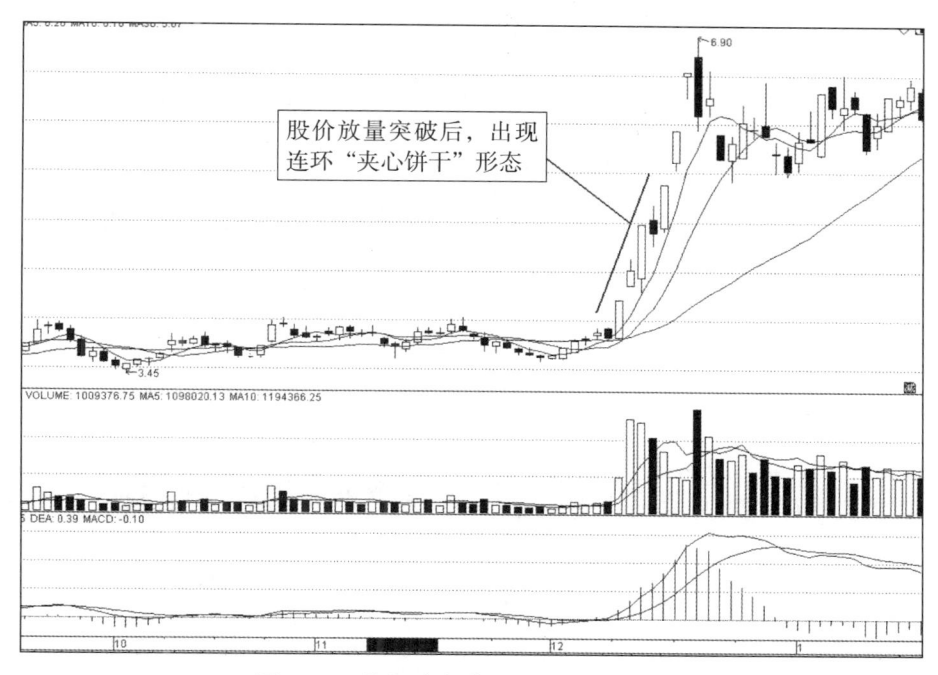

图 11-7　聚飞光电（300303）日 K 线图

（2）如果中间的纺锤线低于前一天的涨停 K 线，第三天盘中股价突破第一天涨停收盘价，可以考虑买入。

（3）当"夹心饼干"形态出现后，可在涨停位置追板买入，或在盘中开板时入场。

（4）当"夹心饼干"形态出现后，次日不能维持强势运行时，应减仓处理，降低风险。

（5）在股价回落到第一天涨停 K 线的 1/2 位置之下时，应引起警惕，如果盘中不能重新走强，则应减仓处理。

（6）在股价回落并吞没了前一天涨停的全部涨幅时，应止损离场。

（7）该形态出现在股价涨幅较大的高位时，应谨慎参与，结合其他因素分析是否形成潜在的头部。

如图 11-8 所示，贤丰控股（002141）的走势图。该股穿过 30 日均线后股价向上推高，2020 年 7 月 16 日，股价放量涨停，形成突破性走势。次日低开调整，第三天开盘后不到 5 分钟直线拉涨停，强势拉升不言而喻。可是，7 月 21 日高开 3.45% 后，股价快速回落呈弱势振荡，当日收跌 4.24%，此时应减仓处理。之后股价继续回落到第一天涨停阳线的 1/2 位置之下，此时应进一步减仓。

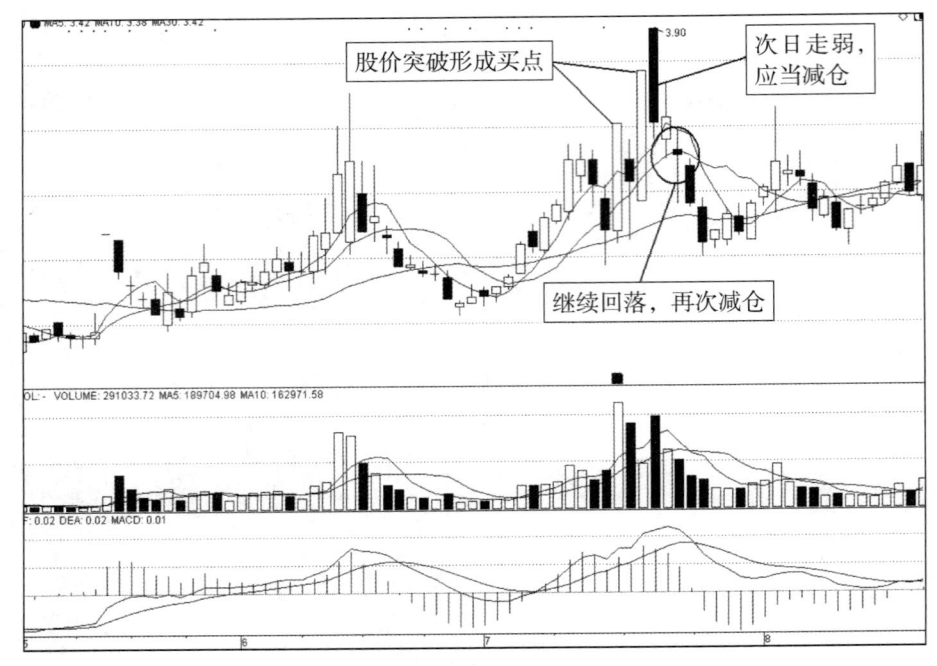

图 11-8 贤丰控股（002141）日 K 线图

涨停 12 式　强烈撞顶战法

一、形态特征

所谓强烈撞顶，是指在股价上涨过程中，进入到加速上扬阶段，当日以涨停报收，收盘价正好达到前期顶部或成交密集区附近，当日成交量明显放大，盘面上涨气势强烈，预示股价将展开强势上涨行情。

股价以涨停方式强烈撞顶，不管撞的是前期低位小头部，还是较大的历史成交密集区，短期获利十拿九稳。其原因在于，主力既然敢于以涨停的方式挑战前一个头部，说明志在必得，上涨已成主旋律。如果大盘平稳，且个股基本面不拖后腿，则一轮涨势必将出现。

市场机理：股价在长期运行过程中形成的阶段性顶部（也指小高点）或整理盘区，对后市股价上涨构成了一定的压力。如果股价以强烈的方式撞击该压力位，说明主力有备而来，将要发动强势上涨行情，这个压力位往往会被有效突破。

强烈撞顶战法的技术特征和要点如下。

（1）股价前期出现一个明显的头部高点或盘区。

（2）当日股价涨停，收盘价恰好位于头部高点或盘区附近。

（3）当日成交量明显放大。

如果此时均线系统已经走好，30 日均线走平或者向上，则酝酿了较大的短线市场机会；如果 30 日均线向下，则只有超短线机会，在没有板块效应的情况下，次日逢高卖出是最佳选择。如果涨停撞顶时，具有龙头效应，且带动板块或指数上扬，则是千载难得的机遇，不能因为对顶部的压力顾虑而错失良机。

如图 12-1 所示，奥普光电（002338）的走势图。该股见底企稳后股价渐渐向上回升，形成一个明显的高点。之后主力为了建仓或洗盘的需要，股价再次回落。股价小幅回落后，再次企稳回升，均线系统出现多头排列。2020 年 5 月 22 日，一根放量涨停 K 线拔地而起，涨停收盘价恰好是前期高点位置。主力以如此大的力量去撞击高点压力，说明有备而来，将要发动拉升行情。投资者发现这种盘面现象时，应及时跟进。次日股价大幅高开涨停，出现 4 连板行情。

这种图形如同雾里看花，让散户摸不清、看不透。说是突破，实则没有穿过压力位；说是有压力，实则有强烈的攻击性。这正是主力想要达到的效果，目的就是不让散户摸透坐庄的意图。

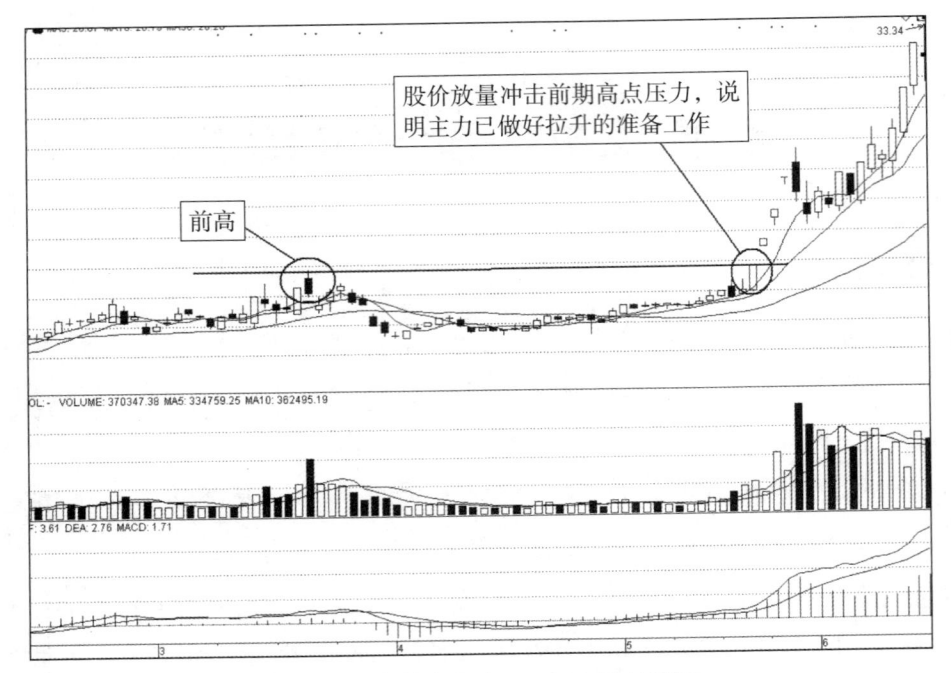

图 12-1 奥普光电（002338）日 K 线图

二、战法剖析

（1）通常，压力位附近对散户具有一定的心理影响，特别是股价越接近压力位时，这种心理越复杂。所以，就主力而言，股价距离前期头部高点或盘区的压力位越近越好。若股价距离压力位太远，显示上方的压力位明显存在；若股价已经成功穿过压力位，则是一种突破走势，而非撞顶涨停，压力作用在散户心里已经消失。

如图 12-2 所示，协鑫集成（002506）的走势图。该股小幅上涨后再次回落整理，股价在 30 日均线上方得到支撑而企稳回升。2020 年 8 月 5 日，股价快速涨停，当天收盘价正好是前期高点位置，形成强烈的撞顶形态，开启一波拉升行情。这种走势看起来股价并没有形成有效突破，其实前期高点压力已经被成功消化，所以股价轻松拉高。

在实盘中，有的个股形态上有一个明显的高点压力位，其实真正的阻力很少，这是主力故意制造的图表形态，以迷惑散户。

如图 12-3 所示，路通视信（300555）的走势图。2018 年 11 月 29 日，该股高开低走形成一个明显的高点，在 2019 年 1 月回升到该位置附近时，股价再次回落调整，形成一个整理盘区。然后股价企稳回升，2 月 20 日股价放量涨停，产生 4 连板行情。

在该股中，前面的这根大阴线高点其实没有压力，只是图形中的一个明显高点。因为当天股价从涨停价位开盘后快速回落，可见在该位置套牢的筹码几乎没有，没有套牢盘就意味着没有压力。其实，短线压力位在后面的整理盘区，因为此处筹码做了换手。可见，2月20日的这根涨停大阳线，已经有效突破了盘区的压力位。至于前面的大阴线，则只是表象，而非实质性压力，所以股价突破后出现4连板走势。

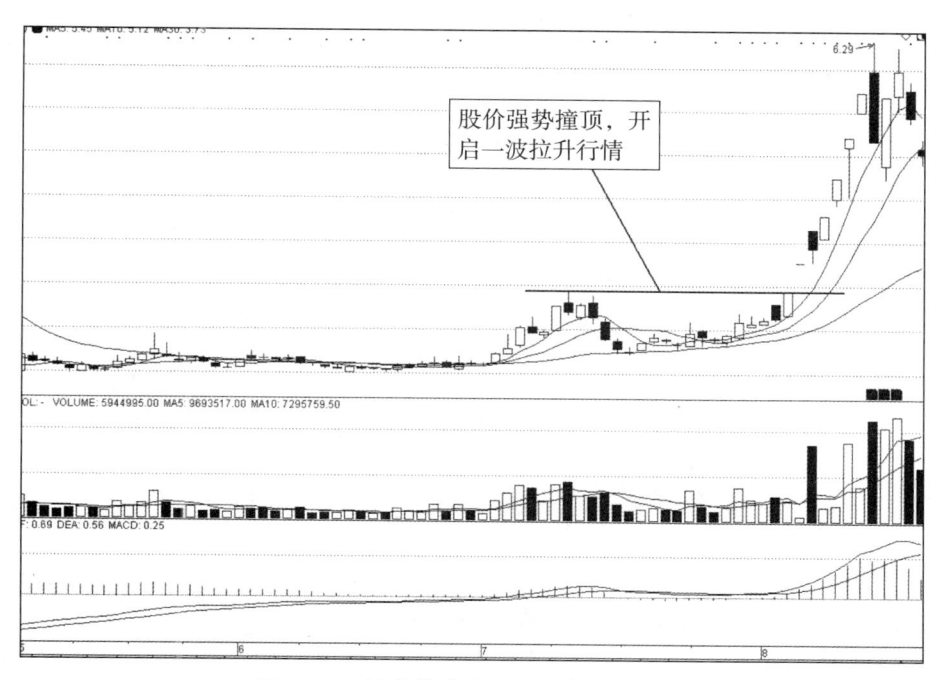

图12-2 协鑫集成（002506）日K线图

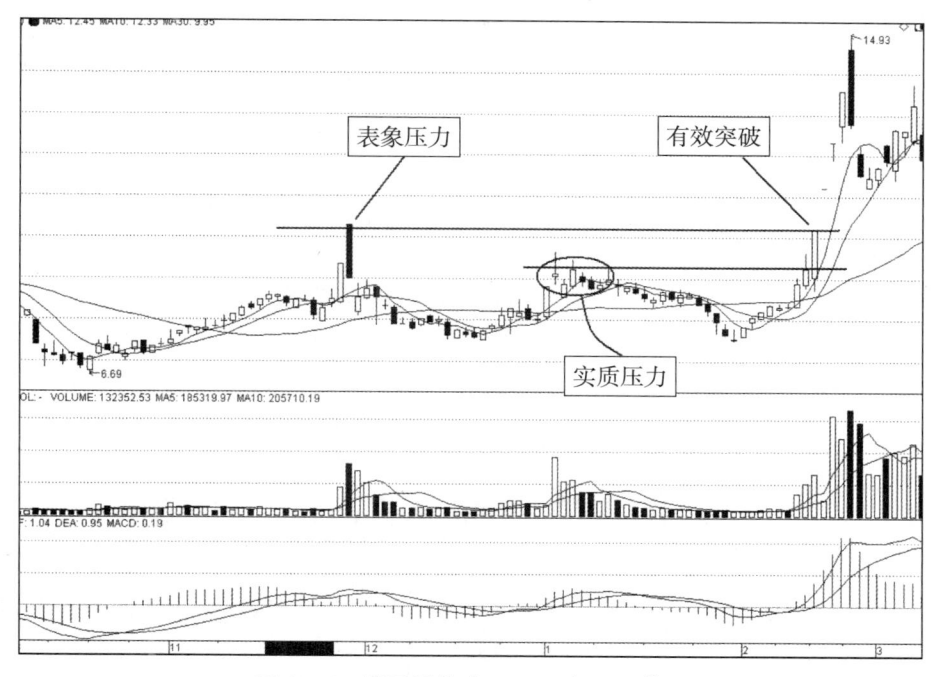

图12-3 路通视信（300555）日K线图

（2）这种形态要求次日股价继续上涨，或保持强势的盘面气势。即使股价出现调整，也不应该跌破涨停阳线前一日K线的收盘价。

如图12-4所示，石大胜华（603026）的走势图。该股经过一段时间的筑底后，2020年6月30日强势涨停，股价脱离底部区域，并撞击前期盘区高点。经过3个交易日的强势整理后，对盘中浮动筹码进行了较好的消化，接着股价出现快速拉升行情。

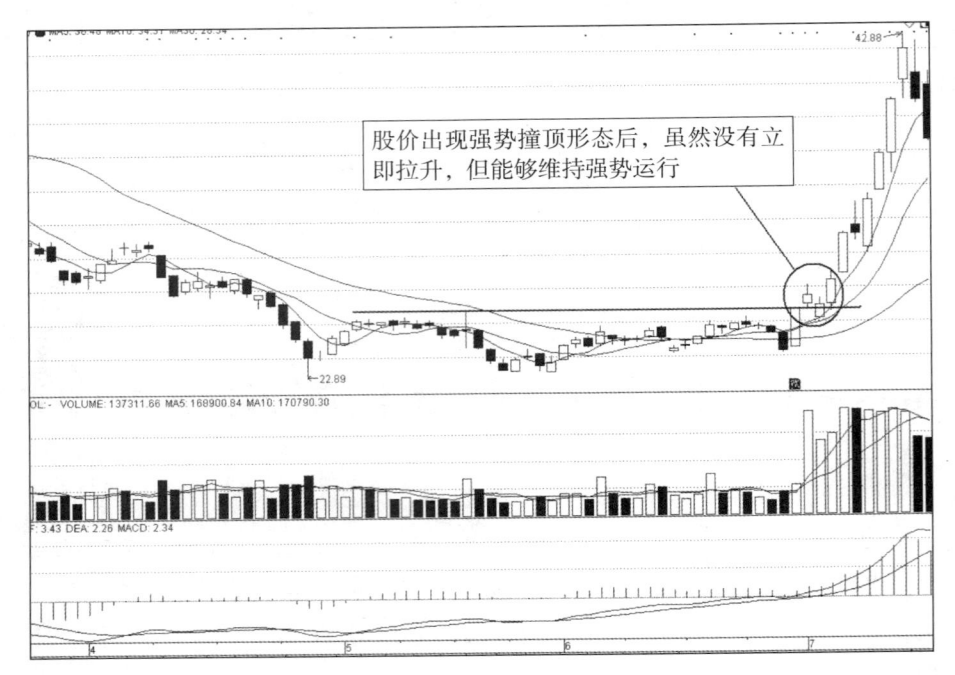

图12-4 石大胜华（603026）日K线图

如图12-5所示，新力金融（600318）的走势图。该股在2020年6月1日出现强烈撞顶走势，随后几个交易日股价继续调整，但不破5月29日K线的收盘价。6月9日再次出现强烈撞顶走势，之后几个交易日虽然没有出现快速拉升行情，但能够保持强势运行，股价维持在涨停价上方位置。6月19日又形成强烈撞顶形态，股价进入强势拉升阶段，连拉4板后继续振荡走高。

（3）必须得到持续放大的成交量积极配合，除非出现一字板或T字板。

如图12-6所示，永福股份（300712）的走势图。股价小幅上涨后出现振荡走势，形成一个整理盘区，之后股价回落调整，构成盘区压力。2020年5月13日，股价强势振荡走高，放量涨停，收盘价位于盘区高点附近，形成强烈撞顶结构。这种盘面现象让散户捉摸不透，难以取舍。随后几个交易日持续放量，股价出现4连板行情。5月19日股价在高位振荡，出现见顶天量，换手率高达58.28%。

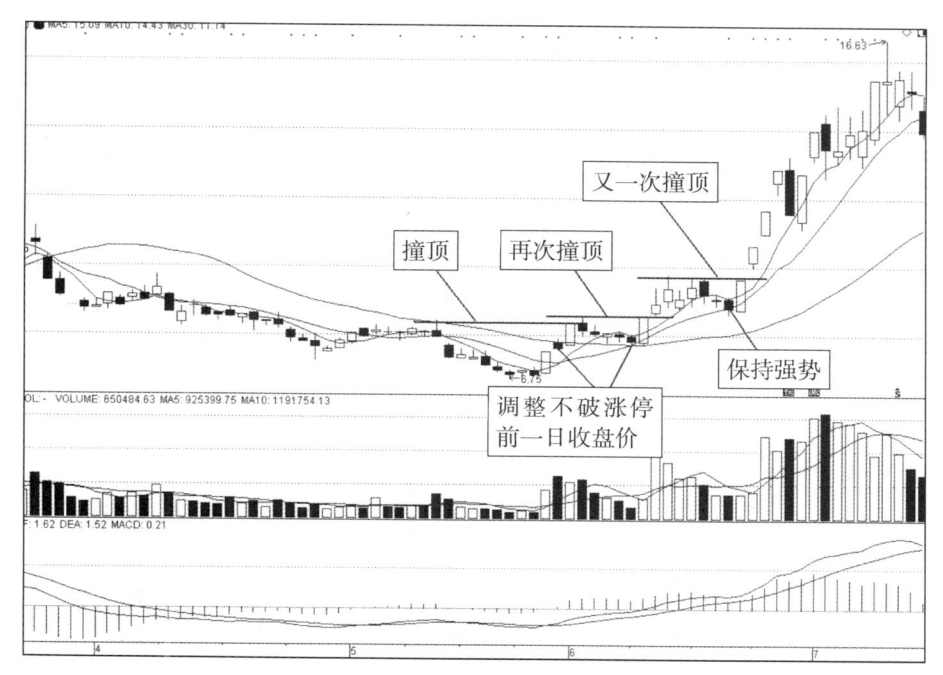

图 12-5　新力金融（600318）日 K 线图

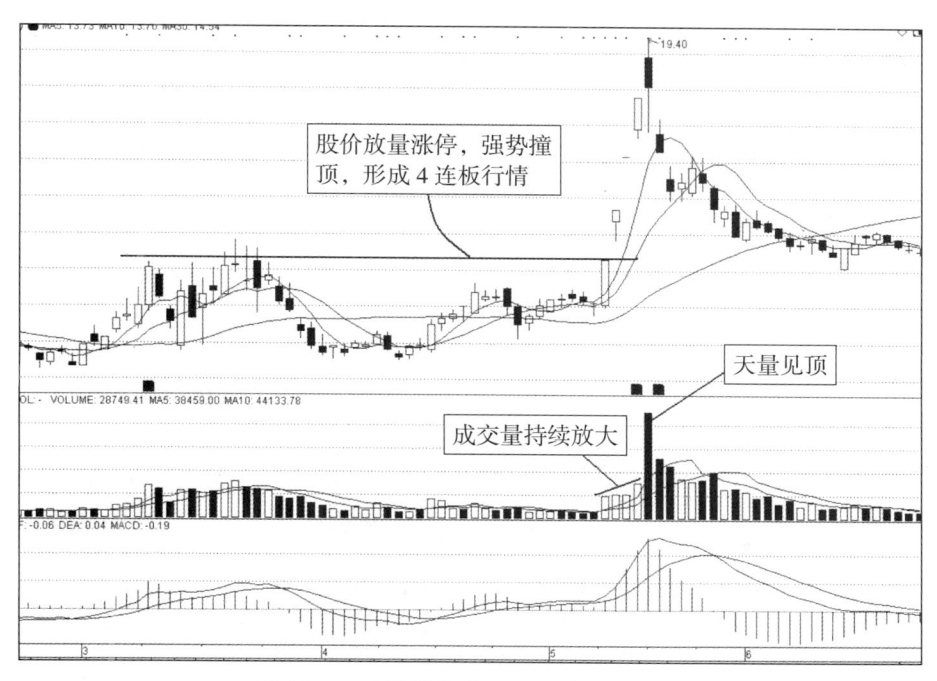

图 12-6　永福股份（300712）日 K 线图

如图 12-7 所示，搜于特（002503）的走势图。该股在 2020 年 2 月 25 日放量涨停，强势撞击前期盘区高点压力。次日从涨停价开盘后，主力快速巧妙地拉出一根下影线，实际分时图中并没有发现明显的开板，盘中只是一个颤抖动作，一闪而过形成 T 字板，这种情况下一般不会出现大的成交量。接着出现一个"摘绿帽子"形态，随后股价出现强势拉升行情。

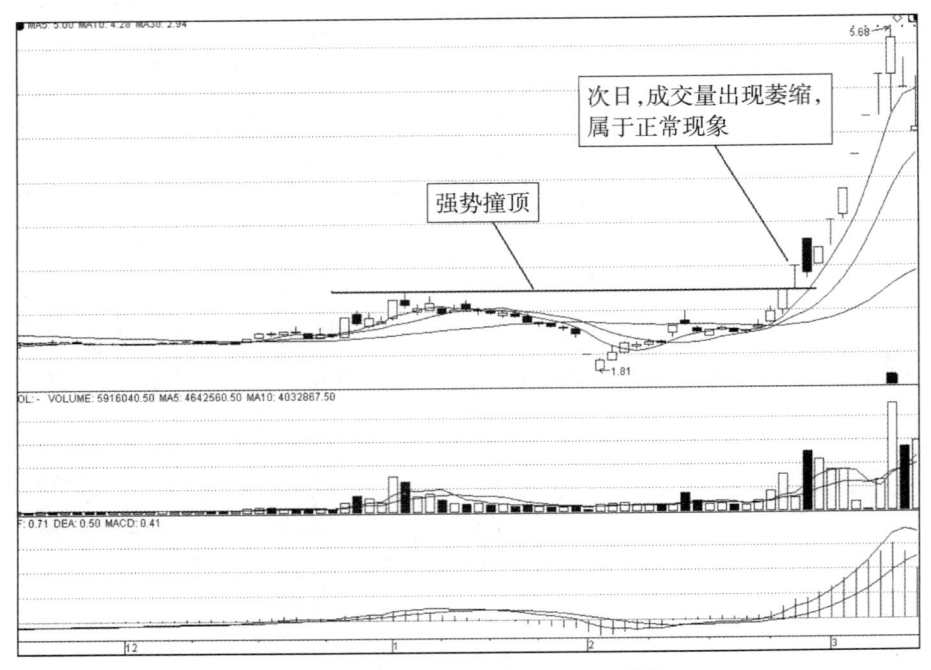

图 12-7　搜于特（002503）日 K 线图

（4）强势撞击走势可以出现在底部建仓之后的向上突破，也可以出现在上涨中途回调洗盘结束之后的重新拉起。

如图 12-8 所示，百利科技（603959）的走势图。该股见底后出现缓慢的向上推升走势，然后出现横向振荡整理。2020 年 8 月 14 日，整理结束后股价放量拉涨停，收盘价正好位于前期盘区高点附近。看似高点压力没有突破，实则主力已经成功地消化了盘中的浮动筹码，次日股价继续涨停，从此股价振荡走强。

如图 12-9 所示，秀强股份（300160）的走势图。该股见底后出现一波小幅拉高行情，累积涨幅在 40% 左右，形成一个明显的高点，之后回落洗盘整理。当股价回落到 30 日均线附近时，得到技术支撑而回升上涨。2020 年 2 月 5 日股价涨停，收盘价与前期高点接近，构成强烈撞顶的走势，表明主力洗盘整理结束，股价展开主升浪行情。

（5）强烈撞顶形态出现后，可能会出现回抽确认或洗盘走势，回抽低点是一个较好的买入机会。或者股价完成一波涨升行情后，再次回落到该位置附近时，也是一个重要的技术支撑位，这时可以积极关注。

如图 12-10 所示，博云新材（002297）的走势图。该股在 2020 年 5 月 18 日出现强烈撞顶形态，次日继续强势涨停，然后出现两天的振荡整理走势，股价出现小幅回落。5 月

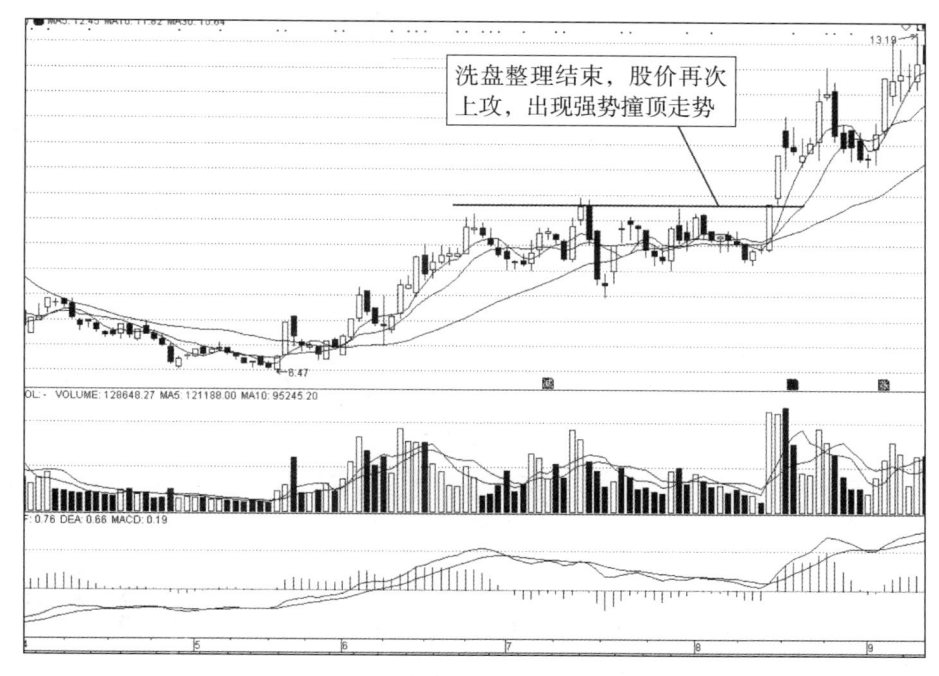

图 12-8　百利科技（603959）日 K 线图

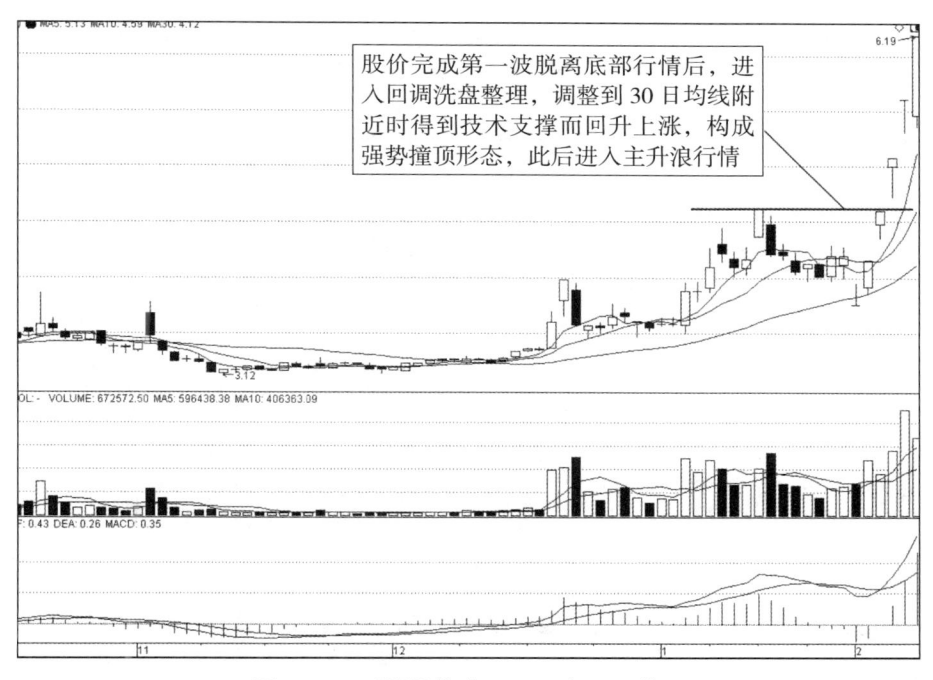

> 洗盘整理结束，股价再次上攻，出现强势撞顶走势

图 12-9　秀强股份（300160）日 K 线图

> 股价完成第一波脱离底部行情后，进入回调洗盘整理，调整到 30 日均线附近时得到技术支撑而回升上涨，构成强势撞顶形态，此后进入主升浪行情

22 日再次涨停，说明回抽或洗盘结束。

如图 12-11 所示，蒙草生态（300355）的走势图。该股在 2020 年 8 月 3 日以大阳线的形式撞击前期盘区顶部，股价出现几天的振荡推升走势，然后再度回落整理。股价回落

到"撞击线"附近时,得到较强的技术支撑,盘面出现走强态势,可见"撞击线"附近是短线的一个较好买点。

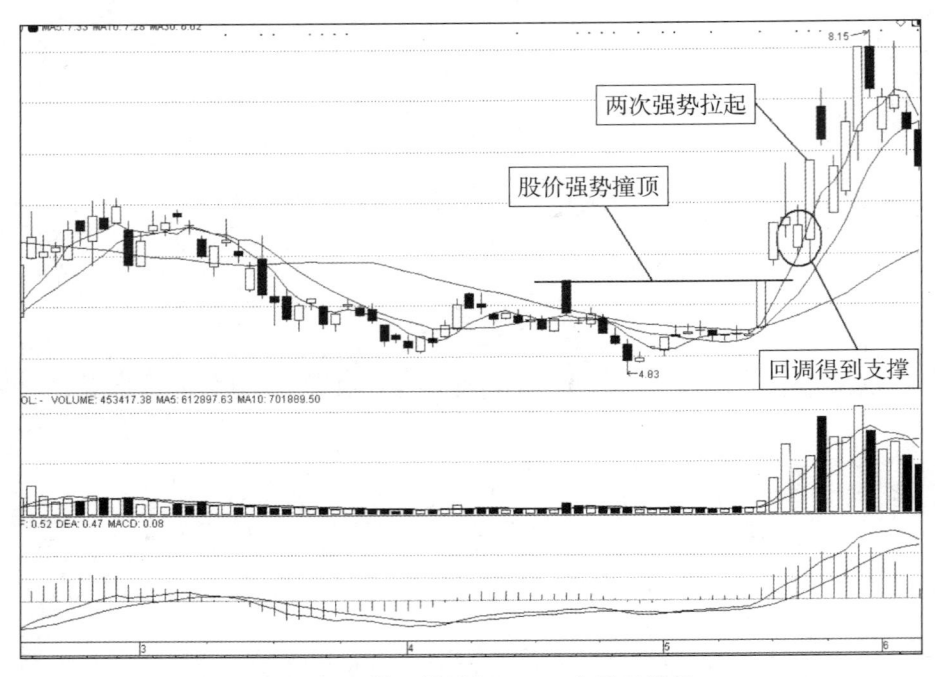

图 12-10　博云新材(002297)日 K 线图

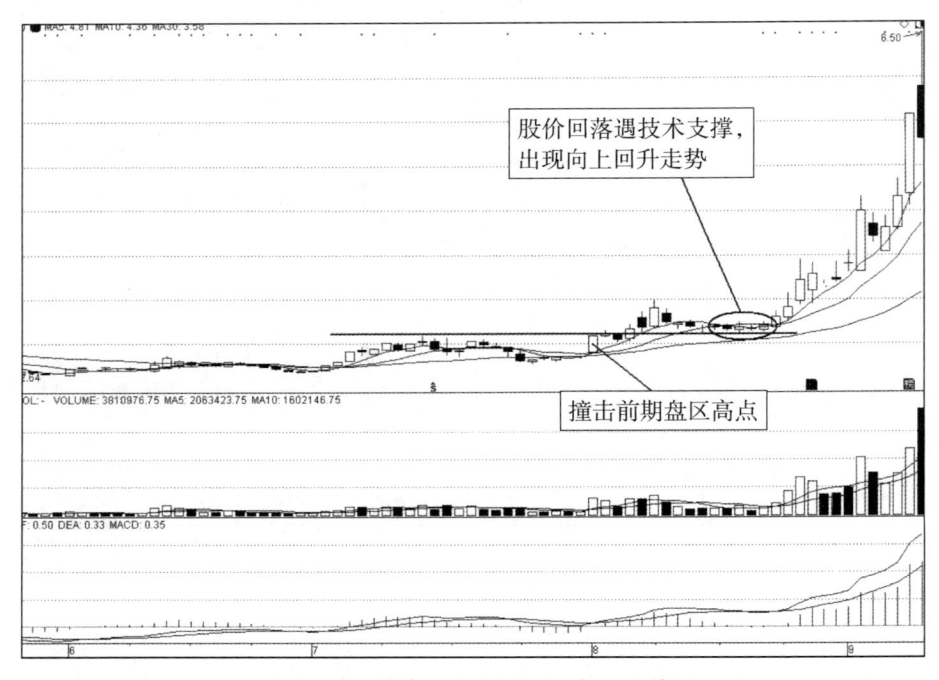

图 12-11　蒙草生态(300355)日 K 线图

三、操作提示

严格来讲，强烈撞顶形态并没有形成技术突破走势，理论上不能作为买入理由，只是在实盘中根据长期的股市运行规律去分析推测主力的坐庄意图，所以过早入场仍然存在短期调整的风险。

投资者可以参考以下几个买卖时机。

（1）在参与强烈撞顶个股时，需要注意的是，在股价强势封涨停的瞬间买入，最好是在涨停打开又迅速回封的瞬间介入。因为是在冲击前一个头部，所以触及涨停后打开的可能性也较大，如果介入过早，一旦封盘失败，当日可能被套。涨停开板振荡后，股价再次封盘，说明大势已定，可大胆参与。

（2）介入时大盘、板块走势平稳，个股基本面有保障，前期调整充分，底部基本确立。如果大盘、板块走势较弱，市场人气涣散，尾盘可能开板，盘中涨停只是反弹而已；如果个股调整不充分，处于途中下跌阶段，股价涨停也只是反抽走势，后市表现不容乐观。

（3）次日股价继续走强时跟进。真正上涨的个股涨停后次日会继续拉高，即使出现调整也会保持强势运行。

（4）强烈撞顶形态出现在上升趋势中可靠性才高，在跌势、盘整中出现的形态谨慎参与，可以参考均线系统是否多头排列、底部是否有抬高、短期上升趋势线是否形成等因素。

（5）稳健型投资者可以在股价突破后经回抽确认有效时进场，当再次形成新的突破时加仓操作。

（6）股价调整以"撞击线"当天的涨停幅度为限，可将涨停前一天的收盘价作为止损位。一旦有效跌破该位置时（吃掉涨停的全部涨幅），表明形态失败，重回弱势，应回避调整风险。

如图 12-12 所示，汇金股份（300368）的走势图。该股在进入快速上涨之前，曾经出现两次明显的强烈撞顶走势，接着都出现短期调整，但调整都不破涨停前一天的收盘价。第一次强烈撞顶走势是在 2020 年 8 月 4 日，撞击前期盘区压力位，之后股价拉高回落，但不破 8 月 3 日的收盘价；第二次是在 8 月 17 日撞击新的高点，之后调整两个交易日，但股价不破 8 月 14 日的收盘价。说明两次调整都在主力可控范围之内，且均线系统处于多头排列，形态低点不断抬高，股价运行趋势向上，当股价再次形成新的突破时，可以大胆入场。

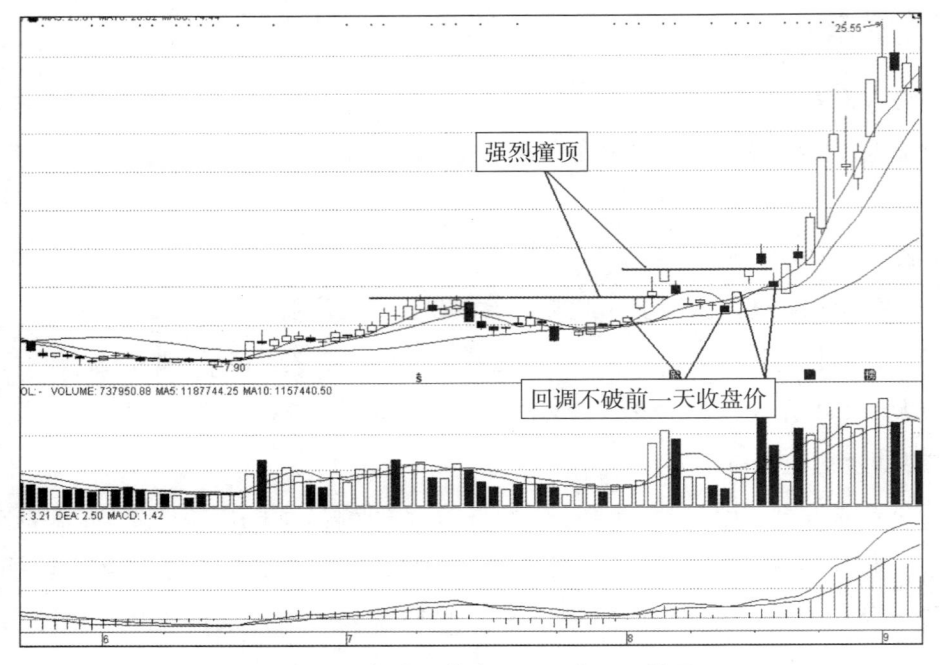

图 12-12 汇金股份（300368）日 K 线图

如图 12-13 所示，太阳能（000591）的走势图。该股反弹结束后作长时间的筑底，2020 年 7 月 8 日，股价以涨停的方式挑战前期盘区压力，形成强烈撞顶形态。此后出现短期的蓄势整理，进一步消化前期盘区的压力，7 月 30 日再次形成新的突破。

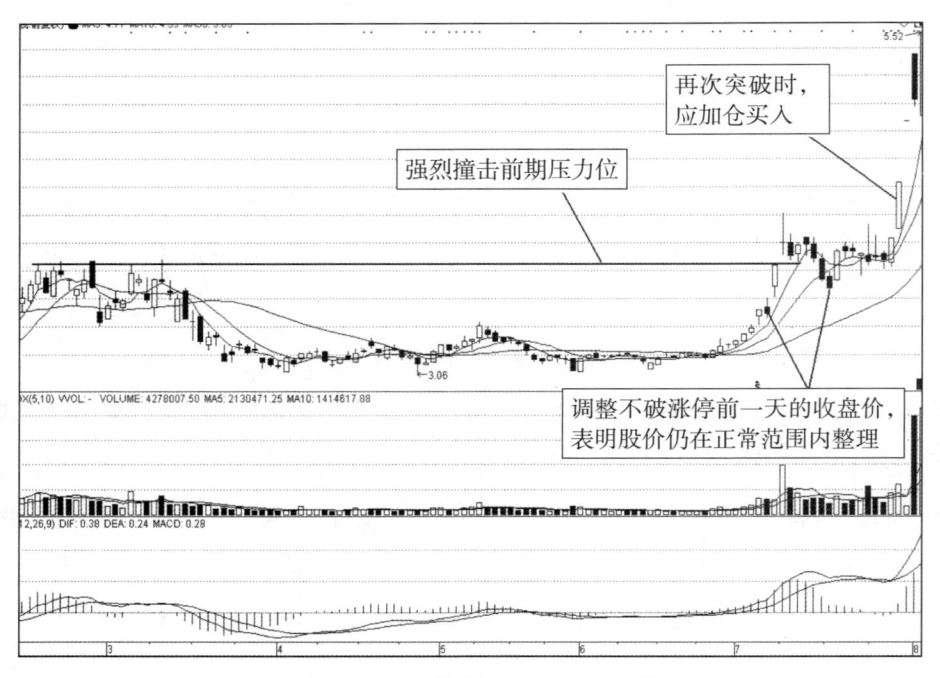

图 12-13 太阳能（000591）日 K 线图

如图 12-14 所示，深赛格（000058）的走势图。该股前期经过一波拉升行情后，股价出现中期回落调整，形成一个整理盘区。2020 年 1 月 10 日，股价以涨停的方式挑战前期盘区压力，形成强烈撞顶形态。但此后股价走弱，向下击穿了 1 月 9 日的低点后继续下行，演变为一个失败形态，应及时止损观望。

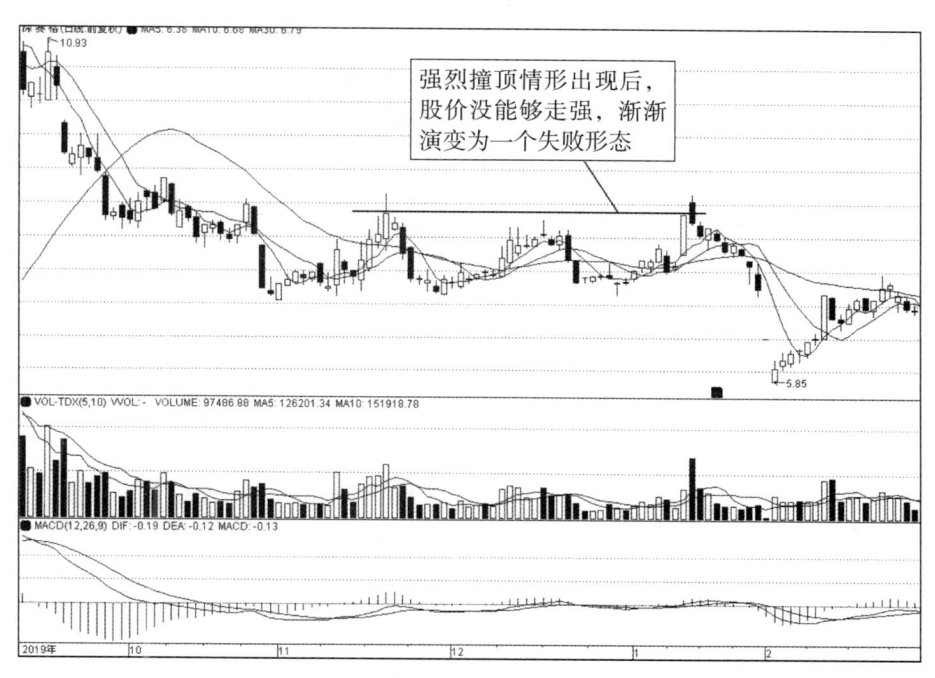

图 12-14　深赛格（000058）日 K 线图

涨停 13 式　倒锤头线战法

一、形态特征

　　股价刚刚脱离底部，或者即将进入拉升时，出现冲高回落走势，留下长上影线 K 线，形成倒锤头线形态。主力为了不给刚刚出局者回补的机会，次日或随后几日股价以涨停的方式快速拉升，吞没了倒锤头线的上影线，这是短线介入的极佳机会，该战法也是短线涨停的必杀技。

　　市场机理：这种形态既有试探拉升的含义，也有洗盘整理的目的。表明空方的卖盘渐渐趋弱，做空动能渐渐衰竭，失去了对盘面的控制。由于在此区域多方积聚了大量的做多能量，一旦多头市场确立，其上涨力度往往是惊人的，因此是一个做多信号。

　　倒锤头线战法的技术特征和要点如下。

　　（1）倒锤头线的实体较短，上影线很长，而下影线没有或很短，通常上影线的长度是实体的 2 倍以上。

　　（2）倒锤头线出现之后，次日或随后几日股价重新拉起，吞没了倒锤头线的上影线，意味着洗盘整理结束。

　　（3）一般伴随着成交量的放大，股价出现同步上涨，放量越明显，信号越强烈。

　　（4）均线系统呈多头排列，倒锤头线站于均线系统之上。

　　（5）买入点位可以选择在股价突破上影线或股价即将拉涨停时，如有其他因素确定盘面强势时，不必等到股价出现涨停或吞掉上影线即可提前介入，享受即将出现的涨停带来的快乐。

　　如图 13-1 所示，天能重工（300569）的走势图。该股见底企稳后渐渐向上爬高，2020 年 9 月 9 日和 10 日两天出现冲高回落走势，一阴一阳，形成倒锤头线，表明多方积蓄已久的能量展开向上攻势。但空方防守反击，坚守空方的阵地，向下力压股价，导致多方初战失利，股价未能在较高位置收盘，留下长长的上影线 K 线。9 月 11 日，股价低开 4.95% 后，强势拉起封于涨停，吞没了两根倒锤头线，说明主力向上试盘成功，这是短线较好的追板机会。

二、战法剖析

（1）倒锤头线必须出现在整理形态的末端，或者股价已经初步形成上攻势头，但主力故意不将上涨行情延续维持下去，最终股价回落幅度较大，以接近开盘价的价位收盘，次日或随后几日股价重新拉起。

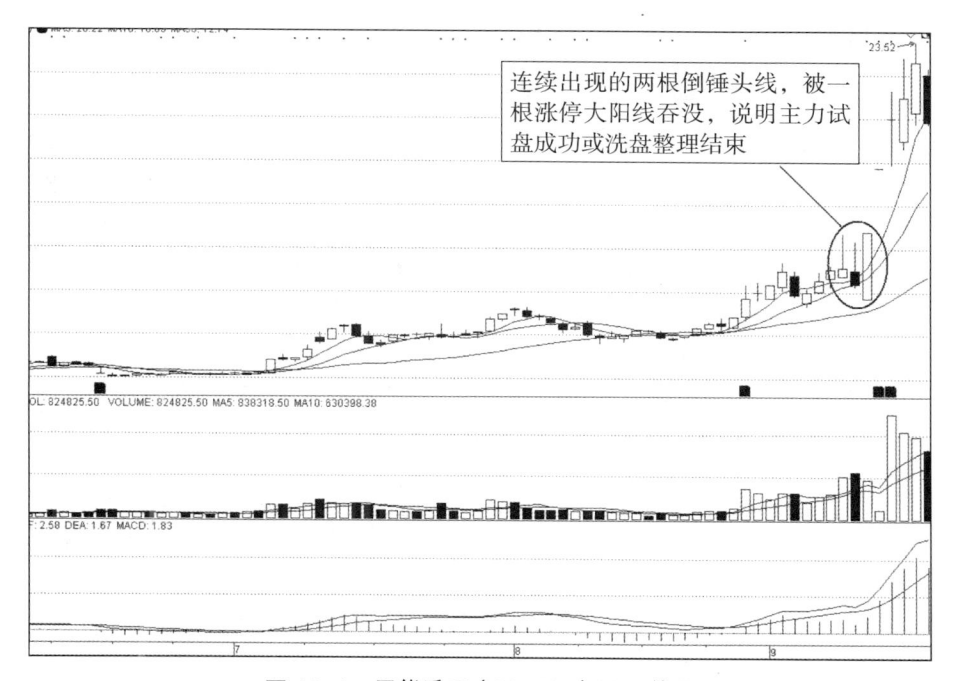

图 13-1　天能重工（300569）日 K 线图

如图 13-2 所示，金健米业（600127）的走势图。该股主力在底部建仓完毕之后，股价开始向上盘高，在上升通道内缓慢推进。当获利盘堆积到一定程度时，主力需要对这部分筹码进行清洗，所以股价出现小幅回落洗盘。股价打压到 30 日均线之下，然后快速止跌企稳。2020 年 2 月 23 日，股价放量拉涨停，次日股价冲高到前期盘区附近时，出现回落整理走势，收出一根倒锤头线。3 月 25 日，主力又拉一个涨停，顺利突破前高压力位，接着连续拉升，完成了一波漂亮的主升浪行情。

如图 13-3 所示，奇正藏药（002287）的走势图。该股洗盘整理结束后，在 2020 年 7 月 24 日再次形成向上攻势。但主力并不想一次性成功，这样容易堆积浮动筹码，所以故意不让股价坚守在当天高位，而是大幅回落，最终在接近开盘价附近收盘，构成倒锤头线。可是，次日股价却高开高走强势涨停，成功吞没了倒锤头线，从此开启一波拉升行情。

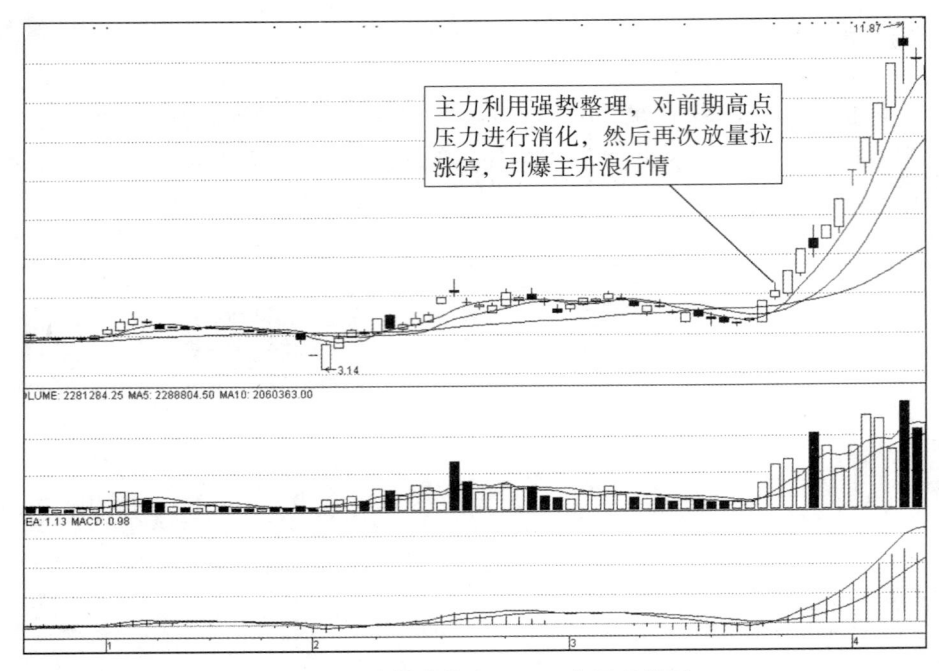

图 13-2　金健米业（600127）日 K 线图

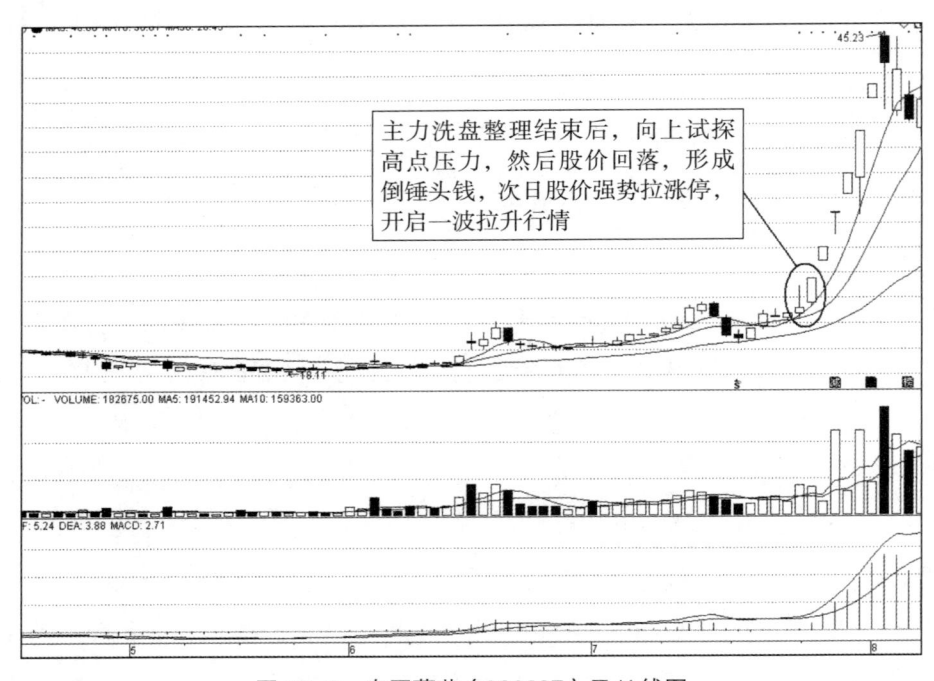

图 13-3　奇正藏药（002287）日 K 线图

（2）倒锤头线的出现，可能是上方遇到某种压力，主力借助压力作用让股价顺势回落，进一步消化上方压力后，才展开一波更为猛烈的拉升行情。

如图 13-4 所示，星辉娱乐（300043）的走势图。该股主力完成低位建仓后，股价慢慢向上推高，渐渐接近前高压力位。2019年3月4日，股价跳空高开5.84%后，一度冲高到8个多点，疑似向上突破并有拉涨停迹象。可是，股价冲高后缓缓下行，接近盘中最低点收盘，当日微涨3.41%，形成倒锤头线。次日，股价并没有延续弱势调整，而是出现逐波上涨走势。午后强势封板，不给散户逢低入场的机会，股价快速展开短线拉升行情。可见，该股主力在压力位附近收出这根倒锤头线，目的是对前高压力进行消化，起到了试盘和洗盘的双重作用。

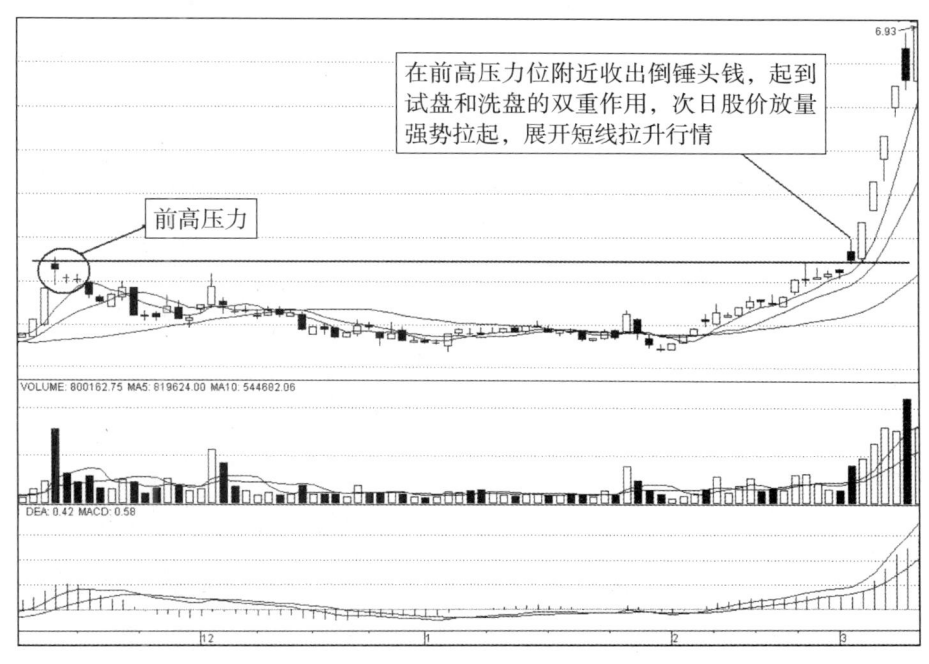

图13-4 星辉娱乐（300043）日K线图

如图13-5，安居宝（300155）的走势图。该股主力完成底部建仓计划后，向下打压股价制造空头陷阱，然后渐渐企稳并缓缓向上推升。2020年2月10日，股价放量拉高，盘中一度封涨停。主力为了清理前高压力位的筹码，股价开板回落，当天仅涨3.77%，形成长长的上影线。次日，股价放量强势上涨，三波拉涨停，形成6连板行情。

这种经典的操盘手法，既消化了上方的压力，又不给散户低吸的机会。主力试盘和洗盘的意图非常明显，操作手法也非常成功。盘中明显有走出倒锤头线的趋势，投资者敏锐地嗅到了主力将要展开拉升的意图，在实盘中可以积极关注这类个股。次日，股价强势冲击涨停，根本不给被吓出的筹码再度回补的机会。被清洗出去的筹码要想再度入场，就只有追高买入，从而进一步推动股价上涨，协助主力完成了一轮流畅的波段行情。

[图表：安居宝(300155)日K线图，标注"股价在前高压力位附近冲高回落，形成一根长上影K线，当浮动筹码得到释放后，主力快速拉起，形成主升浪行情"]

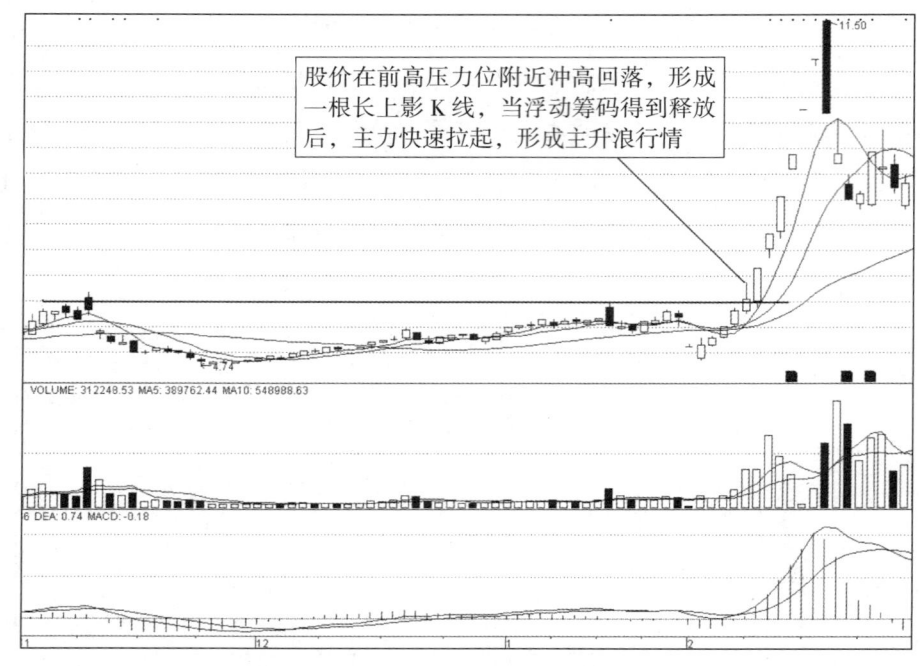

图 13-5　安居宝（300155）日 K 线图

（3）这种形态大多出现在起涨阶段，如果出现在拉升过程中，则后市短期向上的爆发力更加强劲。

图 13-6 所示，北斗星通（002151）的走势图。该股在 2020 年 7 月 29 日出现强烈撞顶形态，次日股价继续涨停。7 月 31 日，股价冲高回落，收出倒锤头线。次日强势涨停，

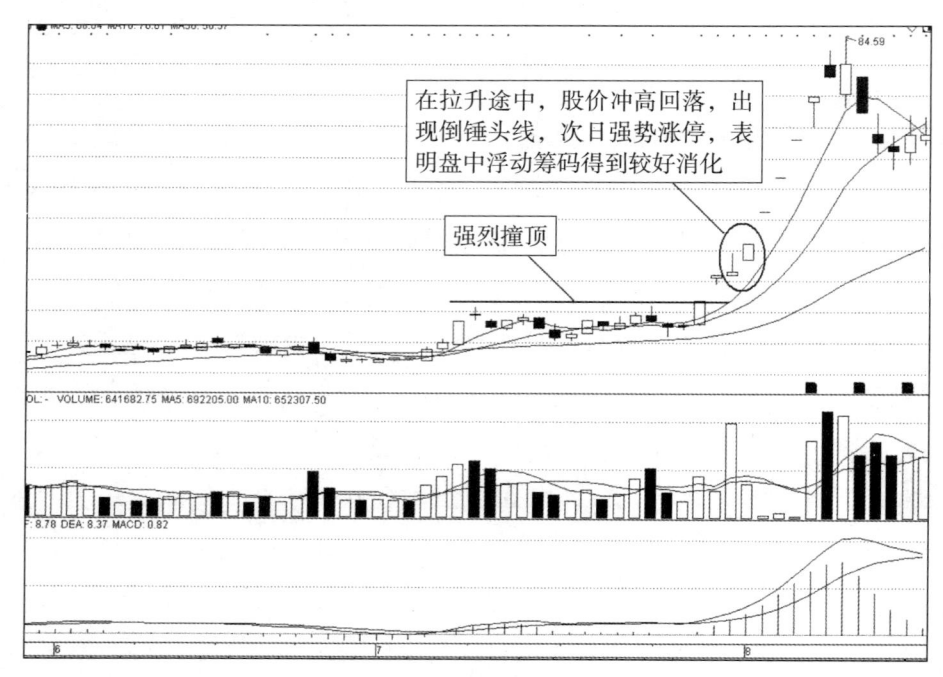

[图表：北斗星通(002151)日K线图，标注"在拉升途中，股价冲高回落，出现倒锤头线，次日强势涨停，表明盘中浮动筹码得到较好消化"及"强烈撞顶"]

图 13-6　北斗星通（002151）日 K 线图

股价吞没了倒锤头线的上影线。在日线上，与前面的强烈撞顶形态构成双重看涨形态，短线买入信号强烈，接着股价出现 5 连板行情。

如图 13-7 所示，光启技术（002625）的走势图。该股洗盘结束后，再次进入拉升行情。主力边拉边洗强势拉升，2020 年 7 月 24 日收出一根带长上影线的 K 线，形成倒锤头线。不少散户遇到这种 K 线时，通常选择逢高离场操作。可是，次日股价强势涨停，吞没了倒锤头线的上影线，股价出现加速上涨。在实盘中，主力进入拉升阶段后，往往以上影线代替洗盘整理。当上影线被成功覆盖时，短线投资者可以积极介入。

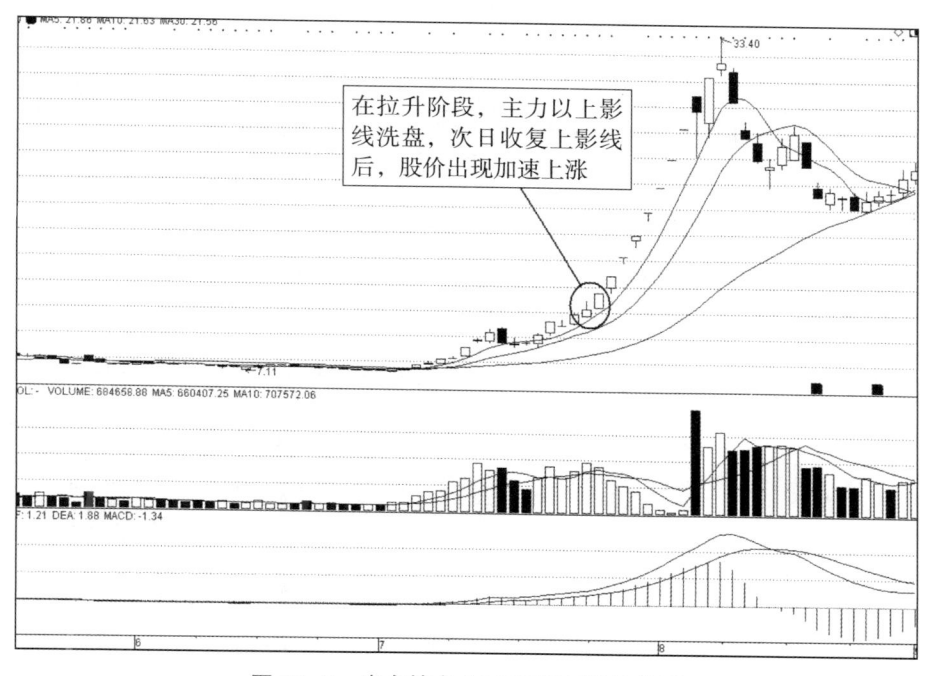

图 13-7　光启技术（002625）日 K 线图

（4）涨停 K 线可以出现在倒锤头线的次日，也可以间隔几个交易日，其技术意义基本相同。

如图 13-8 所示，国金证券（600109）的走势图。该股见底后缓缓向上盘升，均线系统呈现多头排列。2020 年 6 月 22 日，该股收出一根带长上影线的 K 线，随后几个交易日出现振荡整理走势。7 月 2 日股价放量涨停，成功收复了倒锤头线，表明洗盘整理结束，构成短线较好的买点。

如图 13-9 所示，三孚股份（603938）的走势图。该股经过长时间的调整后，股价渐渐回升到 30 日均线之上。2019 年 12 月 10 日股价冲高回落，出现倒锤头线。经过一段时间的蓄势整理后，12 月 26 日一根放量涨停大阳线拔地而起，表明主力洗盘整理结束，股价将进入涨升行情，是短线难得的入场机会。

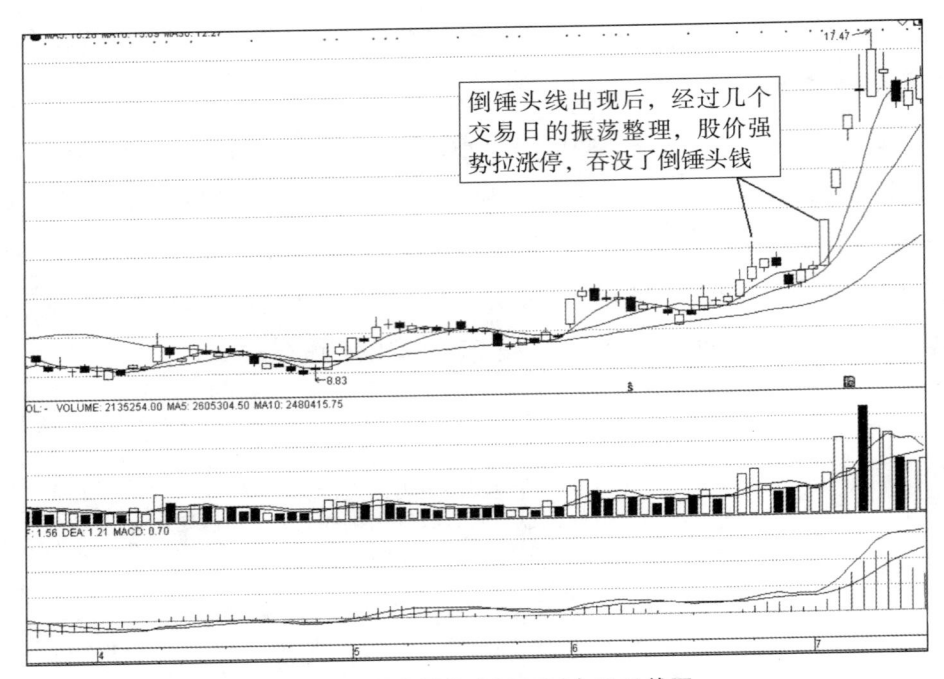

图 13-8 国金证券（600109）日K线图

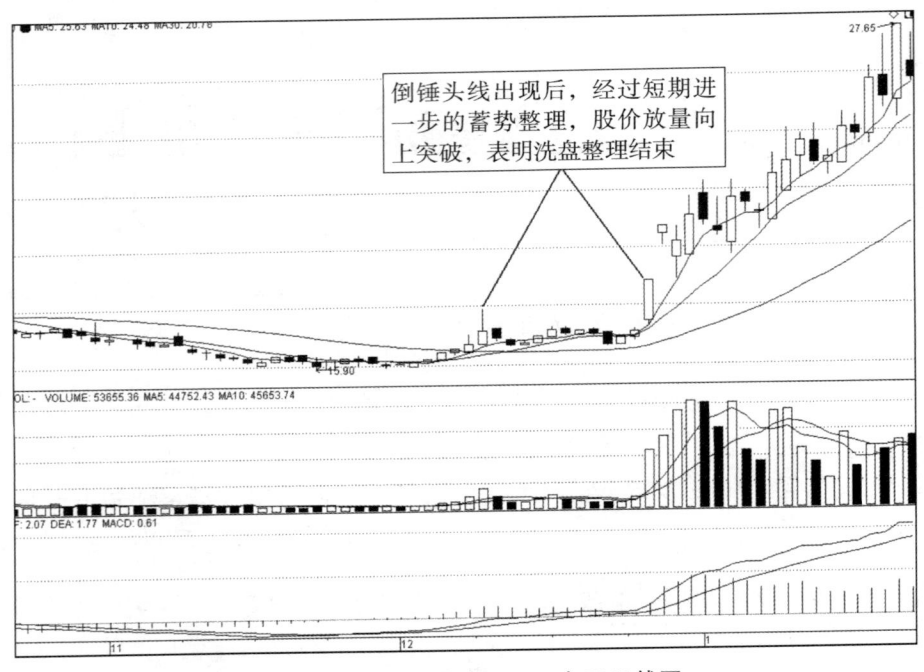

图 13-9 三孚股份（603938）日K线图

（5）倒锤头线的前一天如果是一根涨停K线，如同夹心饼干形态，则看涨意义更强。

如图 13-10 所示，利君股份（002651）的走势图。该股成功脱离底部后，股价渐渐向上走高。2020年8月3日股价强势涨停（出现强烈撞顶形态），次日股价冲高回落，形成倒锤头线，8月5日股价再次涨停。前后两根涨停K线，中间夹着一根倒锤头线，如同夹心饼干形态。同时前面的涨停K线又符合强烈撞顶形态，具有双重技术含义，短线看涨意义非常强烈。

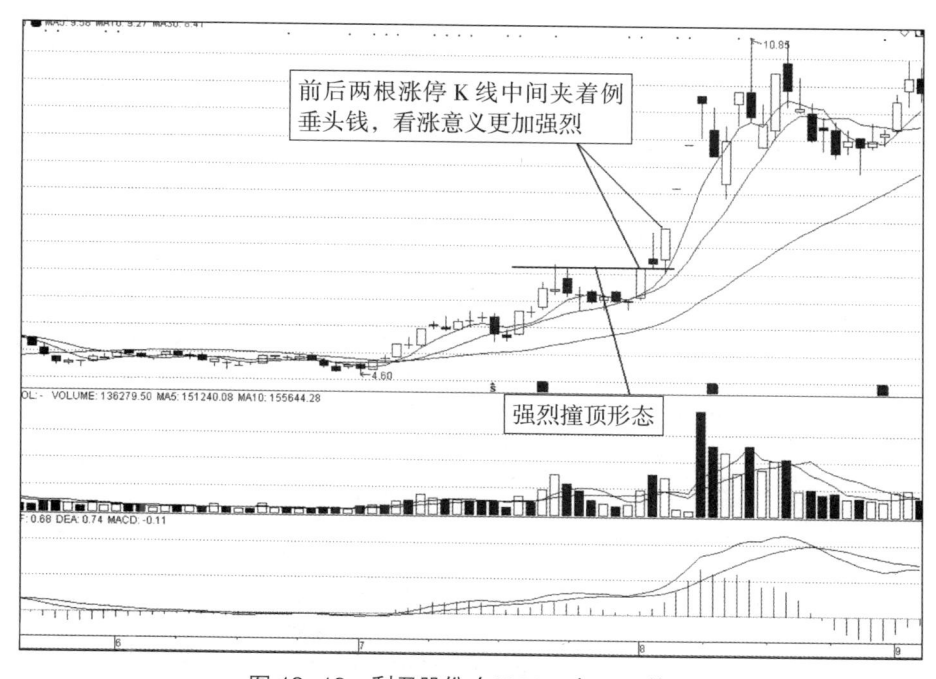

图 13-10　利君股份（002651）日K线图

（6）倒锤头线出现之后，如果次日出现一字板或T字板，则看涨的技术意义更强。

如图 13-11 所示，科隆股份（300405）的走势图。该股成功构筑底部后，股价沿 30 日均线缓缓走高，均线系统呈现多头排列。2020 年 8 月 27 日和 31 日，分别收出带长上影线的两根 K 线，接着股价连续出现 2 个一字板、1 个 T 字板和 1 个实体板，盘面气势强盛。

（7）倒锤头线的实体部分可以是阴线，也可以是阳线，其意义基本相同。就开盘价而言，可以是高开的倒锤头线，也可以是低开的倒锤头线，技术上没有严格区分。

如图 13-12 所示，双良节能（600481）的走势图。该股经过一波推高行情后，股价出现小幅回落整理，盘面出现横向窄幅振荡走势。在整理末期，盘中振荡幅度明显加大，成交量也出现温和放大，表明有主力开始活动。2020 年 9 月 15 日，出现一根高开低走、冲高回落的倒锤头阴线，次日股价强势拉涨停，表明主力洗盘整理结束，这是短线较好的买入机会。

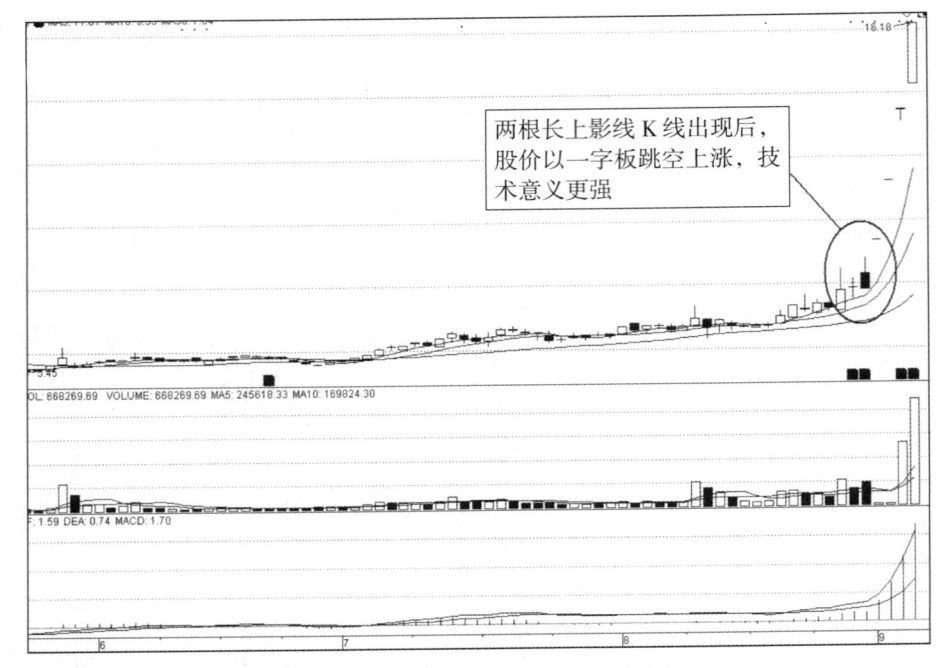

图 13-11 科隆股份（300405）日 K 线图

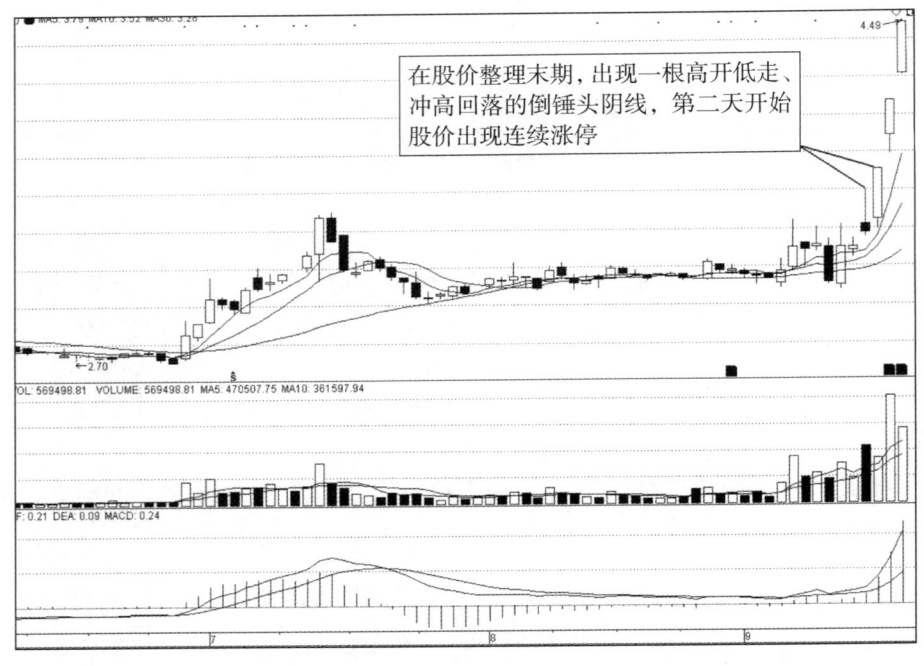

（两根长上影线 K 线出现后，股价以一字板跳空上涨，技术意义更强）

图 13-12 双良节能（600481）日 K 线图

（在股价整理末期，出现一根高开低走、冲高回落的倒锤头阴线，第二天开始股价出现连续涨停）

三、操作提示

倒锤头线本身并不是强烈的看涨信号，当倒锤头线出现后，必须等待下一个时间单位出现看涨信号，对它加以验证，才能成为一个有效信号，倒锤头线之后的涨停 K 线就是对该形态的有效确认。

投资者遇到倒锤头线时，首先需要关注的是股价是否会有下跌的需求，其次要注意第二天开盘后是迅速下跌还是迅速上涨。如果第二天出现一根大阳线，将倒锤头线的上影线全部覆盖，那么股价通常有进一步上涨的可能。

投资者可以参考以下几个买卖时机。

（1）这种形态可以出现在底部整理末期，也可以出现在上涨过程中的洗盘结束时段。如果出现在涨幅较大的高位，应谨防主力诱多出货。

（2）在下跌过程中出现这种形态时，仅是反弹或回抽走势，持续性不强，不应作为买入信号对待。在整理阶段出现这种形态时，可靠性不高，也不建议做多。

（3）两个买点：当股价在盘中放量上涨，覆盖倒锤头线上影线时，可以买入；当股价冲向涨停时，在封涨停的瞬间追板买入。

（4）在倒锤头线出现之后，涨停第二天的走势非常重要，如果股价出现放量强势走高，可以继续买入或坚定持有，否则以观望为主。

（5）买入之后，以倒锤头线的收盘价作为止损标准。如果股价的收盘价处在倒锤头线的收盘价之上，可以继续持有；如果收盘价低于倒锤头线的收盘价时，应止损。

（6）个股走出倒锤头线时，需要注意三点：首先看股价是处在高点还是低点；其次，以倒锤头线的下影阴线及开盘价、收盘价为操作标准；最后，比较第二天的开盘价和第一天的收盘价，如果开盘价比昨日收盘价低，并且之后股价开始下跌，应将股票卖出。

涨停14式　彩虹腾飞战法

一、形态特征

股价脱离底部区域或小幅拉高后，主力并没有马上快速拉升，而是出现短期的蓄势整理，然后再次放量一举向上突破，出现彩虹腾飞形态，也叫"彩虹桥"形态。

市场机理：这是股价上升途中的一次横盘整理走势，股价平稳发展，看似上升无力，实际是主力的洗盘整理行为，主力的意图是清洗掉一些不坚定的筹码。这是短线介入的良机，当然，股价未必就是以涨停方式突破上行。

该形态是短线必杀技，其技术要点如下。

（1）个股建仓呈振荡走高趋势，主力在振荡建仓中洗盘，量价配合理想，呈现典型的价增量升、价跌量减的态势。

（2）在主力建仓平台整理的末端，逐步放量激活股价盘面，突破上升趋势阻力线（前期套牢盘所在位置），并在趋势阻力线上方形成短期调整走势。

（3）当股价运行至临近"彩虹桥"末端之时，成交量呈现逐步萎缩的态势，然后再度放量，突破在即。

（4）此刻主力凶悍地将股价拉至涨停，或大阳线拉起，打开上升空间，主升浪行情就此展开。

该形态走势可分为三种情形：第一种是依托主力意愿上限所形成的"凸型桥"，类似于拱形桥；第二种是依托主力意愿下限所形成的"凹型桥"，类似于铁索桥；第三种是依托主力意愿水平中轴所形成的"水平桥"，类似于石板桥。

如图14-1所示，东莞控股（000828）的走势图。2020年7月2日开始，股价连拉3根上涨阳线，轻松突破前期多个高点压力。这时涨升空间已经完全打开，后市应该看好。可是，股价此后并没有如期上涨，而是进入长时间的盘整之中，盘面呈现圆弧形回落走势，构成凸型"彩虹桥"形态。其实这是主力的一个振荡洗盘动作，因为在突破拉升过程中，吸引了一些跟风盘，对后市拉升不利，主力自然需要尽可能地洗去浮筹。这种长时间的盘整走势，足以消耗某些持股者的耐心。7月30日，该股放量涨停，突破"彩虹桥"走势。彩虹开始腾飞，表明洗盘整理结束，可以积极跟进，后市股价出现飙升行情。

如图 14-2 所示，协鑫集成（002506）的走势图。该股主力完成建仓计划后，股价开始放量向上突破。突破之后股价出现深度回调走势，主力依托下限支撑使股价渐渐回升，形成凹型整理走势。2020 年 8 月 5 日，股价强势涨停，形成凹型"彩虹桥"走势，同时构成强烈撞顶形态，说明主力洗盘换手结束，接着股价出现一波拉升行情。

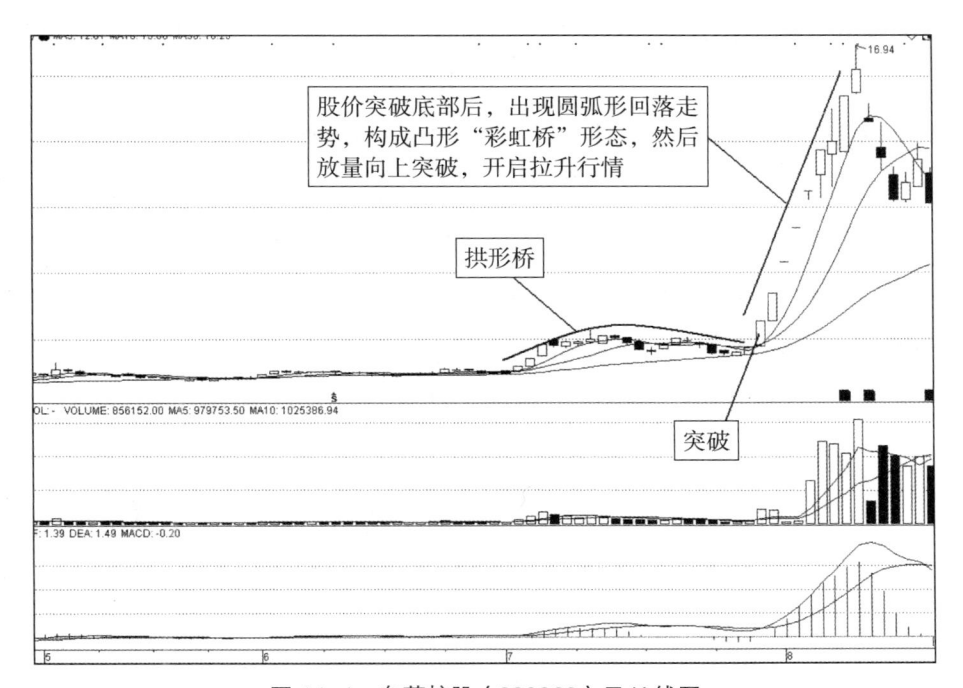

图 14-1　东莞控股（000828）日 K 线图

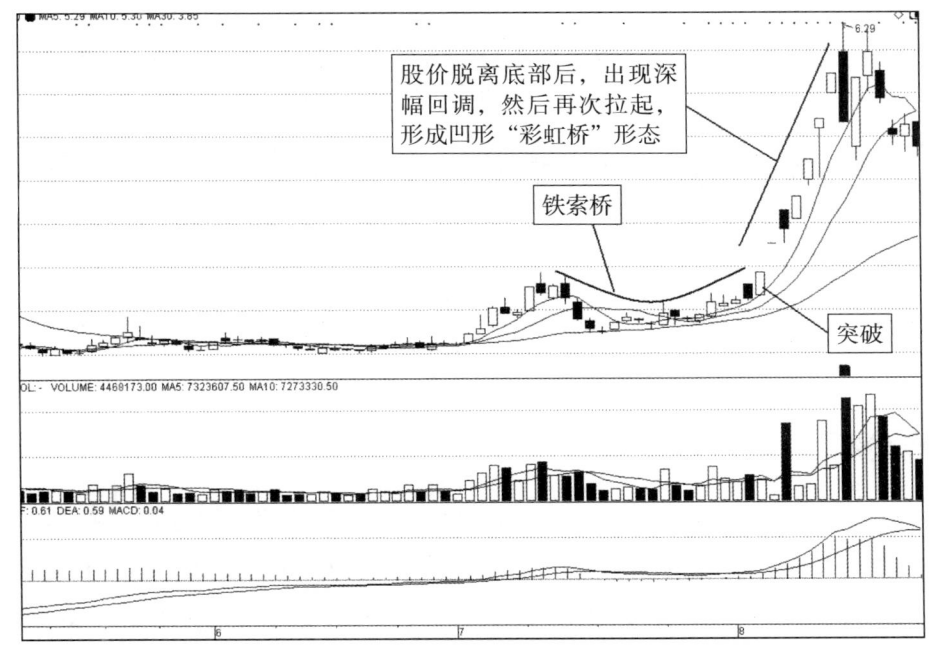

图 14-2　协鑫集成（002506）日 K 线图

从该股走势的运行轨迹可以判断，股价向上拉起时给了持股者信心，向下回落时又浇灭了跟风者的热情，在大起大落中消化了盘中的浮动筹码。在股价脱离底部时，有大量跟风盘涌入，主力也消耗了大量实力，后市需要时间来整固，这种形态就是主力蓄势整理的表现。当股价回落到30日均线附近时，得到有效的技术支撑，说明主力控制能力很强，后市应当看好。所以，股价在5月8日涨停，突破"彩虹桥"，体现了主力做多的力量和决心，这是短线跟进的绝佳时机。

如图14-3所示，北斗星通（002151）的走势图。2020年7月8日，该股主力完成建仓计划后，开始放量向上突破，股价脱离底部区域。但突破之后并没有直接进入拉升阶段，而是出现一段时间的横盘振荡整理走势，以消化盘中的浮动筹码。在整理期间，盘面保持稳健运行，并没有出现转弱迹象。7月29日，股价再次放量涨停，突破了横盘整理区间，形成水平状的"石板桥"形态，说明主力蓄势整理结束。盘面好一幅彩虹腾飞的景象，这时投资者可以积极跟进，接着股价开始了飙升行情。

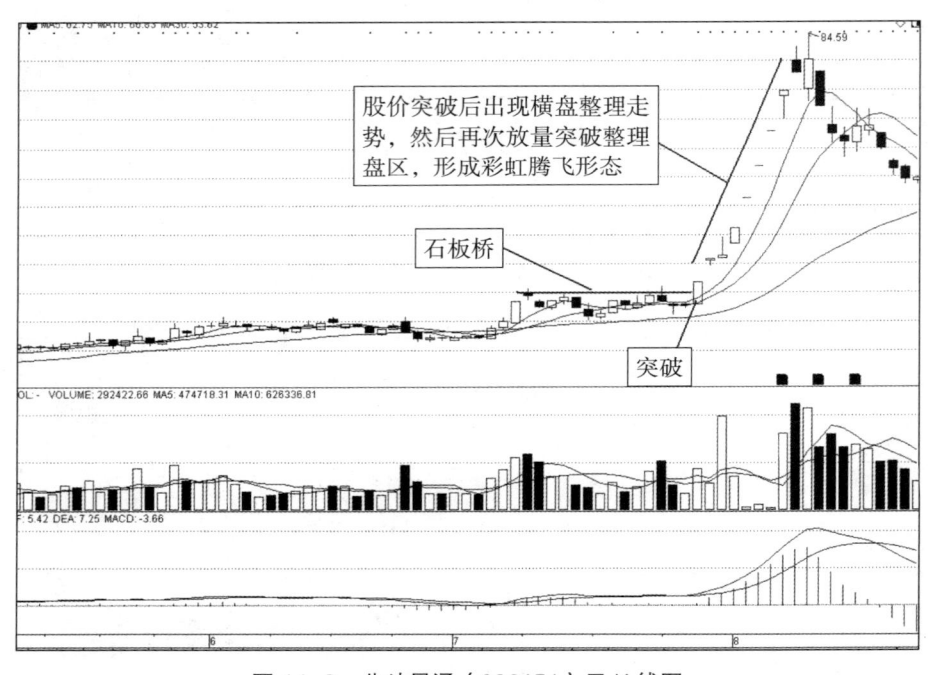

图14-3　北斗星通（002151）日K线图

二、实盘分析

（1）该形态作为买入时机的参考时，必须考虑股价的位置，通常应该在低位，股价刚突破主力的建仓区域。此时的"彩虹桥"是进入主升浪之前的最后洗盘，此时介入最为合适。如果在股价已经大幅拉升的情况下出现这种形态时，可能是主力维持股价出货，此时不能盲目介入。

如图14-4所示，万通智控（300643）的走势图。该股在底部长达6个多月的整理过程中，主力吸纳了大量的低价筹码。2019年11月11日，股价向上脱离底部盘区。但突破之后主力并没有急于拉升，而是出现振荡走高趋势，股价维持在均线系统上方。经过短暂的整理后，主力完成了洗盘换手，巩固了突破成果，出现了经典的"彩虹桥"形态。11月29日，该股在"彩虹桥"整理末端，主力将股价急速拉升，放量涨停，向上突破，短线拉升行情从此开始。在之后的14个交易日里拉出9个涨停，股价涨幅超过150％。

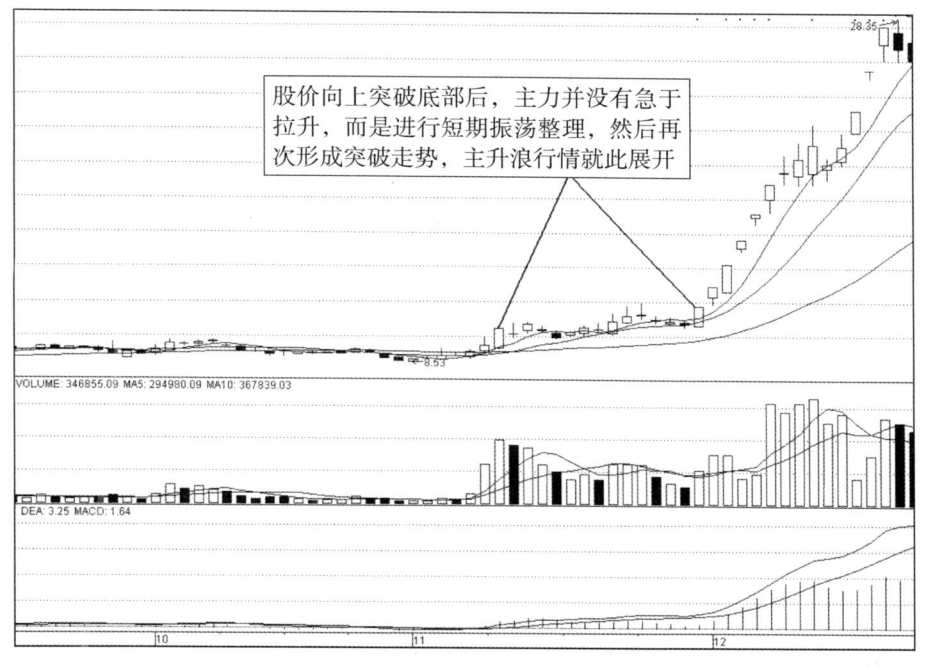

图14-4　万通智控（300643）日K线图

如图14-5所示，联环药业（600513）的走势图。该股在底部近8个多月的整理过程中，主力顺利地完成低位建仓计划。2019年12月31日，股价放量涨停，向上脱离底部盘区。突破之后主力展开洗盘整理，股价出现小幅回落，但始终维持在30日均线之上运行，形成"彩虹桥"形态。经过8个交易日的缩量整理后，在2020年1月17日再次放量突破，呈现彩虹腾飞形态，此后股价连拉10个涨停。

如图14-6所示，深康佳A（000016）的走势图。该股主力完成低位建仓计划后，渐渐向上推高股价，然后展开蓄势整理。2020年1月23日，股价放量涨停，形成彩虹腾飞形态。为了日后更好地拉升股价，次日主力故意将股价打回到跌停板位置，操作手法极为彪悍，然后重新拉起，展开更为猛烈的拉升行情。

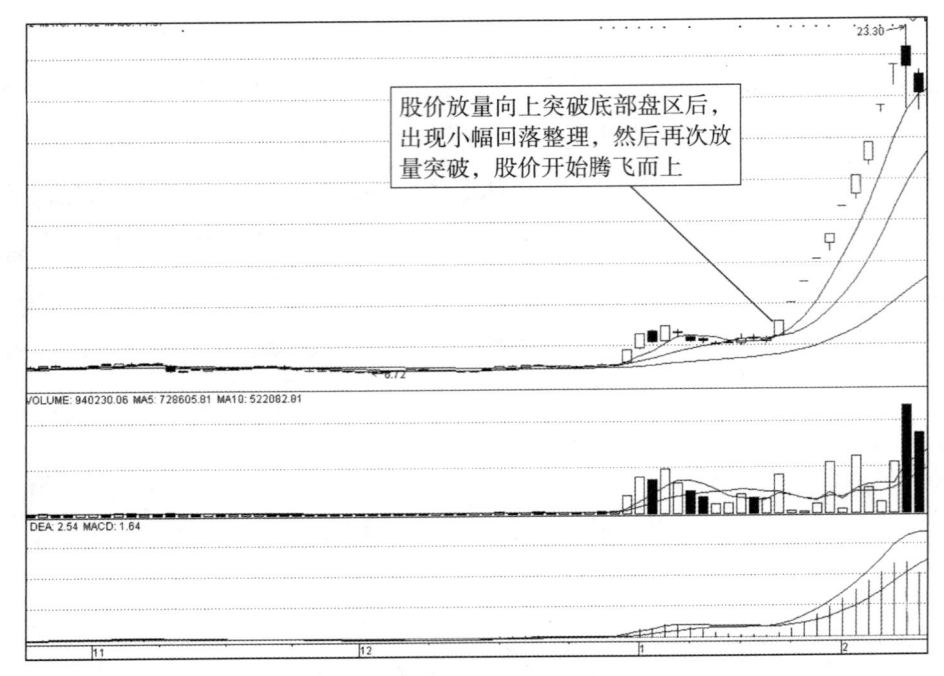

图 14-5 联环药业（600513）日 K 线图

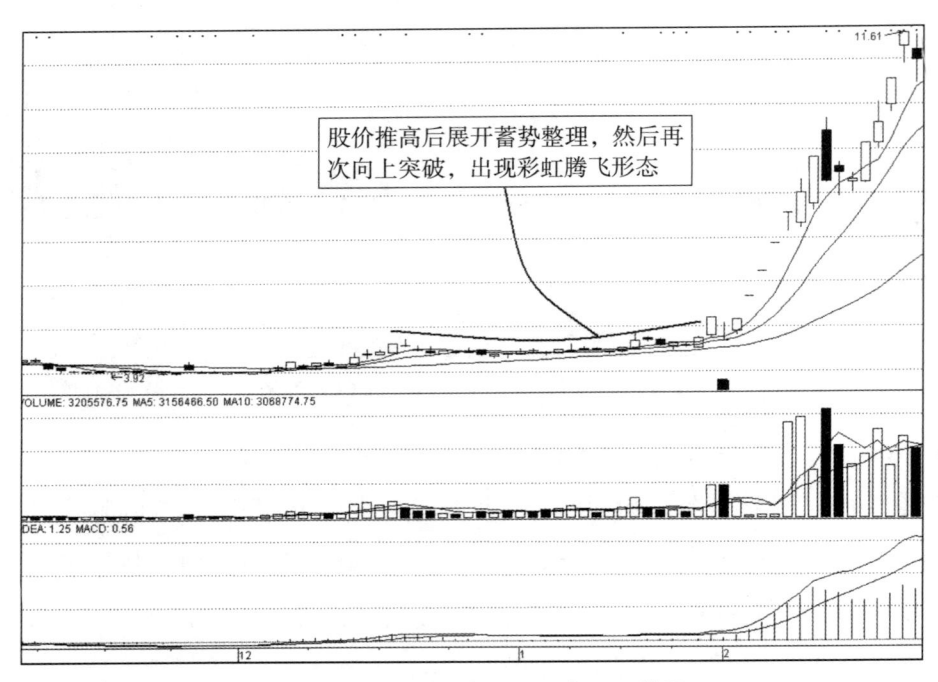

（股价放量向上突破底部盘区后，出现小幅回落整理，然后再次放量突破，股价开始腾飞而上）

图 14-6 新康佳 A（000016）日 K 线图

（股价推高后展开蓄势整理，然后再次向上突破，出现彩虹腾飞形态）

（2）彩虹腾飞形态经常出现在涨势中途，大多见于中长线走强的牛股中，也有可能多次出现。而且大多出现在盘升类个股中，并以波段形式出现，短线拉升类个股中比较少见。多数短线个股由于单波行情结束，中途不太可能出现这种形态。

如图 14-7 所示，美诺华（603538）的走势图。该股在 2020 年 3 月 3 日向上拉起，股价盘升而上，在底部和中部两次出现彩虹腾飞形态，主力运作手法非常稳健，盘面节奏分明，股价张弛有序。

图 14-7　美诺华（603538）日 K 线图

有的个股在拉升前的底部区域也会多次出现"彩虹桥"形态，一旦股价向上突破，就成为彩虹腾飞形态，这是一个比较好的短线买入机会。

如图 14-8 所示，焦点科技（002315）的走势图。该股在底部振荡过程中，出现两个明显的"彩虹桥"形态。2020 年 8 月 27 日股价涨停，次日继续拉板，形成突破走势，说明底部整理结束，彩虹就要腾飞了，投资者应积极关注。

（3）很多时候，该形态在初期往往以温和的方式推升股价，形态不易掌握和辨认。但在放量突破，即形态确立时，又往往是一目了然，这是该形态的一大优点。

如图 14-9 所示，天海防务（300008）的走势图。该股见底后，主力缓缓向上推升股价，均线系统呈多头排列。经过一波盘升行情后，股价出现回落调整，主力将股价下压到 30 日均线之下，成交量萎缩，但此时 30 日均线仍然保持上行状态。2020 年 8 月 28 日，股价放量涨停，构成"彩虹桥"形态，接着股价腾飞而起。

在该股中，初期盘升阶段的形态结构并不明显，但在整理末期股价向上突破时，形态结构非常清晰。其实，初期的走势对投资者来说并不重要，关键在于彩虹腾飞形态构筑结束，股价开始向上突破时及时发现并立即跟进，这才是投资者所要把握的机会。

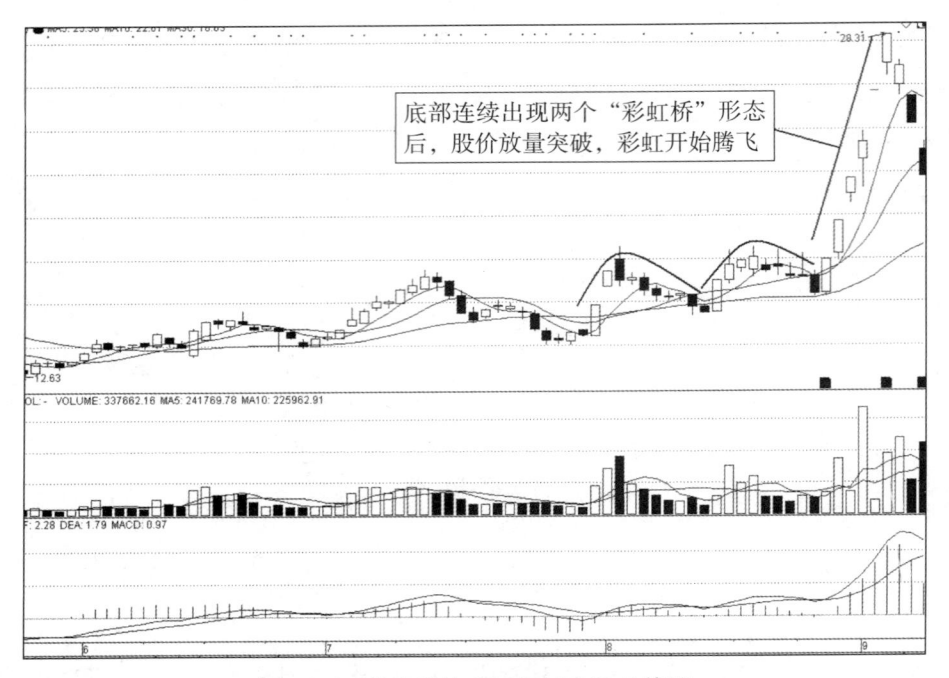

图 14-8　焦点科技（002315）日 K 线图

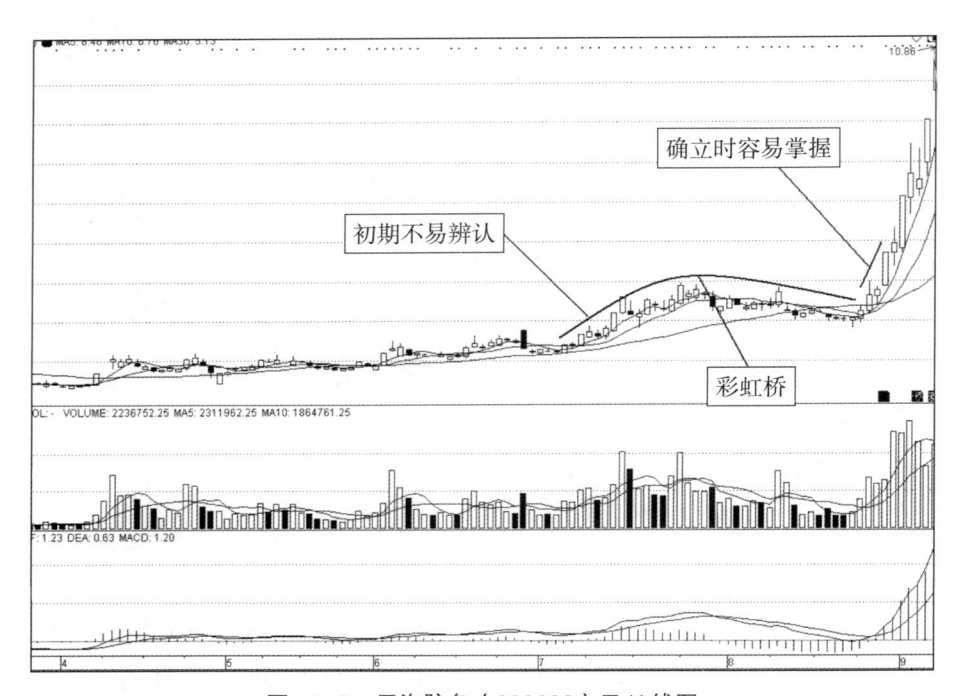

图 14-9　天海防务（300008）日 K 线图

（4）彩虹腾飞形态构筑时间的长短没有统一的量化标准，长的需要一两个月或更长的时间整理，多见于底部形态和盘升类个股。短的一两周的时间就整理结束，特别是在拉升阶段，整理时间往往较短。

如图 14-10 所示，英特集团（000411）的走势图。该股主力完成建仓计划后，2020年 6 月 29 日向上脱离底部盘整区域，然后股价出现圆弧形整理，构成"彩虹桥"形态。整理时间在三个星期左右，属于中性整理走势。7 月 24 日，股价放量突破，说明主力已经消化了盘中的浮动筹码，彩虹开始腾飞，投资者应及时跟进做多。

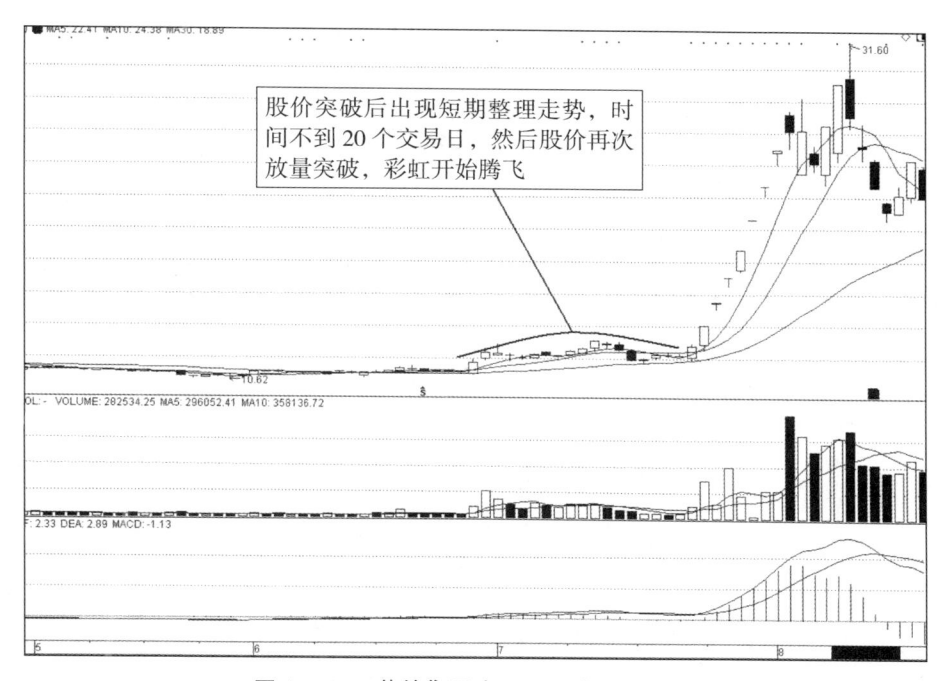

图 14-10　英特集团（000411）日 K 线图

如图 14-11 所示，百联股份（600827）的走势图。该股向上突破进入涨升行情，在拉升过程中出现短暂的回落调整，整理时间只有 5 个交易日，属于快速整理走势。2020 年 6 月 9 日，股价强势涨停，形成彩虹腾飞形态，表明主力洗盘换手结束，开启新的上涨行情。

三、操作提示

1. 注意事项

（1）在同一时期内，出现"彩虹桥"的次数越多，上涨的概率越大，强度越强。

（2）"彩虹桥"左右桥墩的高低不同，股价上涨的力度也不同。一般情况下，按其上涨力度的强弱分为：右桥墩低点高于左桥墩低点、左右桥墩低点相近、右桥墩低点低于左桥墩低点。

（3）"彩虹桥"形态左右桥墩的大阳线涨幅越大，攻击波越强，量能越大，则上涨力度越强；K 线涨幅越小，攻击波越弱，量能越小，则后期的上涨力度越弱。

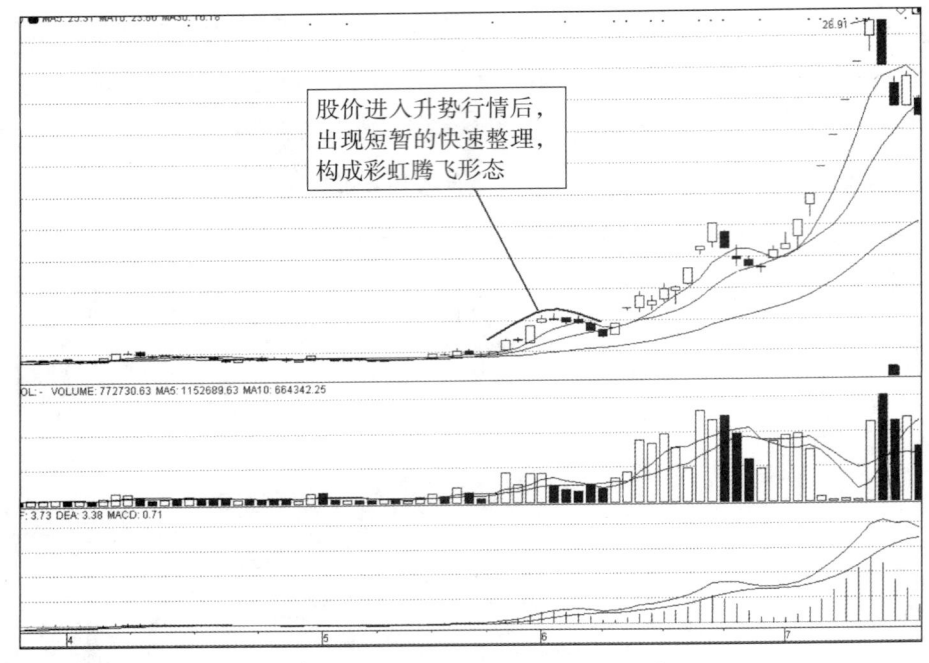

图 14-11 百联股份（600827）日 K 线图

（4）"彩虹桥"的拱高越高，后期的上涨力度也会越强；拱高越低，上涨力度越弱。

（5）形态跨度周期越长，上涨的力度越强；跨度周期越短，上涨的力度越弱。

（6）与形态对应的 MACD 指标形成低位二次金叉向上，金叉次数越多，底背离程度越大，上涨力度越强；底背离程度越小，上涨力度越弱。

（7）股价前期跌幅越大，"彩虹桥"的上涨力度越强；跌幅越小，反弹力度越弱。

（8）"彩虹桥"右桥墩反弹时，若与大盘、板块形成共振，则可靠性更高。

（9）股价前期的下跌量能越小，"彩虹桥"左桥墩的量能越大，右桥墩的量能越小，则后期上涨的力度就会越强；反之，上涨的力度越弱。

2. 买入条件

（1）股价经过一波长时间的大幅下跌，空方能量严重衰竭，成交量萎缩到地量。

（2）上涨的左桥墩明显放量，回调的右桥墩明显缩量。

（3）左右两桥墩的低点与其对应的 MACD 指标产生严重的底背离或低位钝化。DIFF 线上穿 MACD 线形成金叉，最好是两次或者多次低位金叉，MACD 指标位于 0 轴以上，柱状线变红。

（4）右桥墩回调结束后，出现放量上涨的反转大阳线，强势涨停更好。若与大盘、板块共振反转，则稳定性更好。

（5）短期均线逐步拐头向上金叉，股价站于5日均线之上，30日均线平行或上行。

（6）放量突破短期下跌趋势的上轨压力线，下跌调整结束，上涨开始，趋势发生明显转变。

涨停 15 式 前呼后应战法

一、形态特征

前呼后应形态由多根 K 线构成，第一根 K 线和最后一根 K 线为涨停 K 线或大阳线，中间为一根或多根实体较小的调整 K 线（可以是阴线，也可以是阳线）。形态中前后两根大阳线呈现明显的放量状态，具有标志性的技术意义。前一根大阳线奠定基础，主力先立威；中间调整蓄势，主力与散户捉迷藏；后一根大阳线确立性质，一举定乾坤，起到前呼后应的作用。

市场机理：前一根涨停 K 线是试盘，表明主力的态度，随后的缩量回调都在这根涨停 K 线的起涨点位置之上运行。后一根涨停 K 线表明主力洗盘结束，所以抛压基本不大，不需要太大的成交量就能使股价自然涨停。

股价涨停后回调，谁也不知道这到底是调整还是主力在出货。但若调整后再次出现涨停大阳线，就反证了前几日是洗盘而非出货，后市必然看涨。该战法为散户解决了市场定性，简单粗暴，直接跟上就好，获利概率大。

前呼后应战法的特征和要点如下。

（1）股价运行在 30 日或 60 日均线上方为最优形态。

（2）中间的调整 K 线，实体处于前一根涨停 K 线或大阳线的起点之上为最优形态。如果是 2 连板，股价应在第一个涨停之上运行。

（3）中间的调整 K 线越多，股价后市的爆发力越强。

（4）中间的调整 K 线实体越小，量能越萎缩，后市股价的爆发力越强。

（5）第二根涨停（大阳线）K 线封板时间越早，爆发力越强，越可能走出连续大幅拉升走势。

（6）出现前呼后应形态的个股，同时属于市场热点、市场领涨板块的，优先考虑。

（7）大盘处于牛市、振荡市时，为最佳操作环境。

前呼后应，双剑合璧，其威力取决于两点：一是股价是否站在中期均线系统之上，上方是海阔天空，下方需要突破限制；二是股价上涨是否有板块的助攻，群雄并起，戏才好看，独角戏，难长久。

如图 15-1 所示，联环药业（600513）的走势图。2020 年 1 月，龙头妖股，前呼后应，双剑合璧，剑锋所指，所向披靡，股价走出 10 连板。其盘面特点如下。

一是涨停之前股价处于均线系统上方，涨停之后出现连板，但并未马上进一步急剧拉升，而是蓄势整理，股价维持强势运行，为第二次涨停埋下伏笔。

二是前呼后应涨停形态一出，形态突破，双剑合璧。注意 1 月 17 日的分时走势，这个涨停是分歧板，不是分时最强的，但是形态是非常强势的。

三是时值周五，恰逢"新冠肺炎疫情"消息发酵，技术分歧转一致，主力占据先手，迅速大单封死。

四是次日一字开板后，高开仍能一致走出合力板。原因是，第一，当时就是空间板，第二，题材处于发酵初期，龙头股理应一马当先，最终走出 10 板的高度。

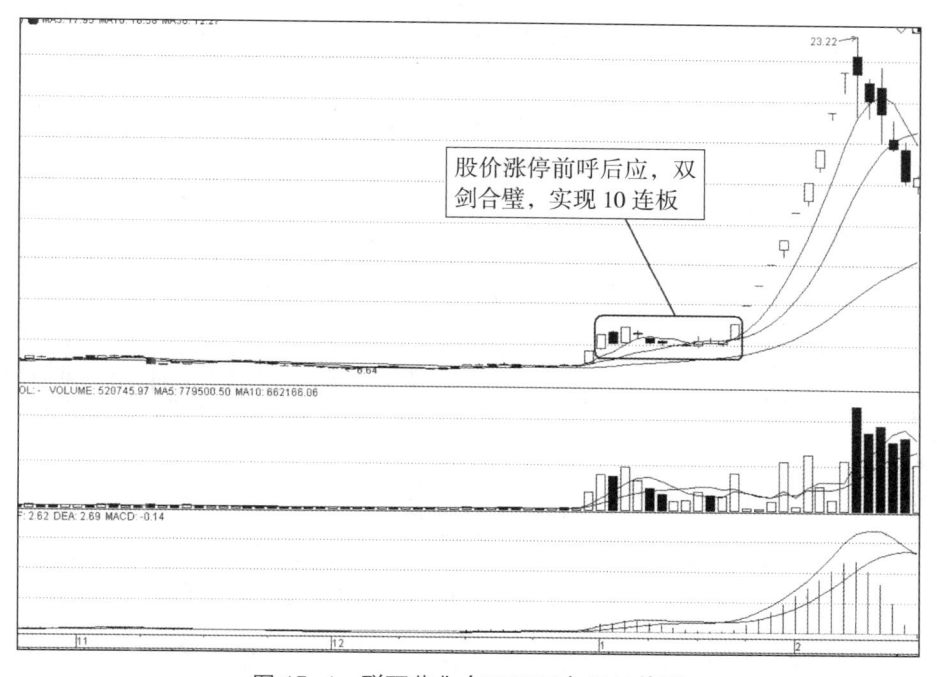

图 15-1 联环药业（600513）日 K 线图

二、形态级别

在前呼后应形态中，如果前后两根标志性 K 线都是涨停阳线，其威力是最强的。如果前面的 K 线是涨停 K 线，后面是大阳线，则力度稍弱，但性质相同；或者前面的 K 线是大阳线，中间洗盘，后面是涨停 K 线，道理一样。如果前后两根标志性 K 线都不是涨停 K 线，而是大阳线，就变成了多方炮。

前呼后应形态结构上类似于英文字母"N"字。前呼后应的形式是表象，重要的是背后的逻辑，也就是其所蕴含的强势逻辑、买点逻辑。

实盘操作中，可以把前呼后应形态依据其强弱程度分为以下三个等级。

1. 第一个等级

第一个等级是形态的前后都是涨停 K 线。

如图 15-2 所示，南大光电（300346）的走势图。该股经过充分的整理后，2019 年 12 月 16 日放量拉涨停，在前期盘区附近进行短暂的洗盘换手，12 月 24 日股价再次拉涨停。前后两个涨停之间起到前呼后应、承前启后的作用，反映主力做多意图强烈，此后股价出现中期上涨行情。

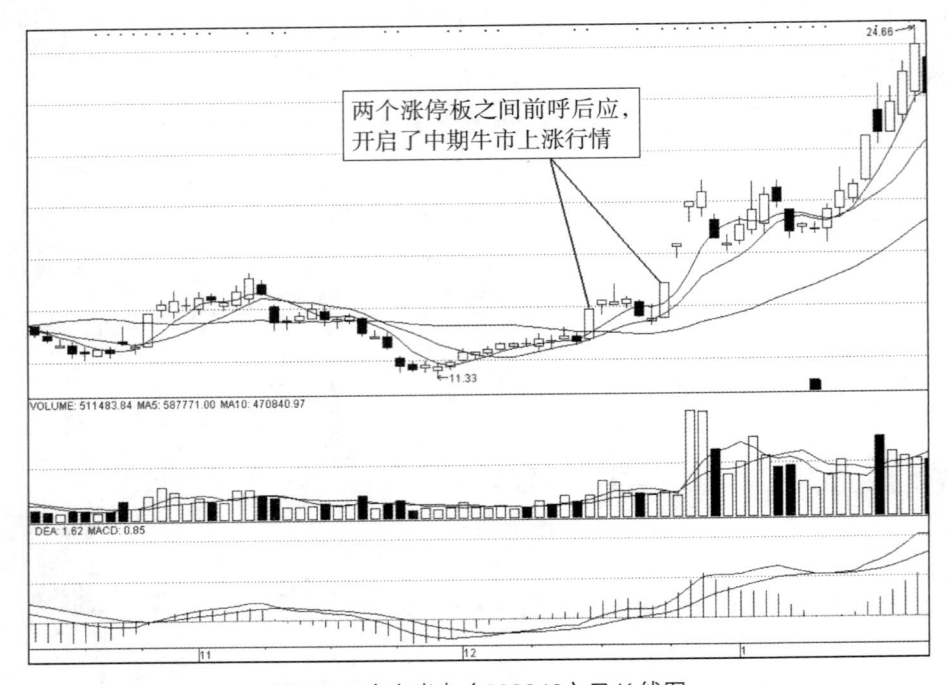

图 15-2 南大光电（300346）日 K 线图

如图 15-3 所示，科森科技（603626）的走势图。2019 年 12 月 6 日，一根涨停大阳线拔地而起，挑战前期的高点压力。经过短暂的 4 个交易日整理后，12 月 13 日再次拉出涨停大阳线，前后两个涨停前呼后应，成功开启了一轮振荡盘升行情。

2. 第二个等级

第二个等级是有一个涨停，另一个是大阳线。又分为两种情形，即前涨停 K 线 + 后大阳线，前大阳线 + 后涨停 K 线。要求大阳线的涨幅在 5% 以上。

如图 15-4 所示，长信科技（300088）的走势图。2019 年 11 月 14 日，该股在振荡整理过程中收出一根涨停 K 线。此后经过短期的整理，在 11 月 26 日、27 日拉出两根大阳线，说明底部构筑进入尾声，此后股价进入盘升行情。

如图 15-5 所示，浙江永强（002489）的走势图。该股洗盘结束后，在 2020 年 2 月 18 日收出一根上涨大阳线，此后在前期盘区下方作短暂的整理。3 月 2 日拉出涨停 K 线，说明主力洗盘整理结束，接着股价出现快速拉升。

3. 第三个等级

第三个等级是前大阳线 + 后大阳线，要求前后两根大阳线的涨幅均在 5% 以上，否则容易出现失败形态。

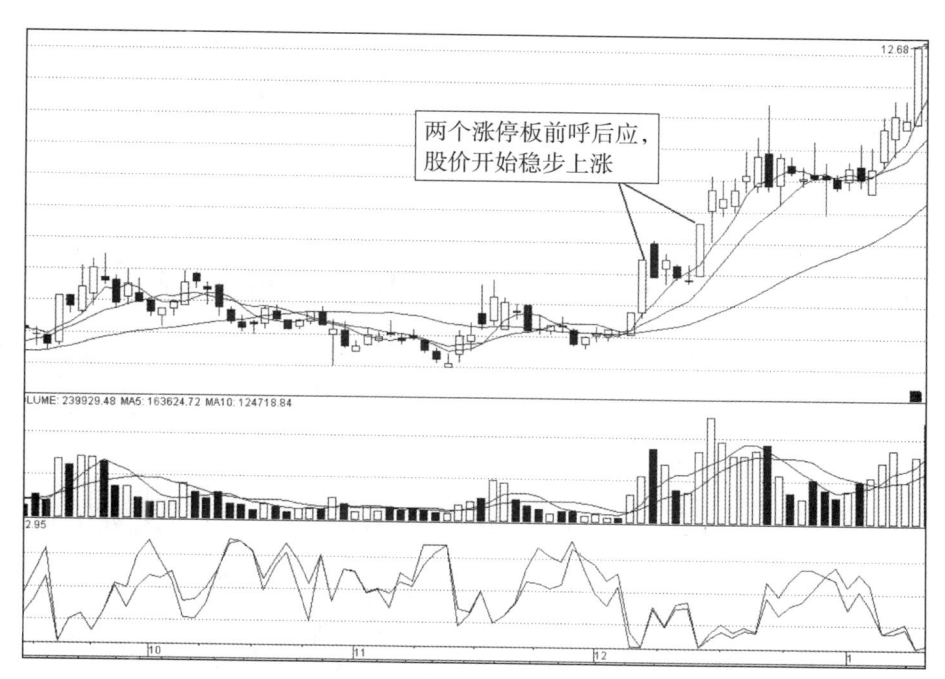

图 15-3　科森科技（603626）日 K 线图

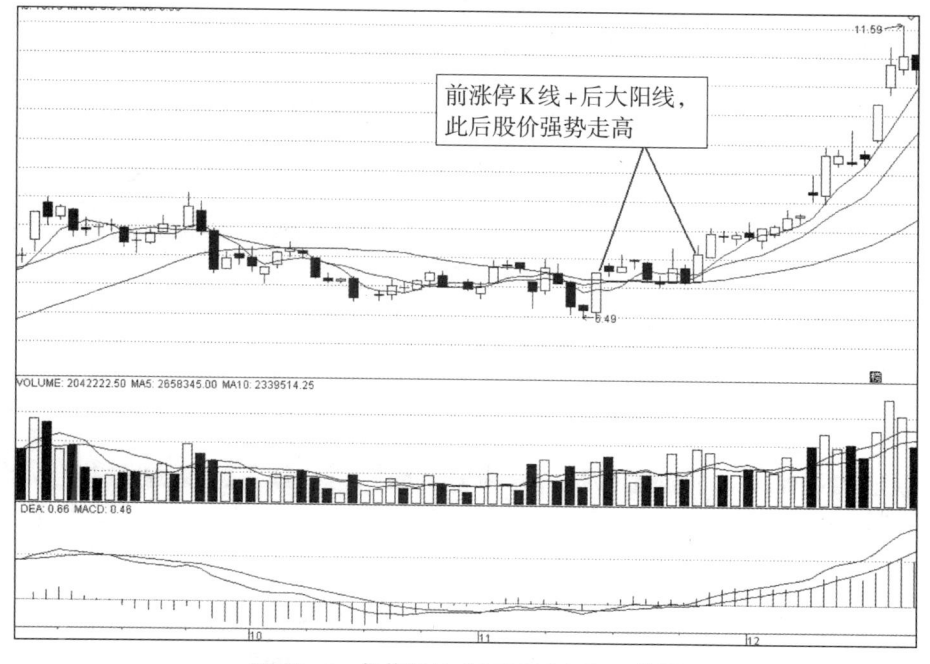

图 15-4　长信科技（300088）日 K 线图

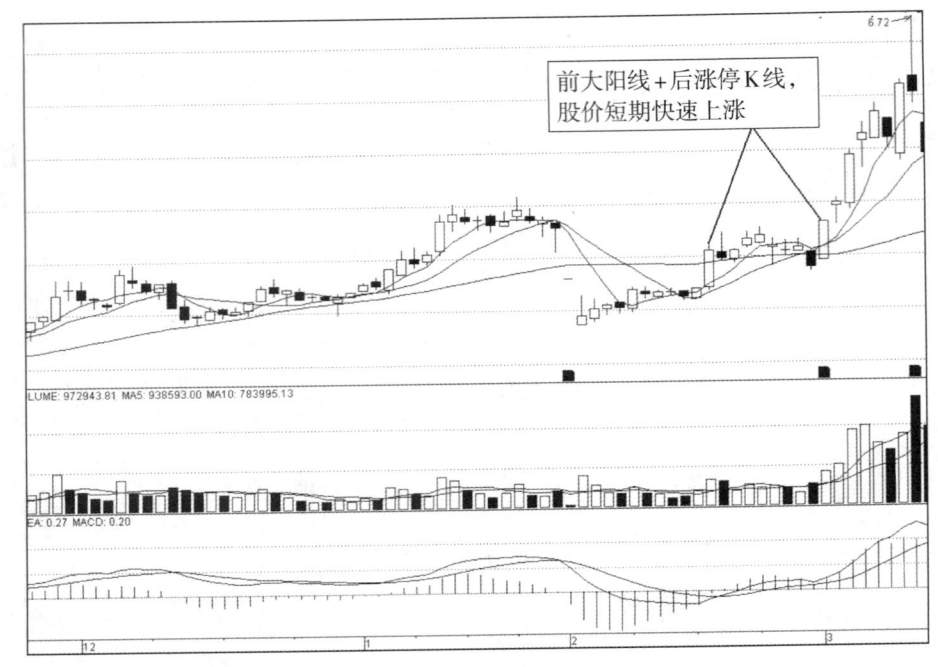

图 15-5　浙江永强（002489）日 K 线图

如图 15-6 所示，博济医药（300404）的走势图。该股快速下跌后，短线主力入场吸货。2019 年 12 月 5 日拉出一根企稳性的底部大阳线，然后经过继续整理，12 月 24 日、25 日拉出两根确定性的底部大阳线。之后主力进行洗盘走势，2020 年 1 月 7 日再次收出大阳线，从此股价进入盘升行情。

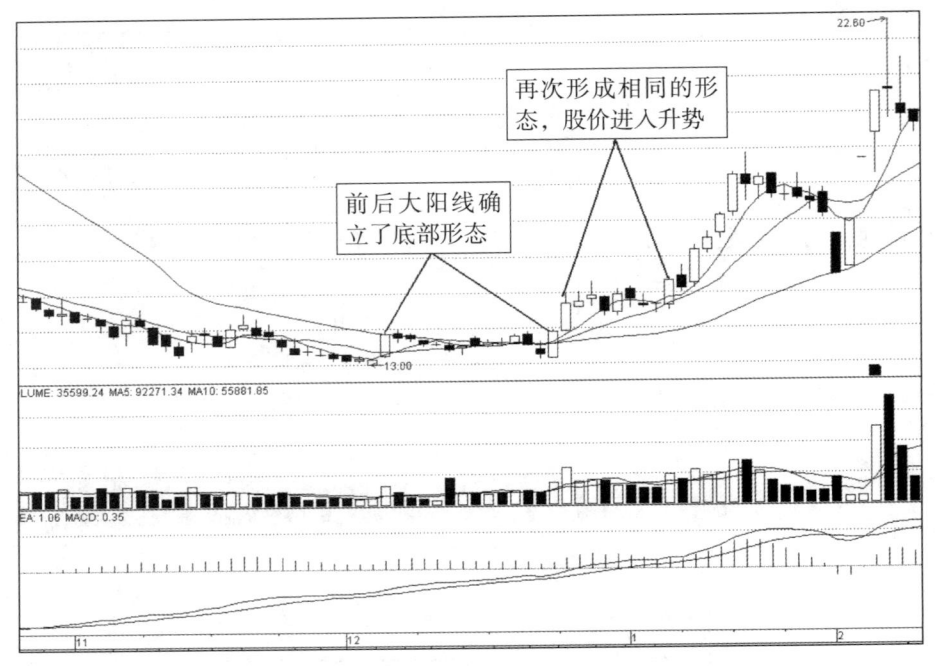

图 15-6　博济医药（300404）日 K 线图

三、战法剖析

（1）回调支撑。股价在某一重要支撑位出现第一个涨停攻击，经过一段时间的反弹之后，股价再次回到前一次涨停攻击的起点。这时往往会再次遇到支撑，在相同的价格位置附近出现涨停，这种盘面走势就叫"回调支撑"形态。

股价回落遇到支撑时，放量强势拉涨停，短线仍有进一步上攻的动力。盘面特征是，在底部经过一段时间的盘整后，股价开始放量向上突破盘区。但突破之后股价并没有维持强势运行，而是回落到涨停价起涨点附近，遇到支撑后股价再次向上拉起，此时构成较好的短线买点。

股价既然在某一价位能出现涨停，说明在这个价格附近已经有主力参与，至少其短线成本就在该涨停价位附近。经过一段时间的整理之后，再次回到该价格附近时，势必会引起市场的重点关注。即使在出货阶段，主力很多时候不可能把筹码一次就出货彻底，再次回到该价格时，已经和主力的底仓成本接近，如果不在此进行第二次攻击，则主力很可能前功尽弃，股价将重回弱势整理，所以主力往往会继续拉高股价。出现这种形态时短线介入，一般会有不错的利润空间。

如图15-7所示，中国海防（600764）的走势图。该股经过长时间的筑底后，股价向上穿过30日均线压制，盘面渐渐走强。2020年7月8日，股价放量涨停，然后出现6个交易日的振荡整理，股价回落到30日均线附近。此时30日均线已经缓缓上行，对股价构

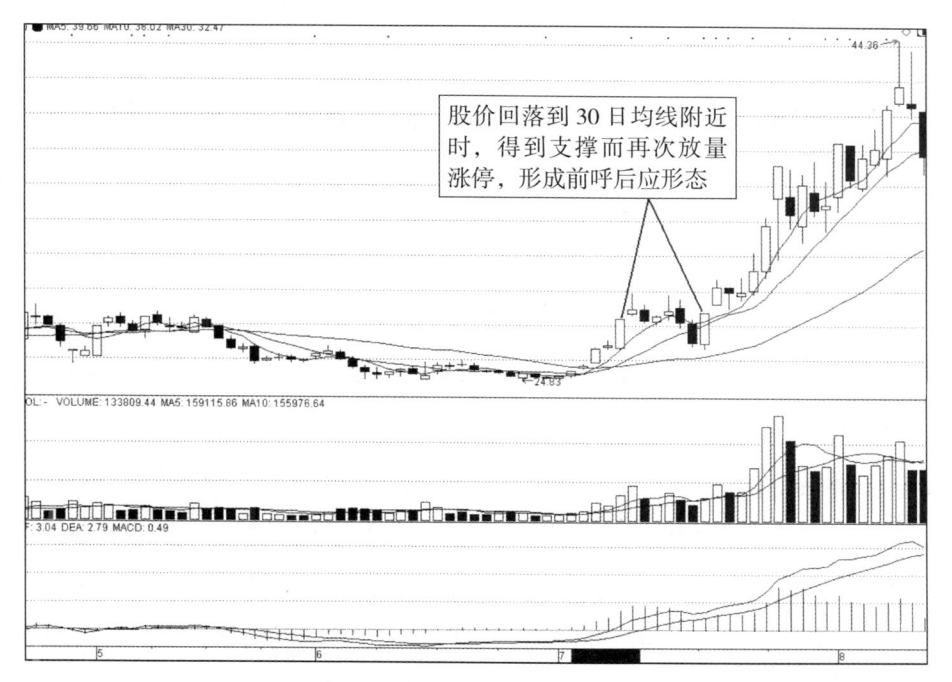

图15-7　中国海防（600764）日K线图

成支撑作用。7月17日股价再次放量涨停，形成前呼后应形态，短线买点出现，此后股价振荡走高。

在技术技巧方面，股价回落时尽量不要收于涨停的起涨点之下，理想的走势是下影线触及到涨停起涨点时快速拉起。涨停大阳线实体内的任何位置都不能作为买点，只有放量突破涨停大阳线的高点时，才可以认为是有效突破。

如图15-8所示，八方股份（603489）的走势图。该股见顶后大幅回落，当股价调整到上市首日收盘价附近时止跌企稳。2020年4月15日，股价向上拉涨停，但涨停后股价并没有出现持续上涨，而是小幅冲高后出现向下整理。4月28日，股价向下打压，一度吞没了涨停的全部涨幅，然后止跌，股价快速回升，当日收出带长下影线的K线。4月30日，股价再次拉涨停，形成突破性的前呼后应走势，构成较好的短线买点。

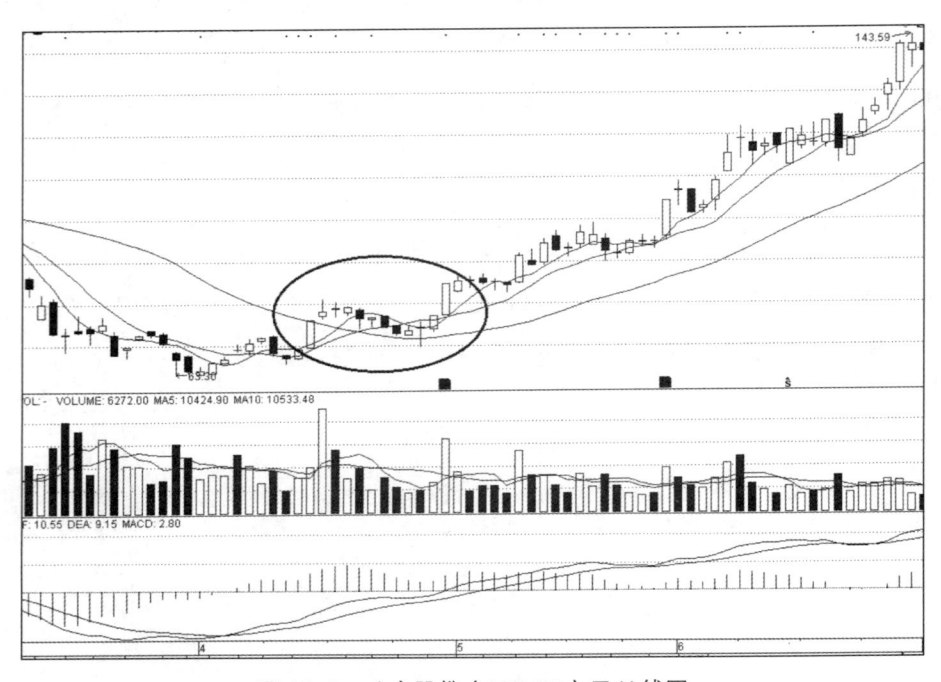

图15-8 八方股份（603489）日K线图

（2）在实盘中，调整期间，股价走势并不严格在第一根K线实体内，有上下振荡的、有挖坑的、有超强势的，但所有的一切都在第二根K线出现的时候得到确认。

如图15-9所示，方直科技（300235）的走势图。2020年1月9日，在振荡过程中出现第一根涨停K线，然后回落整理，股价向下击穿了涨停K线的低点。虽然形态上遭到破坏，但随后股价能够强势拉起，并突破第一根涨停K线的高点，后市行情仍然向好。

如图15-10所示，雅本化学（300261）的走势图。该股经过大幅调整后，股价渐渐止跌企稳。2020年5月18日，股价向上放量拉涨停，但股价没有出现持续上涨，而是向下回落调整，吞没了涨停的全部涨幅。5月27日，在前一个涨停的起涨点附近得到有力的支撑，股价再次放量拉涨停，形成较好的短线买点。该股虽然一度击穿了第一根涨停K线的低点，但整体形态并没有遭到破坏，只要后面拉起第二根涨停K线，仍然不失看涨意义。

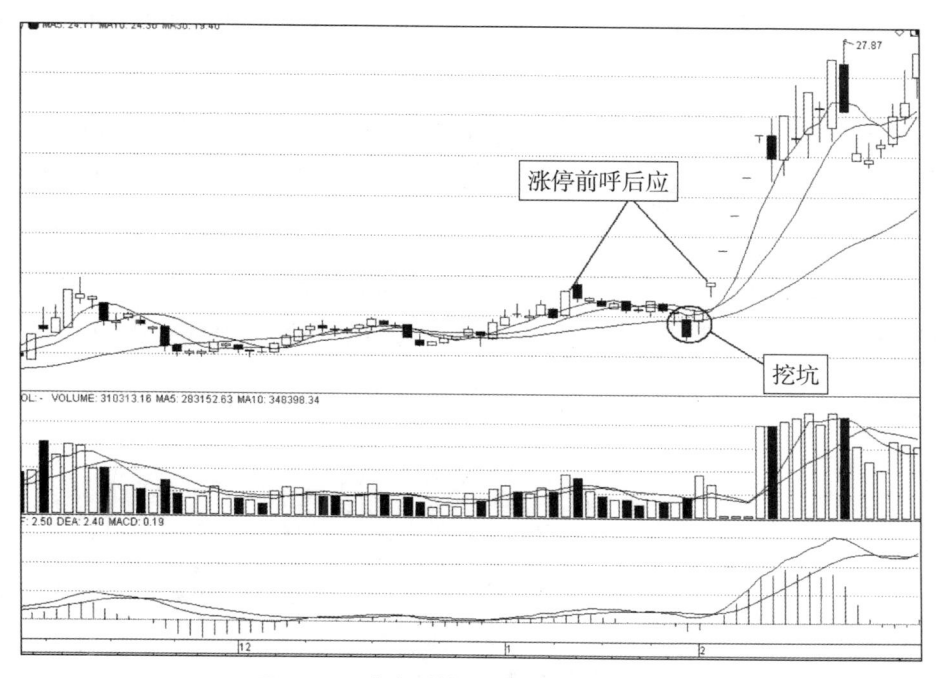

图 15-9 方直科技（300235）日K线图

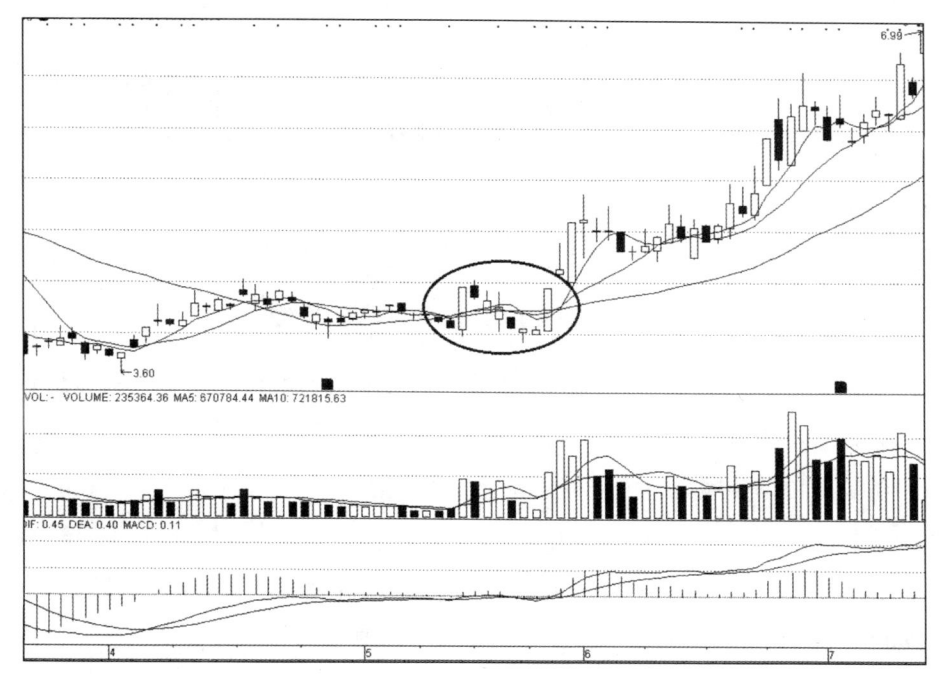

图 15-10 雅本化学（300261）日K线图

（3）两根 K 线之间的调整时间并不固定，视个股的情况而定。一般情况下，调整时间越久，浮筹清洗得就越干净；调整期间越强势，说明盘中抛压越轻；调整 K 线实体越小，反映主力控盘能力越强；第二个涨停越强，后市涨势越凶猛。主要是调整要缩量，构筑扎实的底部区域，后市拉起来抛压就小，行情发展就长远。当然，如果是热门题材的龙头股，更是锦上添花。

如图 15-11 所示，华阳国际（002949）的走势图。该股见底企稳后，2020 年 5 月 27 日，股价接近涨停价开盘，盘中秒板封盘不动，然后振荡整理了 24 个交易日。开始整理时，成交量较大，之后慢慢萎缩，说明浮动筹码渐渐稀少。整理过程中股价不补下方跳空缺口，说明主力对盘面的掌控比较强。7 月 3 日，股价再次放量涨停，与前面的涨停遥相呼应，双剑合璧，盘面进入强势上涨。该股主力的运作非常成功，可谓前呼后应形态的杰作。

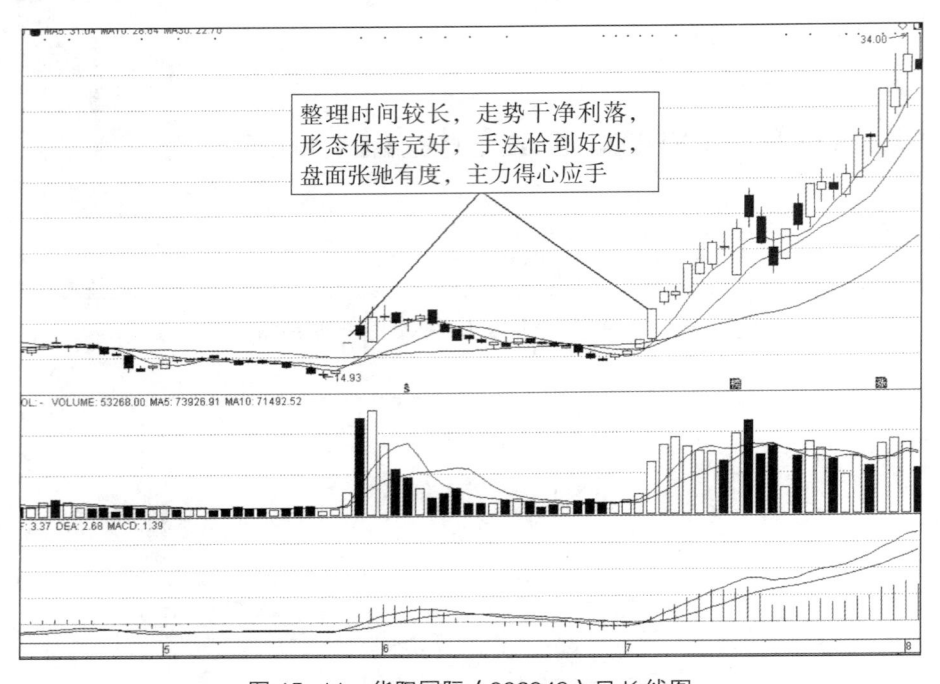

图 15-11　华阳国际（002949）日 K 线图

当然，如果主力已经完成拉升前的准备工作，那么中间的调整时间不宜过长，否则会影响上涨气势。就短线操作而言，调整时间在 10 个交易日左右为宜。所以，调整时间长好还是短好，在实盘中需要根据股价所处的位置灵活掌握。

如图 15-12 所示，新力金融（600318）的走势图。该股经过充分的调整之后，2020 年 5 月 28 日企稳回升，6 月 1 日股价涨停，并突破 30 日均线的压制。然后出现 5 个交易日的缩量调整，6 月 9 日放量涨停，与前面的涨停遥相呼应。之后股价又调整了 6 个交易日，6 月 19 日再板，产生新的相同形态，接着股价出现 4 连板。

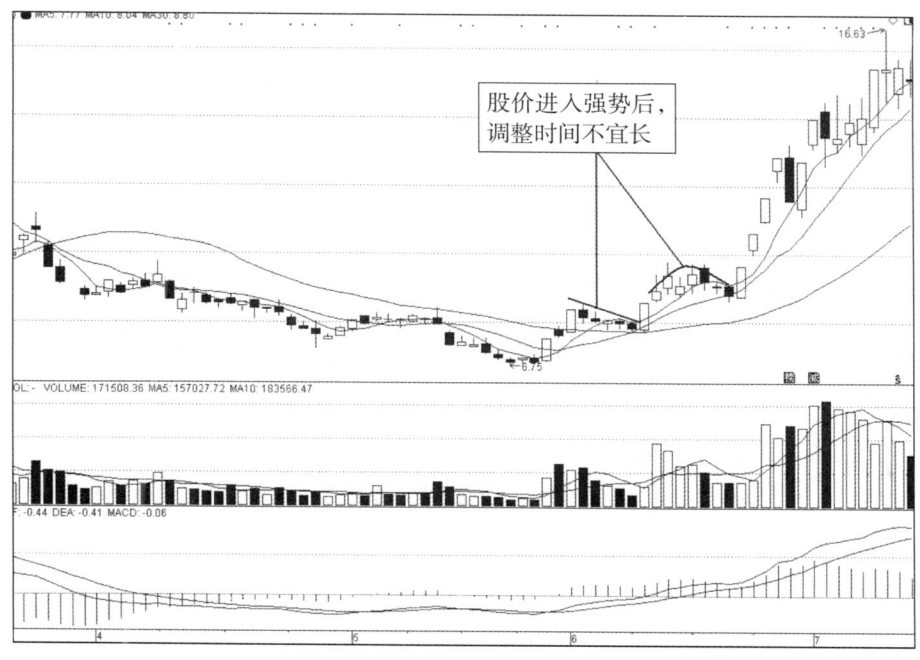

图 15-12　新力金融（600318）日 K 线图

（4）在盘升行情中，可能出现连环式的前呼后应形态，股价逐级上涨，每一个形态都是较好的短线买点。但 3 个同样的形态以后，应谨防变盘情形发生。

如图 15-13 所示，中路股份（600818）的走势图。该股前期调整充分，底部渐渐企稳，2020 年 4 月 20 日，一根涨停大阳线拔地而起，向上突破 30 日均线的压制，之后出现 5 个

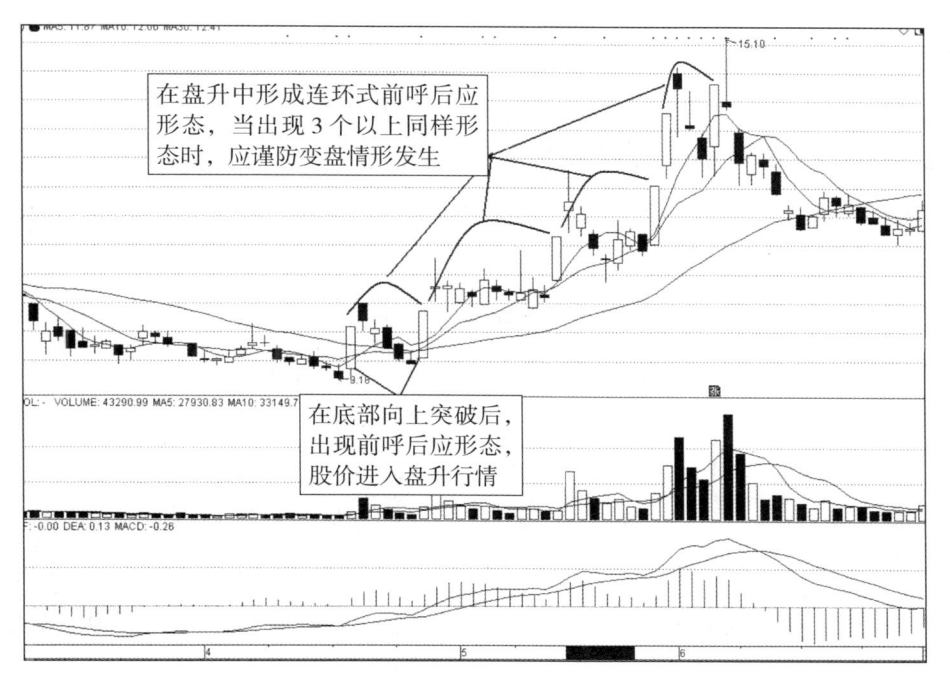

图 15-13　中路股份（600818）日 K 线图

交易日的调整。当股价回落到涨停大阳线的起涨点附近时，得到前期低点的支撑，4月28日股价再次拉涨停，形成前呼后应形态。在此之后的盘升行情中，出现连环式前呼后应形态。6月4日第4次出现同样的形态后，次日股价冲高回落，出现变盘转势。

四、操作提示

1. 前呼后应涨停形态是捕捉大牛股的第一技术

从技术层面来说，牛股中出现最多的就是前呼后应形态。游资最喜欢使用这种技术，同时广大投资者也最认可这种实盘技术。

实盘中应掌握以下技术要求。

（1）前呼后应形态是一种标准的抓取涨停板的模型，在使用时一定要注意量能的变化，上涨放量、调整缩量是最理想的。

（2）第一个涨停板或大阳线，最好是突破前期压力位，中间小阴线回踩幅度不能超过第一根大阳线的实体长度；第二根大阳线必须创新高，最好是涨停板。

（3）中间调整线的回踩价位最好是有一定的支撑位，比如均线、成交密集区、前期高点和颈线等支撑位置。

（4）前呼后应形态并不要求全部都是涨停板，只要是大阳线就是有效的。但是如果都是涨停板的话，后市爆发力度更强，上涨幅度更大。

（5）每一种战法的应用都是有条件的，在涨幅末期，波段涨幅太高，均线太过发散的情况，都需要小心对待和规避。同一种图形在不同的情况下，可以是开始也可以是结束。

2. 近端次新股前呼后应涨停容易出现妖股

近端是指新股上市完成第一波拉升后，经过短期的回落整理，形成前呼后应的涨停形态，股价随后可能开启新一波拉升行情。

（1）近端次新股是一个极其容易出现妖股的板块。从新股上市实行涨跌停板制度以来，次新妖股层出不穷。新股有过度一字板暴涨开板有"面"，也就有过早一字开板后分歧转一致上涨走牛。

（2）近端次新股前呼后应涨停，几乎每一只大牛股都是这么走出来的。比如，2018年的万兴科技（300624）、贵州燃气（600903）、宏川智慧（002930）、新疆交建（002941）等，2019年的华林证券（002945）、指南针（300803）、卓胜微（300782）、值得买（300785）等，2020年的华盛昌（002980）、博杰股份（002975）、浙矿股份（300837）等，都是这个模子刻出来的。

（3）近端次新股因为股性极其活跃，杀跌杀到极致，情绪修复之后迅速空转多，容易形成前呼后应涨停。而形态一旦确立，涨势的确不同凡响。

战法只是参考，最重要的是背后的逻辑。标准的图形和收益只存在于理论中，实践中走势的变种很多，需要依照具体的市场情况进行判断，择机行事。

涨停 16 式　三外有三战法

一、技术要点

三外有三战法，是指一轮中级以上的行情，通常会有连续 3 个涨停的个股出现，成为市场龙头。投资者可在第 3 个涨停附近追涨买入，后市短线还有 30% 以上的升幅。该战法运用得当，短线将有不错的获利空间。

三外有三的技术含义在于主力拉高建仓，技术精髓是主力建仓的时间短、拉升快，来如电，去如风，是短线获利的必杀技之一。

市场机理：集洗盘、换手、加仓、造势于一体。主力通过连续拉升，快速脱离成本区，引起市场关注，奠定市场基础，为日后拉高股价、吸引跟风盘埋下伏笔。同时，通过短暂的振荡整理，对底部获利筹码进行了消化，有利于后市股价进一步走高。

三外有三战法的技术特征和要点如下。

（1）股价成功脱离底部区域，连拉 3 个涨停后，盘面出现振荡。既释放了低位获利盘，又达到主力加仓的目的。

（2）在振荡过程中，盘面处于强势运行状态，股价基本维持在第 3 个涨停范围内整理。

（3）在整理时，成交量略有萎缩，不能出现巨量或严重缩量。

（4）整理形式：有单日整理和多日整理（小盘区）两种。

如图 16-1 所示，光大证券（601788）的走势图。该股经过长时间的底部振荡后，构筑了扎实的底部根基，2020 年 6 月 19 日开始，股价连拉 3 个涨停。然后经过两天的振荡整理，释放了底部的获利盘，筹码得到了充分换手。6 月 30 日，股价再次强势涨停，形成"三外有三"形态，主力随后展开更为猛烈的拉升行情。

二、战法剖析

（1）主力连拉 3 个涨停后，会消耗一部分实力，需要蓄势整理，以补充新的上攻力量。一般停留时间在 1～15 天，对短线浮动筹码进行清理，随后将继续展开强势上攻行情。可分为快速整理和慢速整理。

需要指出的是，在快速整理时，股价不一定都会出现回落走势，有可能在盘中出现振荡情形，K 线出现小阴线、小阳线或十字星，然后股价继续强势拉升。

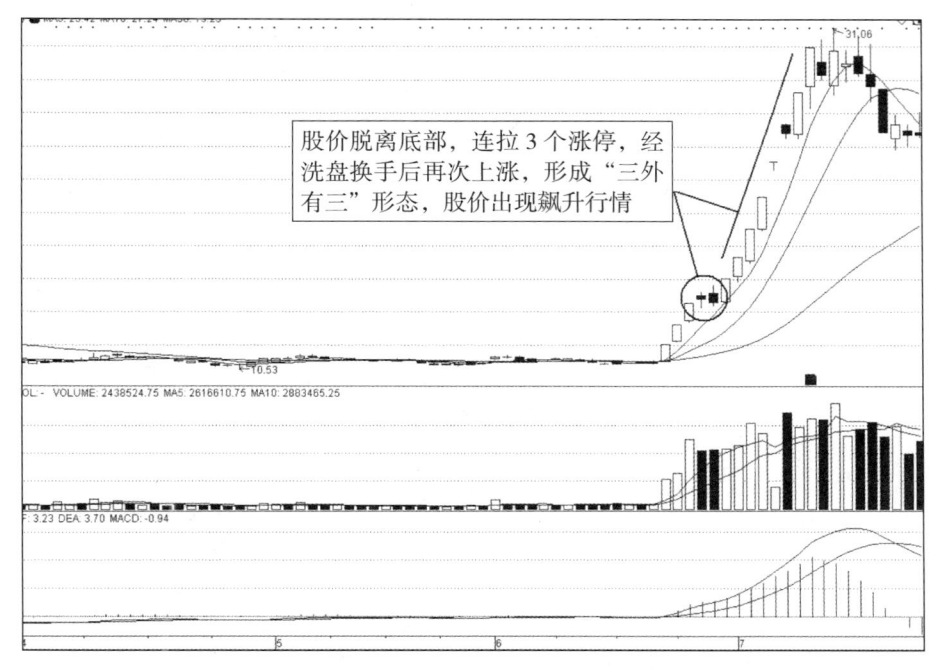

图 16-1 光大证券（601788）日 K 线图

如图 16-2 所示，模塑科技（000700）的走势图。2020 年 1 月 7 日开始，股价出现 3 个涨停。第 4 天虽然出现振荡走势，但当天股价并没有回落，K 线收阴，股价小涨，形成"三外有三"形态。主力在当天完成快速洗盘换手，股价延续强势上涨行情，短线投资者可以积极跟进做多。

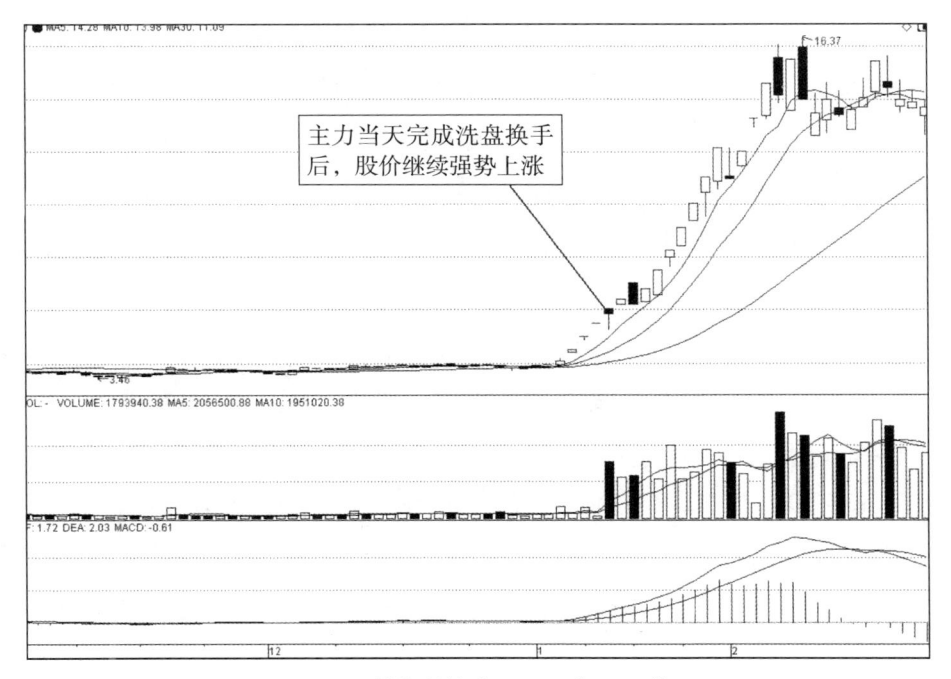

图 16-2 模塑科技（000700）日 K 线图

如图16-3所示，江淮汽车（600418）的走势图。2020年5月20日，股价拔地而起，放量涨停，成功脱离底部盘区，连拉3个涨停。5月25日，盘面出现振荡，跳空高开9.12%后，盘中振荡回落，当日股价收跌4.56%。经过一天的大幅振荡后，对底部获利筹码进行了消化，同时主力实施了加仓计划。次日，股价再次强势涨停，出现"三外有三"行情，股价连续上涨58%。

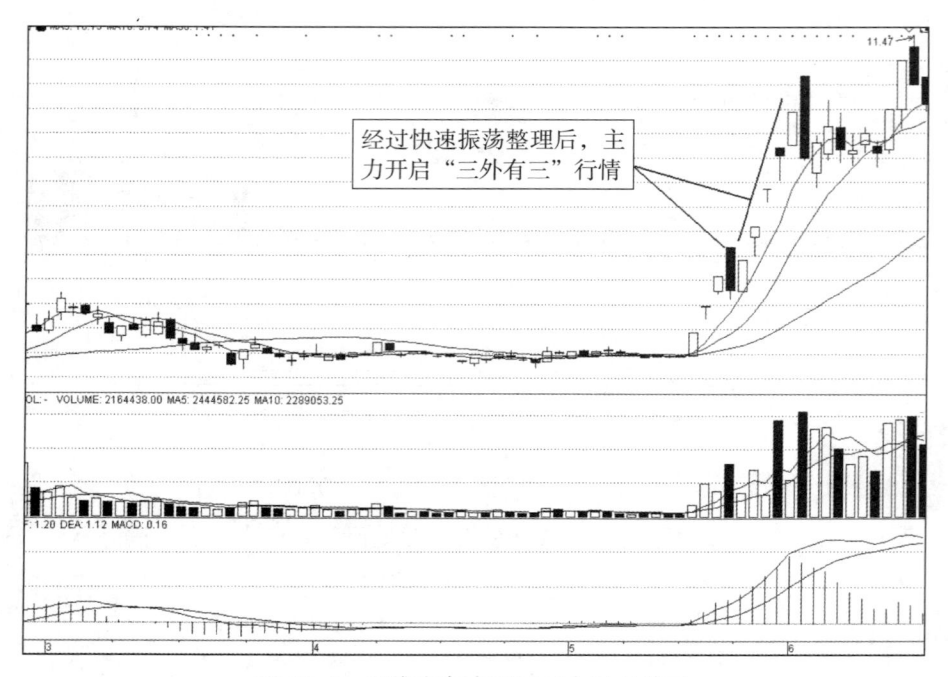

图16-3　江淮汽车（600418）日K线图

如图16-4所示，海南发展（002163）的走势图。该股属于慢速整理，调整时间为8个交易日。2020年7月10日开始，股价连拉3个涨停，成功向上突破前期整理盘区高点压力。然后进入洗盘整理，同时对突破的有效性进行确认，股价回落到第2个涨停位置附近。7月27日，股价再拉涨停，形成"三外有三"形态，表明洗盘整理结束，股价进入第二波拉升行情。

（2）在第3个涨停位置上方出现短暂的振荡后，股价出现小幅走高，然后再次回落到第3个涨停位置附近继续整理。前期振荡的位置往往成为股价回落的重要支撑位，在此位置大多出现反弹或产生新的第二波拉升行情，短线投资者可以在支撑位附近伏击。

如图16-5所示，新五丰（600975）的走势图。该股从2019年2月14日开始连拉3个涨停，然后在此基础上进行强势整理。当股价回落到第3个涨停位置附近时，得到有力支撑再次拉起，展开第二波拉升行情，累积涨幅超过60%。投资者可在第3个涨停位置附近入场做多。

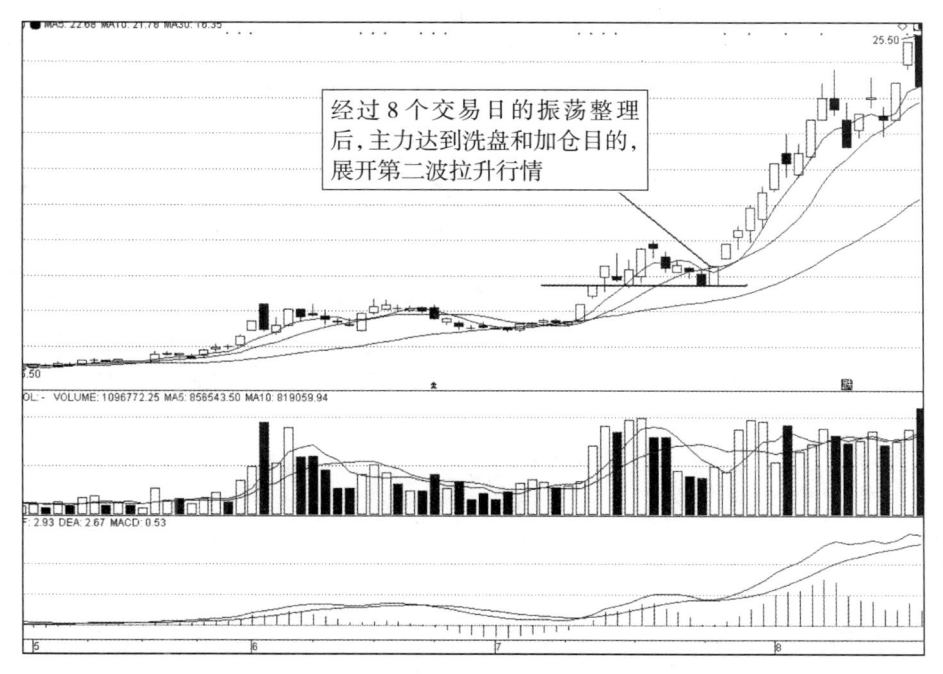

经过8个交易日的振荡整理后,主力达到洗盘和加仓目的,展开第二波拉升行情

图 16-4　海南发展（002163）日 K 线图

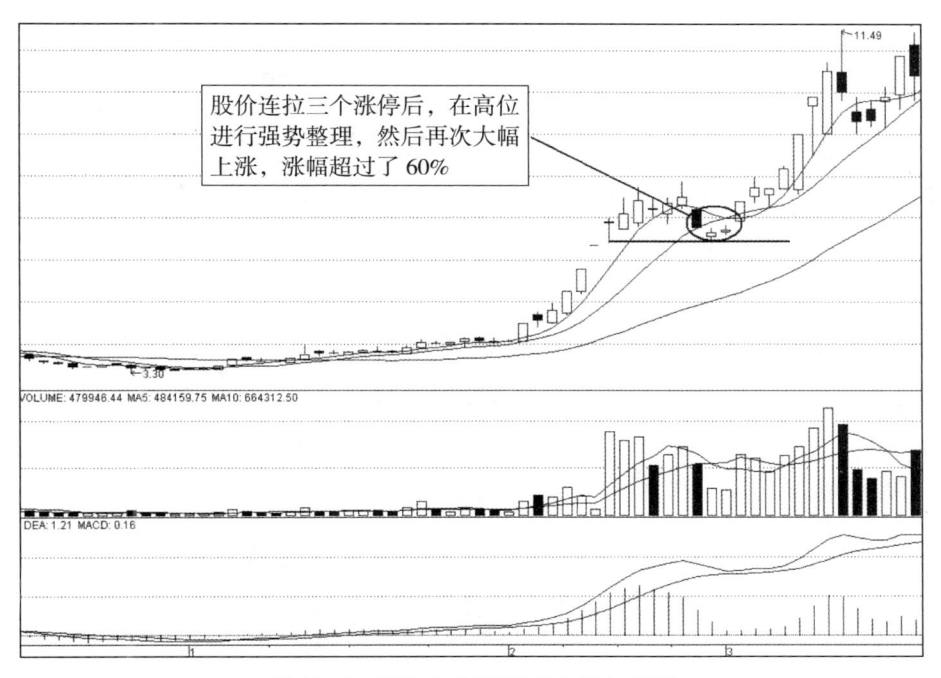

股价连拉三个涨停后,在高位进行强势整理,然后再次大幅上涨,涨幅超过了 60%

图 16-5　新五丰（600975）日 K 线图

如图 16-6 所示,神驰机电（603109）的走势图。该股上市后就出现调整,成为超跌次新股,低位盘整时主力吸纳了大量的低价筹码。2020 年 4 月 13 日,一根大阳线拔地而起,穿越均线系统的压制,之后连拉 2 个涨停。4 月 16 日,该股出现振荡走势,K 线呈十字星。

短线筹码进行换手后，接着股价再拉 2 个涨停。当股价回落到 4 月 16 日的振荡十字星附近时，得到强大的技术支撑，股价强势拉起，产生第二波拉升行情。

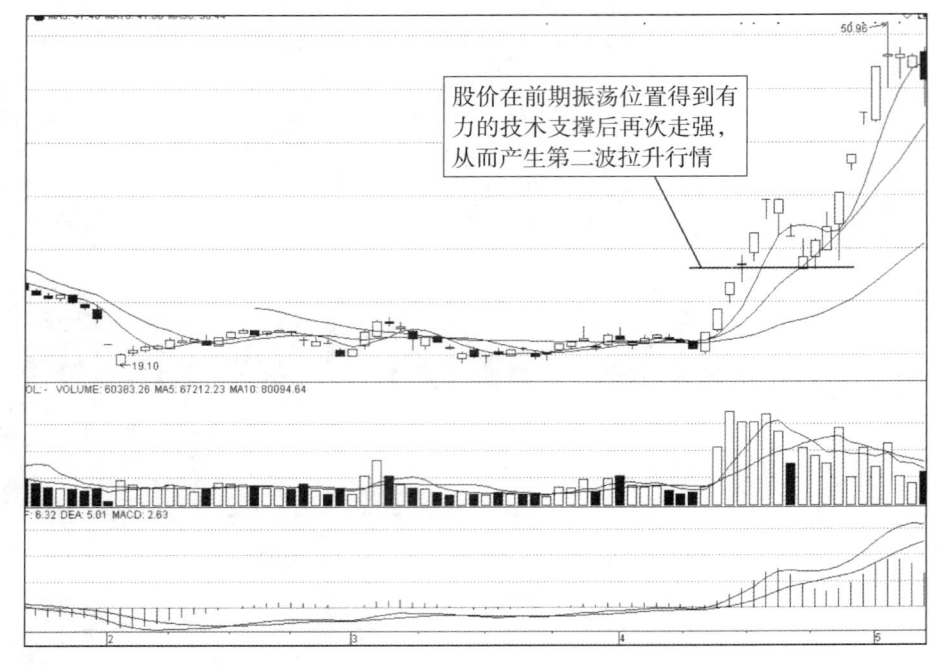

图 16-6　神驰机电（603109）日 K 线图

（3）股价连拉 3 个涨停后，如果没有出现明显的拉升，这种情况下股价可能会回落到第 2 个涨停附近作蓄势整理。一般情况下，短线主力的平均持仓成本在第 2 个涨停附近，在该位置获得支撑后很可能再次走强。

如图 16-7 所示，东方通信（600776）的走势图。该股洗盘整理结束后，2018 年 11 月 26 日开始，股价连拉 3 个涨停，成功突破底部盘区压力，然后股价出现振荡走势。当股价回落到第 2 个涨停附近时，受到主力成本的支撑，调整时间为 6 个交易日，股价再次强势拉起。此后，在 12 月中旬出现类似的走势，得到市场游资的积极参与，股价大幅走高。

如图 16-8 所示，华东科技（000727）的走势图。该股于 2019 年 2 月 21 日向上突破，股价连拉 3 个涨停，然后回调到第 2 个涨停位置附近时，再次企稳回升，展开第二波拉升行情，股价又连拉 4 个涨停。

如图 16-9 所示，华扬联众（603825）的走势图。2019 年 12 月 25 日开始，该股连拉 3 个涨停，突破前期盘区压力。12 月 30 日盘面出现振荡，股价回调到第 2 个涨停位置附近。这既是一次突破后的回抽确认走势，也是一次很好的洗盘换手过程。当股价在第 2 个涨停附近得到有力的支撑后，再次展开强势拉升行情，股价又连拉 3 个涨停。

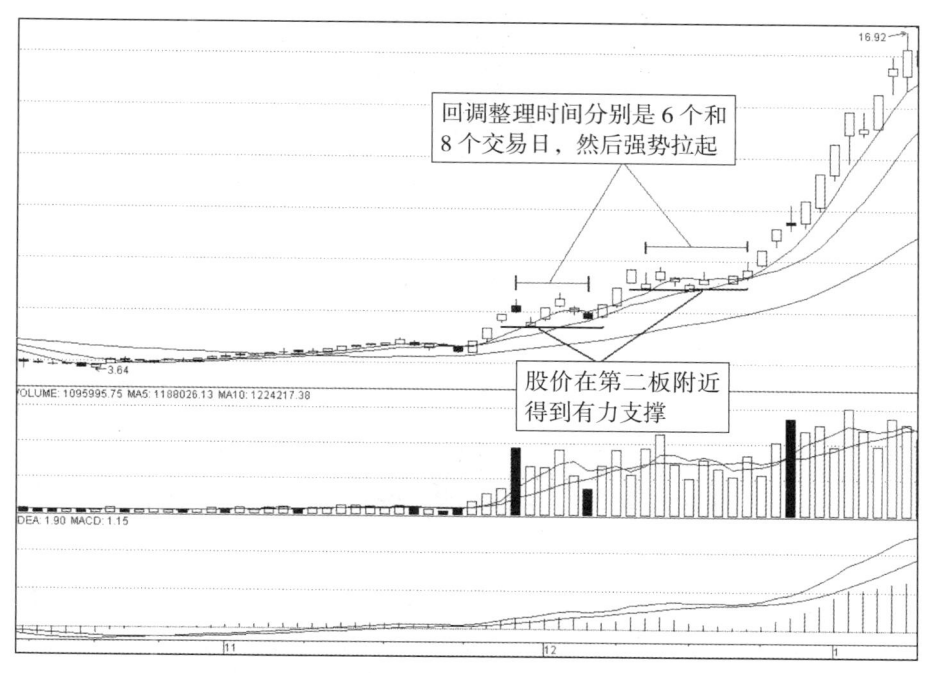

图 16-7　东方通信（600776）日 K 线图

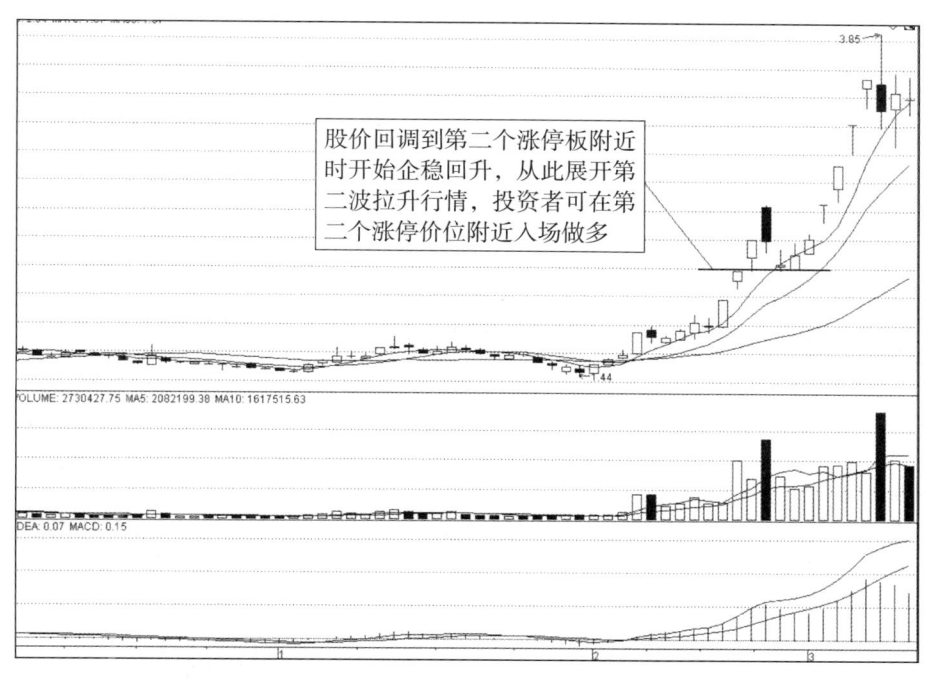

图 16-8　华东科技（000727）日 K 线图

（4）实盘运用技巧。在高位调整 5 天左右，如果股价不出现深幅回落，则可以判断该股主力并不急于离场，此时散户可以轻仓介入。如果随后有涨停，则可以在涨停位置上加仓。当股价跌破第 2 个涨停一半的价格时，需要止损。

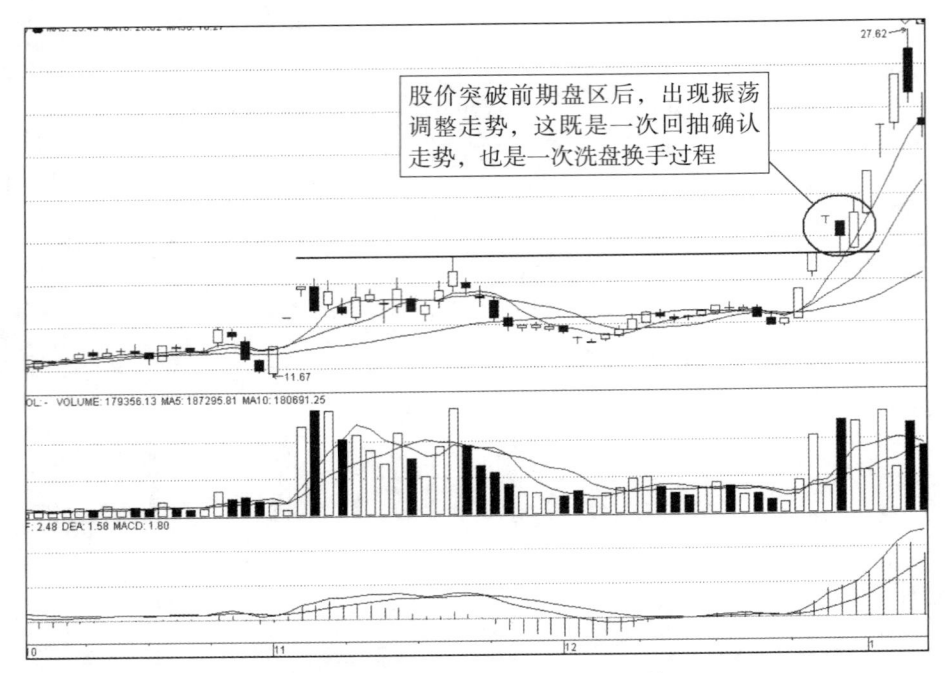

图 16-9　华扬联众（603825）日 K 线图

如图 16-10 所示，智度股份（000676）的走势图。该股连拉 3 个涨停后，维持高位强势振荡整理，说明主力控盘程度良好，并不急于离场，后市仍有进一步推高的能力，这时散户可以逢低轻仓入场。调整 5 个交易日后，2019 年 10 月 22 日股价再次涨停，表明洗盘整理结束，股价重新恢复上涨，这时散户可以加仓跟进做多。

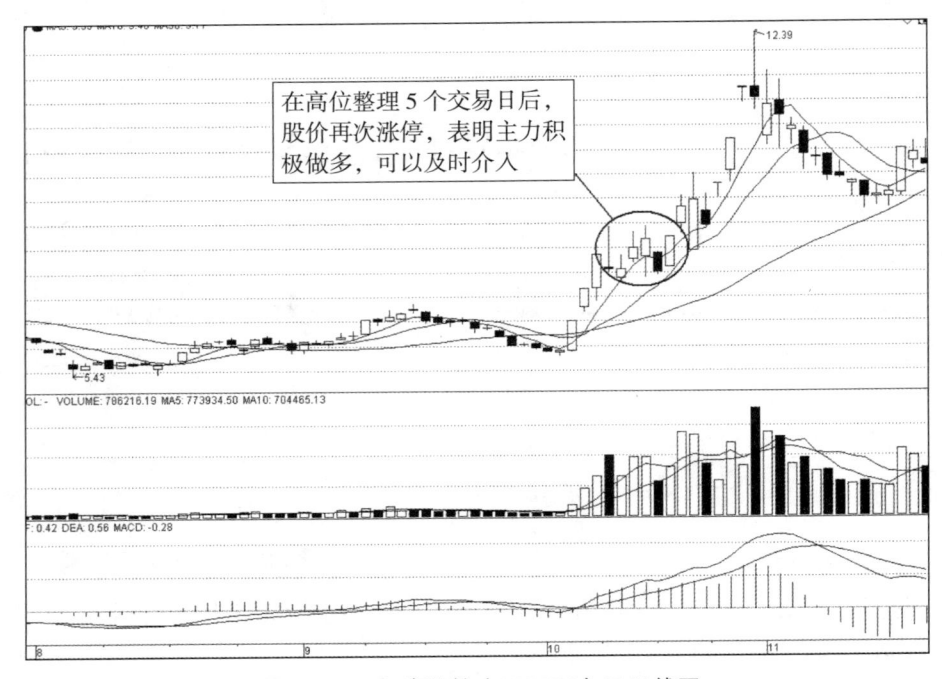

图 16-10　智度股份（000676）日 K 线图

如图 16-11 所示，振德医疗（603301）的走势图。2020 年 6 月 1 日开始，股价连拉 3 个涨停，随后进行 5 个交易日的调整。整理期间股价没有出现大幅回落，说明主力志在高远，完全掌控盘面，做多意愿强烈，投资者可以在此期间入场做多。

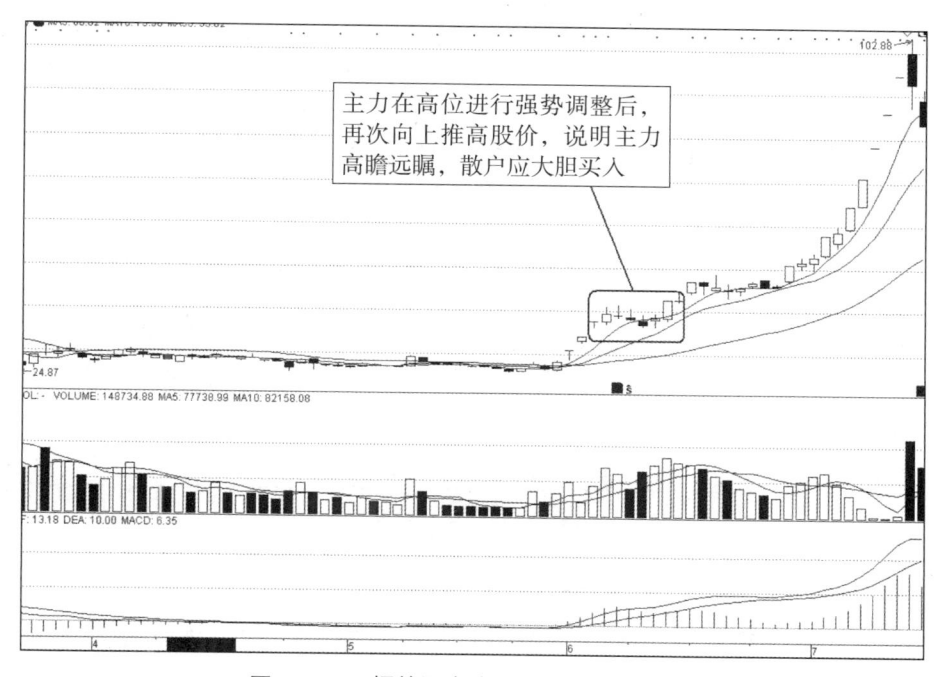

图 16-11　振德医疗（603301）日 K 线图

（5）有的"三外有三"形态之后会连续涨停，根本不出现横盘振荡走势。遇到这种情况时，可以在第 3 个涨停位置附近介入，并一路持有，直到不能连续涨停或者跌破 5 日均线时卖出。

如图 16-12 所示，和胜股份（002824）的走势图。该股在低位向下制造一个空头陷阱后，股价渐渐企稳回升，盘面碎步上行。2020 年 2 月 19 日，股价放量涨停，向上突破 30 日均线压制，开启连续 7 个涨停的走势。

在实盘中，出现连续涨停的个股很多，但该股盘面走势有其特殊性。第二板位置突破了前期 1 月中旬盘区的高点压力。第三板出现长长的下影线，让前期盘区中的套牢筹码进行了很好的释放，说明主力做多意愿非常强烈。所以，投资者可以在第三板收盘价附近介入，后市将有不错的利润空间。

如图 16-13 所示，克劳斯（600579）的走势图。该股在 2020 年 2 月 26 日以实体涨停大阳线启动，随后出现 3 个 T 字板，这种 K 线形态是主力边拉边洗的一种表现形式。3 月 2 日，当股价从涨停价位开盘后回落翻绿时，就是一个比较好的入场机会，符合"三外有三"形态的基本特征。

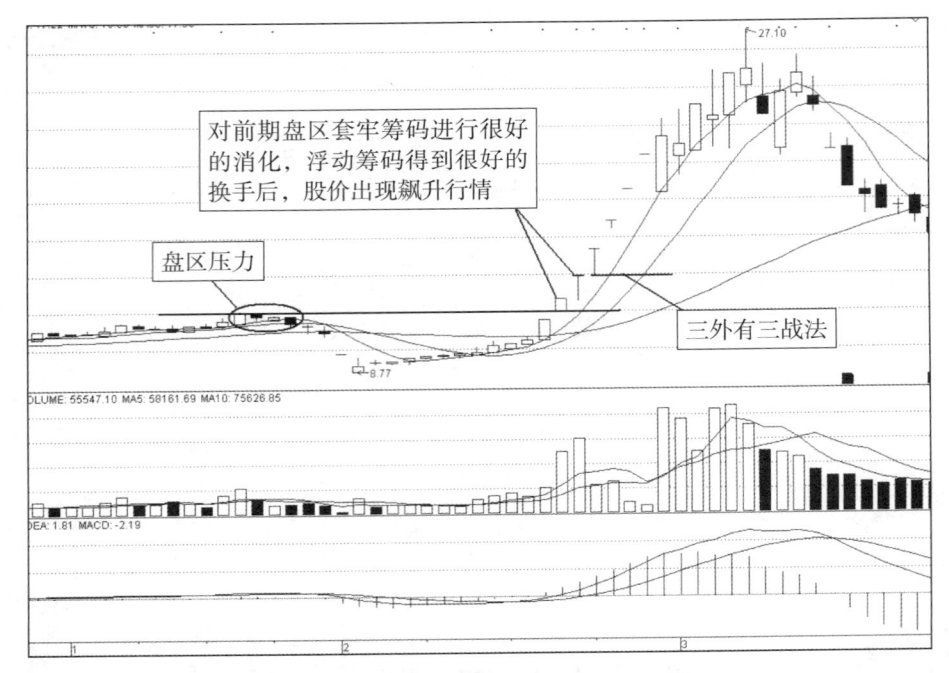

图 16-12 和胜股份（002824）日 K 线图

近年来，短线强庄股经常采用这种手法，快速拉高股价，一步到位，速战速决。对于普通散户来说，应本着眼疾手快、快进快出的原则参与操作。机会稍纵即逝，一旦错过，不宜追涨，应保持观望。

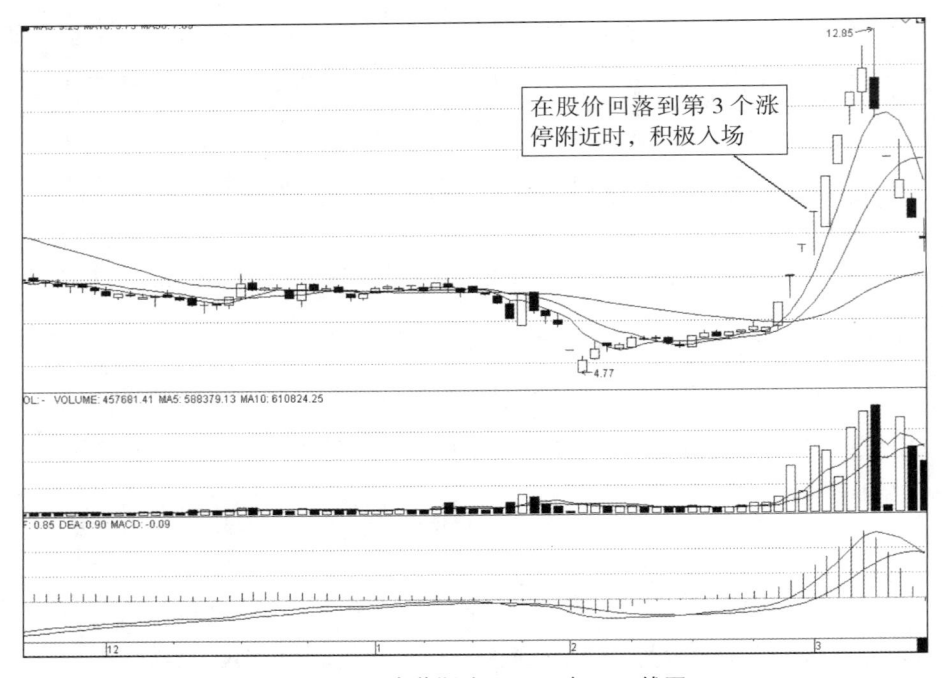

图 16-13 克劳斯（600579）日 K 线图

三、操作提示

（1）这一战法一般在行情比较火爆的时候采用，最好是在主升浪或牛市的推动浪里使用。大盘的成交量连续放大，市场异常活跃，人气非常高涨，个股连续涨停的现象极其普遍的市况中效果更佳。

（2）连续涨停的个股一般是板块龙头股，也可以是受到了某个重大利好、重大题材的刺激。在行情特别火爆时，多数个股也会出现连续涨停，这时看走势更为重要。如果是板块龙头股，则该股的连续涨停会对所属板块起带动作用，领涨特征明显。在这种板块龙头股上使用此法，成功率最高。

（3）最好是在底部区域连续拉涨停，如果是破底反转、V 型反转走势更好，第一、第二个涨停如果是突破均线、颈线、盘区则更佳。

（4）连续涨停日的量能最好是呈平量态势，如果出现快速增量反而不安全。比较好的量能水平是单日换手率维持在 5%～10% 之间，3 个涨停后部分强势股甚至会出现缩量涨停的局面。

（5）对于符合前面几个条件的超强势个股，可以在其第三个涨停日盘中冲击涨停或涨停打开时介入。如果该股前两个涨停都是早盘高开后快速拉至涨停，且主力封单坚决，那么也可以考虑在第三日以集合竞价方式开盘买入。

（6）第一个涨停最好是实体板，空心板次之；第三个涨停后的调整时间不超过 15 个交易日，回调不跌破 10 日均线为佳，回调时一定要缩量，且收盘价一定要收在第二个涨停之上。

涨停 17 式　一字涨停战法

一、形态特征

一字涨停是一种强烈的持续或转势信号，后市股价继续上涨的可能性很大，但也会出现许多变数。

市场机理：主要有两方面因素，一是消息作用，二是主力行为。

如果是遇到某种消息影响引起的市场振荡，应当就消息的实质性作用大小，以及消息的来源、真假和透明度进行认真分析。若是一般消息，市场将很快归于平静，股价重新回到原来的势道之中；若是实质性重大题材，市场可能会改变原来的发展趋势，股价会出现持续的上涨。

若是主力行为所致，应从主力坐庄流程中洞悉主力行为，把握当前行情的市场性质，继而判断当前市场处于哪个阶段，是建仓吸货阶段、试盘调整阶段，还是拉高出货阶段，然后采取相应的投资策略。

一字涨停形态的技术特征和要点如下。

（1）在跌势后期出现一字涨停之前，应当有一个充分的整理过程，盘中抛盘减少，成交量极度萎缩，筹码基本锁定，股价维持在一个很小的范围波动，一旦脱离盘区，往往产生大行情。因此，在初升期出现一字涨停时，散户应积极做多。若当天无法买进，第二天可以继续追进，股价继续上涨的可能性非常大。连续出现多个一字涨停后，盘内打开涨停时，尽量不要追涨，此时风险大于收益。

（2）在涨势后期出现一字涨停时，如果先前几个交易日有过放量滞涨现象，说明主力在高位已经成功地套现了大量筹码，这时出现一字涨停时，后市可能转涨为跌。如果先前几个交易日是缩量的，则说明主力仍在其中，后市应当还有新高出现。

（3）在加速拉升阶段出现一字涨停时，如果盘中有大手笔的成交单出现，表明主力在高位暗中出货。如果是缩量涨停的，预示股价还将有一段升幅，持股者可以等到放量时出货，持币者以冷静观望为宜。

（4）股价在底部经过充分盘整后，如果出现突破性一字涨停，其可靠性比较高；如果股价处于中段，需要结合其他因素综合分析，如用技术指标、趋势、形态及波浪等进行相互验证，技术共振时其可靠性更高。比如在均线或趋势线之下出现的一字涨停，很可能成为失败形态，多数只是反弹行情，股价会再现跌势。相反，在均线或趋势线之上出现的一字涨停，多数是加速上涨信号。

（5）一字涨停的关键不在于全天相同的价格，而在于全天成交量的大小以及挂单、撤单的变化。如果当日成交量悄悄放大，说明市场暗流涌动，主力在搞鬼，一字涨停的性质即将发生变化；如果盘中挂单很大，成交量却很小，主力的真实意图须待日后数日股价变化才能判断。挂单大小反映出主力的实力和意图，"撤单再挂"是主力诱骗散户的常用方法。判断方法是观察"成交明细表"的变化，如有大手笔交易的话，续涨的可能性值得怀疑。

（6）在底部出现缩量的一字涨停时，后市可能还会出现多个一字涨停形态。涨势中的一字涨停，持股者应坚定地持股不动，稳健的做法是在打开涨停时抛出。在顶部出现缩量的一字涨停时，可能是主力的诱多动作，投资者应高度警惕。

二、战法剖析

1. 低价区域一字涨停

一字涨停如果出现在股价经过长期下跌之后，且在低位区域经过充分的蓄势整理，说明股价止跌回升或出现反转行情，是强烈的见底信号；如果出现在上涨初期，表明市场急于拉高，上涨力度非常强劲，后市有持续走高的动力。

如图17-1所示，省广集团（002400）的走势图。该股经过长期的下跌后，进入蓄势整理走势。经过一段时间的横盘振荡后，2020年4月8日突然以涨停价开盘，且股价全天封于涨停价位。当天收出一字涨停，之后股价进入强势上涨行情。

该股经过长时间的下跌调整后，在低位经过反复的振荡整理。整体上来看，在整理过程中成交量呈现缩小状态。虽然在这个过程中看不出过多的场外资金流入，但从成交量缩小上就能说明，在股价振荡过程中并没有过多的抛盘出现，要不然在股价长期振荡的情况下，那些持股信心不坚定的投资者觉得这么长时间都无利可图，必然会抛售筹码，这样就会引发成交量的放大。而且在出现一字涨停前不久，股价曾经一度出现快速下跌走势，但呈现缩量下跌态势，属于无量空跌走势，且股价又快速被拉起，重新回到低位区域。

出现这种涨停无非就是三种可能：一是主力诱多出货；二是主力测试场内持股者的心态和市场跟风情况；三是主力高度控盘导致。

在实盘操作中，投资者遇到类似个股时要大胆地去假设，根据盘面上的迹象进行综合分析，看看自己的假设是否有充分的理由，然后得出股价出现一字涨停的内在原因。该股出现第一个一字涨停后，第二天就可以大胆追进，因为该形态具有突破意义，后市必有新高出现。

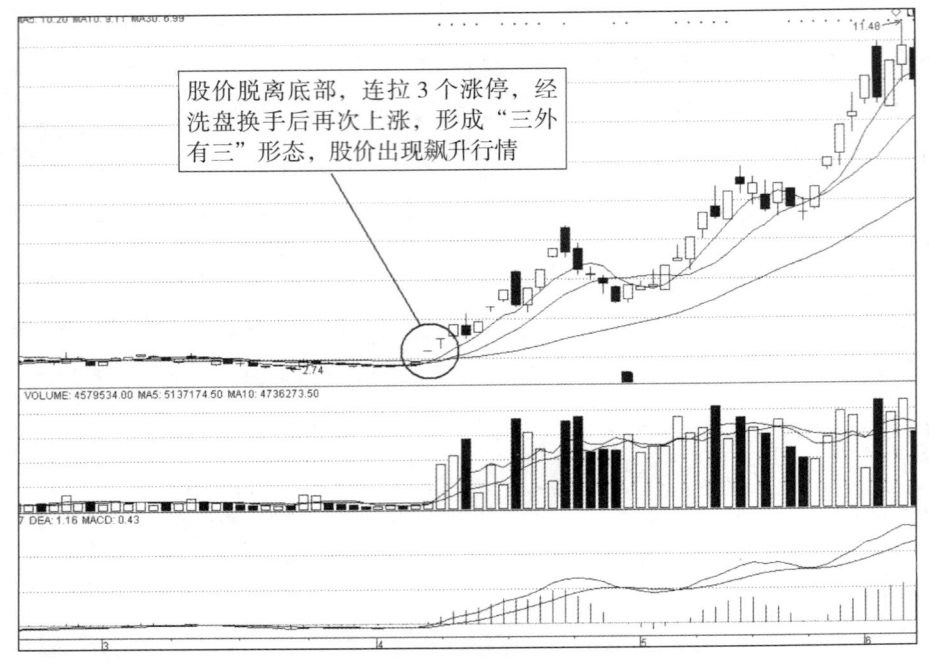

股价脱离底部，连拉3个涨停，经洗盘换手后再次上涨，形成"三外有三"形态，股价出现飙升行情

图17-1　省广集团（002400）日K线图

2. 上涨中途一字涨停

如果在上涨的中段出现一字涨停，表明市场筹码锁定很好，盘面气势高涨，可能步入主升段行情，或者出现加速上涨走势，甚至出现暴涨行情。实盘中有两种现象：一种是主升浪中的加速上涨走势，另一种是洗盘整理后的突破性走势。

如图17-2所示，北玻股份（002613）的走势图。该股主力在底部制造空头技术陷阱后，股价渐渐企稳回升。2020年2月12日，股价连拉3个实体板后，再拉1个T字板，盘面强势不言而喻。此时主力乘势出击，一气呵成，连拉2个一字板，将盘面走势推向极端。在之后的两个交易日里，股价在高位强势振荡，然后再拉3个涨停。

如图17-3所示，航天长峰（600855）的走势图。该股有实力强大的主力入驻，在长时间的振荡筑底过程中，主力吸纳了大量的低价筹码。2020年3月23日，股价以一字板的方式向上突破后，次日展开洗盘换手。3月25日，股价再次拉出一根涨停大阳线，第二天以涨停价位开盘，直到收盘全天封于涨停价位，再次形成一字涨停，意味着前面的洗盘换手非常成功，股价从此进入加速上涨行情，短期涨幅非常大。

该股底部基础构筑扎实，前面的一字涨停标志着市场底部构筑成功，这是股价启动的一个征兆。投资者只要观察盘面细节，不难发现主力的操作意图：股价先连拉一字涨停后，在相对高位打开涨停"放水"洗盘，让低位获利者和前期套牢者有一个出局的机会。但股价并没有出现明显的回调，这就让人感到纳闷了，难道主力白白地送钱给投资者吗？显然不是。这里主力只是进行一次洗盘换手，让那些浮动筹码离场，以达到日后顺利拉升的目的。

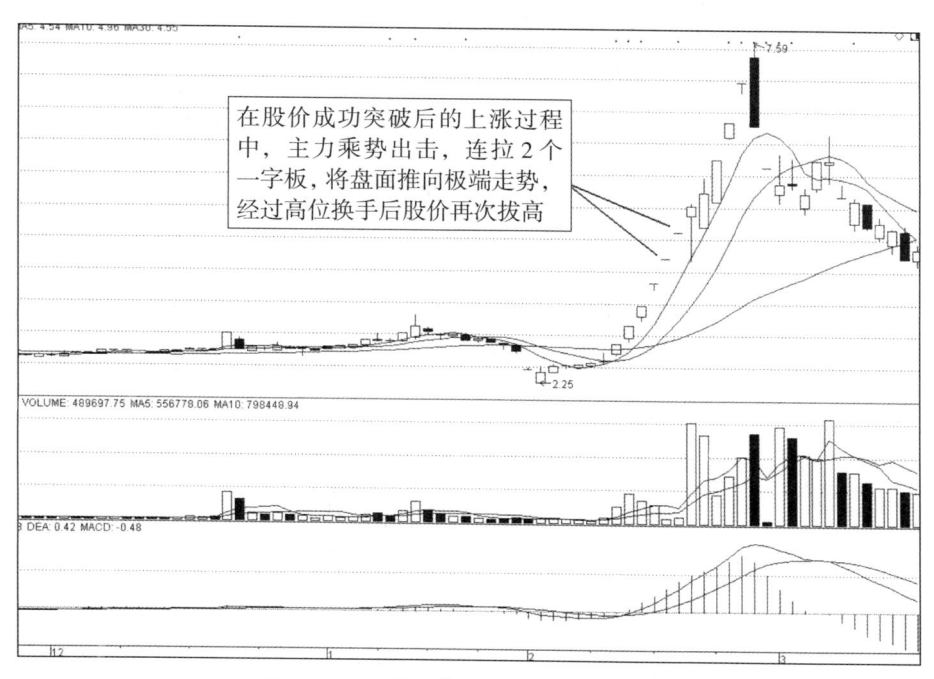

图 17-2　北玻股份（002613）日 K 线图

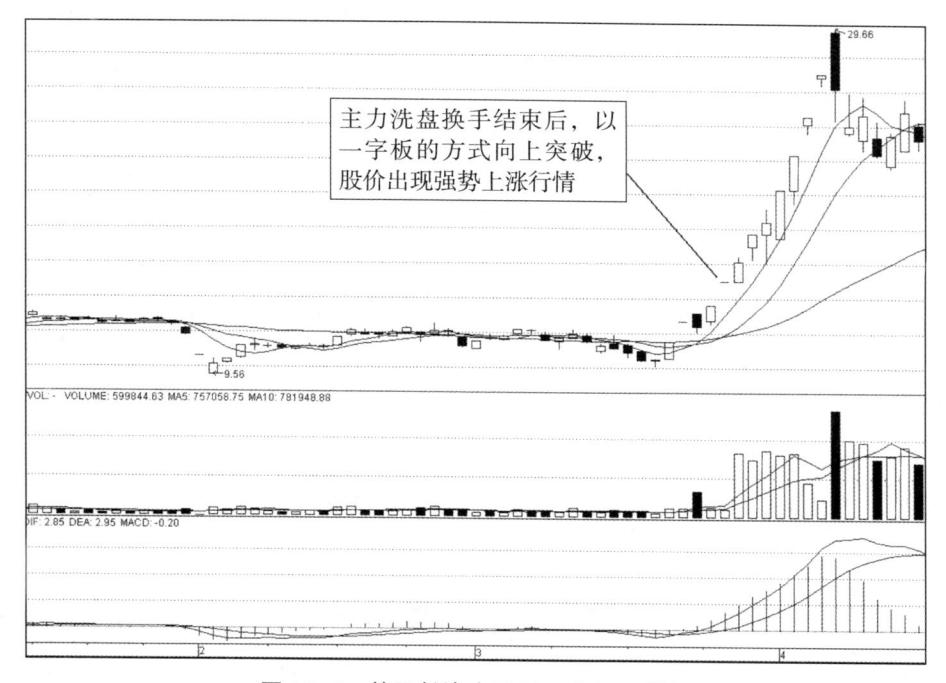

图 17-3　航天长峰（600855）日 K 线图

投资者可以试想一下，如果主力无意做多，就不可能"解放"前面那么多的套牢盘，也不会给低位介入者获利出局的机会。主力如此慷慨大方，后市定有好戏。

3月25日收出这根缩量涨停大阳线后，第二天出现一字涨停，成交量更是极度萎缩，可以看出主力经过洗盘整理后，已经达到了高度的控盘程度，只需很小的资金就能把股价封在涨停。此时只要主力不往外抛售筹码的话，涨停是不可能打开的，因为大部分筹码都已经被主力锁定了，所以成交量出现极度萎缩，也是理所当然的事情。因此，这种盘面现象是主力充分蓄势且高度控盘的结果，后市股价必将进入加速上涨行情。

3. 高价区域一字涨停

一字涨停如果出现在大幅上涨的高位，表明主力在刻意拉高，伺机出货。一旦封盘出现动摇，可能会引来巨大的抛盘。通常出现一字板之后，股价不能连板时，就是一个明显的头部信号，这时投资者应尽快获利了结。

如图17-4所示，乾照光电（300102）的走势图。该股主力完成低位建仓后，快速拉升股价。连拉5个涨停后，一鼓作气，于2020年2月21日出现一字涨停，盘面气势强盛。可是第二天股价大幅低开6.36%，虽然盘中振荡收高，但盘面已经透露出主力的出货信息。

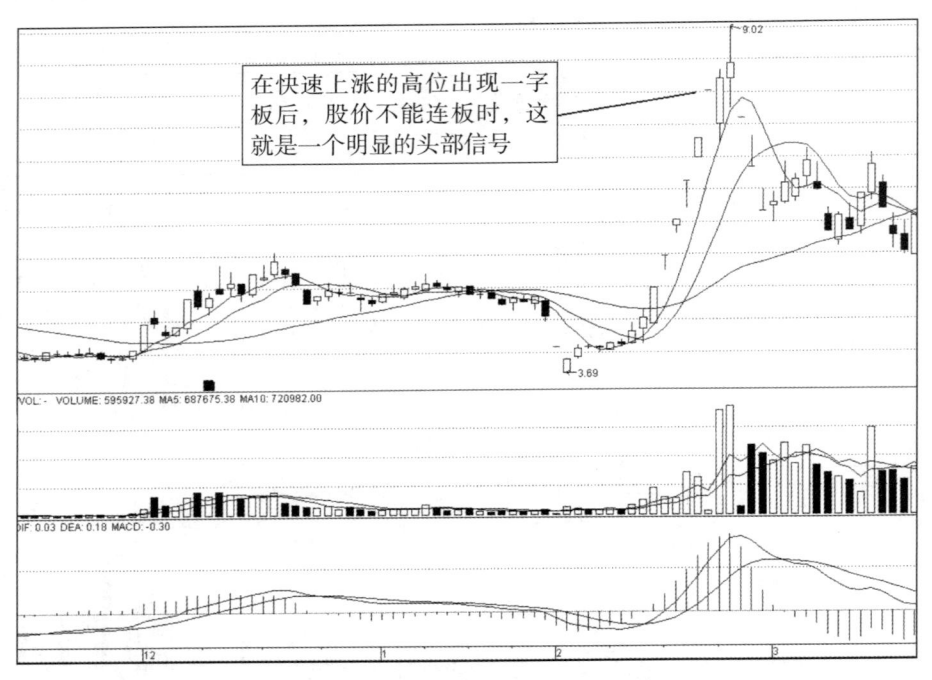

图 17-4　乾照光电（300102）日 K 线图

该股短期快速上涨后，在高位出现一字涨停形态，这是明显的主力诱多行为。从盘面观察，在出现一字涨停之前，股价有过一轮飙升行情，也就是说，短期做多能量得到较好的发挥，后市股价上涨空间已经非常有限。在一字涨停之后的几天里，成交量也比较大，表明主力在对倒中已大量出货，此时投资者应引起警惕。

在实盘中，当股价有了一段拉升行情后，主力往往会利用上涨惯性，在高位拉出一字板，这是主力拔高出货的一种手法。投资者遇到这类个股时，操作技巧是：如果股价继续一字板上行时，则持仓不动；如果开板振荡，就是一个阶段性高点，此时应坚决离场。

如图17-5所示，新朋股份（002328）的走势图。该股拉升一段距离后，连收3个一字板。2020年2月20日开板振荡，次日冲高回落，形成中短期头部，之后股价出现调整。

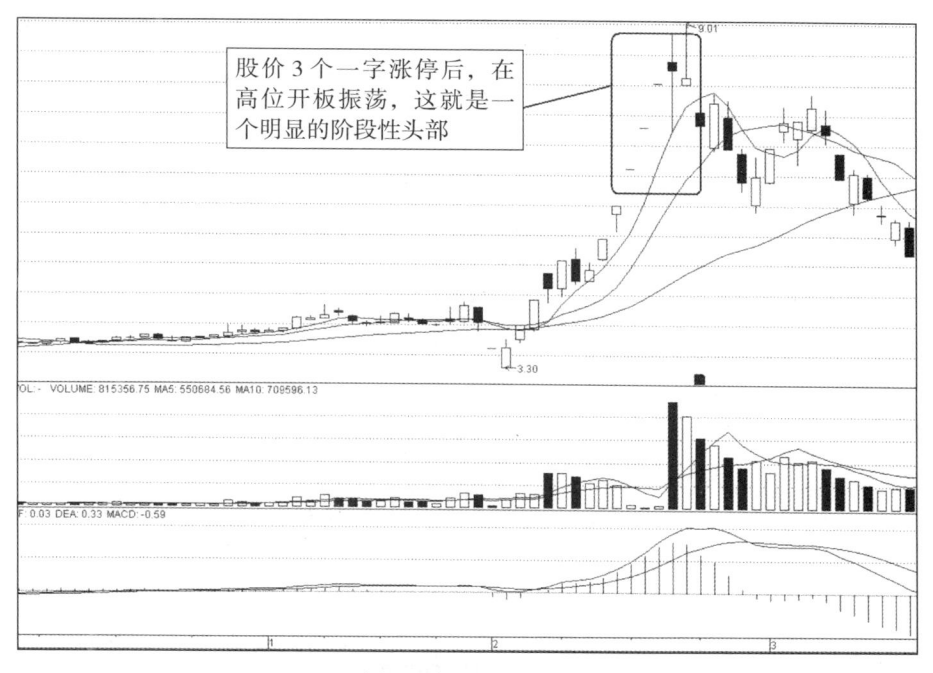

图17-5　新朋股份（002328）日K线图

投资者遇到这类个股时，应掌握以下技术要点。

（1）在出现一字涨停的当天，如果成交量出现萎缩，应密切关注股价后期的走势，以及成交量的变化情况。在接下来的走势中，如果股价继续强势上涨，但上涨的动力逐步减弱，而且成交量也出现持续放大，则可以确定是主力在诱多出货，股价出现冲高受阻时应果断卖出。

（2）出现一字涨停的当天，如果放出巨大的成交量，挂在买一位置的大量买单得到成交，就说明盘中出现大量的主动性卖盘。当买一位置的挂单成交得差不多时，又有大手笔买单挂出，如此反复出现，让散户感到买盘积极的假象，这就完全可以确定是主力在诱多出货。投资者在当天就应果断出局，后市股价必将出现下跌走势。

（3）股价一旦跌破10日均线的支撑，应果断卖出。特别是在放量跌破10日均线时，应立即清仓出局，后市股价必将出现快速下跌。

（4）在高位出现一字涨停时不要去追高，这往往是主力最后的诱多行为。这类个股最容易让那些贪婪的投资者上当，不少被套的投资者就是因为没有控制好自己的心态，看见股价不断地出现拉升就迫不及待地杀进去，结果被套牢在高位。

（5）高位出现一字板之后，股价不能连板时，就是一个明显的头部信号，这时投资者应尽快获利了结。

4. 一字涨停突破阻力

（1）一字涨停突破盘区。如果股价以一字涨停的方式成功向上突破盘整区域，且得到成交量的积极配合，后市股价将会出现一波持续的上涨行情，此时可以积极做多。但如果在高位突破盘整区域时，要防止主力拉高出货。

如图17-6所示，盐津铺子（002847）的走势图。这是一个中部盘整区域突破的例子。该股成功构筑底部后，股价一步一个台阶地稳步向上攀高，每拉高一段后就进行换手整理，然后再次向上攀高，主力手法稳健，运行节奏分明。2020年4月15日，蓄势整理结束后，股价以一字板的方式开启新一波攀升行情。

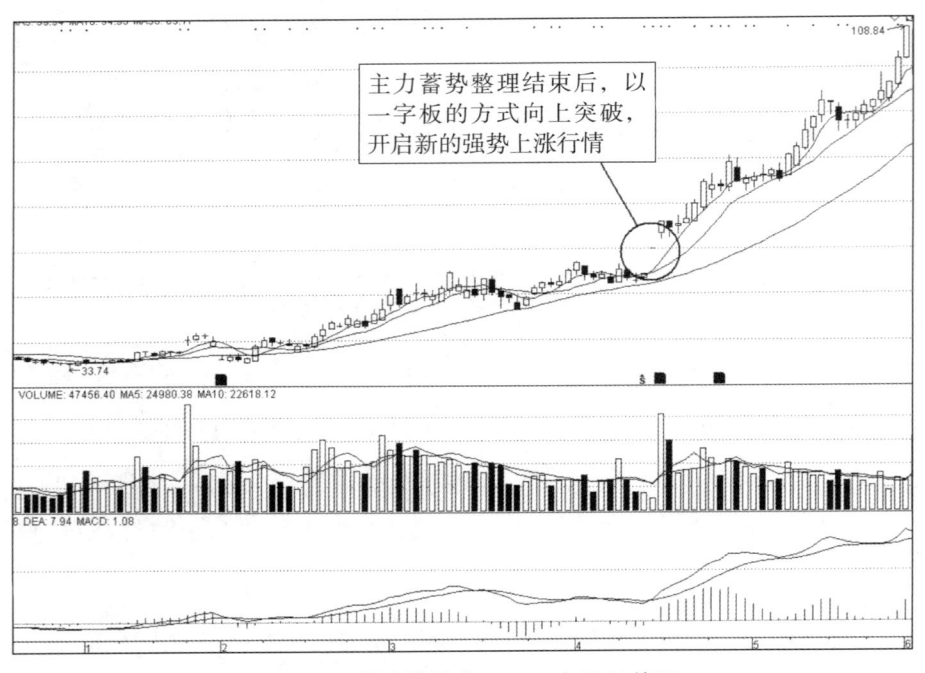

图17-6 盐津铺子（002847）日K线图

股价突破振荡中形成的盘区，具有重要的技术意义。如果向下突破盘区，意味着这是中短期的顶部区域，对后市股价上涨构成重大压力；如果向上突破盘区，意味着这是中短期的底部区域，对后市股价起到重要的支撑作用。

该股经过小幅上涨后，为了日后更加稳健地上涨，主力开始洗盘整理走势，从而形成一个振荡盘整区域。经过一段时间的洗盘后，筹码得到较好的换手，然后以一字涨停的方式向上突破，为后市股价上涨奠定了坚实的基础。投资者遇到这种盘面现象时，可以积极地挂单买进，或在此后的振荡中逢低买进。

（2）一字涨停突破前高。当一字涨停成功地突破前期阶段性高点时，意味着后市股价的上涨空间被打开，具有强烈的看涨意义。但在大幅上涨后的高位，要小心一字涨停假突破现象。

如图17-7所示，新诺威（300765）的走势图。2020年3月4日，当股价回升到前期高点附近时，由于后续能量不足，股价无法顺利突破前高阻力，从而导致股价回调整理，盘面又形成一个阶段性高点。然后股价渐渐企稳回升，重新集聚做多能量。3月23日，在没有消息影响的情况下，出现一字涨停，向上突破了前期多个高点的压力。接着经过两个交易日的换手后，股价出现强势上涨行情。

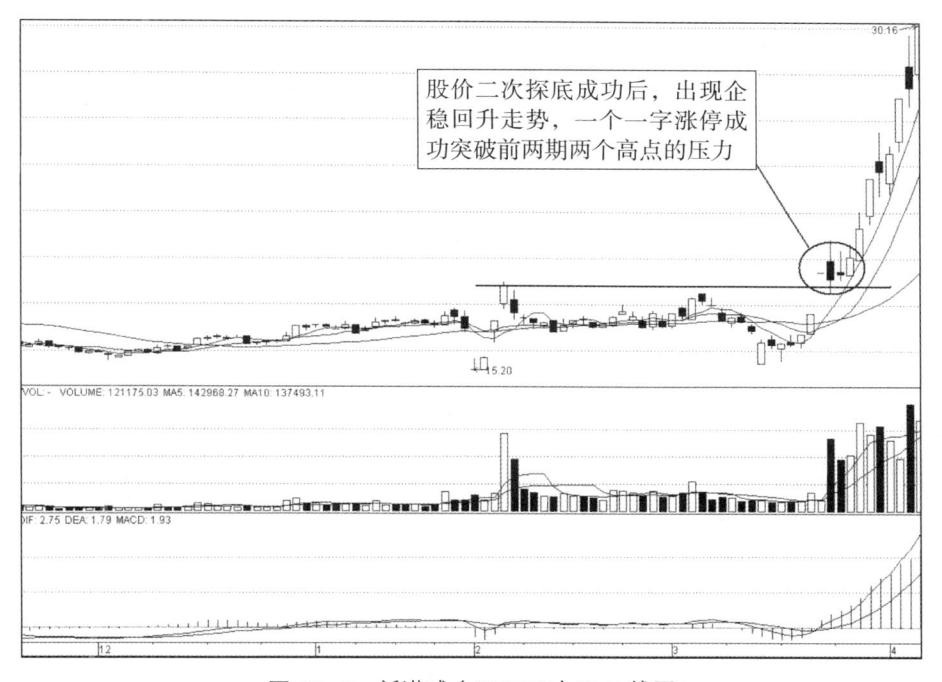

图 17-7　新诺威（300765）日K线图

该股的阶段性高点出现后，对后市股价上涨构成较大的压力，主力巧妙地利用这个位置进行建仓或洗盘整理。在出现一字涨停之前，股价进行充分的蓄势调整，这时主力再次吸纳低价筹码。期间成交量明显萎缩，既反映上涨力度不足，也说明浮动筹码减少。在时机成熟后，主力一鼓作气成功地突破了前面的多个高点，成交量出现持续的放大态势。之后股价继续强势涨停，符合股价突破的盘面基本特征，投资者可以积极做多。

（3）一字涨停突破均线。当一字涨停向上突破均线时，预示股价下跌或调整结束，后市股价将出现上涨行情,因此是一个看涨信号。

通常有三种盘面现象:一是在下跌趋势的后期,一字涨停突破下行的均线;二是在升势途中,股价洗盘调整结束后,一字涨停突破上行的均线;三是在横盘整理过程中,一字涨停突破水平移动的均线。根据均线周期长短,分为突破短期均线、中期均线和长期均线三种类型。

如图17-8所示,亚玛顿(002623)的走势图。这个例子出现在下跌趋势后期,一字涨停向上突破下行的均线。股价见顶后逐波下跌,均线系统呈空头排列。经过长时间的调整后,做空能量得到较好的释放,盘面出现企稳筑底迹象。2019年11月29日,股价跳高到30日均线之上,以涨停价位开盘,全天股价封于涨停位置,从而形成一字涨停突破30日均线的压制,预示下跌行情将告一段落。之后经过短期的蓄势整理,股价突破了前期成交密集区域,随后30日均线也渐渐上行,说明股价的上涨空间已成功被打开,因此这是一个买入信号。

该股在一字涨停突破之前,股价调整时间比较充分,下跌幅度比较大,股价基本处于历史底部区域。而且股价有企稳回升迹象,这时的一字涨停也起到巩固和加速上涨的作用。同时,在调整过程中成交量大幅萎缩,说明做空动能已经减弱。在突破后的几个交易日,成交量出现温和放大,显示有新的多头资金入场,看涨信号得到强化。投资者遇到这样的突破走势时,可以在回抽确认突破有效时逢低介入。

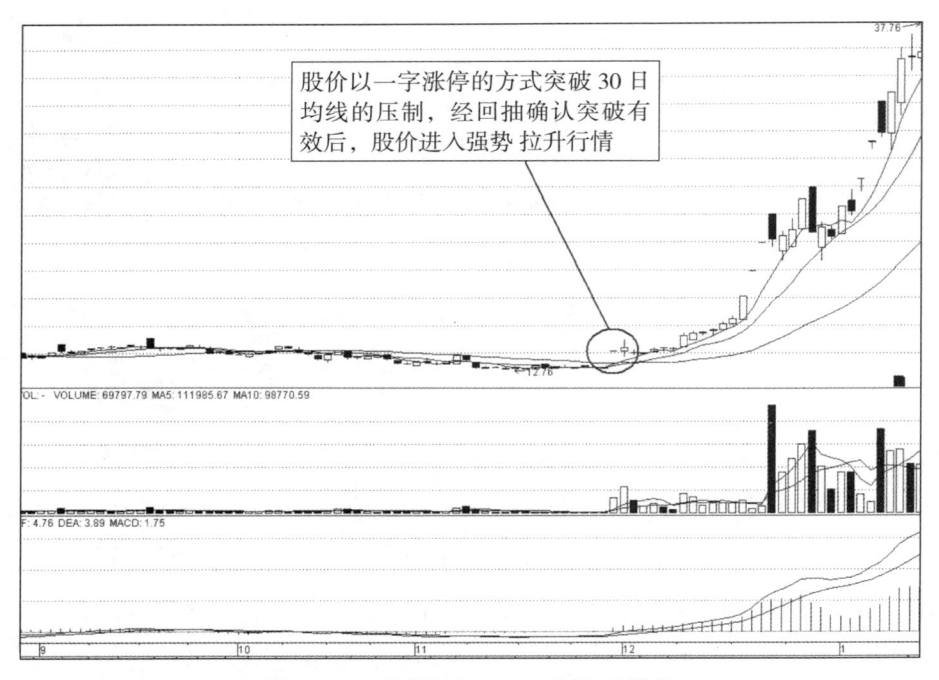

图17-8 亚玛顿(002623)日K线图

三、特别提示

1. 第一次打开涨停的操作技巧

对于一字涨停第一次开板后的上涨，其本质是惯性上涨，因为主力要出货必须有成交量，而惯性上涨就是放量的过程。尽管这个过程的本质是主力出货，但其大幅振荡过程中也能轻松获利。从参与的角度看，第一次打开涨停时果断介入，一般会有较好的短线收入，原则是短线操作，快进快出，见好就收。在实盘操作时，再次封住涨停是展开交易的关键，必须确定有再次封住涨停可能性的情况下才能展开交易，因此，不妨等待股价即将封住涨停的那一刻委托买入。

如图17-9所示，二六三（002467）的走势图。该股调整结束后向上突破，连续出现3个一字涨停，然后开板振荡。在振荡整理过程中，股价回落幅度并不大，基本维持在涨幅的1/3位置附近强势整理。经过短期洗盘整理后，盘中的浮动筹码所剩无几。2019年2月28日，股价再次拉高，出现3连板行情。

这种盘面需注意以下几点：一是股价必须处于中低价区，高价区禁止参与；二是连续一字涨停最好在4个以下，超过7个以上的一字涨停，尽量不要参与，此时风险已经很大；三是打开涨停后，股价不能出现大幅下跌，保持高位振荡，基本维持在涨幅的1/3位置之上，不要超过1/2位置；四是在大盘火爆时操作性强，在大盘低迷时谨慎参与；五是非短线高手不要参与。

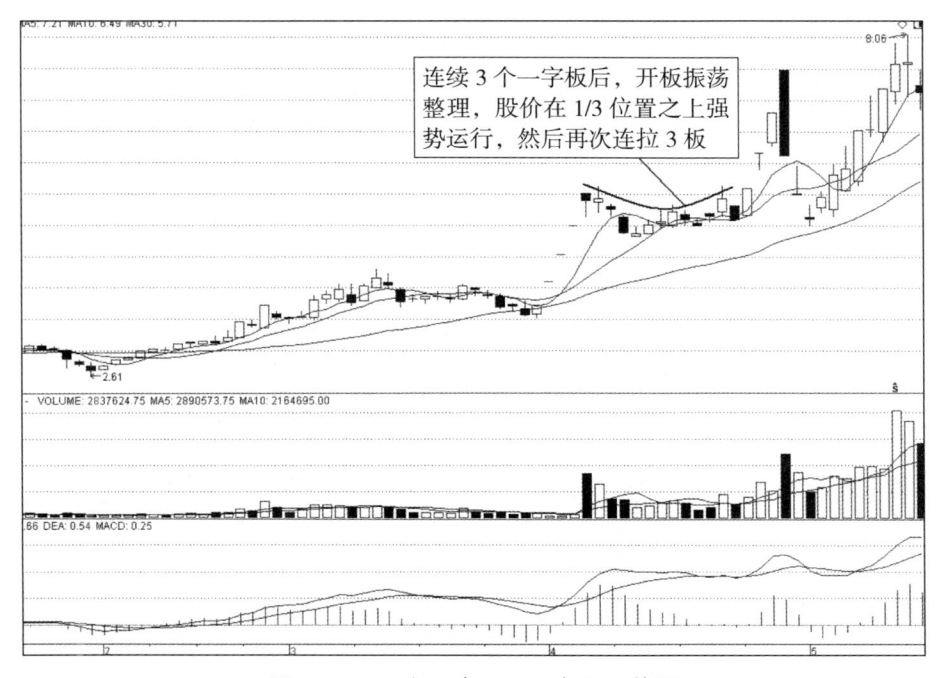

图17-9 二六三（002467）日K线图

连续涨停的封单主要来自于主力，而打开涨停的抛盘也主要来自于主力。对于大多数具有一定操盘经验的投资者来说，是不会在股价处于如此之高位时买入股票的。因为在连续缩量上涨过程中，大多数投资者都不会抛售所持股票，而在涨停打开时，往往会担心股价出现进一步下跌而立即抛售，所以第一次开封的时候，主力无法实现出货的目的。当再次封住涨停时，说明抛压在得到一定程度的释放之后，主力选择了继续做多。考虑到多空的转变在一天内就完成，说明主力并无意让股价调整的时间过于长久，有强烈的继续推高股价的意愿，这在一定程度上说明了价格波动的趋势和强度。

在第一次打开一字涨停时，往往会出现巨量现象，有大量的筹码得到换手，在此堆积了大量的筹码，这一位置很可能形成短期的一个支撑点或压力点。所以，第一次打开涨停的附近，既是一个支撑点，也是一个压力点。那么，什么情况下起支撑作用，什么情况下会有压力作用呢？其实很简单，关键是看第一次打开涨停后的股价走势。如果第一次打开一字涨停后，股价继续强势上行，那么该位置就成为短期的一个支撑位；如果第一次打开一字涨停后，股价出现下跌走势，那么该位置就成为短期的一个压力位。

如图17-10所示，领益智造（002600）的走势图。该股向上突破后，连续出现3个一字涨停，然后打开一字板振荡，但第4天股价并没有下跌，而是继续强势封涨停。之后几个交易日中，股价回调到一字涨停打开的位置附近，在此获得较强的支撑后，2019年2月28日，股价再次突破，形成第二波拉升行情，随后走出6连板行情。

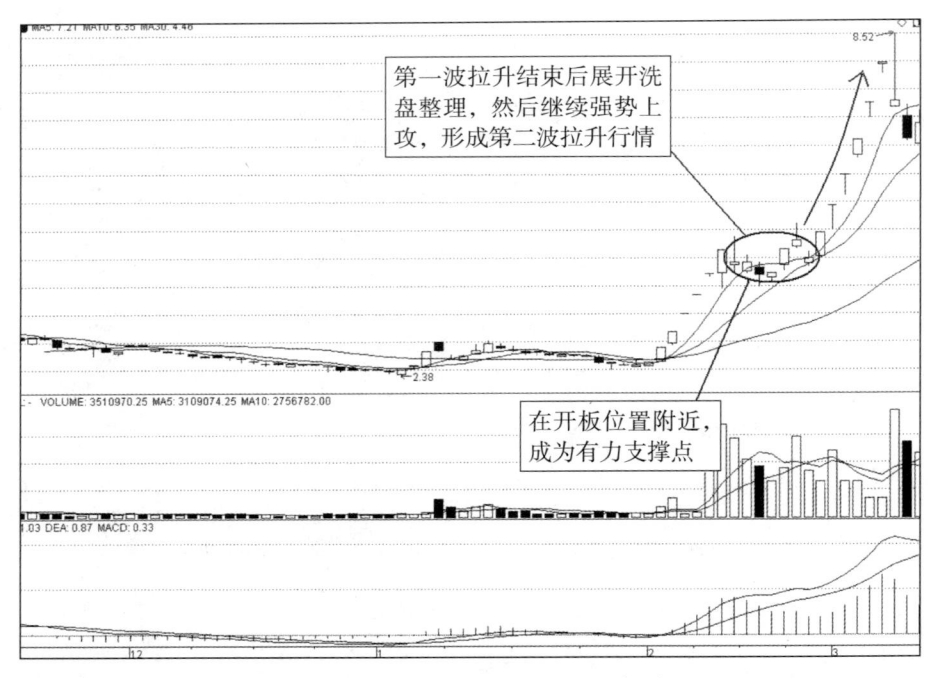

图17-10 领益智造（002600）日K线图

如图 17-11 所示，数知科技（300038）的走势图。该股经过一轮快速下跌后，股价出现报复性反弹，连拉 5 个一字涨停。第 6 天却低开低走以跌停收盘，此处形成一个明显的压力点，成为日后股价回升的阻力位。之后又出现 2 个一字涨停，但当股价回升到前期涨停打开的位置附近时，遇到重大抛压而回落，此处又形成了新的压力点。此后股价出现新的下跌，在之后的反弹行情中，该位置也遇到一定的阻力。

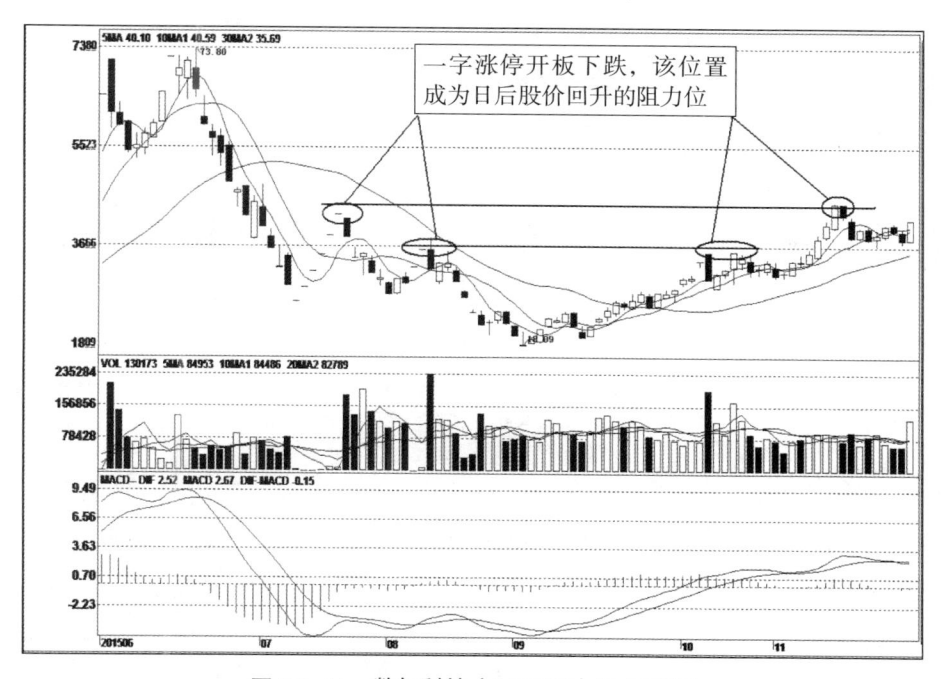

图 17-11 数知科技（300038）日 K 线图

2. 两种情况不能参与

一字涨停打开后，出现以下两种盘面走势时，投资者尽量不要参与。

（1）打开一字涨停后，股价大幅下跌，以跌停或接近跌停收盘，这种情况不能参与。原因是高位抛压大，主力出货坚决。

如图 17-12 所示，爱司凯（300521）的走势图。该股停牌 20 天后，带着重组的利好，连续拉出 10 个一字涨停。2020 年 6 月 3 日，股价低开后拉高振荡，小幅收涨，成交量大幅放大，换手率达到 23.14%，有主力对倒出货的嫌疑。第二天开盘后，股价急速直线下跌，不到 7 分钟就跌停，直到收盘时封板不动，在日 K 线图上形成"乌云盖顶"形态。在高位出现这种现象，是一个明显的顶部信号，投资者应尽快离场。

（2）起涨时先以实体阳线上涨，而后在高位出现一字涨停加速上涨，这种情况下，打开涨停后股价也会下跌，因此不能参与。其原因是：股价在实体上涨部分是主力吃货，一字涨停部分是主力拉升，而打开一字涨停则是开始出货的标志。

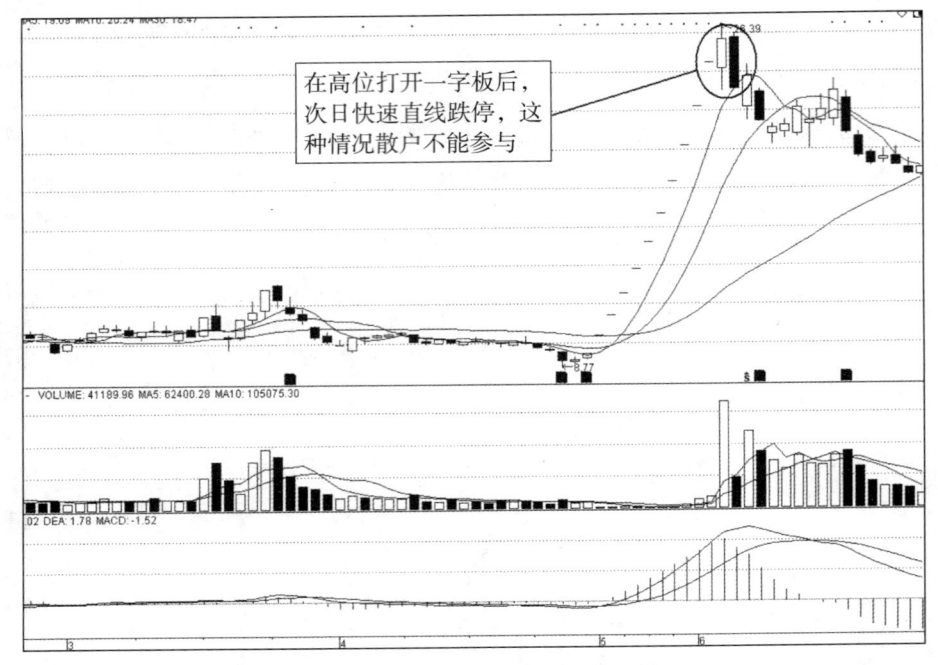

图 17-12 爱司凯（300521）日 K 线图

如图 17-13 所示，鲁信创投（600783）的走势图。该股用一字板突破底部后，经过中途短期换手整理，股价出现加速上涨，连续出现 2 根实体涨停阳线，接着在 2018 年 11 月 16 日和 19 日出现 2 个一字板。第 3 天打开一字涨停，在高位出现放量振荡，换手率达到

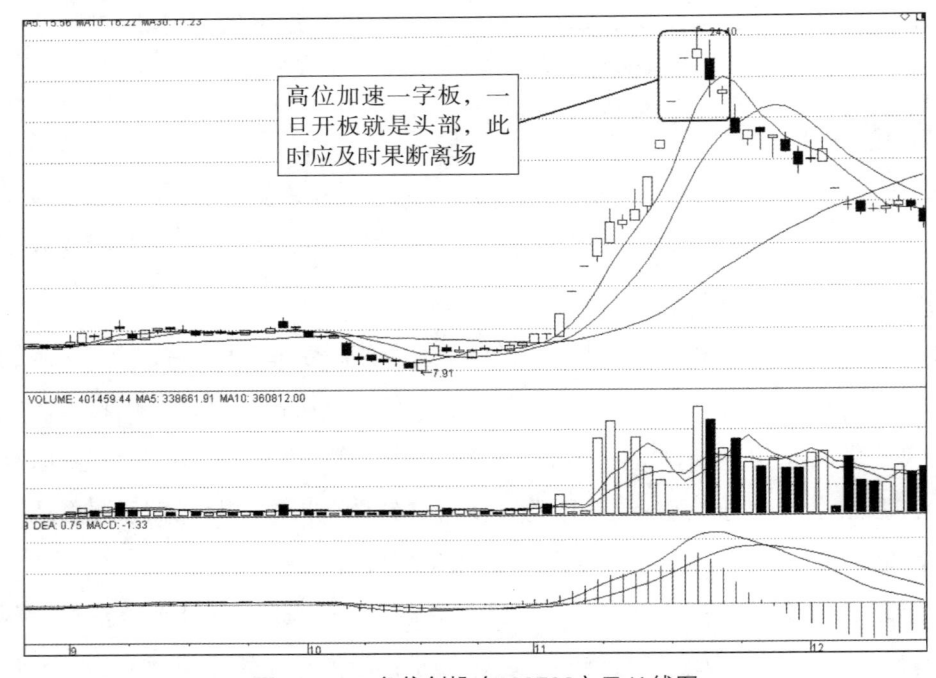

图 17-13 鲁信创投（600783）日 K 线图

12.78%，K线形成纺锤线，说明主力在对敲出货。紧接其后股价出现快速下跌，走出倒V形反转走势，从而形成中短期顶部。

如图17-14所示，武汉凡谷（002194）的走势图。该股见底后大幅炒高，在高位出现加速上涨走势。连续6个实体板后，在2019年4月16日和17日出现2个一字板。此时股价累积涨幅已经超过5倍，随后有见顶回落的可能。4月18日，以涨停板开盘后，股价快速回落，当天以跌停板收盘，高位出现见顶大阴线，之后股价呈倒V形下跌。

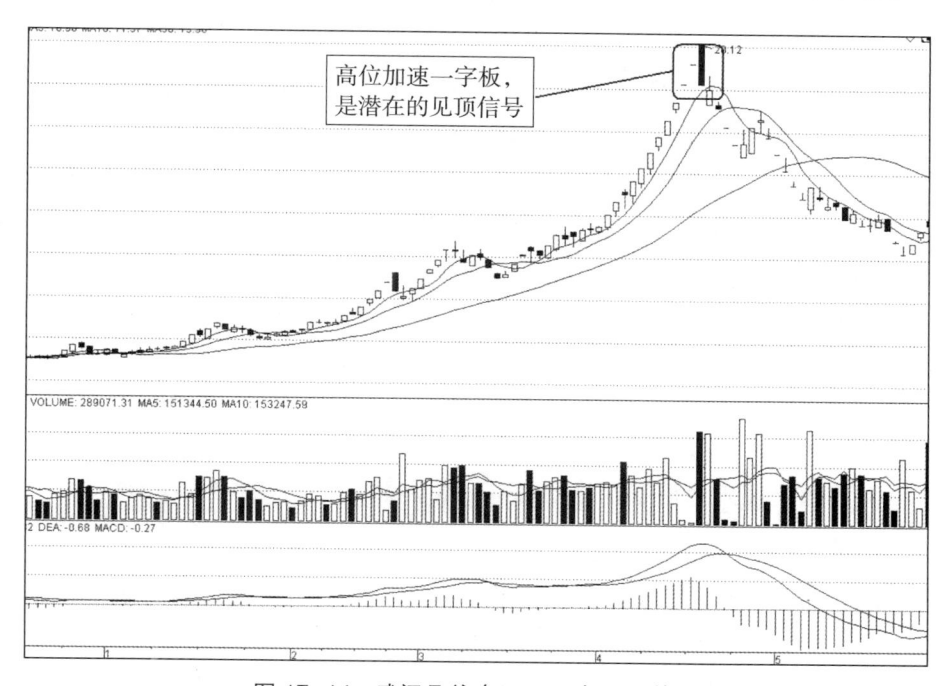

图 17-14　武汉凡谷（002194）日K线图

可见，股价起涨时先以实体阳线上涨，而后再以一字涨停加速拉升，这种情况下打开涨停后，股价往往就会快速回落。对于这样的一字涨停，打开后是不能参与的，其原因是：实体上涨部分是正常拉升，一字涨停部分是冲刺阶段，而打开一字涨停则是开始出货的标志。

涨停 18 式　天衣无缝战法

一、形态特征

股价经过长时间的振荡筑底后，主力完成了低位筹码收集。某日股价突然跳空一字涨停，从此进入强势运行。即使之后出现回落调整，收盘价的跌幅也不会超过 5%（盘中瞬间跌破，可以忽略），或保持在 1/3 以上位置强势运行。这种直接一字涨停看上去天衣无缝，故得此名。

市场机理：这种无量一字涨停，一方面说明主力已经提前逢低完成了建仓计划，另一方面直接涨停可以解决短线抛盘过大的压力。市场看到直接涨停，往往都不会在当天抛出筹码，主力用最少的资金达到了最佳的效果，有利于主力把资金留到第二天打硬板。

天衣无缝形态的技术特征和要点如下。

（1）股价前期整理充分，主力建仓基本结束，某日出现一字涨停，突破底部区域。一字涨停必须出现在底部，而非高位。

（2）当日成交量萎缩，即使盘中一度开板（T 字板），也不能出现大成交量。

（3）次日成交量不宜过大，若成交量出现巨量，说明盘中筹码不稳定。

（4）一字涨停次日盘面强势运行，股价继续涨停效果更佳，收盘价回落幅度不能超过 3%。

（5）跳空缺口短期没有完全回补，不应出现实体 K 线回补。

操作技巧：一字涨停时必须是缩量的，如果放量过大，则说明筹码稳定性不强，第二天会面临更大的抛压，投资者不宜介入。符合缩量条件介入之后，必须以一字涨停收盘价做保护，如果股价有效跌破（收盘价跌幅超过 3%，盘中一度跌破，可以忽略）此价位，则意味着这个无量一字涨停存在诱多嫌疑，可短线止损出局。

如图 18-1 所示，银龙股份（603969）的走势图。该股反弹结束后再次出现调整，股价回落到前期低点附近。2020 年 5 月 27 日，股价以涨停价开盘，虽然盘中一度开板后快速封板，但所起的作用跟一字涨停是一样的。次日高开 4.20% 后，快速秒板，股价出现强势上攻势头。该股盘面走势符合上述"天衣无缝"形态的技术特征，短线投资者可以积极入场，股价随后走出 5 连板行情。

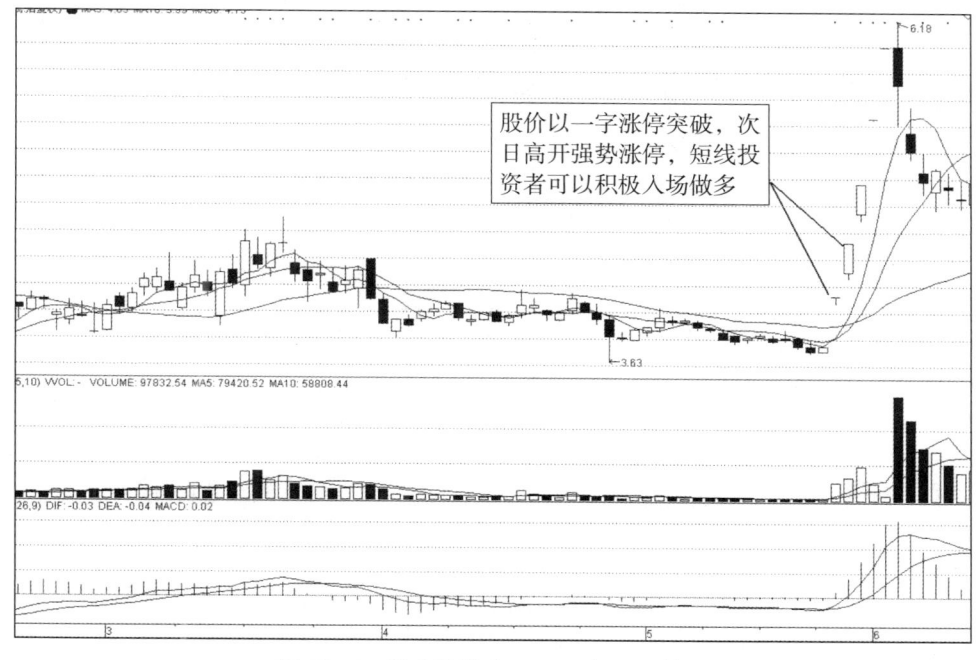

图 18-1 中标注文字：股价以一字涨停突破，次日高开强势涨停，短线投资者可以积极入场做多

图 18-1　银龙股份（603969）日 K 线图

二、实盘分析

（1）股价在低位直接出现一字涨停，形成底部反转形态，次日开盘非常重要。理想的开盘价是高开 2%～5%，开盘涨幅过大或过小均不理想，不适合立即买入。

如图 18-2 所示，炼石航空（000697）的走势图。该股经过充分调整后，2020 年 5 月 13 日一字涨停，突破 30 日均线压制，次日跳空高开 4.09%，开盘比较合理。短线投资者可以将其作为日内狙击目标，以开盘价直接入场，也可在盘中的振荡低点介入，午后股价继续涨停。

一字涨停的次日，如果开盘涨幅大于 5%，应考虑是否会连板。若连板的可能性不大，则应谨慎对待，一旦股价向下回落，容易当天被套。在实盘中，底部一字涨停后出现连续上涨的个股虽然很多，但连板的概率并不高，占比不到 30%。

如图 18-3 所示，太龙照明（300650）的走势图。2020 年 5 月 25 日，股价一字涨停，突破底部盘区高点。次日股价跳空高开 8.60%，开盘点位明显过大，主力难以维持强势运行，显然不是好的入场机会。盘中股价快速回落，长时间处于绿盘运行，成交量大幅放大，说明盘中筹码并不稳固。尾盘股价翻红，K 线收大阴线，形成"绿帽子"形态，之后股价出现调整。

一字涨停的次日，如果开盘涨幅小于 2%，说明盘面气势偏弱，容易陷入调整，当日不是入场时机，应等待确认信号出现时，才可以考虑进场。

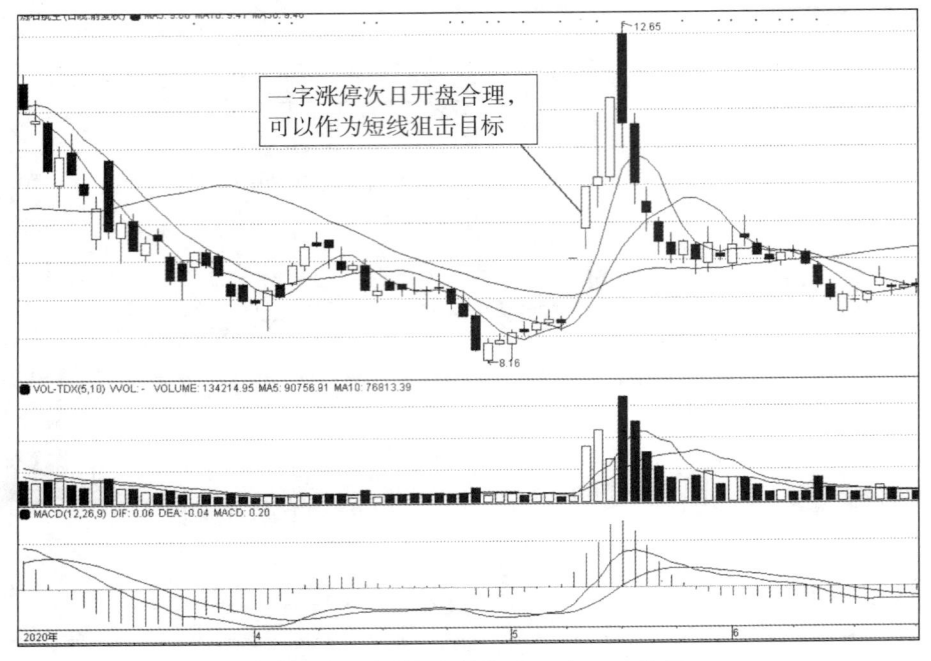

图 18-2　炼石航空（000697）日 K 线图

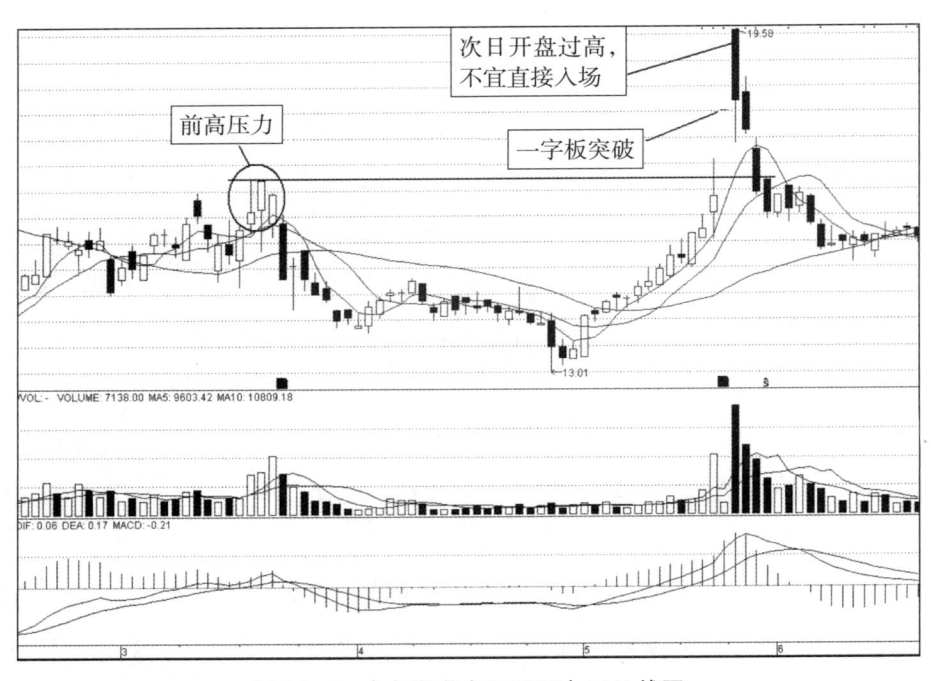

图 18-3　太龙照明（300650）日 K 线图

如图 18-4 所示，博晖创新（300318）的走势图。2020 年 7 月 24 日，股价一字涨停，突破前期高点压力。次日股价小幅高开 0.62%，开盘点位明显过低，说明攻击力不够强大，不适合当日入场。经过两个交易日的调整后，7 月 29 日开盘后，股价单波拉涨停，盘面气势变强，确认信号产生，短线可以跟进。

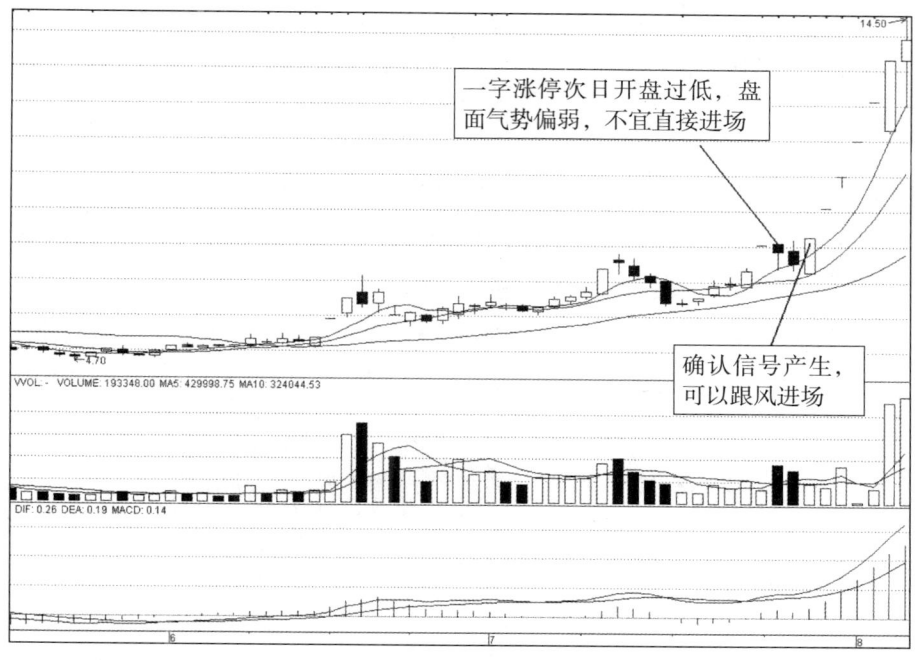

图 18-4　博晖创新（300318）日 K 线图

（2）一字涨停次日或之后几日，股价保持强势运行，收盘价的涨跌幅在正负 3% 以内，说明盘面处于强势之中。当出现再次上涨时，就构成短线较好的买点。

如图 18-5 所示，亚玛顿（002623）的走势图。在长时间的底部振荡过程中，主力顺利完成建仓计划。2019 年 11 月 29 日，股价出现一字涨停。之后几个交易日出现振荡整理，

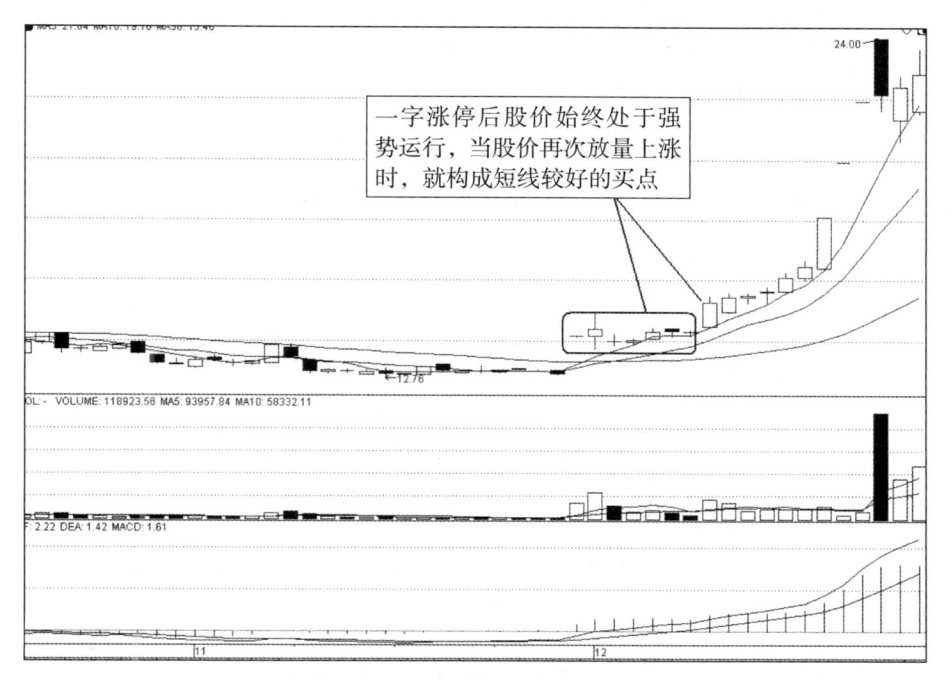

图 18-5　亚玛顿（002623）日 K 线图

因为一字涨停后盘中产生一定的获利盘，主力需要对浮动筹码进行清理。在整理时，收盘价涨跌幅都在 3% 以内，说明盘面处于强势运行状态。12 月 10 日股价再次拉起时，短线投资者可以跟风入场。

如图 18-6 所示，航天长峰（600855）的走势图。主力通过打压手法在低位吸纳了大量的低价筹码，2020 年 3 月 23 日，股价一字涨停，突破底部盘区高点。次日高开低走，股价收跌 2.38%。虽然没有延续一字涨停强势上涨，但股价回落幅度不大，属于强势整理。3 月 25 日，股价再次强势涨停，构成较好的短线买点，接着股价盘面进入拉升行情。

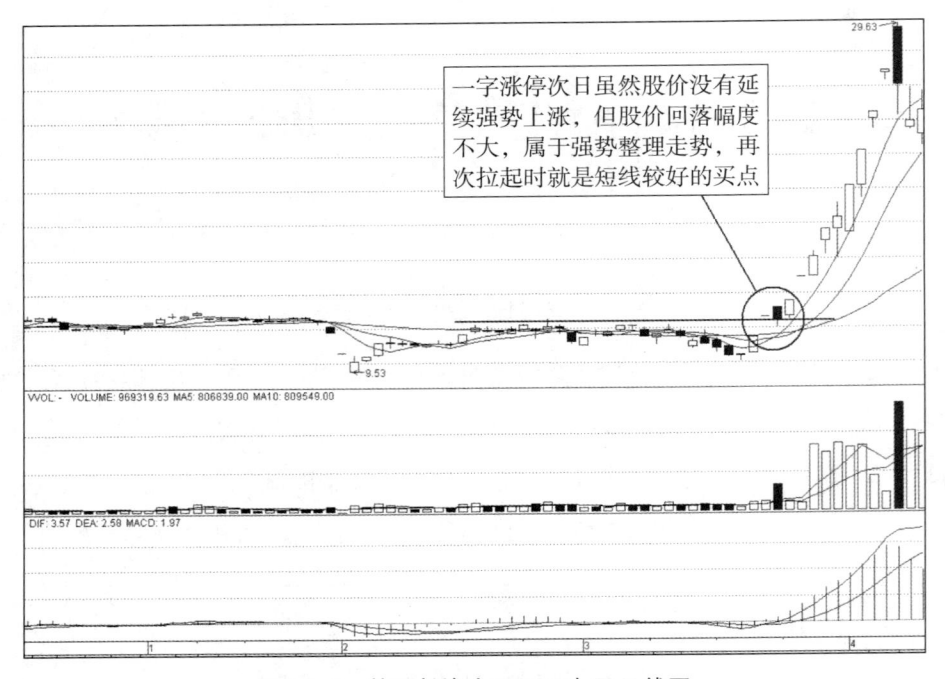

图 18-6　航天长峰（600855）日 K 线图

（3）底部出现一字涨停突破后，次日股价回调幅度不应超过 5%。因为回落幅度太深，上涨气势会受到影响，主力需要重新调整。此时不是短线买点，应等待强势信号出现时，才可以考虑进场。如果收回一字板的全部涨幅，则盘面更弱，不适合短线操作。

如图 18-7 所示，天龙集团（300063）的走势图。该股在底部出现两次一字涨停，第一次回落幅度较深，短期重新陷入盘整走势，短线不宜进场。2020 年 1 月 2 日，经过蓄势整理后再次出现一字涨停，之后两个交易日均维持强势整理。1 月 7 日再次放量涨停，构成短线较好的买点，股价随后出现连板。

如图 18-8 所示，蓝海华腾（300484）的走势图。经过一段盘整走势后，2019 年 10 月 21 日出现一字涨停，股价突破整理盘区。次日股价高开低走，收跌 5.72%，回调幅度过大，说明上涨气势减弱。随后股价重回调整走势，短线不宜入场。

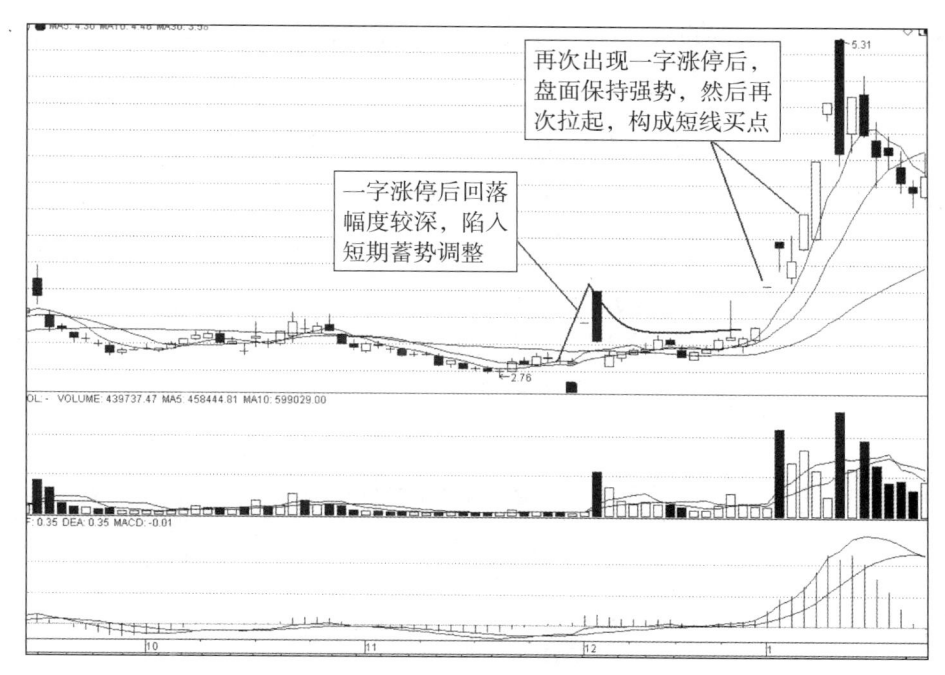

图 18-7 天龙集团（300063）日K线图

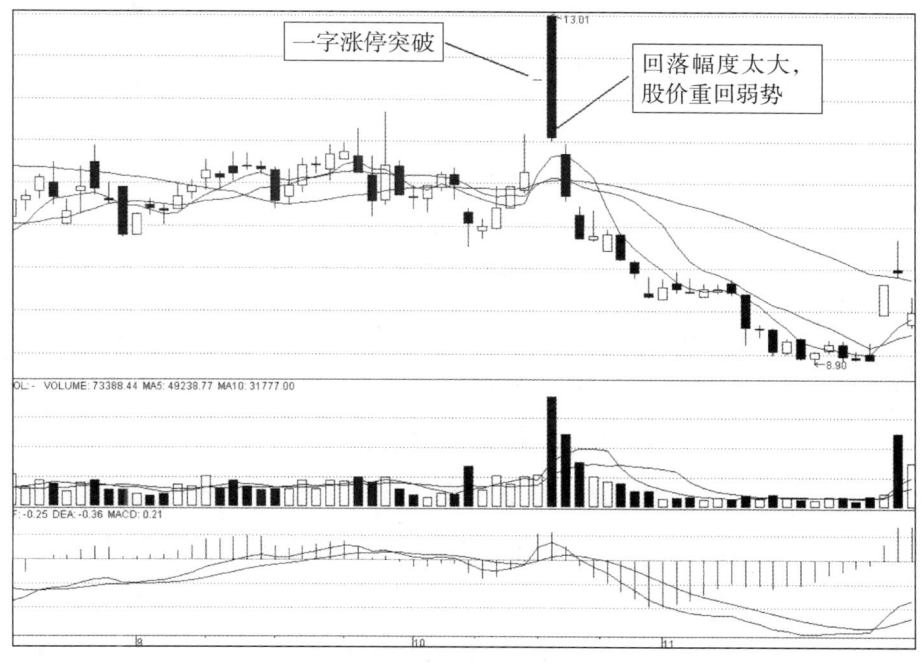

图 18-8 蓝海华腾（300484）日K线图

（4）一字涨停仅适用于底部突破性的第一板或第二板，不适用于加速拉升一字板和高位一字板。在实盘中，先在低位拉出一个实体板，接着产生一个一字板，这种"实体板＋一字板"的结构，表明主力做多意图强烈，后市强势拉升的概率较大。这种情况下，短线可以根据次日开盘情况、振荡幅度大小及再次确认等因素进行综合分析，考虑合适的进场机会。

如图18-9所示，中迪投资（000609）的走势图。经过一段时间的底部整理后，2020年4月24日，主力向下打压制造空头陷阱，次日转势拉涨停，股价返回30日均线之上。4月28日，股价一字涨停，出现突破性走势，主力进一步上攻的欲望强烈。次日股价高开3.13%，开盘价位较为理想，适合短线进场操作。

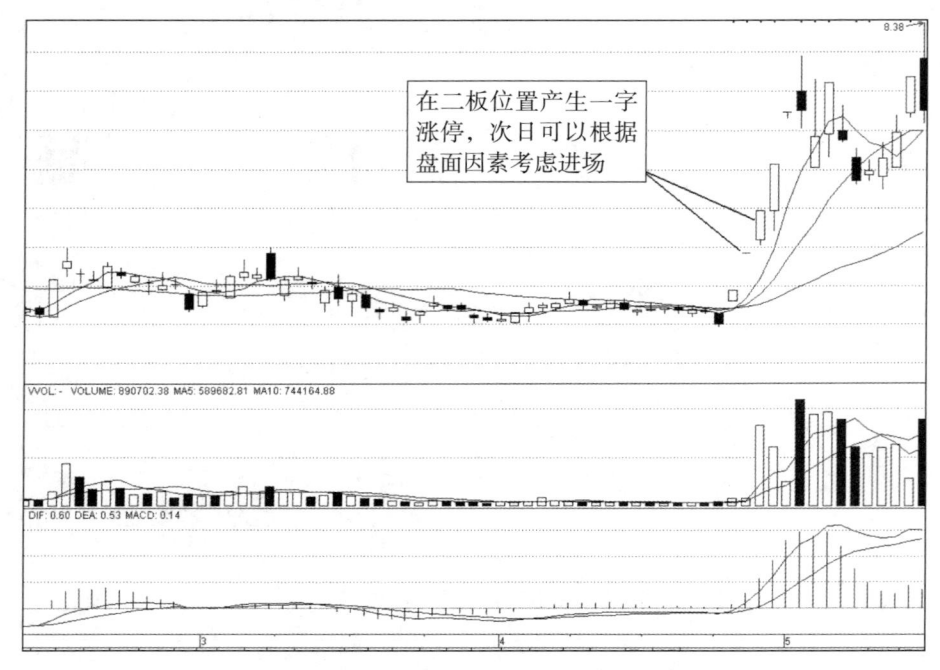

图18-9 中迪投资（000609）日K线图

如图18-10所示，英维克（002837）的走势图。该股洗盘整理结束后，2020年2月17日拉出一个实体板，次日股价以涨停价开盘，主力瞬间走出一根下影线（可以忽略），对前高压力作进一步消化，表明洗盘整理结束，将开启新的攻势。2月19日，股价高开4.50%，开盘价位合理，主力向上攻击意图显现，短线可以入场做多。

（5）一字涨停如果突破某个重要的技术压力位，且维持在压力位之上运行，说明盘面处于强势中，一旦再度走强，就是一个较好的短线买点。

如图18-11所示，世运电路（603920）的走势图。该股庄家成功构筑底部后，2019年12月28日出现缩量一字涨停，股价向上突破底部盘区和前高压力，但庄家手中的筹码并不多。此后3个交易日在一字板上方强势振荡，有效释放了低位获利盘和前期套解盘，主力也主动完成了加仓计划。在整理过程中，股价始终不破一字板的收盘价，表明盘面十分强势。2020年1月2日，股价再次强势涨停，形成"天衣无缝"形态，接着产生4连板行情。

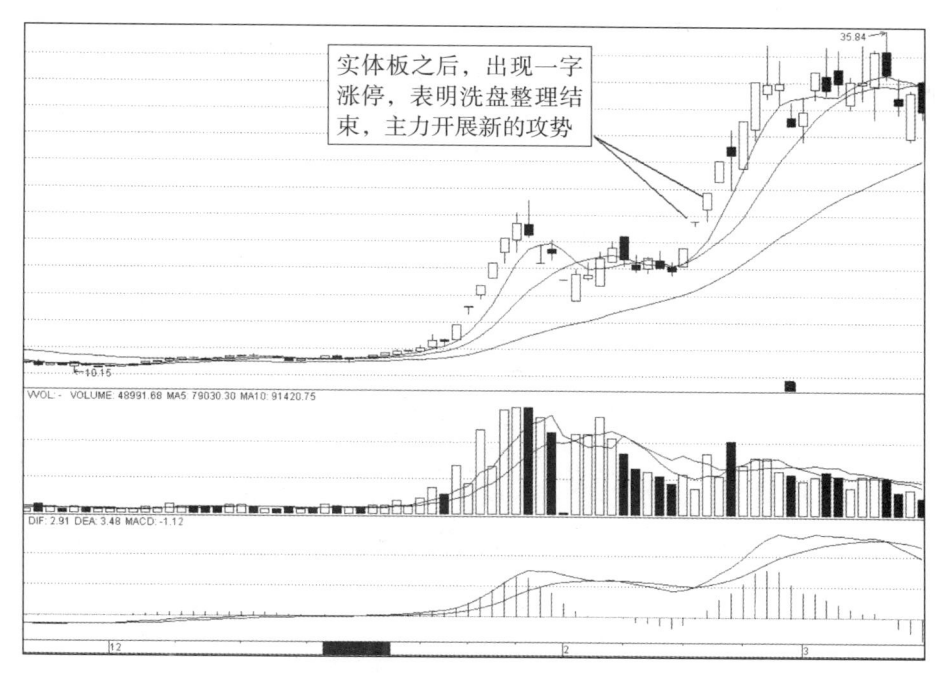

图 18-10 英维克（002837）日 K 线图

（图中标注：实体板之后，出现一字涨停，表明洗盘整理结束，主力开展新的攻势）

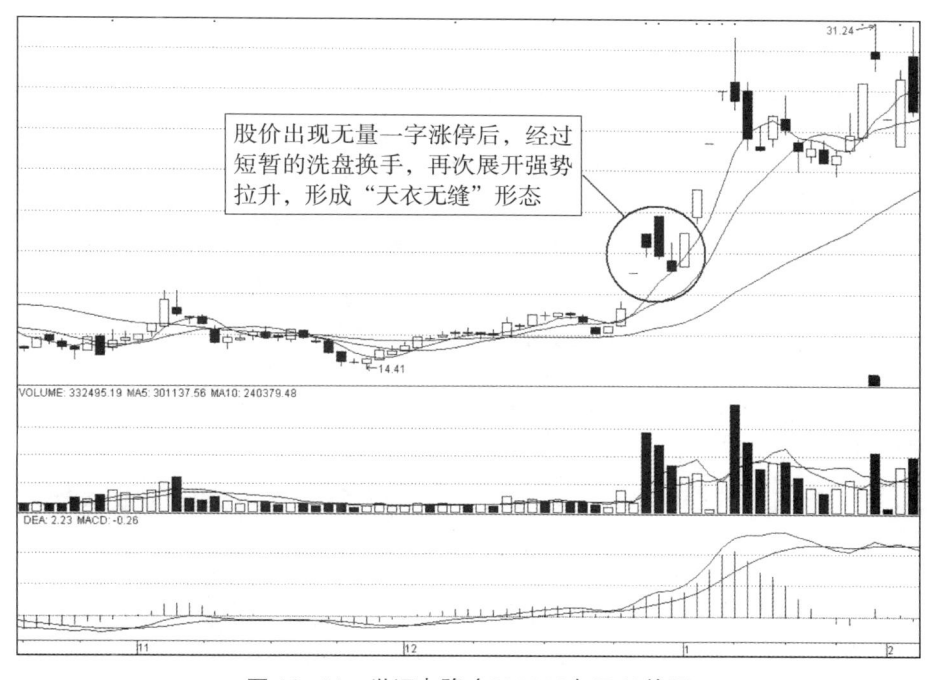

图 18-11 世运电路（603920）日 K 线图

（图中标注：股价出现无量一字涨停后，经过短暂的洗盘换手，再次展开强势拉升，形成"天衣无缝"形态）

如图 18-12 所示，新诺威（300765）的走势图。该股上市后不久就一路走低，庄家在底部吸纳了大量的低价筹码。2020 年 3 月 23 日，出现缩量一字涨停，股价向上突破前高压力。此后出现 3 个交易日的振荡整理，对低位获利盘和前期套解盘进行了很好的消化。在振荡整理过程中，虽然股价向下跌破了一字板的收盘价，但并没有达到有效跌破的技术条件（收盘价低于一字板涨停3%以上）。3月27日，股价再次强势上拉，表明一字涨停仍然具有强势特征，同样是一个有效的"天衣无缝"看涨形态。此后股价强势拉高，6个交易日中拉出3个涨停，短线获利非常丰厚。

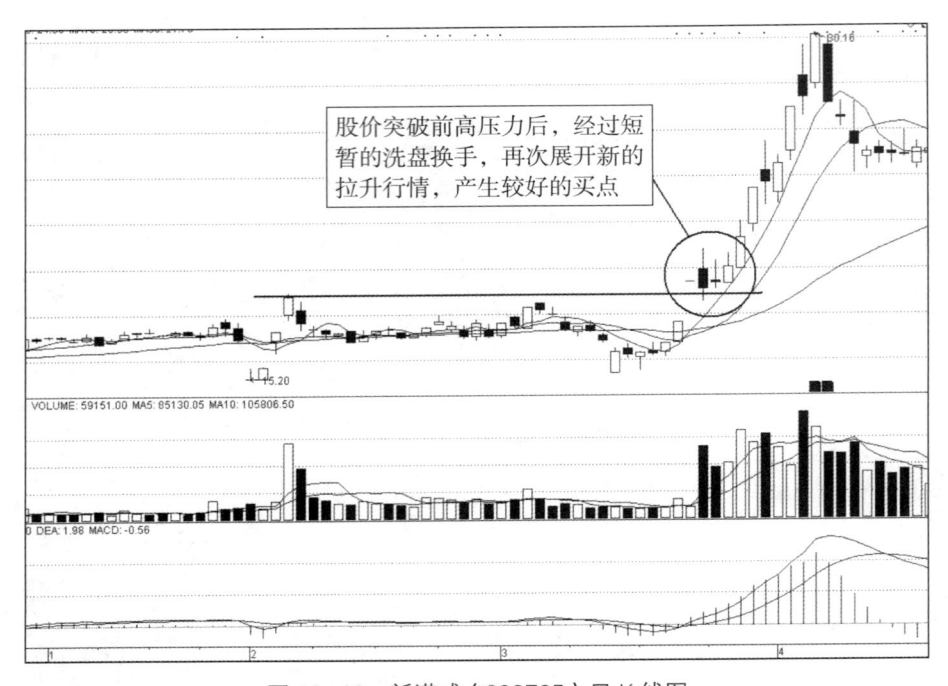

图 18-12 新诺威（300765）日 K 线图

这个模式如果细心观察，短线操作是能够获得暴利的，目前这种模式使用的人并不多。大家可以多关注每天一字板的个股，最好是一个一字板之后开始走连板，而且连续三个交易日不跌破一字板的收盘价，就可以持续加仓买入。

在量能方面，量能有规律地呈现放大缩小，这通常是庄家临时建仓或洗盘所致。庄家用一字涨停去建仓，表明一种强势的态度，所以遇到这样的个股可以及时跟进。另外，做好止盈和止损，止盈时的操作周期可以放长一点，毕竟这种模式属于中短线模式，在跌破30日均线时再分批出掉，或者自己制定目标价，到达目标价就走。止损位就是在股价跌破一字涨停的收盘价时离场。

（6）股价出现一字涨停后，主力为了洗盘需要，次日有可能出现低开。只要低开幅度不大，或收盘价在 –5% 以内，说明股价仍然处于强势之中。当股价再次涨停时，可以短线跟进做多。

如图 18-13 所示，宏润建设（002062）的走势图。主力向下打压股价制造一个空头陷阱，然后股价渐渐企稳盘整。2020 年 2 月 26 日收出实体板，次日股价一字涨停，摆出强势上攻架势。2月28日，股价低开3.92%后，再次强势拉板，此后股价出现飙升行情。

那么，主力为何要低开？低开后为何强势拉起？理由是：一是"实体板＋一字板"后，盘中产生短期获利筹码，主力需要对这部分筹码进行消化，所以出现低开，给散户造成调整的假象；二是主力低开拉起不做太长时间的调整，主要是保持盘面的上涨气势，一气呵成，一步到位。一旦出现调整，势必影响拉升气势，主力需要花大力气才能重新聚集拉升力量。

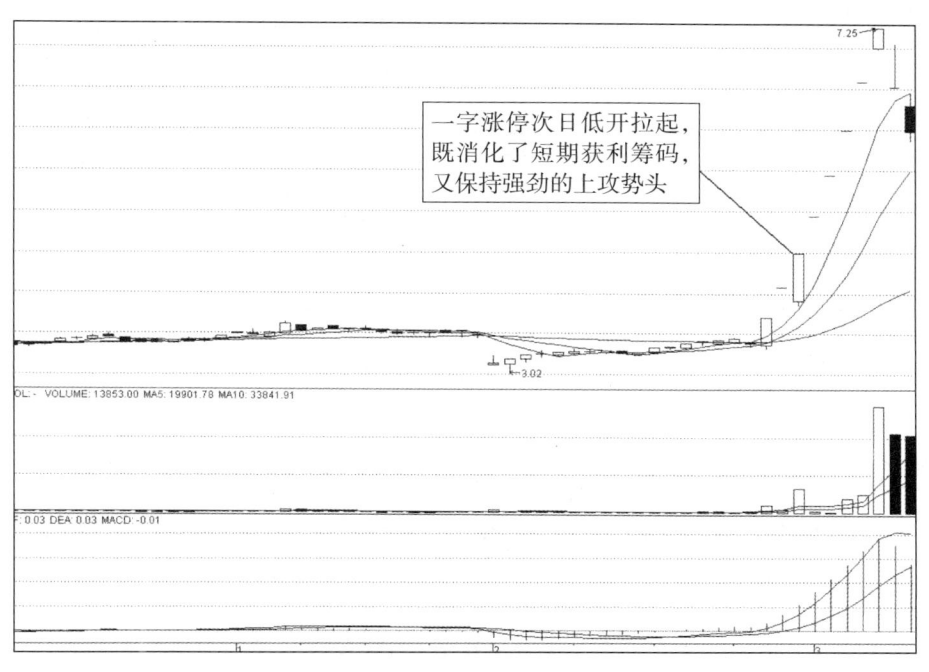

图 18-13　宏润建设（002062）日K线图

如图 18-14 所示，远大智能（002689）的走势图。该股经过主力打压后渐渐企稳回升，2020年3月4日收出实体板，股价脱离底部区域。次日出现一字涨停，股价突破前期盘区，"实体板＋一字板"节奏清晰，重点明确，各有所重。3月6日，股价小幅低开0.51%，上午维持振荡整理，午后直线拉板，主力做多意图非常明显。

三、操作提示

该战法是短线较好的赢利利器之一，但使用时不能盲目地照搬照套。不是所有的一字涨停第二天都可以追买，在应用时要注意以下几点。

（1）一字涨停要脱离一个区域，或形成突破形态，在整理阶段或持续趋势中不适用该战法。

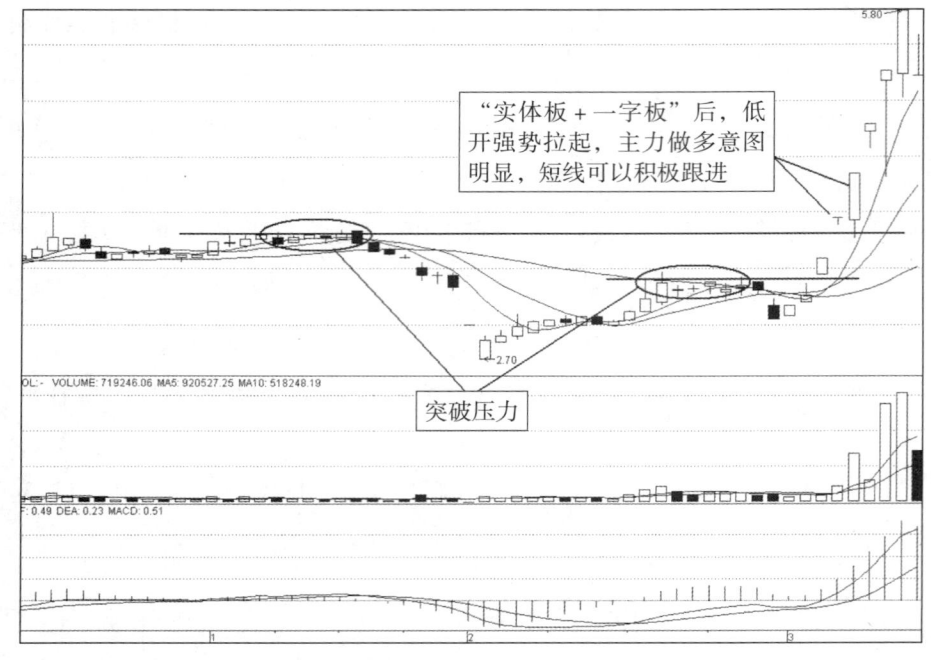

图 18-14　远大智能（002689）日 K 线图

（2）股价冲关的时候，主力用一字涨停解决了抛压的问题。股价直接涨停可以解决短线抛盘过大的问题，市场看到直接涨停，往往都不会在当天抛出筹码，主力可以用最少的资金达到最佳的拉升效果，有利于主力把资金留到第二天打硬仗。

（3）应用这个战法的前提就是在低位出现一字涨停，而不是在高位或加速阶段拉涨停，高位出现的任何看涨形态都有可能是假突破，是主力诱多出货。

（4）一字涨停时盘中不能有太大抛压，也就是说最好是缩量涨停。如果抛压太大，风险就会增大。主力之所以敢用一字涨停突破，就是防止抛压太大，减少拉升阻力。如果抛压太大，可能打乱主力的运行节奏。

（5）最佳买点：一是在大盘、板块稳定的情况下，一字涨停次日开盘幅度在 2%～5%，可直接入场；二是在一字涨停收盘价附近低吸进场；三是在一字涨停次日股价强势封板时跟进；四是再次出现强势拉升形成确认信号时，可加仓入场。

（6）该战法也有失败的时候，应设立止损位，防止风险扩大。根据买入点位高低设立不同的止损位，以开盘价直接入场的，当股价回调幅度大于一字涨停 5% 时止损；在一字涨停次日追板介入的，当股价回落到一字涨停收盘价附近时止损；在强势整理时入场的，当股价回收一字涨停全部涨幅时止损；在回调时低吸入场的，当股价低于一字涨停前一天收盘价 3% 时止损。

涨停 19 式　圆底淘金战法

一、形态特征

　　圆底也叫凹底或碟形底，经过一段快速下跌行情后，股价的下跌速度开始放慢，之后多空趋向平衡，底部渐渐走平，然后股价慢慢向上抬高，最终股价放量向上突破。将这些短期低点连接起来，就形成了圆底形态。

　　市场机理：圆底显示了多空双方力量此长彼消、平缓变化及主力吸纳筹码的全过程。股价先是从高位一路缓慢下跌并持续一段时间，空方实力渐渐减弱，主动性抛盘减少。但此时买方也畏缩不前，于是出现了成交量随着股价下跌而持续下降的局面。多空双方都已接近精疲力竭，股价跌幅越来越小，直至向水平方向拓展，成交极度萎缩。然后，主力悄悄收集筹码，多方力量渐趋增强，股价及成交量缓缓上升。当主力筹码收集完成时，买方势力完全控制了市场，股价涨升极快，短期升幅相当惊人。

　　圆底形态的技术特征和要点如下。

　　（1）股价处于调整后的阶段性底部区域，在构筑圆底之前有一个明显的技术破位动作。一般筑底时间有长有短，几周、几个月甚至更长。

　　（2）底部股价波动幅度较小，K线以小阴线和小阳线为主。

　　（3）底部成交量极度萎缩，盘整到尾段时，成交量呈缓步递增，之后放量向上突破前期阻力线。

　　（4）形成圆底后，股价可能会反复徘徊形成一个平台，这时候成交量已逐渐增多。在价格突破平台时，成交量显著增大，股价加速上升。

　　（5）圆底出现时，如果成交量并不随着价格作弧形的增加，则该形态不可信赖，应该等待进一步的变化，待趋势明朗时再作决定。

　　在圆底形态形成的过程中，会出现一些实体相对较小的K线。标准的圆底形态需要有一个向上的跳空缺口进行确认，但在实盘中这样的情形较少出现。如图19-1所示。

　　圆底形态的技术要求如下。

　　（1）在构筑圆底的底部时，成交量大幅萎缩，说明抛压减轻。

　　（2）圆底右端的成交量应明显大于左边，说明有资金在流入。

　　（3）突破圆底颈线位时，成交量要明显放大。

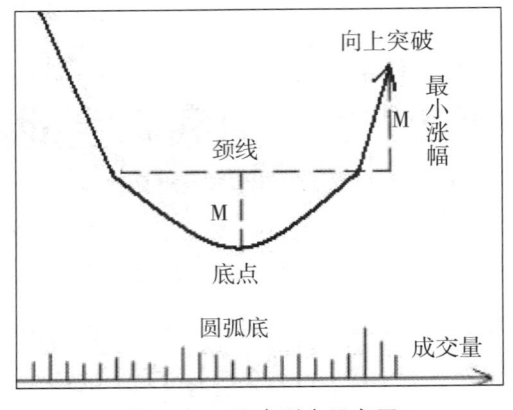

图 19-1　圆底形态示意图

（4）成交量曲线也呈圆底形状，即在底部成交量最小，在上升时又逐步增加。

（5）圆底左边空头占优，右边多头占优。关键要点就是右边的短期均线必须趋向多头，30 日均线已经上行或走平。

如图 19-2 所示，大众公用（600635）的走势图。该股经过长时间的下跌后，2018 年 10 月 11 日出现技术破位，然后在低位跌势减缓，逐步形成横向整理态势，显示空头继续大幅杀跌的动能减弱。此时，由于经过大幅下跌，多头信心受到沉重的打击，要想在短时间内恢复上攻的可能性不大，所以导致多头买盘不踊跃，空头卖出意愿不强，双方保持平衡的局面。随着时间的推移，多方力量逐步聚集，当消化了上方的压力后，11 月 5 日股价放量涨停，有效突破颈线位的压力，此时就提供了一个很好的进场机会。

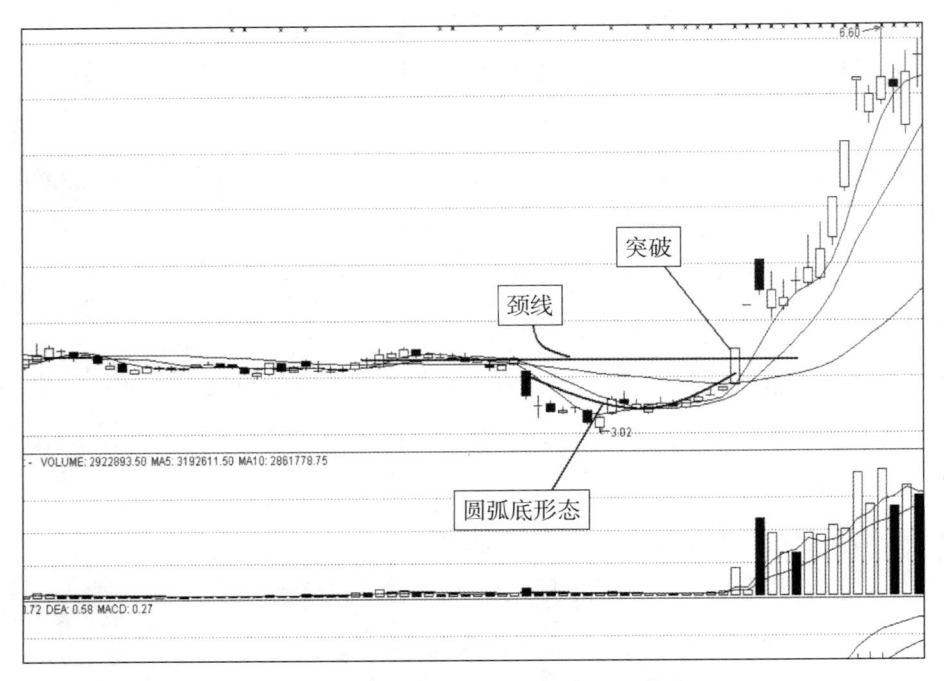

图 19-2　大众公用（600635）日 K 线图

二、战法剖析

（1）卧底与冲关。在底部阶段，K线以小阴线和小阳线为主，对应的成交量也很小，这种盘面走势很不起眼。为什么要这么运行？这是主力卧底的关键所在。市场上有这样的说法：小K线慢升，无人敢跟。这种盘面的确让人食之无味，弃之可惜，主力所展示的就是鸡肋。主力收集了筹码，洗尽了浮筹，一旦触及左峰位置，回踩后就腾空，这时就形成了冲关。

位置决定性质，卧底的缩量小K线，出现的位置非常重要。可以说，它是主力冲关的前奏。第一次出现时可以跟进，第二次出现就要警惕，第三次出现特别是触及左峰线回踩时，就有大机会了。

如图19-3所示，威唐工业（300707）的走势图。该股长时间处于调整走势，盘面极其弱势。2019年11月15日，股价再次向下破位，加重了投资者的心理压力。股价破位之后继续呈现低迷走势，K线呈小阴线和小阳线交错状态，成交量持续萎缩，股价窄幅波动。正是在这种环境下，主力悄悄地卧底收集筹码，然后股价渐渐向上抬升，技术上也得到较好的修复。当底部构筑完毕时，12月20日主力发起冲关，一举脱离底部盘区和圆底颈线压力，股价连拉6板。

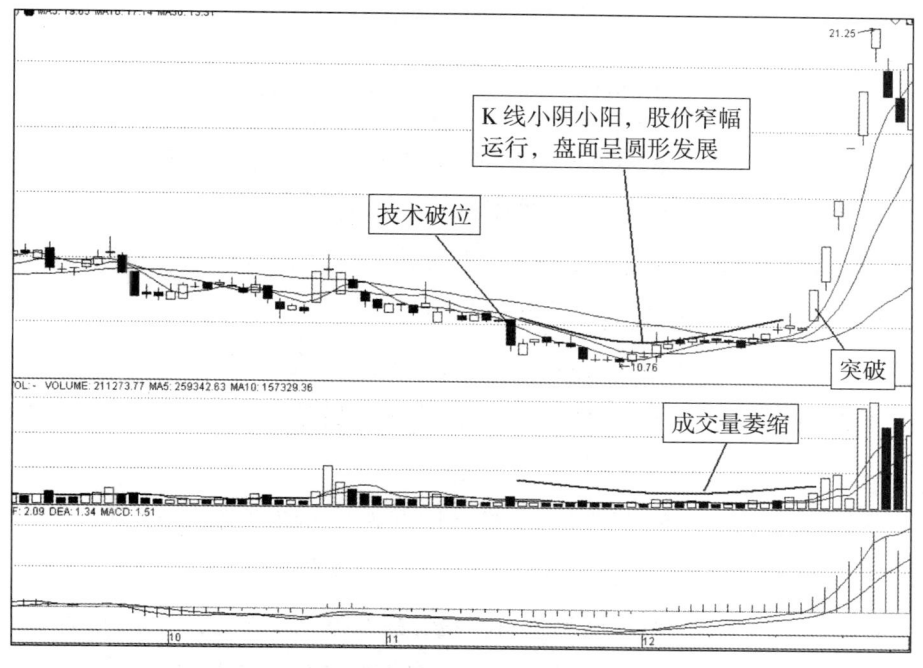

图19-3 威唐工业（300707）日K线图

股价冲关之前，盘面必须具备冲关的基础，就是均线系统由原先的空头排列转为多头排列，支持和帮助股价走高。这时主力只要稍加努力，股价就能轻松突破。

如图 19-4 所示，超声电子（000823）的走势图。该股在一波盘升行情结束后，向下破位走弱，然后形成长时间的振荡整理。盘面经过修复后，股价缓缓向上抬高，5 日、10 日、30 日均线由原先的空头趋势慢慢转为多头趋势，这时就具备了冲关的基础条件，一旦放量就会突破。2019 年 12 月 12 日，股价放量拉起，突破圆底形态，股价短线快速上涨。

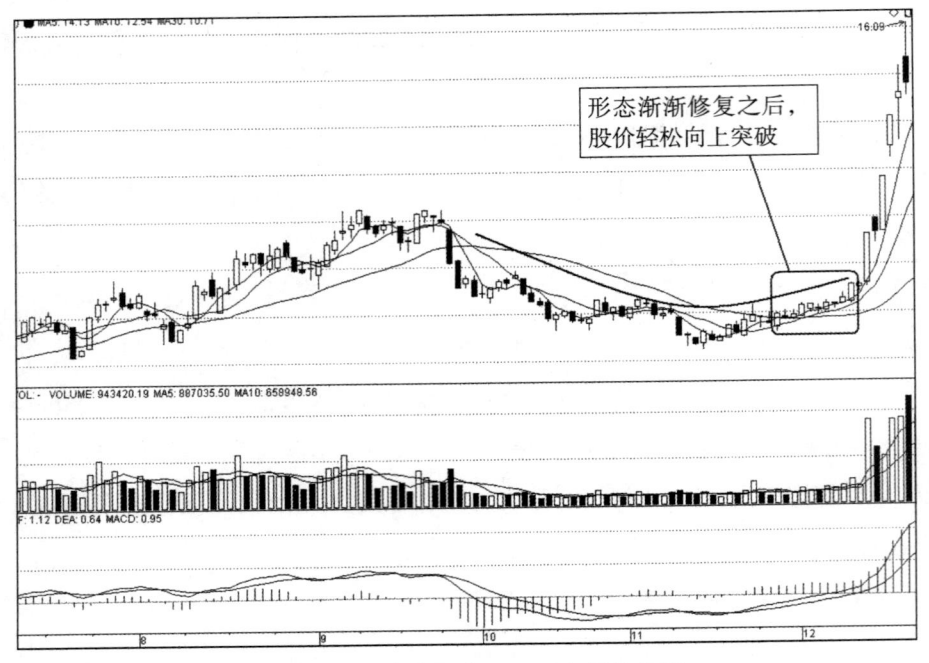

图 19-4　超声电子（000823）日 K 线图

（2）冲关与守关。冲关就是放量长阳突破颈线，守关就是阴线回踩颈线有效。也就是说，股价顺利突破圆底的颈线，然后回抽确认颈线突破有效，此时是一个较好的短线买点。

圆底形态的最佳买点：激进型投资者可于股价放量突破当天介入，稳健型投资者可在股价放量突破之后，确立突破有效时再行介入。

如图 19-5 所示，北京文化（000802）的走势图。该股在 2019 年 10 月 8 日向下破位，然后出现一段时间的横向整理（碟柄），之后在底部呈现圆底走势。12 月 10 日放量冲关突破，12 月 30 日回落至颈线附近，然后再次强势上涨。

一般情况下，突破后的首次回落，大多会出现守关，该位置附近是较好的短线买点。需要说明的是，回落时间有短有长，只要是首次回落，就可以运用这一战法。

（3）碟形与碟柄。当圆底形成后，有时股价并没有立即上涨，而是先走出一个来回窄幅拉锯的平台——碟柄，也称进货平台，突破此处时是短线较好的买点。

如图 19-6 所示，西陇科学（002584）的走势图。该股反弹结束后向下回落，股价在前期底部区域附近渐渐企稳，K 线呈小阴线和小阳线交替状态，成交量相对萎缩。在整理末期，股价慢慢向上抬升，形成圆形（碟形）底。之后，股价出现一段短期的横盘整理。主力成功地完成底部整理后，于 2020 年 1 月 20 日放量向上突破，构成短线较好的买点，随后几个交易日股价出现强势上涨。

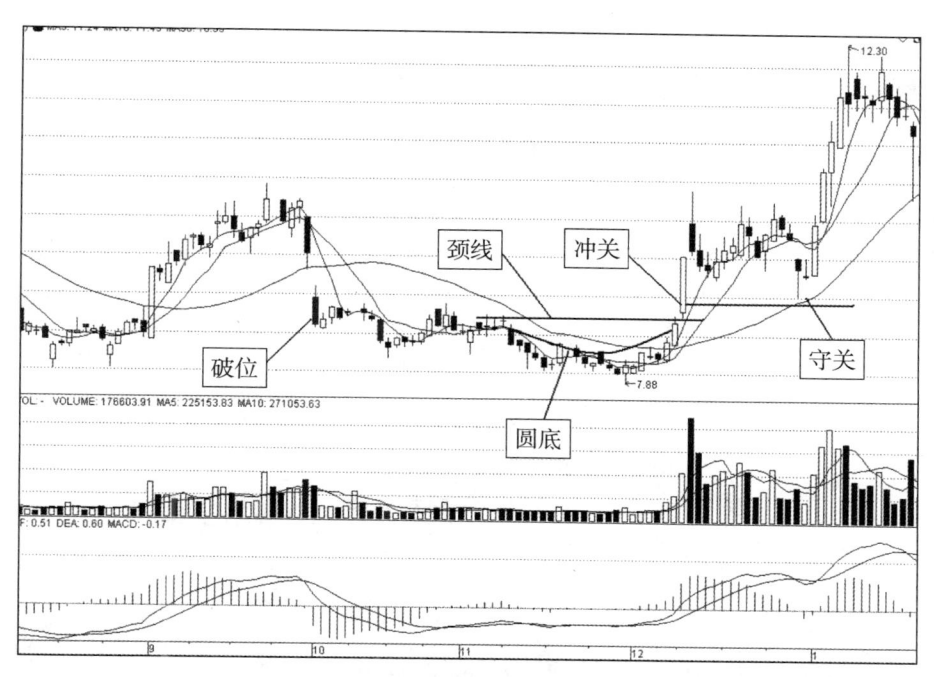

图 19-5　北京文化（000802）日 K 线图

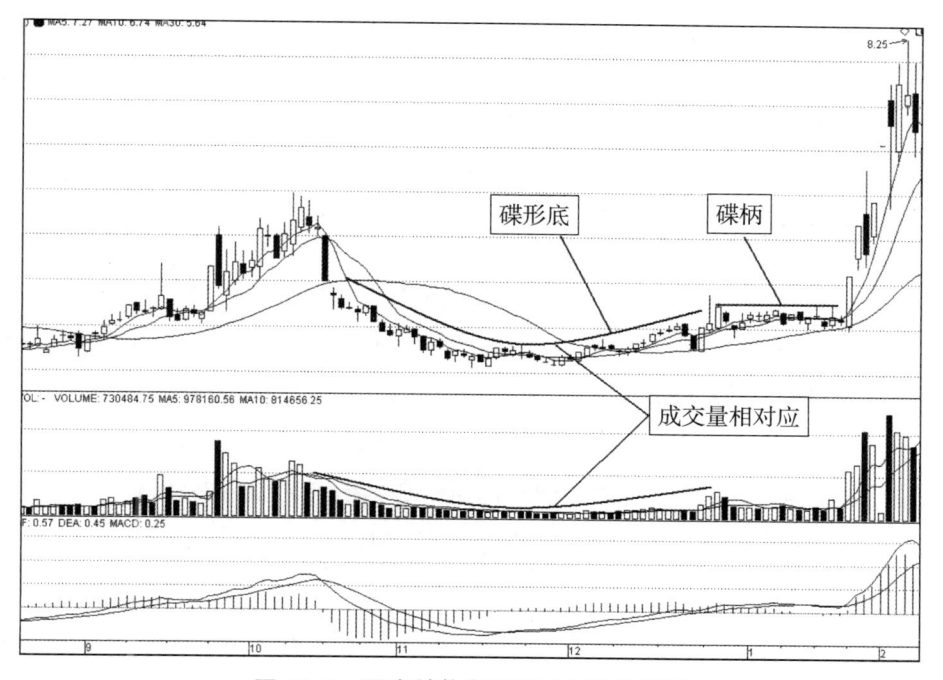

图 19-6　西陇科学（002584）日 K 线图

碟柄可以出现在碟形的左右两端,也就是说,可以先碟柄后碟形,也可以先碟形后碟柄,技术意义是一样的。

如图19-7所示,星徽精密(300464)的走势图。该股从2020年4月8日开始连收4根大阴线,造成技术破位走势。其后出现一段时间的横向弱势运行,重心略有下倾。在此之后,底部呈现圆底走势。当技术形态渐渐修复后,6月24日股价放量突破,开启一波暴力拉升行情。该股就是先碟柄后碟形的走势,突破即可介入。

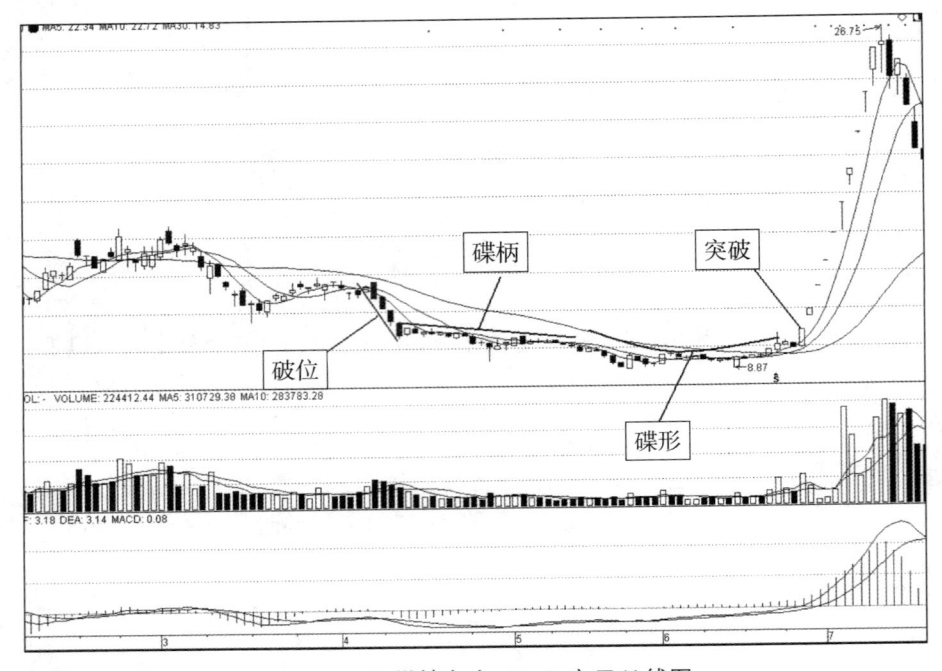

图19-7　星徽精密(300464)日K线图

(4)圆底形态可以出现在底部区域,也有可能发生在上涨途中的洗盘阶段,只要符合形态特征,就可用圆底淘金战法。

如图19-8所示,扬杰科技(300373)的走势图。2019年12月2日,该股向上放量突破,股价小幅走高后进入洗盘调整。主力洗盘手法温和,形成圆底走势。洗净浮动筹码后,2020年1月15日股价再次突破,短线买点出现。

如图19-9所示,龙蟠科技(603906)的走势图。该股主力的盘面把控非常典型。2020年5月6日大阳线涨停,之后的形态构筑都在这根大阳线之内完成,浓缩了圆底形态的碟柄和碟形等形态的基本元素,同时达到洗盘蓄势整理的效果。洗盘结束后,6月4日股价向上突破。

(5)圆底形态有大有小,位置有高有低。大的圆底一般人能看出来,小的圆底却难以一眼看出。小圆底大多出现在盘升类个股的上涨途中,大圆底大多出现在底部区域。凡是形成圆底的，无论其所处位置高低，都可以应用圆底淘金战法，但是涨幅特别大的个股在高位盘区中出现的圆底形态需要谨慎。

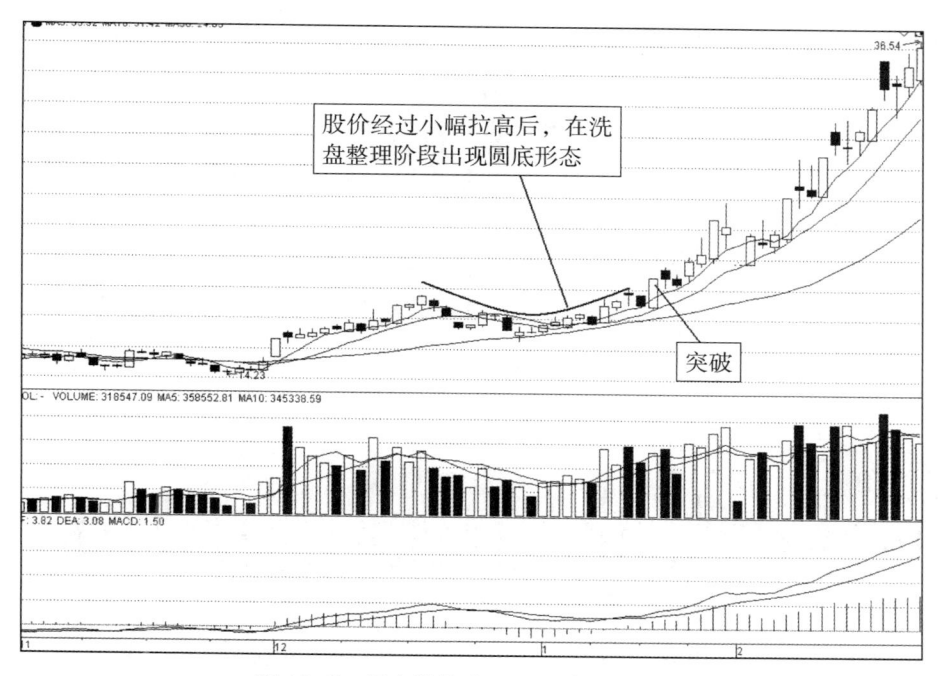

图 19-8　扬杰科技（300373）日 K 线图

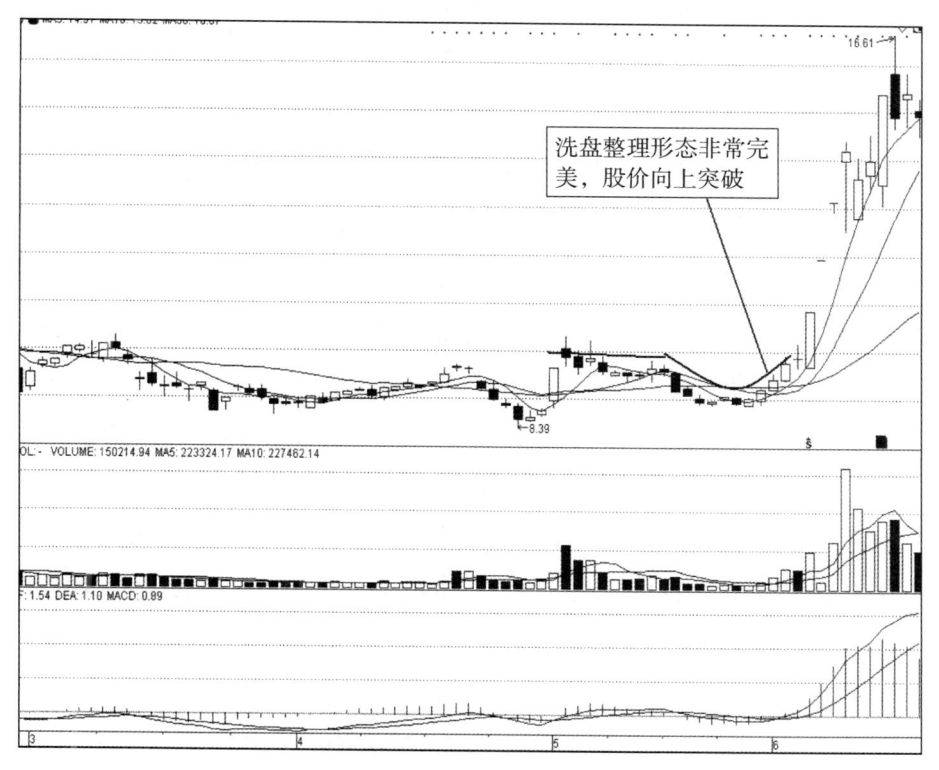

图 19-9　龙蟠科技（603906）日 K 线图

如图 19-10 所示，药明康德（603259）的走势图。股价从 40 元下方涨到 110 多元，累积涨幅较大。在高位振荡过程中出现大小圆底，应以观望为主，在没有形成趋势行情之前应回避。

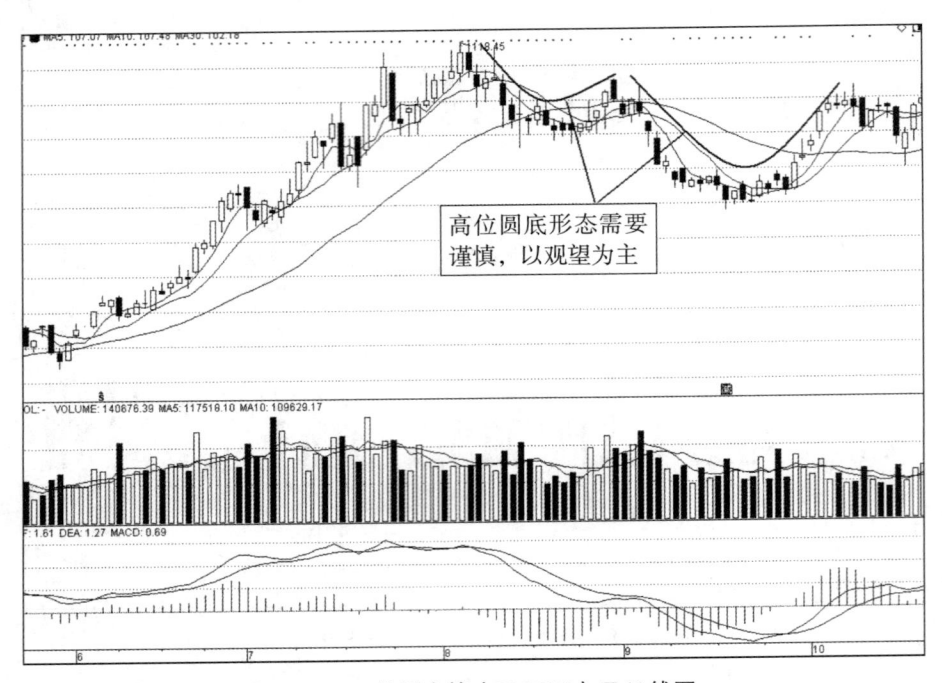

图 19-10　药明康德（603259）日 K 线图

三、特别提示

（1）在圆底形成过程中，由于多空双方都不愿意积极参与，所以成交量极小，有"百日低量群"之说，价格显得异常沉闷。这段时间显得很漫长，所以不要过早介入，可选择在突破颈线或回抽确认有效时买入。

（2）圆底常见于低价股中，呈现一种平底延伸状，需要的时间较长。在圆底形成期间，有时还伴随有碟形底。在右边出现碟柄走势时，需等待突破机会。

（3）圆底通常是主力的吸货区域，由于其炒作周期长，故在完成圆底形态后，其上涨幅度也是很大的，但参与这类个股需要耐心和胆量。

（4）圆底的最终上涨高度往往是圆底最低点到颈线距离的 3～4 倍，但是圆底如果距离前期的成交密集区太近，尽管底部形成的时间足够长，后市上涨高度也有限，因为原有的持股者没有经历一个极度绝望的洗盘过程，导致底部换手率不高，限制了未来的上涨空间。

（5）在所有的底部技术形态中，圆底形成的概率较低，因为形成圆底的条件严格。

首先它要求股价处于低价区；其次低价区的平均价格应该至少低于最高价的50%以上，距离前期成交密集区要尽可能地远；最后在形成圆底之前，股价应该是处于连续下跌状态。

（6）在圆底形成之前，有一次明显的突破或加速下跌之势，K线突然出现大阴线破位，这是主力挖坑的标志。没有这个标志的圆底，就是主力出逃的"圆底"，它与正常的"圆口淘金"是截然不同的。

涨停20式　强势反包战法

一、形态特征

　　反包战法运用在超短线操作时，成功率极高，风险系数较小，深得超短线投资者的喜爱。反包，顾名思义，就是当股价小幅下跌之后，能够很快出现回升，并覆盖前面的调整K线。前面回调的K线称为调整线，后面回升的K线称为反包线。

　　市场机理：阴线被阳线覆盖，很显然，前面收出阴线的目的是洗掉不坚定的浮筹。从主力层面看，既然选择了"解放"所有套牢盘，那么主力不会简单地停留在筹码"解放区"，后面大概率会有更高的溢价出现。主力反包的目的有三个：一是龙头股的快速洗盘手法；二是聚集人气最快的方法；三是K线不是走连板结构，这是躲避监管最有效的战法。

　　反包有多种形式，反包形态可以是反包一天的阴线，也可以是反包连续几天的阴线。不管是几天的K线，若后面要大幅上涨，基本都是覆盖近期所有实体线的高点。假如上影线较长的话，也至少要覆盖上影线三分之二的位置。

　　通常，反包形态结构是第一天涨停（或涨幅大于7%的大阳线），第二天收阴线（调整线），第三天反包涨停（反包线）。

　　强势反包形态的技术特征和要点如下。

　　（1）反包形态基本上出现在涨停或大阳线之后，有短线资金进场，次日出现阴线被埋，表明这部分资金在阴线这一天可能被消化掉了。也有一部分利用资金优势强行扭转势头，以涨停的方式实现自救。

　　（2）反包的个股一定要有市场认可的、以前没有炒作过的题材或热点。比如5G、芯片、区块链、数字货币题材等。

　　（3）成交量放大，股性要活跃。比如历史上多次走出妖股，短线资金有历史记忆。

　　（4）前面的筹码不能太集中，如果有大资金被套，谁敢去解放，谁就会被砸死。

　　（5）反包形态大多在市场不太好的时候出现，这样迅速拉升能够吸引市场眼球。

　　（6）涨停封单要比平时大，这样才能吓住抛压盘。主力用气吞山河的涨停来告诉大家：我就要拉了，你们别跑。

　　（7）当然，有时候市场也喜欢炒作几种图形，反包就是其中之一。

二、反包类型

（1）依据反包性质的不同可以分为阳线反包和阴线反包。阳线反包大多出现在上涨过程中的回档，以大阳线反包前面的 K 线；阴线反包大多出现在下跌过程中的反弹，以大阴线反包前面的 K 线。

（2）依据股价是否上涨可以分为上涨反包和回调反包。上涨反包也叫停顿反包，是指前一天 K 线收假阴线，而股价实际上小幅上涨。回调反包也叫"N"形反包，是指前一天 K 线收阴线，股价也下跌。

（3）依据 K 线是否为实体线可以分为影线反包和实线反包。影线反包是指前一天 K 线为长上影线；实线反包是指前一天 K 线为阴阳实体 K 线，影线部分较短。

（4）依据反包时间的紧密程度可以分为次日反包和隔日反包（多日）。

（5）依据 K 线的结构不同可以分为单日反包和多日反包。单日反包是指前面单日 K 线（调整线），后面单日反包（反包线）；多日反包有三种情形：一是前面单日 K 线（调整线），后面多日反包；二是前面多日 K 线（调整线），后面单日反包（实盘中比较多见）；三是前面多日 K 线（调整线），后面多日反包。

（6）依据反包力度的强弱可以分为大阳反包、涨停反包、一字反包。一字反包形态包括前面的回调一字跌停板和后面的上涨一字涨停板两种情形。

（7）依据股价是否连板可以分为断板反包和趋势反包。断板反包是指股价中断连板之后出现反包，趋势反包是指在涨势中非连板情形下出现反包。

三、操作策略

那么，什么样的股票容易出现反包涨停形态呢，首先必须是当下的市场热点，这是大前提，然后再结合下列因素进行分析。

（1）流通市值小，一般流通市值小于 50 亿元，次新股反包现象居多，大多是高送转及题材概念股。

（2）股价处于刚刚启动阶段，K 线看起来像是要涨又要跌的样子，属于让散户看起来不敢买入的形态，能起到出其不意攻其不备的效果。

（3）开盘先跌后拉升，洗盘迹象明显，盘中有数次回拉动作。也就是说，盘中有主力在暗中吸筹，为第二天的反包做准备。主力手中没有筹码，第二天的反包就没有意义。

（4）题材足够大，能快速吸引游资和散户的眼球。一旦启动反包，有一呼百应的效果，让人感到这才是大牛股，是千金难买的"牛回头"。大牛饮水，是妖股的空中加油形态，为后面的继续疯炒加油。

（5）在收阴线那天，早盘是先跌后拉升，开盘下跌起到洗盘效果。

（6）反包涨停那天，一旦涨幅拉升 5% 以上，出现大单扫货，不给空方以任何喘息之机。在许多人将信将疑之时，股价立马奔向涨停位置，分时线中有时不给回调低吸的机会，或直接封板。

如图 20-1 所示，正川股份（603976）的走势图。该股在上涨过程中，股价连续拔高后出现短暂调整。2020 年 7 月 6 日，一根大阳线拔地而起，形成反包形态。该股流通市值较小，股价虽然在前面有了一波上涨行情，但新一波行情刚刚启动，主力洗盘迹象明显。该股有新冠肺炎疫苗研发的重大题材，主力扫货迹象明显，所以反包后股价连续走强，形成 5 连板行情。

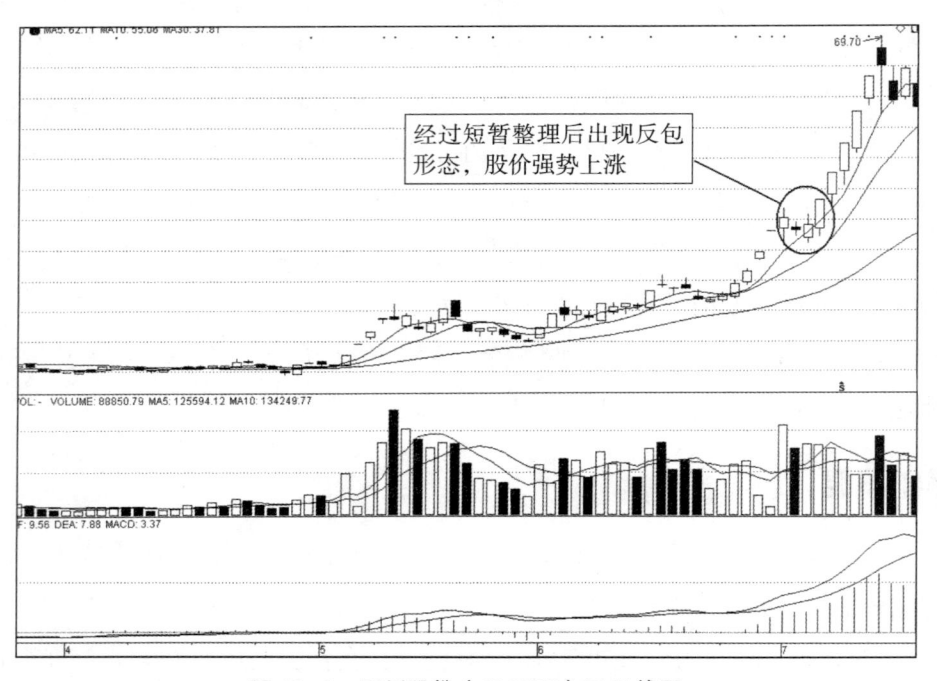

图 20-1　正川股份（603976）日 K 线图

反包涨停股当天买入的条件如下。

（1）竞价低开，低开幅度最好不超过 3%；开盘后迅速拉升，速度越快越好，立即翻红的最佳。

（2）竞价低开，开盘后回落，但是很快就被大单拉起，放量穿过开盘价。

（3）竞价高开，开盘后回落，然后再次迅速直线拉升，股价重新站在开盘价之上。

（4）竞价高开，开盘后拉升，股价穿过前一天的成交均价线。

（5）反包涨停当天缩量涨停，封涨停的时间越短越好。

（6）反包涨停高开的力度越强越好，实体越短越好，最好是一字板涨停。

注意事项：买入后涨停即为成功。如果买入后没有涨停，出现一个阴线形态，第二天无论出现什么走势，最好离场。买入后没有涨停，但是也有一定的拉升涨幅，当天浮盈超过5%以上的，第二天可以观察是否再次走强。

四、战法剖析

1. 首阴反包

股价进入上升趋势后，首次出现调整阴线，次日或随后几天放量反包涨停，后市容易出现更加强烈的拉升行情。

如图20-2所示，泰达股份（000652）的走势图。该股在2020年1月20日以T字板脱离底部区域，次日走出缩量一字板，第三天从涨停价位开盘后向下滑落，盘中出现振荡，K线收假阴线。这根阴线如同头顶上的"绿帽子"，乍一看形态很吓人，短线投资者见此情形几乎全部获利离场。可是，1月23日高开3.71%后，股价快速拉至涨停，全天封板不动，形成首阴反包形态，接着出现6个一字涨停。

首阴次日能否反包？从开盘竞价开始，一般不会出现较大幅度的低开，如果强势必然会高开，最好在3%之上。随后的攻击角度和幅度是非常重要的，这一切要看成交量的配合，若早盘不能封板，则要考虑在上攻趋势被破坏时果断减仓并离场。

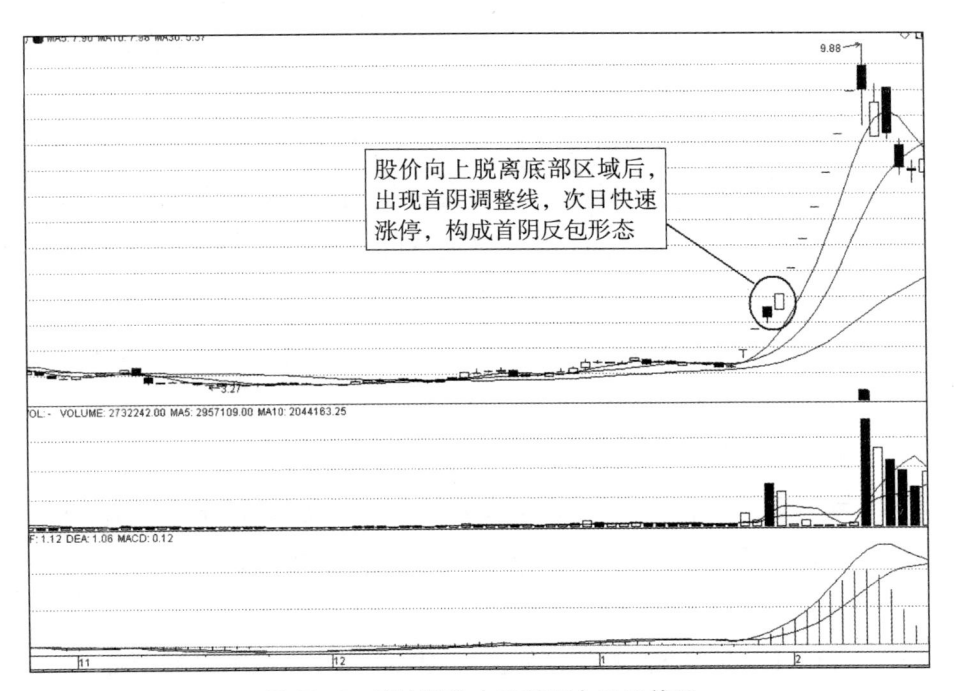

图20-2　泰达股份（000652）日K线图

首阴反包的实战核心要点如下。

（1）个股必须是近期连续上涨的龙头股或妖股，且处于主升浪阶段，5日、10日、30日均线呈多头排列。个股具有好的股性和题材，被市场资金认可。

（2）涨停轧空阶段必须放量明显，巨量资金封板，显示主力资金志在一搏。

（3）首阴当日呈缩量调整走势（一字板或T字板除外），表明资金没有出逃迹象。反包阳线放量上攻，成交量和换手率偏大，表明市场分歧大，资金接力，容易拉出更高的高度。

（4）首阴的次日股价回踩5日或10日均线后，出现快速放量拉升，若缺口不补更为有效。

（5）符合以上四条，可考虑尾盘介入，一般在14:50后执行买入指令。

（6）反包次日需密切注意攻击强度，如果早盘继续有巨量封板，则继续持有；反之，在攻击力度衰竭初期便可减仓，破位攻击结构时可全部离场。

（7）分时图显示成交密集放量，并快速站上均价线。分时图呈现连续N型上攻态势，上攻角度越陡峭，攻击力越强。

（8）首阴反包形态必须要看大盘脸色，一旦买入理由消失，就要坚决离场。

2. 妖股反包

市场情绪总有高潮和低谷，在高潮的行情当中，几乎所有的龙头股都有可能走妖；低谷的时候，龙头股就会越来越少，但是也有龙头股会脱颖而出，在弱市下走出独立的妖股行情。

如图20-3所示，金健米业（600127）的走势图。龙头股走妖，必然要经历龙头股的走势。该股从2020年3月23日向上突破后，11个交易日里出现9个涨停，可谓是赚足了市场的眼球。但是细心的散户应该会发现，它并不是连续拉出了9个涨停，而是断断续续走出的妖股形态。其中最重要的两个涨停是3月25日和3月30日的反包涨停板，正是这两个坚决的涨停，才有了后面气吞山河的走势。那么，为何反包涨停如此重要，其意义是什么？

大家要知道，当股价在上升趋势中出现洗盘或者出货，当日可能出现不能封住涨停的走势，而且当日追高的资金也会在高位被套。而第二天的反包涨停可以彻底解放前一日的筹码，而且经历了昨日的洗盘以后再次涨停，这个时候拉升更轻松。这里面有两层含义。

第一层含义是当日不封涨停的走势是洗盘，体现在K线上是承接有力，而且基本不会收阴线，所以第二天反包的预期很强，这往往表明资金继续做高的意图较强。比如金健米业 3 月 24 日的走势，虽然没有涨停，但是明显给人一种股价还有可能进一步上行的感觉，所以第二天就很容易出现反包涨停。

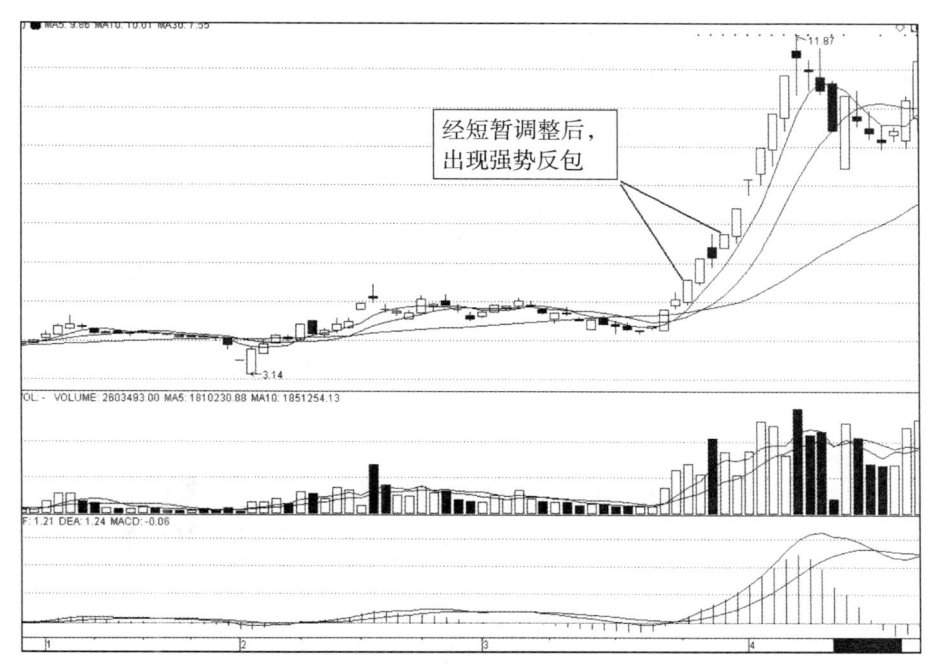

图 20-3　金键米业（600127）日 K 线图

第二层含义是换主力，就是第一波资金拉升以后，主力已经赚得盆满钵满，这个时候就产生了出货的念头，导致当日出现高开低走的情况，而且给人的感觉就是出货，技术指标也都指向出货。但是第二天却强势反包涨停，这类走势往往是换了主力。第一波主力走了，第二波主力又来，比如常见的游资章盟主，喜欢做第二波行情，可将这类行情称之为龙头股 2.0 行情。3 月 27 日的阴线就说明资金出逃的迹象很明显，但是新来的游资第二天就冲进去了，理由很简单，觉得它能成妖股，想进一步做高股价。

如图 20-4 所示，通光线缆（300265）的走势图。该股 2020 年 3 月 16 日的走势，多数人解读为出货，但是第二天却强势反包涨停，走出第二波拉升行情。其实反包涨停在这个时候很常见，但往往是最容易被忽略的涨停。强势行情下的反包涨停成功概率很高，因为既然资金敢于继续拉升做高行情，就不害怕追高。

反包涨停也要分位置，高位的反包还是要谨慎。下面是一个低位的反包涨停案例。

如图 20-5 所示，航天长峰（600855）的走势图。该股在拉升行情中共出现过 3 次反包涨停，但是最值得记住的应该是第一次：3 月 24 日高开低走走出大阴线，第二天就高开强势反包。这里出现了一个非常重要的买点信号，就是 3 月 25 日涨停那天的机会，然后是 3 月 30 日和 4 月 1 日反包涨停的机会。很多时候，当大家真正理解了反包涨停的意义，才能从中悟出很多道理，不然根本不知道它在实盘中的成功概率有多高。

需要说明的是，这里说的反包涨停是一定要大于或等于前一日最高价的涨停板，如果是不完全反包，则成功的概率会大打折扣。

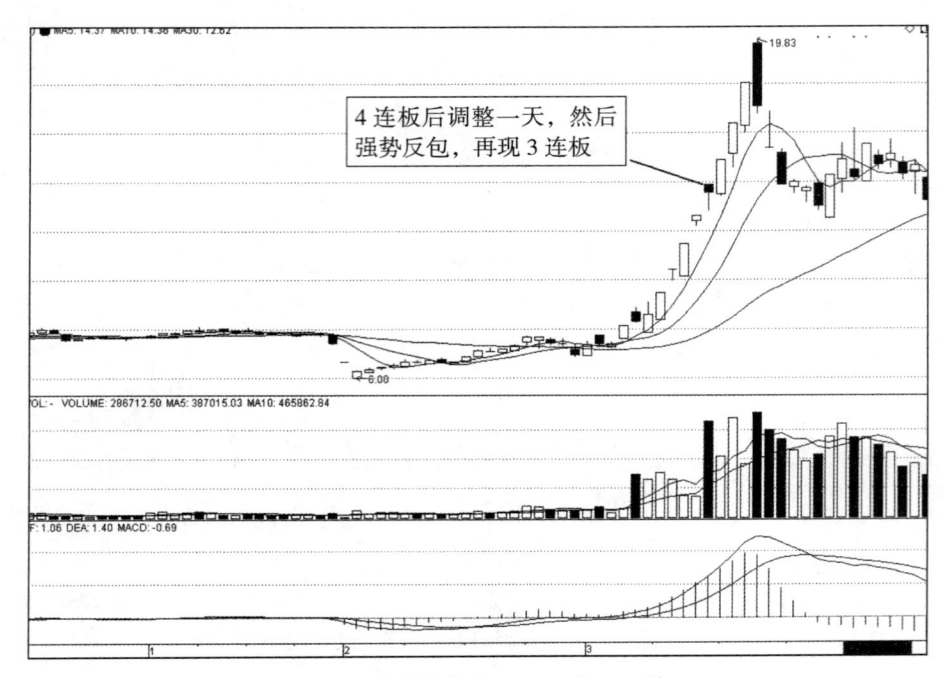

图 20-4　通光线缆（300265）日 K 线图

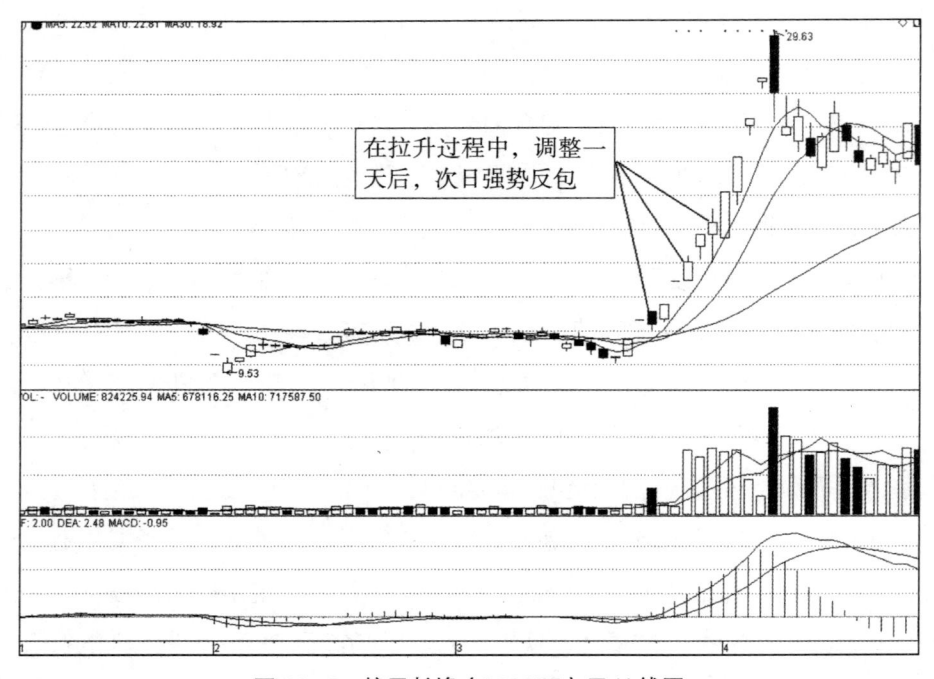

图 20-5　航天长峰（600855）日 K 线图

如图20-6所示，蓝英装备（300293）的走势图。这种反包涨停应当谨慎对待。2020年3月24日，开盘不到5分钟，股价快速封涨停。封盘一个小时后开板，股价大幅回落，当日K线收大阴线。3月25日反包涨停，但次日没有续涨，股价没有覆盖大阴线的最高价14.88元，而是反包涨停的第二天低开低走跌停收盘，这显然不是通常讲的完全意义的反包形态，所以很容易失败。当然，这只股票失败也有自身的其他原因，这里想强调的是完全反包涨停成功的概率更大，是优选条件。

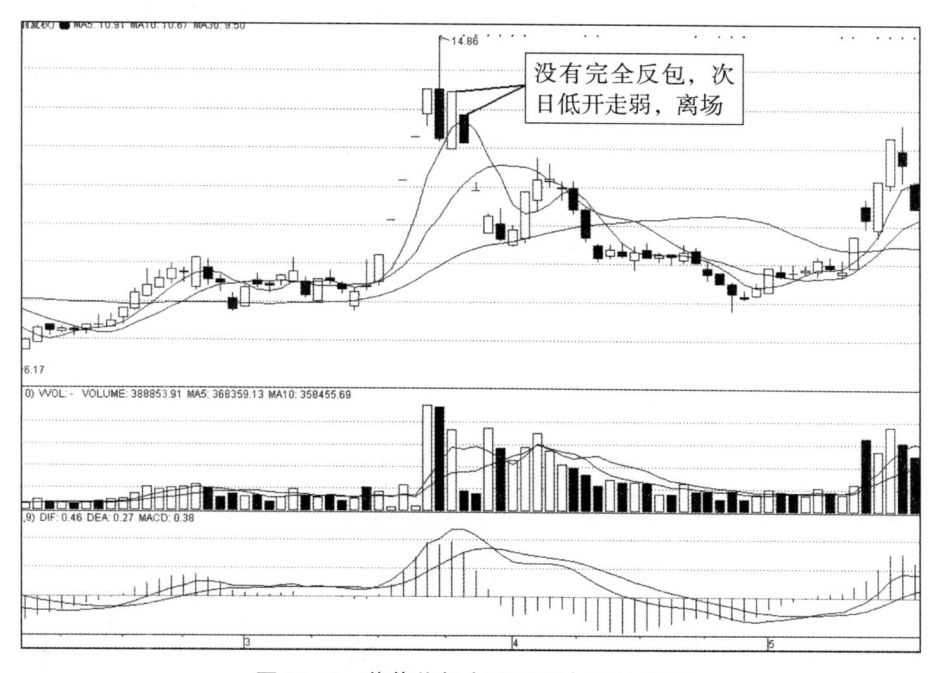

图20-6 蓝英装备（300293）日K线图

3. 断板反包

牛市多反包的逻辑是什么？简单来说，就是股票在上涨途中多空产生分歧，当天的K线是断板或者收阴的情况，第二天多头雄起压过空头，股价继续大涨甚至涨停。简单地说，就是牛市钱多，你不看好，还有更多人看好，资金抢买导致反包涨停。

断板的意思是指股票在连板（2板以上）之后，出现了不能继续涨停的情况，即中断连板。断板反包，就是中断连板之后出现反包走势，这种反包需要以下几个条件。

（1）至少需要2连板（包含2板）。因为1板之后就出现断板，上涨的强度就值得怀疑了。

（2）断板K线以小阴线和小阳线最好。如果是中阴线、大阴线或者乌云盖顶形态，反包的概率将下降很多。

（3）断板K线的量能与前几天相比不能放得过大，缩量当然最好。如果个股地位高（总龙头或者最高人气股），条件可以放宽。

（4）个股是龙头股、人气股或者高辨识股，会大大提高反包的概率。

（5）第二天小幅高（低）开为宜，开盘之后股价带量上攻，主力早早表明当天的意图。

如图20-7所示，光大证券（601788）的走势图。2020年7月，光大证券为券商板块行情的总龙头。6月19日，股价放量突破后出现2连板行情，然后出现两天的断板调整，收出两根缩量小阴线。6月30日，股价再次涨停，形成断板反包，接着走出5连板飙升。7月7日，股价大幅高开9.83%后，K线振荡收阴。次日，股价再次强势涨停，产生断板反包，股价走出2连板。

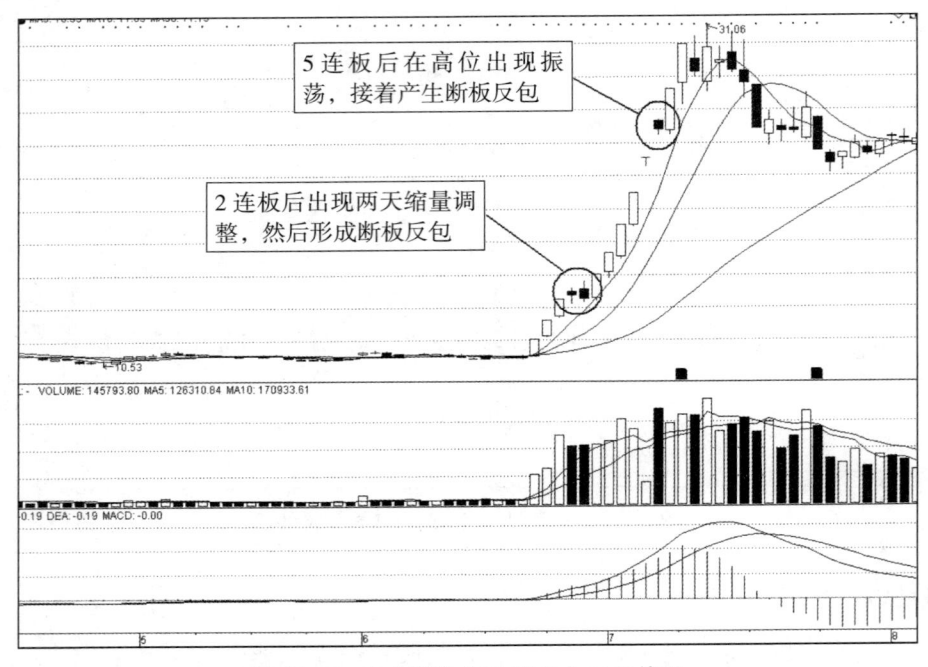

图20-7 光大证券（601788）日K线图

如图20-8所示，银之杰（300085）的走势图。该股为互联网金融、国产软件、区块链题材的龙头股。2020年6月30日，股价向上脱离底部区域，经过短暂的调整后，走出2连板。7月7日，股价高开4.56%后大幅振荡，盘中一度封涨停，尾盘开板回落，K线收出纺锤线。次日，股价高开高走，出现缩量断板反包，接着股价强势上涨，形成3连板行情。

4. 趋势反包

趋势反包是指在股价上涨过程中，非连板情形下，经过短暂的调整之后出现反包形态，使股价维持或加速上涨。这种反包需要具备以下几个条件。

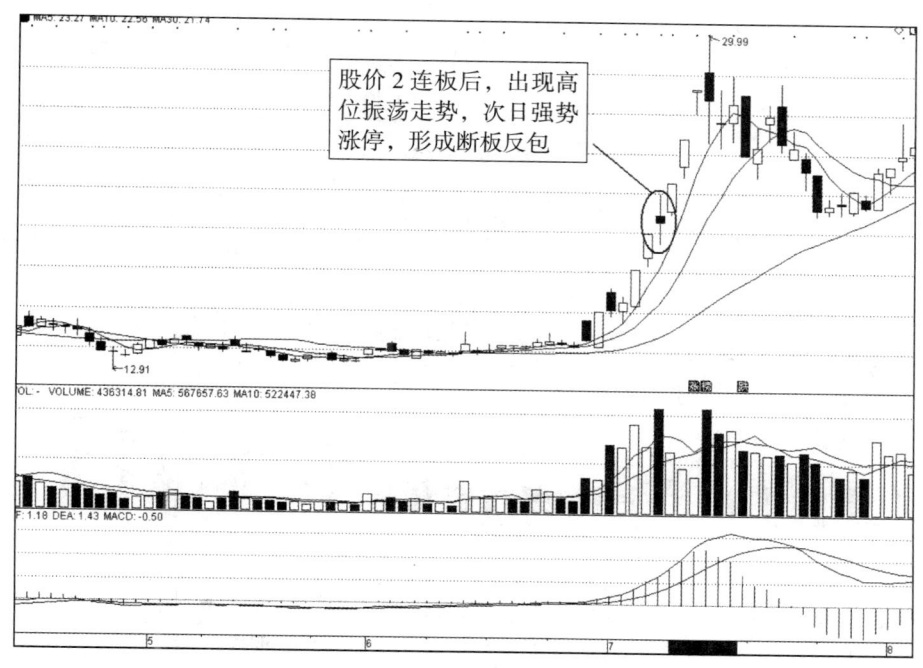

图 20-8 银之杰（300085）日 K 线图

（1）股价已经走出明显的上升趋势，沿 5 日或 10 日均线上行。

（2）涨停或者大阳线之后，出现小阴线或者中阴线，但股价仍未有效跌破 5 日或 10 日均线。

（3）阴线的量能越小越好，如果量能放得过大，反包的概率将会减小。

（4）个股需有较高的市场地位，是板块核心股或者板块总龙头。

（5）股价在第二天高开最好，小幅低开迅速翻红也可。

如图 20-9 所示，东方财富（300059）的走势图。该股为互联网券商龙头股、创业板灵魂股。该股主力完成筑底走势后，股价渐渐走强，形成坚挺的上涨趋势，成交量温和放大，均线系统呈多头发散。2020 年 6 月 24 日开始，股价出现两天的缩量调整，触及 5 日均线。第三天股价放量上涨，一根接近涨停的大阳线构成趋势反包形态，之后股价继续强势向上攀升。7 月 7 日，大阳线之后出现中阴线回调，次日股价放量强势涨停，产生趋势反包形态。

如图 20-10 所示，长电科技（600584）的走势图。该股为芯片封测、半导体行业的龙头股。该股洗盘整理结束后，进入新一轮上涨行情。2020 年 7 月 2 日，股价放量涨停，形成"强烈撞顶"形态。次日缩量假阴线调整，是短线较好的买点，第二天股价高开高走出现缩量反包。7 月 7 日，股价高开 6.64% 后大幅振荡，盘中一度封涨停，尾盘回落收假阴线，股价连板失败，但上涨趋势完好。第二天股价高开高走，形成大阳线趋势反包。

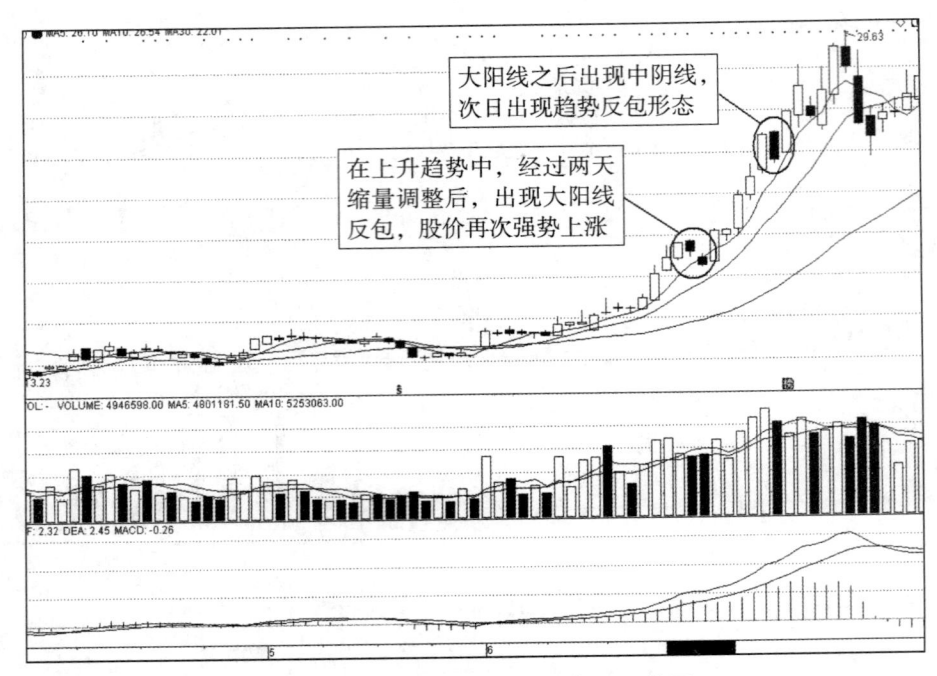

图 20-9　东方财富（300059）日 K 线图

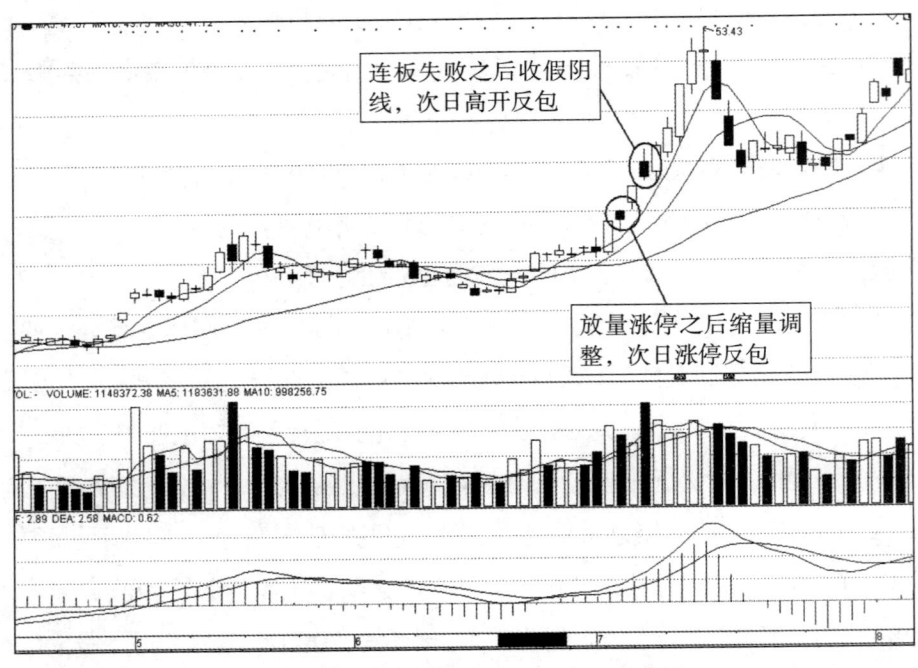

图 20-10　长电科技（600584）日 K 线图

5. 嵌入反包

嵌入反包也叫"N"形反包，股价向上突破后，没有形成持续上涨，而是出现 2～5 个交易日的回落整理走势，然后股价向上拉起反包前面的调整线。中间的调整线如同嵌入完整的拉升线条中,故称嵌入反包。

嵌入反包形态的实战核心要点如下。

(1)个股在中低位区间,当下必须处于风口,近期有过涨停。

(2)中低位首板前必须有反复筑底的过程。

(3)涨停后回踩2~3日,整体回踩幅度不超过8%,且缩量明显。

(4)5日、10日和30日均线必须处于多头排列,如此连续攻击才有保证。

(5)连续回调后放量拒绝下跌时要留意,下跌趋势线突破则是介入时机。

(6)反包日需密切注意攻击强度,如果可以放量封板则继续持有,反之,可以高抛后再等待低吸机会,但要注意反包当日必须是大阳线,这样才有低吸价值。

(7)中低位反复强势,均线系统呈多头排列,再配合成交量,才能考虑波段N形盘态。当然,一切都要建立在大盘稳定的前提下,并做好最后的止损计划。

如图20-11所示,金杯汽车(600609)的走势图。该股为汽车行业的龙头企业。该股进入上涨趋势后,股价稳步上行,走势坚挺有力,均线系统呈多头发散排列。2020年6月19日午后强力封板,继续创出上涨新高,且量价配合十分理想。然而,次日开始出现4个交易日的整理,成交量逐步萎缩,股价回落到10日均线附近,疑似短期将出现回落。可是,6月30日股价小幅高开后,强势放量涨停,覆盖了前面的4根调整线,形成嵌入式反包形态,这是一个强烈的短线买入信号。

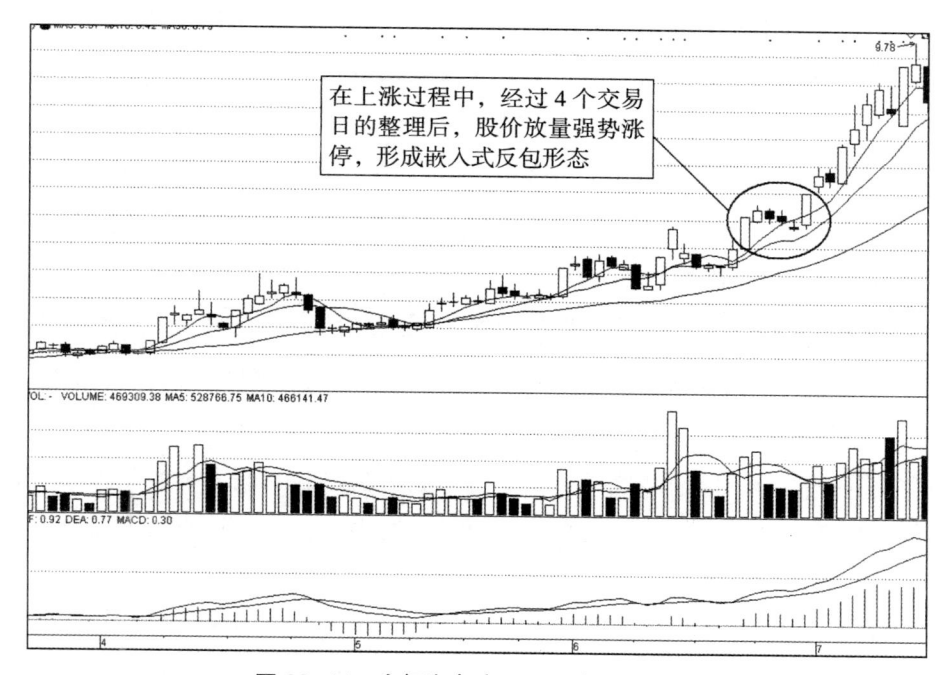

图20-11 金杯汽车(600609)日K线图

该股随后不断走高，成交量保持温和放大，显然资金对后市依旧看好。嵌入式反包不仅仅看日内反包，还要有 N 形盘态的预期，果然，随后该股逆势上涨，N 形盘态成立。

五、技术要求

反包战法的技术要求如下。

（1）盘面符合量、价、势、形四个要素。

（2）反包涨停的收盘价必须吞没调整线的最高价（允许平顶），上影线可以不计，而开盘价可以不考虑低开还是高开。也就是说，形态上必须是穿头，可以不破脚。

（3）反包战法只适用升势中的强势股，反包涨停之前有连续的涨停动作（大于等于 2 连板），跌势、盘整中的反包形态不可靠。

（4）调整线带有上影线的光脚阴线更好，说明开盘后有上攻动作，拉出上影线后下跌，收盘价基本上是当天的最低价。

（5）调整线的回调力度不宜过大，收盘价不能回吐大阳线涨幅的 1/2。

（6）激进买点：反包拉升之中，在股价突破昨日调整线的最高价时入场。保守买点：反包涨停封板的时候，瞬间挂单买入，确定性更高。

（7）大势走势稳定，最好是板块热点。

在实盘中，注意下面两种盘面情形。

第一，如果首阴之前一字板居多，表明前期主力成本较为一致，股价涨到高位后，一旦有资金出逃，容易引起跟风效应，往往造成高位放量见顶现象，对待这种反包形态应该保持谨慎。

如图 20-12 所示，新朋股份（002328）的走势图。股价经过强势拉升后，在高位又连拉 3 个一字板。2020 年 2 月 20 日开板后大幅振荡，次日开盘后强势拉升，大有反包涨停的势头。但由于市场做多意愿不强，筹码出现松动，股价回落，反包失败。

第二，如果反包当日出现破板或无力封板的现象，且高位放量，属于封板资金大量出逃，或者主力资金拉高出货的行为。K 线收出长上影线（追涨套牢盘较多），表明反包失败，隔日开盘后应择机卖出。

如图 20-13 所示，中国银河（601881）的走势图。股价连拉两个涨停后，2020 年 7 月 7 日出现断板调整。次日主力欲拉高反包，但冲板失败，之后股价进入调整，这种盘面现象应当谨慎。

反包形态的特别提示。

（1）反包形态可低吸，也可追板，这一点与龙回头形态有明显区别。

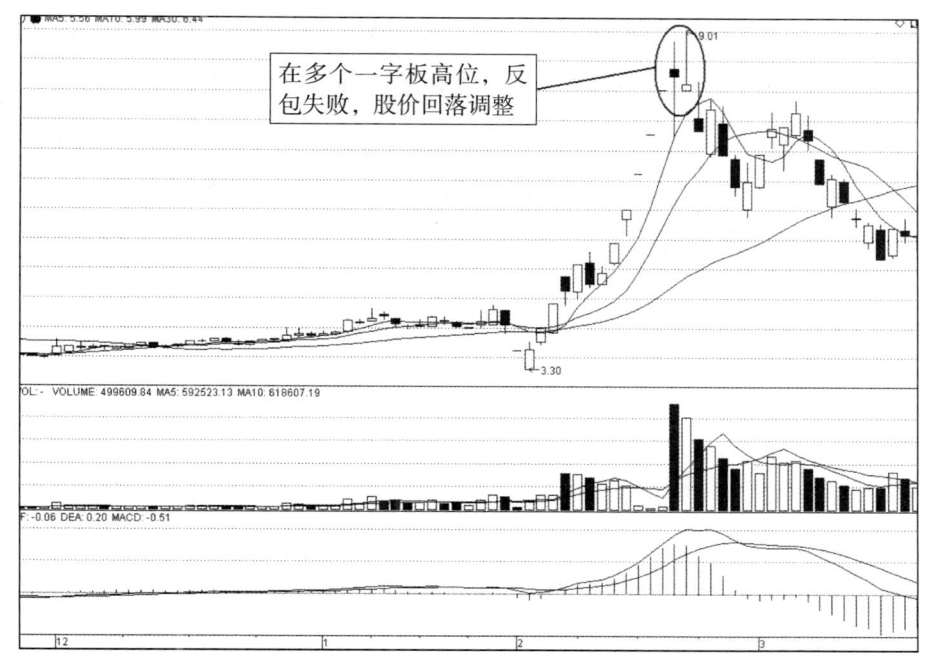

图 20-12　新朋股份（002328）日 K 线图

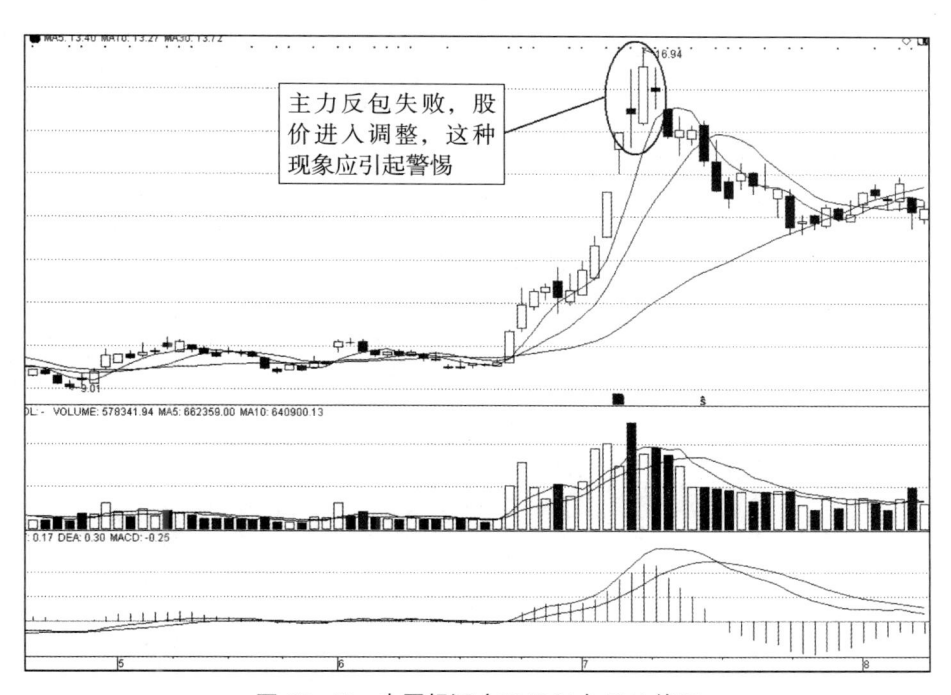

图 20-13　中国银河（601881）日 K 线图

（2）反包形态出现在三板位置附近更好。

（3）反包形态呈现"N"形，次日机会更大。

（4）量价结构理想，配合默契，不能出现天量。

（5）调整线最好不要出现跌停，因为股价跌停仍有下跌惯性，难以形成反包形态。

（6）妖股高位反包形态需要谨慎。高位反包形态容易出现垂死挣扎线，宜在第二天冲高离场（封板除外）。

（7）止损设置：突破介入后，跌破调整线最低价时离场；在涨停位置买入的，股价跌破反包涨停最低价时离场。

涨停 21 式　龙回头战法

一、形态特征

　　龙回头形态的前提必须是"龙"，如果不是龙，何谈龙回头之说。这个"龙"，是市场认可的"龙"，是市场选择出来的龙头股，市场地位明显。

　　龙头股的走势大致分为这样几个阶段：启动——发酵——加速——分歧——反包——龙回头。

　　在 2018 年的行情中，东方通信（600776）是 5G 题材的龙头股，风范股份（601700）是特高压题材的龙头股，通产丽星（002243）曾经当作是创投题材的龙头股，后来虽然做了澄清，但当时也不妨碍它的市场地位，国风塑业（000859）曾经是柔性屏（OLED）行业的龙头股。在 2019 年的行情中，智度股份（000676）是区块链题材的龙头股，四方精创（300468）是数字货币题材的龙头股，聚飞光电（300303）是消费电子题材的龙头股。在 2020 年的行情中，星期六（002291）是区块链题材的龙头股，西藏药业（600211）是生物疫苗板块的龙头股，天山生物（300313）是新注册制题材的龙头股，金健米业（600127）是农林牧渔板块的龙头股，轴研科技（002046）是通用机械题材的龙头股，秀强股份（300160）是光伏概念的龙头股，道恩股份（002838）是特斯拉题材的龙头股等。年年岁岁龙头不断，岁岁年年主力、品种却不相同。

　　对于龙回头形态，可以下一个简单的定义：龙头股在完成几个超短期上涨阶段之后，高位反包后回调，然后向上反抽的一个动作状态。

　　既然是一个向上反抽的动作状态，重要的是向上持续性的问题。这个需要参考题材、上涨逻辑、基本面是否继续支持，当时所处的市场环境，龙头股回调时间或者调整幅度大小，以及是否缩量止跌等。

　　龙回头形态的前提、定义、性质和原因如下。

　　第一，前提——必须是市场认可的真龙。

　　第二，定义——市场地位明显，具有号召力，能聚集市场人气，能引领市场运行。

　　第三，性质——一个向上的反抽动作。

　　第四，原因——一是市场情绪氛围高涨，行情余波未尽；二是主力没有完成出货，借反抽高点撤退。

　　根据龙回头形态的前提、定义、性质和原因，它具有以下特征。

（1）一波上涨行情已经结束，热点渐退，但尚有余热。

（2）在重要位置获得支撑后，股价再次强势回升。

（3）不是一波独立行情，仅是一个向上的反抽动作，但反抽力度大小不一，有时超过前一波的高点。

（4）成交量较大，盘面仍然活跃。

需要特别提醒的是，龙回头形态是低吸，不是打板。

如图 21-1 所示，君正集团（601216）的走势图。2020 年 7 月 21 日，股价整理结束后向上突破，在 10 个交易日中拉出 9 个涨停，主力获利丰厚。8 月 4 日开盘后秒板，午后开板回落，盘中最大跌幅达到 8.15%，尾盘收跌 4.87%，次日低开 6.01% 后振荡上涨，并封涨停，3 连板后冲高回落。

在回落和拉升过程中，主力实施了减仓和出货计划，但主力手中的筹码较多，难以一次性顺利撤退。随后股价回落到前期连板后的开板位置附近，由于该位置是前期短线筹码换手的地方，对股价有一定的支撑作用，因此主力借题发挥，8 月 17 日开始连拉 2 个涨停，形成龙回头走势，主力在高位继续出货。之后，股价再次回落至该位置附近，也出现龙回头走势，只是回升力度明显减弱，因为主力已经派发了大量筹码。当主力完成出货计划后，股价开始向下破位，可见，龙回头形态与主力是否完成出货有很大的关系。

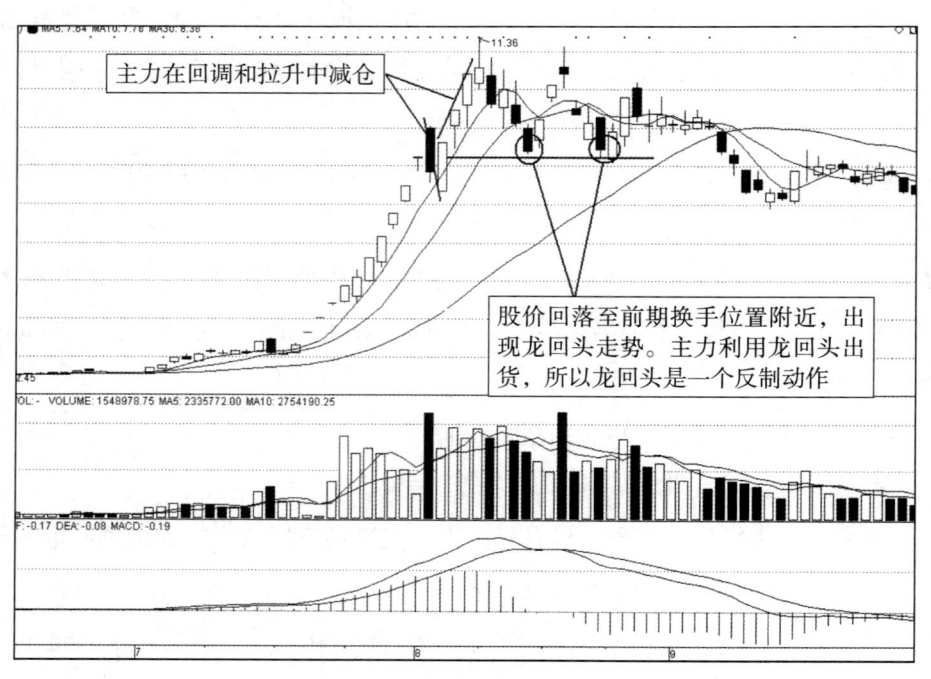

图 21-1　君正集团（601216）日 K 线图

二、龙回头买点

龙回头形态的前提必须是"龙",一定要是市场认可的龙头股。

龙回头形态的买点是什么？可以参考以下三个标准。

(1) 量的标准,最好是3板以上换手。

换手板一定要关注,市场合力上来的,筹码换手比较充分,题材发酵比较好,市场情绪也比较热烈。比如,2018年8月下旬的德新交运(603032),底部一直是换手板走上来的,东方通信(600776)在2019年2月15日第4板换手,泰达股份(000652)在2020年1月22日第3板换手。当然,也有换手失败的案例,海南海药(000566)在2020年7月16日第4板失利,观察盘口分时走势分析,很明显是短线游资的撤退行为。

(2) 回调幅度,也就是刹车距离,滑行的距离。

从龙头分歧(局部见顶)到龙回头前一天,以回调幅度的大小作为参考指标。一般来说,龙回头的调整幅度在20%～40%之间,如果回落幅度太大,盘面气势受到影响,不利于龙回头走势。比如,星期六(002291)在2020年1月21日见顶回落,调整时间为4个交易日,回落幅度在30%左右,龙回头反抽2连板；金健米业(600127)的走势在2020年4月8日见顶回落,调整幅度在25%左右,龙回头涨幅30%以上；秀强股份(300160)在2020年2月21日见顶回落,调整时间为5个交易日,回落幅度在33%左右,龙回头反抽2连板。

(3) 回调时间不宜太久,保持市场温度。

一般龙回头的调整时间为2～6天,如果时间太长,市场热情下降,不利于主力发动龙回头反抽。比如,风范股份(601700)在2019年2月26日局部见顶,到3月1日,回调4个交易日,龙回头反抽2连板；国风塑业(000859)在2019年2月26日局部见顶,到2月28日,回调3个交易日,开始龙回头反抽板,涨幅在30%以上；东方通信(600776)2019年2月26日局部见顶,到3月1日,回调4个交易日,龙回头反抽4连板,涨幅40%多。

如果受市场情绪影响,调整时间可以稍微长一点,调整主要受到监管因素,还有市场资金流通性的影响。比如,东方通信(600776)在2019年春节之前的几个交易日,市场流通性比较差,造成回调的时间比较长。漫步者(002351)在2019年11月15日局部见顶,到11月27日,调整8个交易日,才展开新一轮上涨行情。

如图21-2所示,模塑科技(000700)的走势图。该股作为无人驾驶和特斯拉题材的龙头股,2020年1月7日向上突破底部整理盘区,连拉3个涨停,在第4板和第6板位置进行换手。成功换手后,股价开始大幅上涨,2月11日创出新高后见顶回落。当股价回落至缺口位置附近时，主力借助缺口支撑作用展开龙回头反抽走势，股价反抽至前高附近。该股调整时间为 4 个交易日，回落幅度在 20% 左右。主力在龙回头过程中，顺利地实施了出货计划，之后股价进入中期调整。

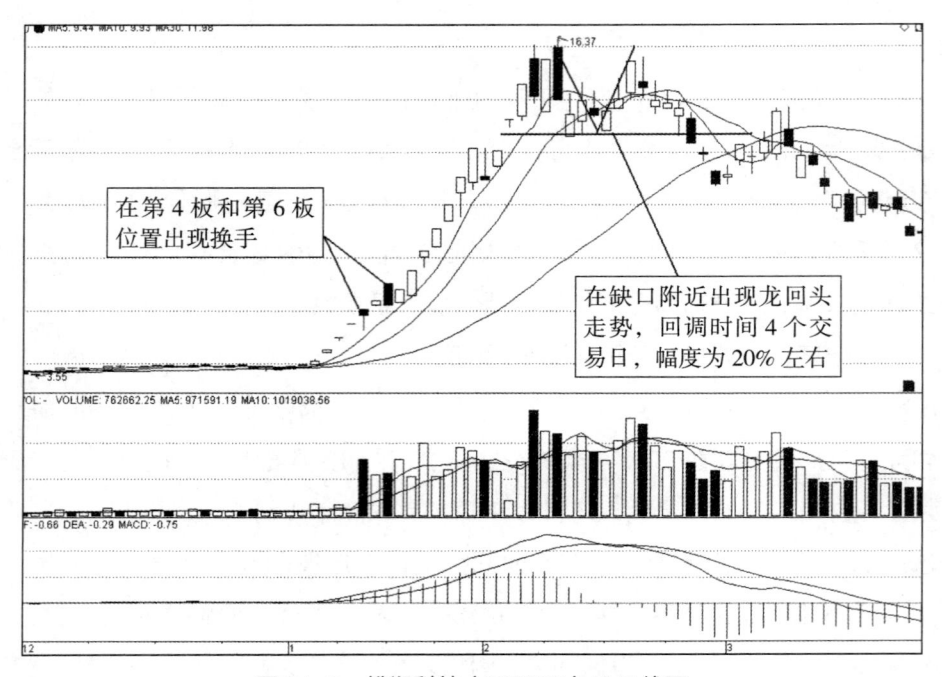

图 21-2　模塑科技（000700）日 K 线图

一般来说，以缩量止跌作为参考，表明下跌动能局部衰竭，容易引发反转。在 K 线结构上，一般有缩量止跌 K 线，或者以大阴线、小阳线结束调整，在实战运用中要结合参考。

根据经验来看，一是综合参考之后，建议尾盘最后几分钟观察进场，二是在大阴线次日或者均线下方分时急刹低点考虑进场。

如图 21-3 所示，东方通信（600776）的走势图。该股经过一轮拉升行情后，成为家喻户晓的 5G 龙头股，吸引了市场资金的广泛关注。2019 年 2 月 26 日形成局部顶点，股价出现回落，但余热未退。3 月 1 日股价打压到跌幅 5% 以上时，被多方强势拉起，形成龙回头走势，说明下方承接能力很强，短期买点形成，随后出现 4 连板。

如图 21-4 所示，国风塑业（000859）的走势图。2019 年 2 月 27 日，股价跌停，次日虽然盘中整体是放量的，包括早盘恐慌低开，尾盘放量拉升，但是当日依然是缩量 K 线，说明筹码稳定性很强，产生龙回头买点。

如图 21-5 所示，领益智造（002600）的走势图。该股前期是 OLED 行业的领先龙头，后期掉队，盘面出现振荡整理。2019 年 2 月 22 日，股价在 10 日均线附近获得支撑，出现日 K 线缩量的止跌信号，构成龙回头买点，随后出现第二波拉升行情。

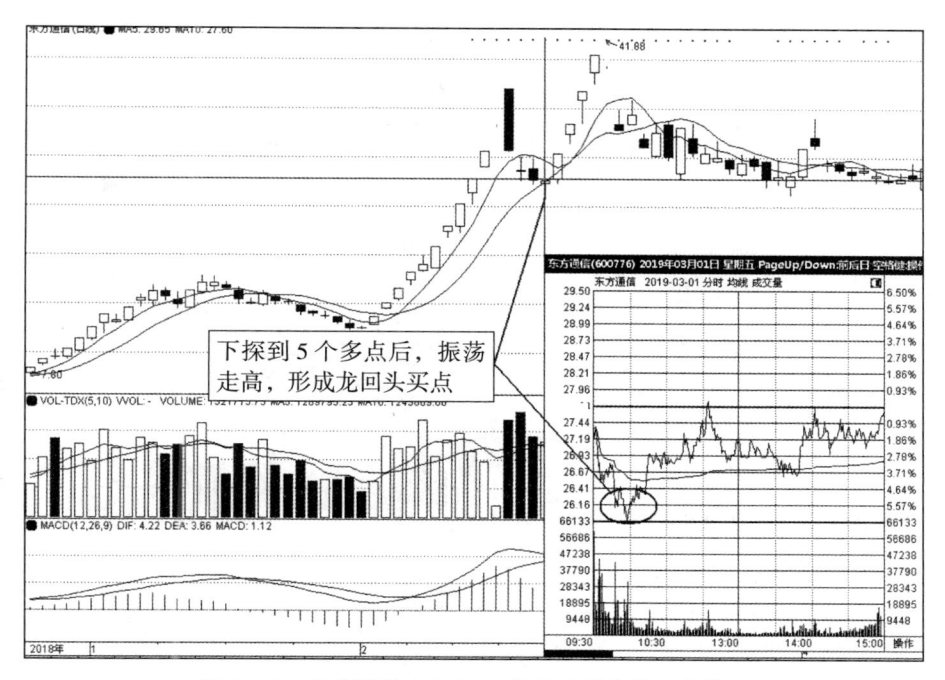

图 21-3　东方通信（600776）日 K 线和分时走势图

下探到 5 个多点后，振荡走高，形成龙回头买点

出现缩量止跌 K 线，产生龙回头买点

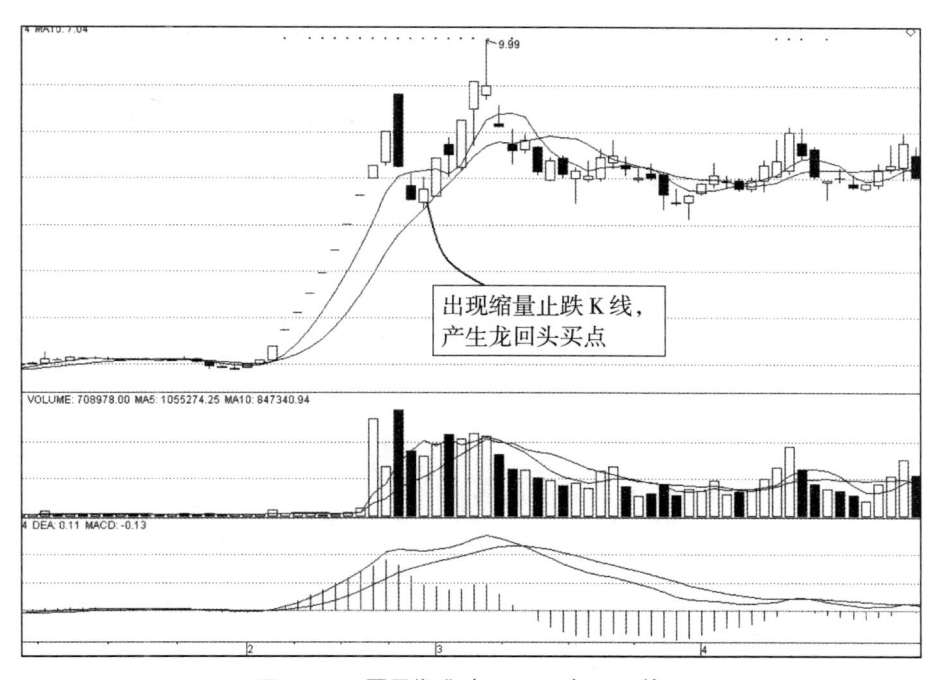

图 21-4　国风塑业（000859）日 K 线图

有无龙回头？何时出现龙回头？龙回头的强度有多大？与市场情绪氛围和主力是否顺利出货及出货量有关，所以确定龙回头买入机会时，要与主力意图结合起来分析。以下几个主要位置容易出现龙回头走势。

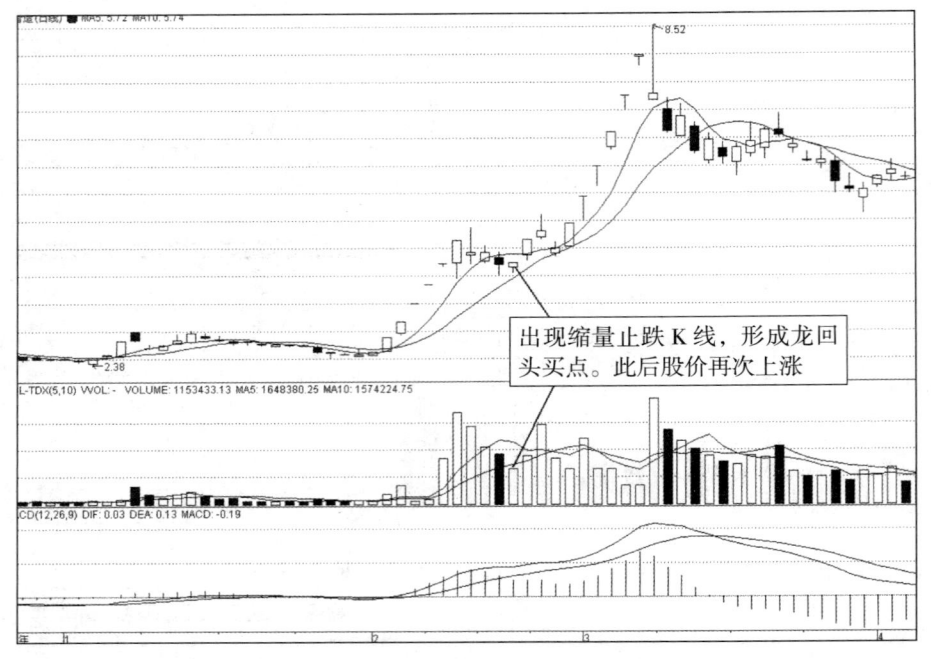

图 21-5 领益智造（002600）日 K 线图

（1）在主力出货区域低点位置。根据 K 线组合分析主力出货情况，主力出货不充分的，会在该位置附近产生龙回头走势。如秀强股份（300160）2020 年 2 月 13 日第 8 个涨停为一字板，在第 9 个涨停之后的实体板，就是强势拉高出货。2 月 28 日，当股价回落到第 9 个涨停附近时，由于主力出货并不充分，所以出现龙回头行情。

（2）在高位振荡盘区低点位置。这是主力出货区域中的一种盘面形态，如金力永磁（300748）2019 年 6 月在高位低点形成龙回头走势。

（3）在股价见顶之前，出现短暂振荡走势，在振荡位置附近容易出现反抽走势。如星徽精密（300464）2020 年 7 月在前期开板位置附近出现龙回头走势。

前期缺口附近，缺口的上方和下方都有作用。如模塑科技（000700）2020 年 2 月在缺口附近出现龙回头。

（4）首次回调，在 10 日均线附近；第二次回调，在 30 日均线附近。如江淮汽车（600418）2020 年 6 月 11 日首次回落至 10 日均线附近时出现龙回头走势，7 月初第二次回落时，在 30 日均线附近出现龙回头反抽。

三、龙回头卖点

从龙回头的定义中得知，这是一个向上反抽的动作状态，对龙回头的持续性不要期望太高。

如图 21-6 所示，德新交运（603032）的走势图。2018 年 9 月 20 日，该股出现龙回头形态，次日早盘惯性冲高，午后跳水回落，龙回头行情很快结束，短线卖点形成。

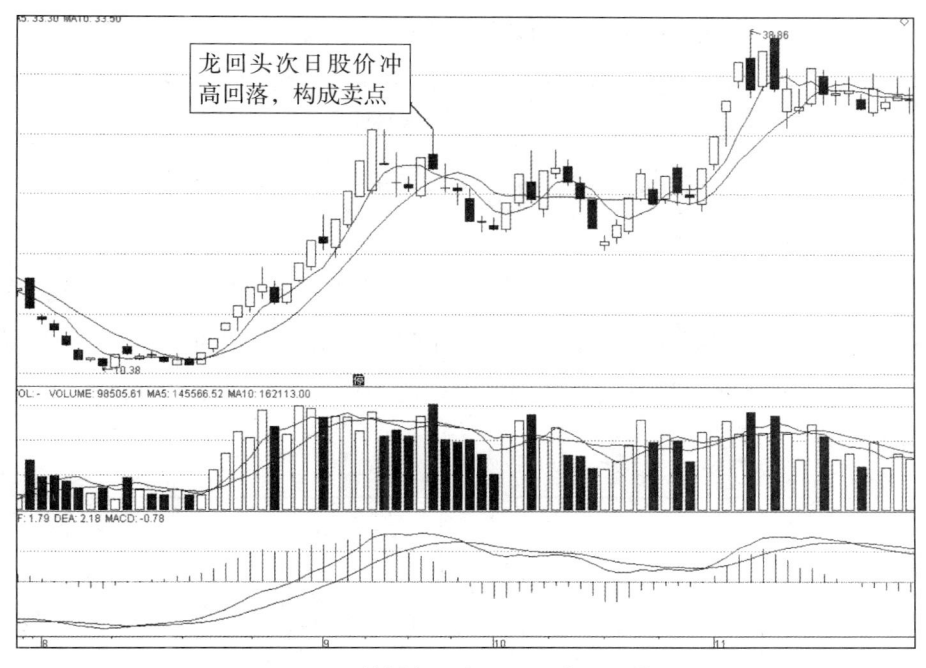

图 21-6 德新交运（603032）日 K 线图

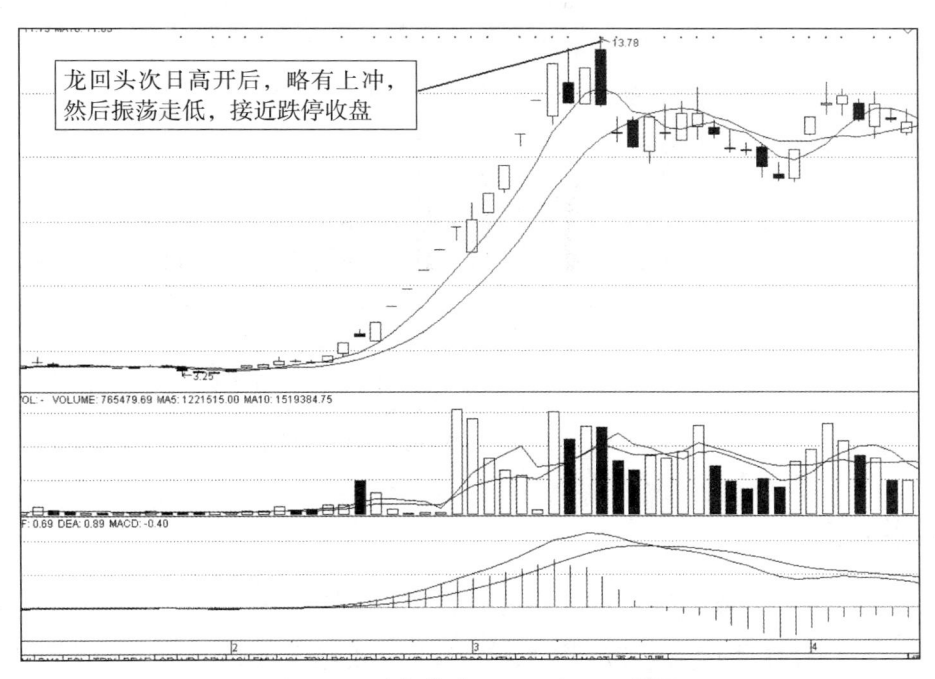

图 21-7 大智慧（601519）日 K 线图

如图 21-7 所示，大智慧（601519）的走势图。该股是互联网金融行业的龙头股。2019 年 3 月 13 日，早盘集合竞价结束就是最高价，盘中没有明显的冲高走势，股价快速回落呈弱势振荡，尾盘接近跌停。参与这种龙回头走势时，如果跑得慢，就容易被套。当然，该股也受到了当时市场情绪的影响，走出了高位股杀跌行情。

如图 21-8 所示，中信重工（601608）的走势图。该股为当时的军工概念龙头股。2019 年 3 月 12 日，该股出现龙回头走势，次日股价快速冲高 5% 以上时，就结束了龙回头行情，随后股价逐波下行。如果是在前一日打板进入的散户，早盘跑得慢的话，就只有亏钱出来了。

以上几个案例中的龙回头走势，第二天的持续性都不太好。龙回头是一个超短线玩法，犹如虎口抢食，危险系数很高，对了吃肉，亏了吃面。所以，龙回头不是用来打板的，而是以低吸为主，无论亏损还是获利，都应该做到快速出局。具体卖点可以参考后面的"垂死挣扎"战法。

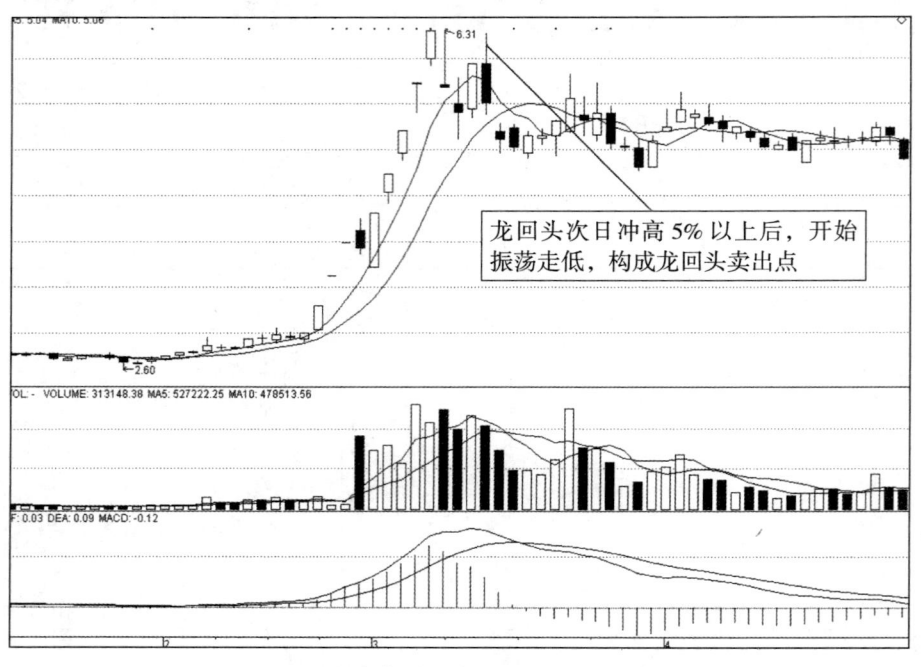

图中文字：龙回头次日冲高 5% 以上后，开始振荡走低，构成龙回头卖出点

图 21-8　中信重工（601608）日 K 线图

四、特别提示

（1）龙生九子，各有不同。龙回头形态只是理论上的解析，并不是所有的"龙"都会出现"回头"。根据市场情绪氛围和主力出货程度，市场人气越高，回头的概率越大，主力没有顺利出货，回头的力度就大，当然，也要结合市场当时的情绪周期。

比如，2018 年 7 月的福达合金（603045）和欣锐科技（300745），都是次新人气股，分别出现 5 板、6 板，虽然当时流行次新缩量上板，但盘面氛围比较差，并没有出现龙回头走势。还有 2018 年 6 月的宏川智慧（002930）、2020 年 7 月的光大证券（601788）以及 9 月的天山生物（300313），也是如此。

（2）龙头股识别不明显，市场代表性不强，资金出现分歧。市场中一部分人认为是龙头股，一部分人不认可这个龙头股，认为只是板块内的龙头股，不是当时市场的总龙头，虽然涨停板的高度有了，但是一部分资金不认可。犹如欣锐科技（300745）、福达合金（603045）一样，在次新里面的地位是龙头股，但是没能带动板块行情，回调之后几乎没有反弹高度。

（3）博弈龙回头，没有出现预期的龙回头走势，应及时出局。止损快，亏不了大钱，亏大钱的一般是扛单。

比如，复旦复华（600624）是创投概念的代表，2019 年 3 月 29 日和 4 月 8 日均出现缩量止跌 K 线，但是龙回头涨停次日的分时走势表现都不太好，所以龙回头是低吸，不是打板。

又如国际实业（000159），在 2019 年 4 月 1 日和 4 月 4 日，也是收出缩量止跌 K 线，之后涨停的次日盘面表现都不太理想。

再如西安旅游（000610），2019 年 4 月 4 日出现缩量止跌 K 线后，4 月 9 日出现涨停，但后面的表现也不尽人意。

涨停 22 式　重要支撑战法

一、形态特征

这里所说的支撑，是指经过一波拉高行情后，股价出现回落调整，当跌至某一重要位置时，由于买气转旺，卖气渐弱，从而使股价停止继续下跌，或出现强势回升走势，就形成了支撑线（位），这是多方在这个位置买入或持股者惜售造成的，支撑线（位）起到了阻止价格继续下跌的作用。如果在实盘中能够比较准确地判断出支撑线所在的位置，也就把握了一次较好的短线获利机会。

市场机理：当股价跌到某个重要位置时，有一股神奇的力量阻止股价下跌，并将股价向上拉起，这股力量一般是主力主导下的大资金推动作用。具体地说，一是主力成本所起的支撑；二是主力加仓行为产生的支撑；三是主力没有完全出货而引发的支撑；四是投资大众心理趋向一致所形成的支撑。

重要支撑战法的技术特征和要点如下。

（1）前面已经完成一波拉高行情，阶段性回调明显，主力没有完全出货。

（2）以 30 日均线为参考线。股价位于 30 日均线之上，且 30 日均线处于上行或平走，首次击穿后快速拉起。

（3）上涨气势没有完全消失。上涨趋势保持完好，股价仍处于强势之中，热点渐退，余温尚存。

（4）股价首次回落到支撑位附近，第二次回落时支撑力度次之，第三次或三次以上回落时支撑较弱，不参与为好。

（5）股价回调时，出现缩量；企稳回升时，出现放量。缩量是相对前几天的放量而言的，不要萎缩到启动前的低量水平，否则回升力度有限。

（6）股价回升时大阳线拉起，涨停大阳线更佳，突破高点更理想。

这里有必要对支撑点范围值的大小做一个澄清。不少投资者认为，只有当股价落到该位置时，才会产生支撑作用，其实并不完全正确。实盘中股价很少精确地落到某个点上，它是有一个范围值的，一般来说，上下 3% 以内都会产生作用。比如，如果 10 元价位是技术支撑点，那么 10.30 元～9.70 元之间都属于支撑范围，只是支撑力度上略有差别。这一点适用于压力线（位）分析。

需要注意的是，该战法只适用于低吸，不适合追涨。

如图22-1所示，海南发展（002163）的走势图。2020年7月10日开始，股价连拉3个涨停，成功向上突破前期整理盘区的高点压力，然后进入洗盘整理，同时对突破的有效性进行确认。当股价回落到前期两个高点的连线附近时，得到买方力量的支持，股价获得有效支撑。7月27日，股价再拉涨停，表明洗盘整理结束，前高由压力成功转换为支撑，同时又符合"三外有三"战法。该股盘面走势符合上述基本特征，构成短线较好的买点。

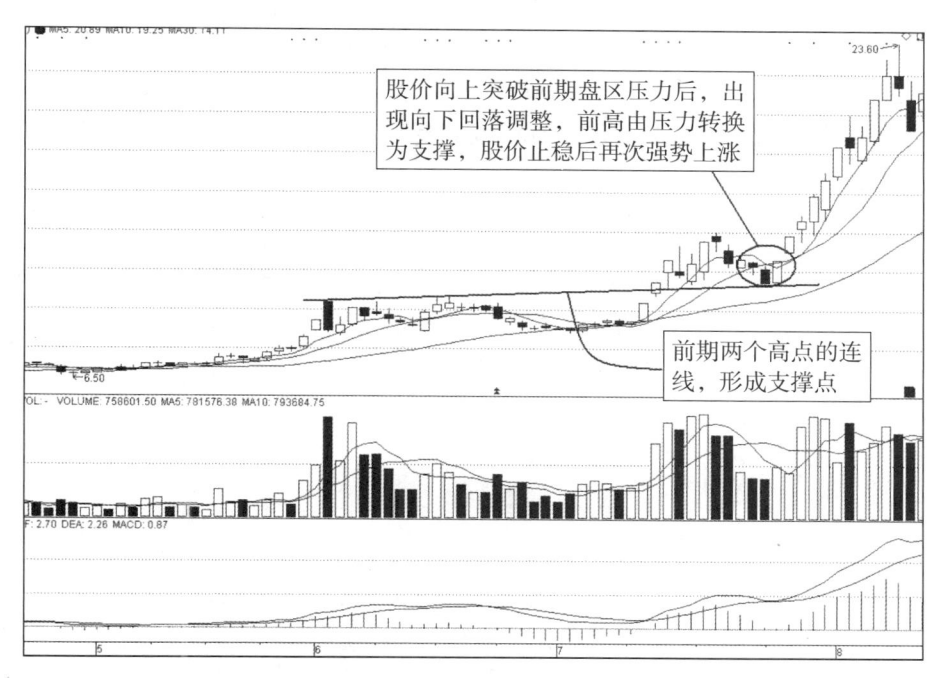

图 22-1　海南发展（002163）日 K 线图

如图22-2所示，智光电气（002169）的走势图。该股拉升结束后出现回落走势，主力虽然在高位做了减仓处理，但并没有完全撤退。当股价首次回落到30日均线和前期盘区附近时，得到技术上的多重支撑而回升，短线投资者可在支撑位附近轻仓低吸。2020年3月13日，股价低开高走，并封于涨停，回升力度较为强劲。但由于前一波行情涨幅较大，投资者应适可而止，要求不宜太高。

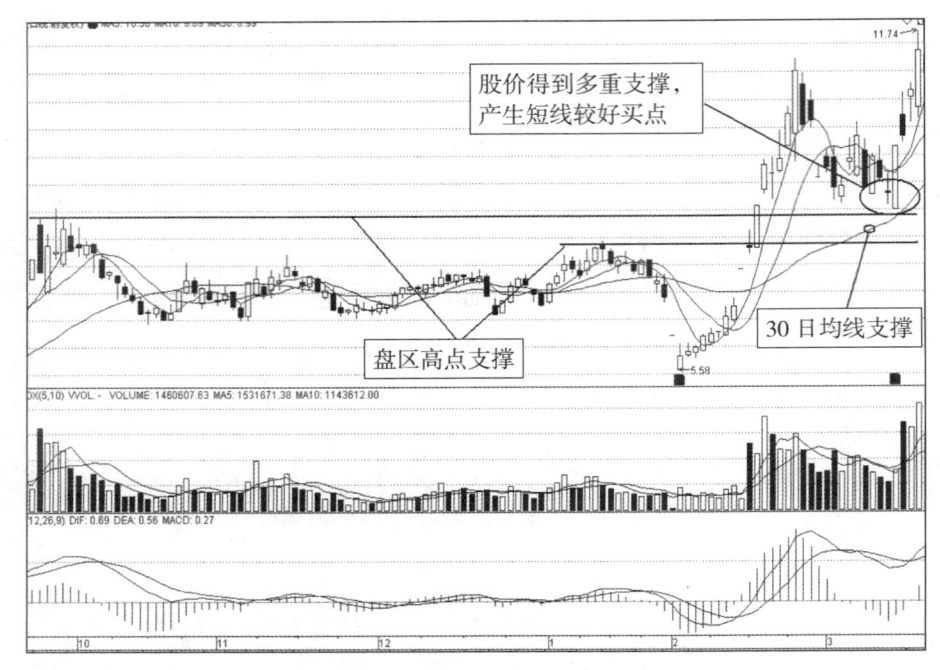

图 22-2　智光电气（002169）日 K 线图

二、重要支撑

1. 主要支撑线（位）

股价长期运行过程中，会产生许多有技术意义的点或线，对股价起到重要的技术支撑作用。那么，具体哪些位置具有支撑作用呢？主要有以下几个位置。

（1）均线位置：股价向上突破均线后，均线系统呈现多头排列，均线由原来的压力作用转换为支撑作用。短线操作应关注 5 日、10 日均线的支撑作用，中长线操作应关注 30 日、60 日、120 日均线的支撑作用。就支撑力度而言，上行的均线支撑力度较强，平行的均线支撑力度次之，下行的均线支撑力度较弱。

（2）高点（波峰）位置：股价向上突破后，前期高点附近有支撑，或两个以上高点（波峰）连接的延长线位置，也构成高点支撑位。

（3）低点（波谷）位置：股价回落到前期低点附近有支撑，或两个以上低点（浪谷）连接的延长线位置时，这条连线对股价将产生支撑作用，这条连线就叫低点支撑线。

（4）平台（整理）位置：股价在平台（或一定幅度内）横盘整理，然后脱离整理区，当股价再次回落时，平台整理区域对股价有支撑作用。

（5）颈线位：双底（顶）、头肩底（顶）等技术形态的颈线对股价下跌或回档都有支撑作用。

（6）趋势线位置：主要指上升趋势线（多头市场各回调低点的连线）对股价产生支撑作用。

（7）轨道线位置：上升或下跌轨道的中轨、下轨有支撑作用；BOLL指标的中轨、下轨对股价也有支撑作用。

主力的持仓成本或者市场平均持仓成本附近有支撑；股价原先突破一个较大的技术形态以后再回档时，这个形态的密集成交区域附近有支撑；主力正在出货和出货没有完毕以前，在主力预定的出货区域附近有支撑；从未炒作过的股票，如果市场定位合理，在密集成交区域附近，股价也有较强的支撑；大多数情况下，股价在底部区域振荡，是有一定支撑的。

2. 支撑力度大小

关于支撑力度大小的问题，也就是说，前期所形成的参考线（位），对当前股价支撑程度的影响，可以从以下三个方面考虑。

（1）股价在这个区域停留时间的长短。

（2）股价在这个区域伴随的成交量大小。

（3）前期参考点（位）距离当前股价的远近。

一般来说，股价前期在这一区域逗留的时间越久，伴随的成交量越大，发生的时间越近，其支撑作用对当前行情的影响力也就越大。这一点也适用于压力线（位）分析。

如图22-3所示，亚钾国际（000893）的走势图。该股向上突破前期盘区后，股价出现回落调整走势，前期盘区的支撑力度强弱与股价前期在该区域整理时间的长短、成交量大小和距离当前位置的远近有直接关系。通常，前期盘整的时间越长，成交量越大，时间越接近，其支撑作用也就越大。该股获得支撑后，于2020年7月20日再次涨停，股价出现强势上涨。

需要指出的是，如果主力需要击破包括技术派在内所有看好者的信心，进行凶狠的杀跌洗盘时，各种形式的破位就是在所难免的，这时可以说股价几乎没有任何技术支撑。在遇到特大利空消息或产生系统性风险时，股价也没有任何技术支撑。

三、运用法则

支撑只在一定时期内起作用。在上升趋势中，支撑力度比较明显；在下跌趋势中，支撑只能阻挡跌势暂时放缓，在以后的价格运动中，还会向下突破支撑。

支撑的运用法则如下。

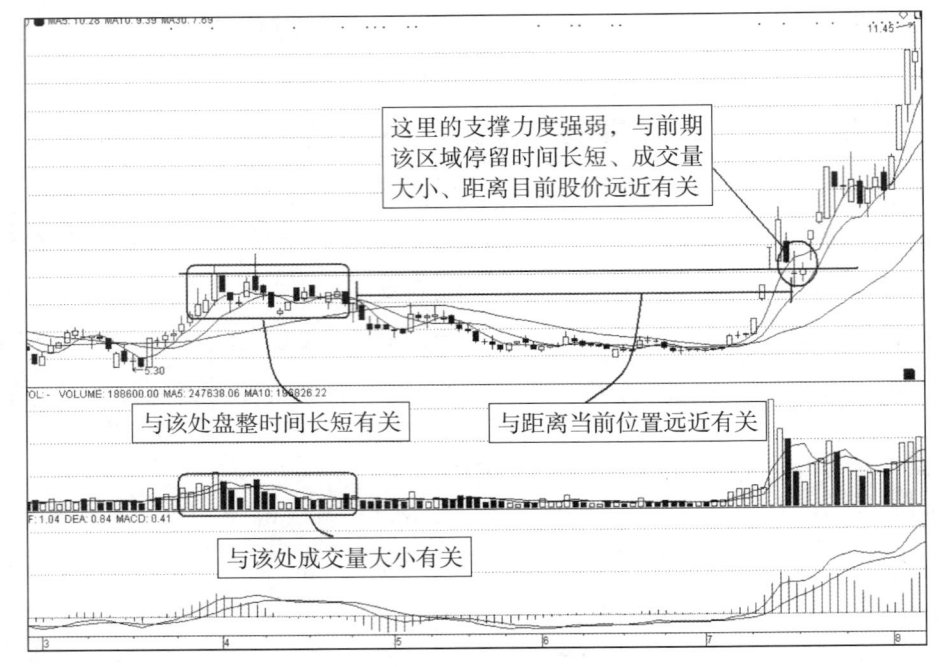

图 22-3 亚钾国际（000893）日 K 线图

（1）由于支撑线与阻力线之间具有相互转化的特征，因而，当股价向上超越前次波段行情的高点时，阻力线被有效突破，则这条阻力线将成为日后行情回档的支撑线，尤其是在多头上升行情中，回落之机就是买进之机。同样，当股价向下跌破上次波段行情的低点时，支撑线被有效击穿，则这条支撑线将成为日后行情反弹的阻力线，尤其是在大空头市场中，每次反弹到阻力线位置都是最佳的出货时机。

（2）低点成交量的大小。在波段行情的低点，当股价向下击穿支撑线，同时伴随着成交量显著放大时，说明市场在该点位套牢盘较多，对后市股价的反弹回升将产生更大的阻力作用。相反，如果成交量在跌破支撑线时并没有出现显著放大，说明市场反应较为平静，在这一点位的套牢盘不重，股价虽然创出新低，但其阻力作用相对较小，后市股价的反弹突破比较容易。

（3）顶点成交量的大小。在波段行情的高点，当股价向上穿越阻力线，同时伴随着成交量的积极放大时，说明市场信心大增，筹码换手积极，则该点位对后市股价的回落将产生更大的支撑作用。相反，如果成交量在突破时并未有积极放大相配合，说明投资者信心不足，虽然股价创出新高，但股价的上涨缺乏市场人气的支持，支撑线的作用不是十分明显，后市股价回落击穿这一点位不会受到太大的抵抗。

（4）价格差幅的大小。支撑价格与最近小波段最高价的差幅越大时，产生的支撑效果将会越大。也就是说，在上升趋势中，当股价突破阻力线创出新高时，如果这一新高点距离支撑线价位越远，幅度越大，则支撑线对股价的支撑作用越明显。如果上升突破的高点与支撑线之间的距离不大，则产生支撑作用的效果不是十分明显，有时可以将这种突破列为假突破。

（5）运行时间的长短。支撑线与阻力线的形成点，距离当前行情的时间跨度越长，说明股价在这一段较长的时间内都无法形成突破，其支撑与阻力的作用将更加明显。如果发生的时间距离当前价位不是很久，除非是大幅度的突破（即两者之间的差幅很大），否则股价极有可能在短期内形成反向突破，因而，时间越短，点位越接近当前股价，其支撑与阻力的作用也越小。

但是，如果支撑和阻力的形成点，距离当前行情的时间太久的话，因场内浮动筹码逐步被消化，其产生的支撑和阻力的效果也将略微降低，适中的时间跨度在1个月以内较好。

（6）市场投资气氛。大盘处于强势多头市场时，由于股价的总体运行趋势向上，在上涨过程中出现的回调支撑相对较强。在大空头市场中，由于股价的总体运行趋势向下，市场人气衰退，多头买盘的承接力度有限，其支撑作用也就显得不是十分明显。

（7）集中成交区域。股价在某一价位出现相当大的成交量，则在此会形成密集的成交区域，对股价的支撑与阻力作用将是十分明显与有效的，成交越集中，其作用也就越大。由于成交的密集反映了市场集中的平均成本，回落时买方会积极护盘，而反弹时则会解套抛售，因而，股价将在一定时期内在成交密集区域上下振荡，直到最后形成有效突破。

（8）形态的作用。原始趋势线、各种技术形态的预测能力，及尚未突破形态时的上限、下限及颈线等，其支撑与阻力的作用都要比一般平常点位大得多。

（9）二分法与三分法。当股价上涨之后，如果滞涨回跌时，通常跌到这段涨幅的1/3或1/2左右时，都会具有支撑力量。

（10）靠近除权波段低点或填权价格，股价经过除权后形成的近期低点，具有支撑和阻力作用。

四、战法剖析

1. 30日均线支撑

技术要求：一是30日均线向上，或者刚由上行转为平走。30日均线下行时，应谨慎使用；二是股价首次回落到30日均线附近，第二次触及30日均线形成支撑时次之，三次以上应谨慎使用。

如图22-4所示,中亚股份(300512)的走势图。该股股价向上突破后出现蓄势整理走势,30日均线继续上行。当股价向下回落到30日均线附近时,获得支撑而回升,短线可在30日均线附近低吸入场。2020年7月29日开始,股价出现4连板,短线获利丰厚。

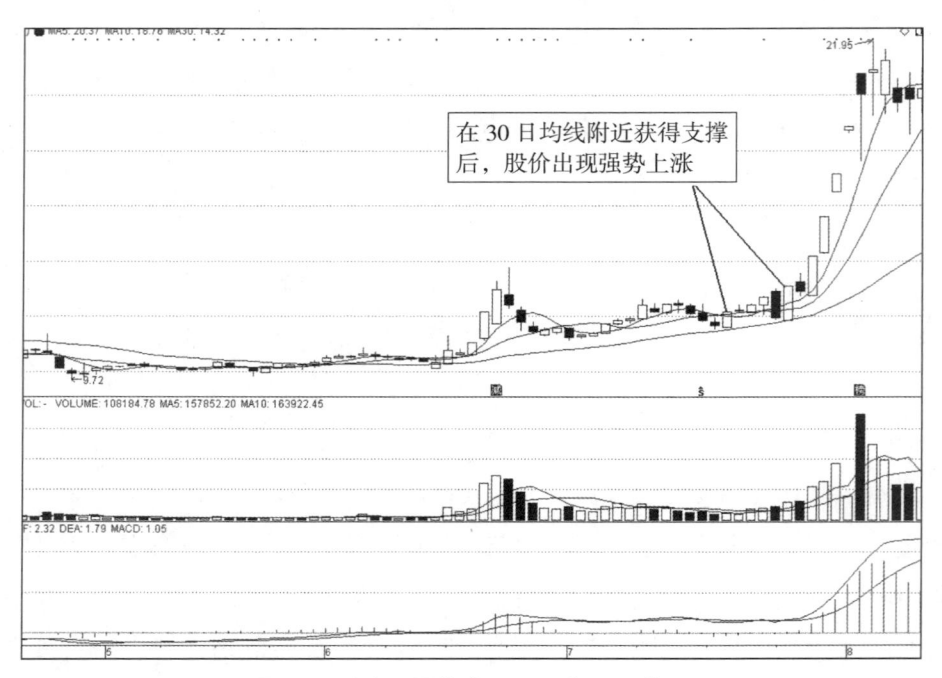

图 22-4　中亚股份（300512）日 K 线图

在实盘中,当股价完成一波拉升行情后,首次回落到30日均线附近时,大多会出现反弹回升走势,30日均线附近是短线较好的买点。

如图22-5所示,远兴能源(000683)的走势图。该股完成一波拉升行情后,股价向下回落,形成阶段性头部。当股价首次回落到30日均线附近时,由于30日均线仍然保持上行状态,对股价下跌有一定的支撑作用。2020年8月28日股价回升涨停,次日出现一字涨停,短线快速赢利。

2. 趋势线（轨道）支撑

技术要求:一是趋势线向上,或者刚由上行转为平行。趋势线下行时,应谨慎使用;二是股价首次回落到趋势线附近,第二次触及趋势线形成支撑时次之,三次以上应谨慎使用。

如图22-6所示,同有科技(300302)的走势图。该股调整结束后股价渐渐走高,然后再次回落时,没有到达前低就企稳回升。连接两个低点就产生一条上升趋势线,之后股价两次回落到该趋势线附近时,均获得支撑而出现强势回升。当股价第三次回落到该趋势线附近时,却没有得到有效支撑,而后股价出现向下破位,说明"事不过三"。

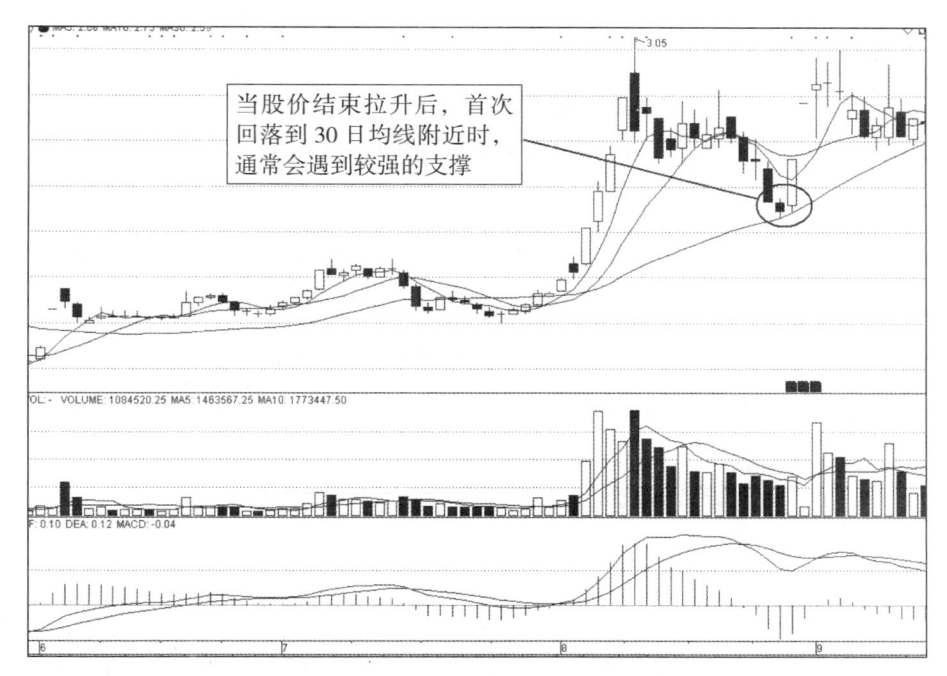

图 22-5　远兴能源（000683）日 K 线图

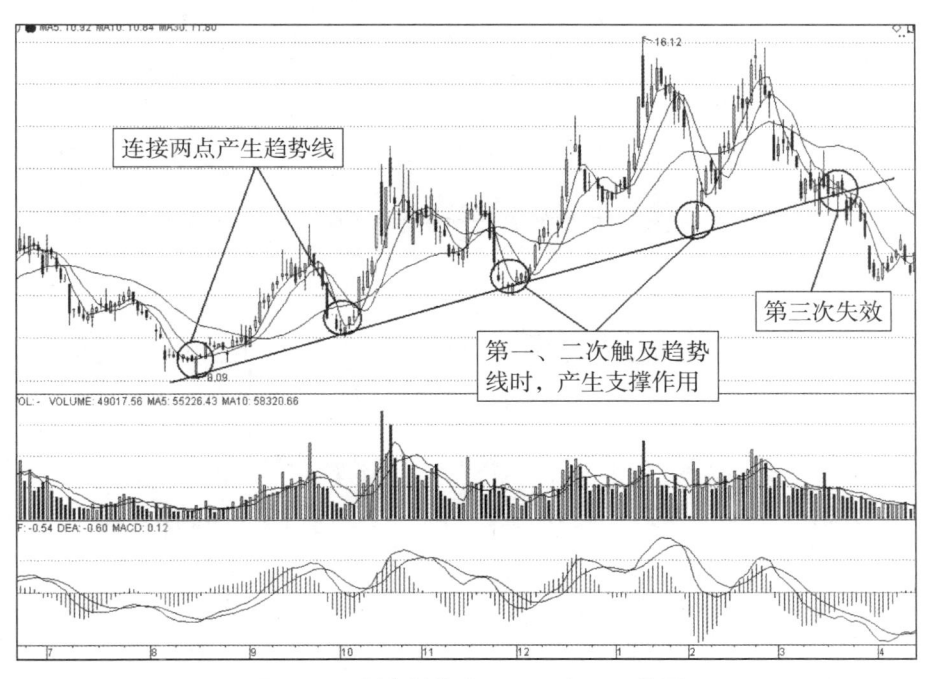

图 22-6　同有科技（300302）日 K 线图

应用趋势线（轨道）分析行情时，在盘升类或波段式上涨的个股中使用，效果较好，对拉升类个股作用不明显。另外，与 30 日均线或多条趋势线（如上升趋势线得到水平趋势线的支持）结合分析，效果更好。

3. 低点和高点支撑

当股价向上脱离一个明显的低点后，再次回落到该低点附近时有支撑。当股价向上突破前期高点后，该高点将由压力转换为支撑，股价再次回落至该位置附近时有支撑。

如图22-7所示，惠而浦（600983）的走势图。主力经过诱空打压后，形成一个明显的低点。股价经过小幅爬升后，再次回落到前期低点附近，此时抄底资金入场，阻止了股价的进一步下跌。2020年3月26日，一根放量涨停大阳线拔地而起，突破了底部盘区，构成双重底形态，股价出现强势上涨。

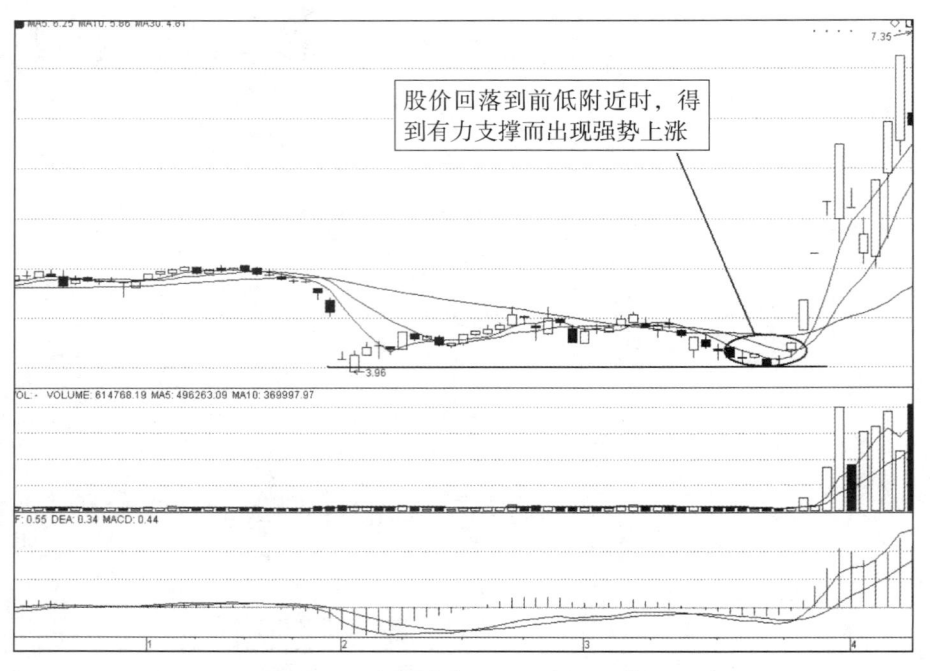

图22-7　惠而浦（600983）日K线图

如图22-8所示，天龙集团（300063）的走势图。该股在底部振荡过程中形成多个高点，2020年1月2日以一字涨停方式突破高点压力，之后股价出现回落调整。2月4日，当股价回落到前期高点附近时，由于前期高点已由压力转换为支撑，股价在此位置出现企稳回升。次日股价涨停，之后振荡走强。

4. 成本支撑

当主力结束拉升行情后，股价回落到主力持仓成本或者市场平均持仓成本附近有支撑。其支撑力度与主力是否完成出货有关，若主力没有顺利出货，则后市回升力度较强；若主力基本撤退，则后市反弹力度应谨慎乐观。

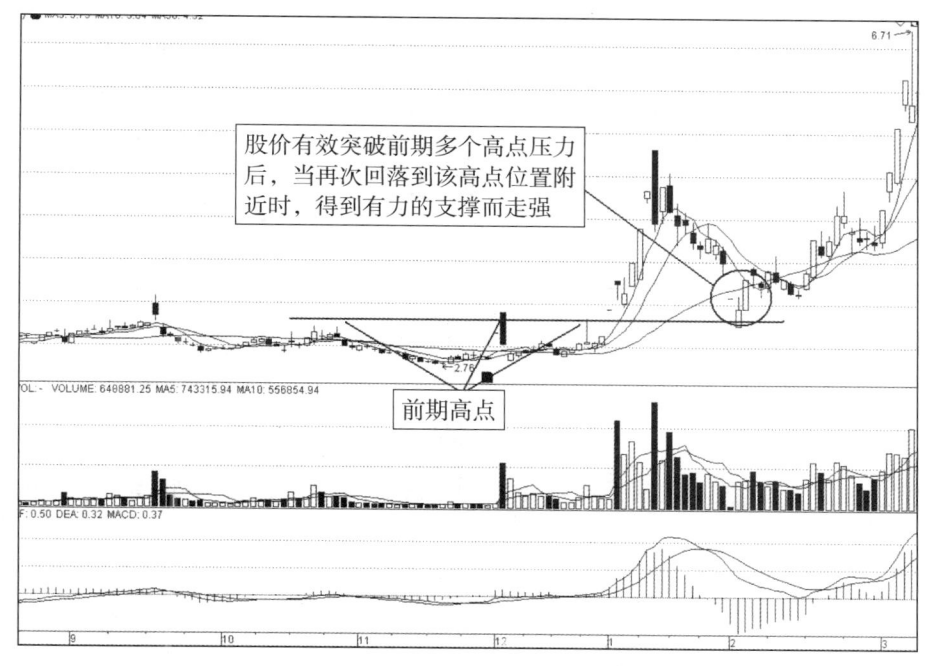

图 22-8 天龙集团（300063）日 K 线图

如图 22-9 所示，星徽精密（300464）的走势图。该股从 2020 年 6 月 24 日开始连拉 10 个涨停后，出现倒 V 形反转走势。在倒 V 形顶形态中，主力通常难以一次性完成出货，需要在后面的回升振荡中才能顺利撤退。7 月 6 日，股价回落到前期开板振荡位置附近，该位置的筹码得到换手，是短线市场平均持仓成本区，有较强的技术支撑作用，股价在此处获得支撑后出现回升走势。该位置又成为短期后市的支撑，之后股价两次回落到此处附近时均出现不同力度的回升，所以此处也是短线进场的位置。

如图 22-10 所示，欣龙控股（000955）的走势图。该股从 2019 年 12 月 23 日开始连拉 5 个一字板后，再连拉 3 个实体板，然后股价出现回调。由于主力并无出货意愿，当回落到一字涨停开板位置附近时，股价出现止跌企稳。经过短期蓄势整理后，从 2020 年 2 月 3 日开始，出现新一波拉升行情，股价连拉 5 个涨停。之后股价回落到第一波拉升高点位置附近时，由于该高点的压力已经转换为支撑，从 2 月 24 日开始股价再次强势上涨。可见，支撑力度大小与主力是否出货有关，从主力坐庄意图分析，可以更好地避免技术上的判断失误。

如图 22-11 所示，沧州明珠（002108）的走势图。2020 年 8 月 12 日，股价突破底部盘区后连拉 6 个涨停，然后回调一天，高位再拉两个涨停。在该股中，主力高位出货比较顺利，8 月 20 日股价大幅回调 8.66%，次日开盘一路走低 6 个多点。在这个过程中，会有不少散户利用回调进场，而主力在暗中不断减仓。午后股价强势拉板，第二天再次强势涨

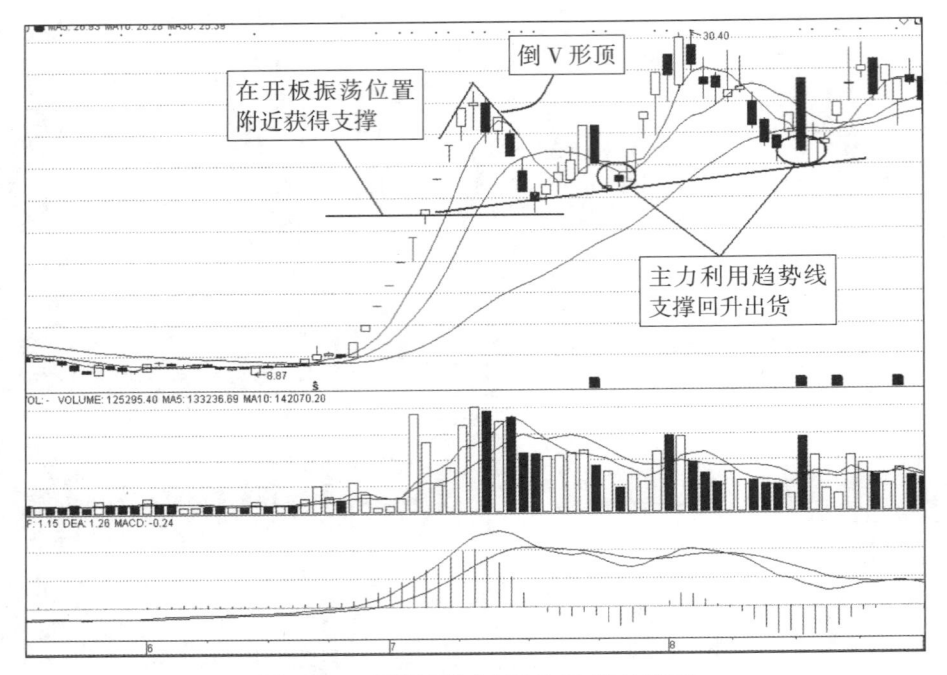

图 22-9 星徽精密（300464）日 K 线图

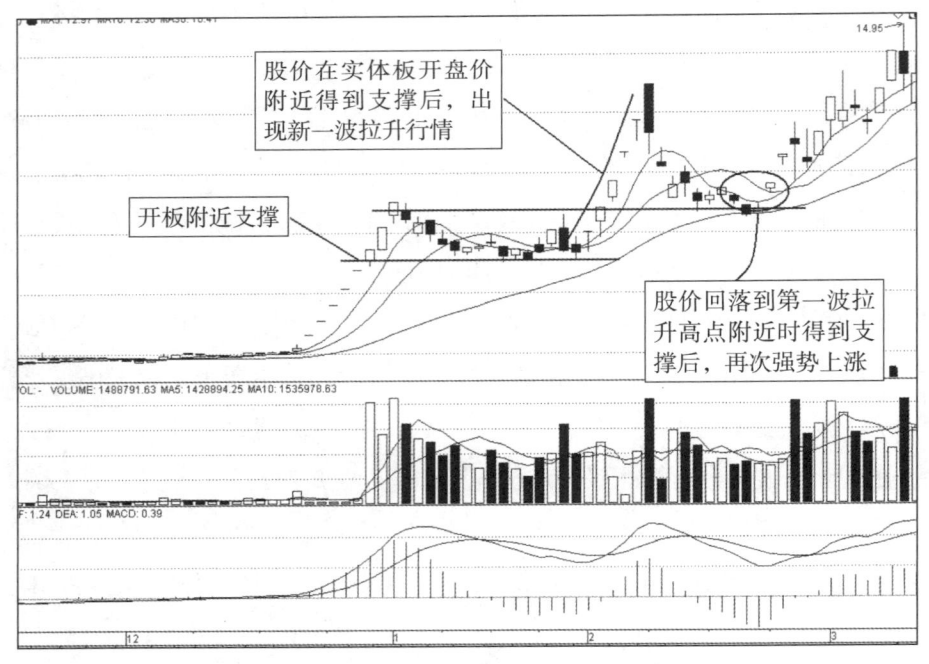

图 22-10 欣龙控股（000955）日 K 线图

停，股价突破创出新高，似乎展开强势上攻行情。在这个过程中，会有不少散户追涨入场，而主力在高位大量出货。

主力在回调和拉升的过程中，基本完成了出货计划。8月25日，走出一根低开光头光脚跌停大阴线，次日股价继续大跌 7.21%，将追涨的散户全线套牢。8 月 27 日，股价出现停顿修正，该位置在前几日回调低点附近，通常是一个技术支撑位，但主力手中所剩筹码不多，无意在此制造反弹行情，而是将剩余的筹码全线抛光，从此股价开始阴跌。

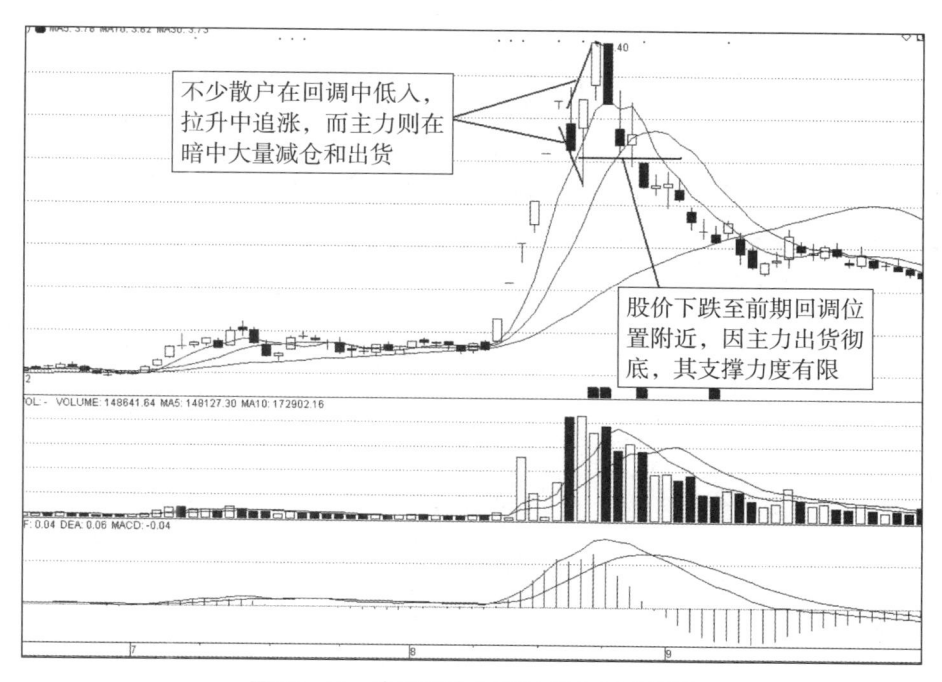

图 22-11　沧州明珠（002108）日 K 线图

五、注意事项

在分析支撑和阻力时，应注意以下几点。

（1）在上升趋势的回档过程中，K 线之阴线较先前所出现之阳线为弱，尤其接近支撑价位时，成交量萎缩，而后阳线迅速吃掉阴线，股价再次上升，这是有效的支撑。

（2）在上升趋势的回档过程中，K 线频频出现阴线，空头势力增加，即使在支撑线附近略作反弹，接手乏力，股价终将跌破支撑线。

（3）在支撑线附近形成盘档，经过一段时间的整理，出现长阳线，支撑线自然有效。

（4）在支撑线附近形成盘档，经过整理后却出现一根长阴线，投资者为减少损失，争相出逃，股价将继续下跌一段时间。

（5）股价向下跌破支撑线，说明行情将由上升趋势转换为下降趋势。一般来说，在上升大趋势中，出现中级下降趋势，如果行情跌破中级下降趋势的支撑线，则说明上升大趋势已结束；在中级上升趋势中，出现次级下降趋势，如果行情跌破次级下降趋势的支撑线，则说明中级上升趋势已结束，股价将依原下降大趋势继续下行。

（6）股价向下接触支撑线，但未能跌破而调头回升，若有大成交量配合，则当再出现下降调整时，即可进货，以获取反弹利润。

（7）股价向下跌破支撑线，一旦有大成交量配合，即说明另一段跌势形成，稍有回抽即应出货，避免更大的损失。

（8）股价向下接触支撑线，虽未曾跌破，但也无成交量配合，则预示无反弹可能，应尽早出货离场。

当然，在实际运行过程中，可能会由于一些市场的不确定因素或主力的刻意行为，使股价对支撑线或阻力线做出短暂的突破，但之后很快又重新回到原来的范围之内，此时投资者要随时对其进行调整与修正，使其更具明显的支撑与阻力作用。

涨停 23 式　强势回调战法

一、形态特征

　　强势回调有三层含义：一是盘面已进入强势；二是属于正常调整，盘面没有走弱；三是调整之后股价还会走强。缺少其一，均不是强势回调。

　　下跌有反弹，上涨有回调，这是股市的基本规律。强势股本质上就是资金持续流入，形成一种强烈上攻的形态。强势股回调买入就是在主力洗盘调整之后择机入场的一种战法。

　　市场机理：股价在底部或中部出现涨停，说明该股已经开始启动，且大部分为强庄股。涨停后往往会出现回调（回调时间节点根据大盘当时的情况及主力吸筹程度而定），主力拉高股价后不断减持形成抛压，为了清除获利盘和再次加仓，就顺势打压回调。当目的达到后，在大盘好转时，立即强势拉升。强势回调的时间在 5～10 个交易日，回调幅度在 10 日或 30 日均线附近，即使跌破也会迅速拉起。对于这类个股，如果能够及时在回调低点买入，大多会有获利机会。

　　强势回调战法的技术特征和要点如下。

　　（1）股价底部整理结束，有明显企稳回升的态势，处于涨势初中期，涨幅在 10%～30% 为佳。

　　（2）股价位于 30 日均线之上，30 日均线保持上行或平走。

　　（3）成交量与前期相比出现明显放大，股价进入上升趋势（小通道）。

　　（4）大阳线或涨停大阳线再次拉起时，表明加仓、洗盘回调结束。

　　如图 23-1 所示，山河药辅（300452）的走势图。该股经过长时间的底部振荡后，股价渐渐向上爬高，均线系统呈现多头排列，初步形成上涨势头，成交量温和放大。2020 年 3 月 19 日，收出一根涨停大阳线，之后 10 多个交易日里股价走出强势回调走势。4 月 10 日，股价得到 30 日均线的支撑后，放量向上突破，表明回调结束，构成短线买点。

二、技术要点

　　（1）强势股是指市场主力认同的主流热点，或有政策、题材支持的妖股，有龙头特质，不是非主流热点个股，这是强势股回调战法的前提。回调一般是第二调整浪，应注意主流热点的变化性和轮动性。

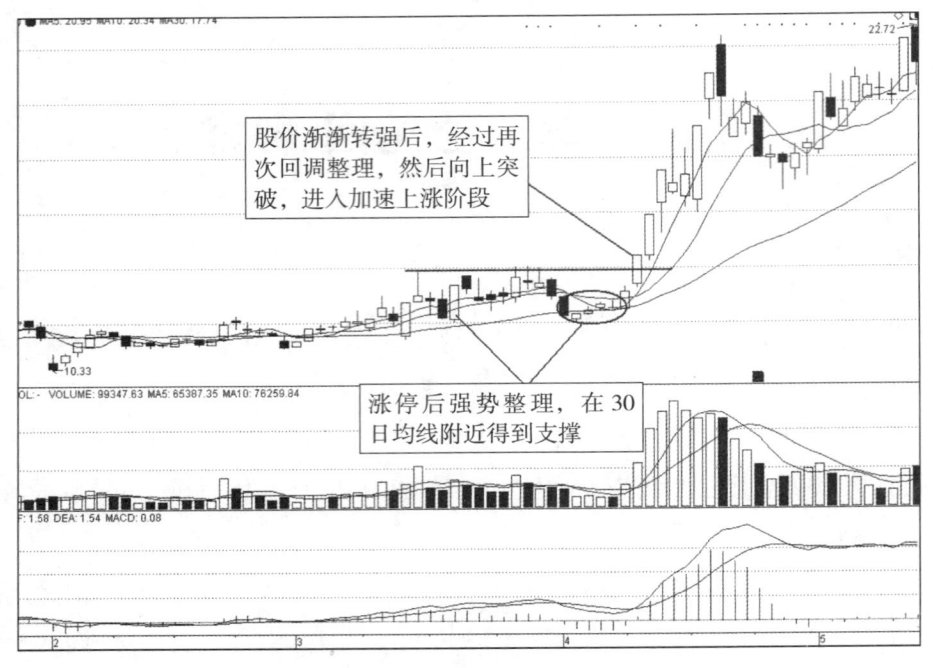

图 23-1 山河药辅（300452）日 K 线图

（2）缩量回调。缩量是相对前几天的放量而言的。主力在回调洗盘的第 4 天或第 5 天，会出现一根大阴线或者是带下影线的小阴线，给人一种恐怖的感觉。大阴线一般会出现两段式走法，开盘后先出现跳水，然后全天保持箱型振荡。

（3）大阴线收在关键位置，如前缺口处、前低处、重要均线位。如果跌破关键位置，将形成看空的形态，对主力自己也不利。

（4）临近收盘时，一般盘面会出现异动，成交量放大，价格不跌或者小幅上涨。主力在收带下影线的小阴线时，一般会在收盘前半小时放量拉升。

（5）大阴线的次日一般会小幅高开高走（有时高开下探后再走高）封于涨停，或者是低开高走，收低位大阳线，甚至是涨停大阳线。

（6）如果是缩量止跌，在十字线收盘时介入比较好。如果回调到第 4 天出现大阴线，需观察次日的走势，如果出现放量走高的情况，则可以放心介入。

（7）强势股如果题材重大，距离时间窗口很近，回调就是绝佳的买点，往往后面还有几个涨停。

概括地说：上升趋势，量价配合，近期活跃，缩量回调 5 天左右，有题材更佳。

如图 23-2 所示，永吉股份（603058）的走势图。该股经过持续调整后，股价渐渐企稳。2018 年 1 月 17 日开始连拉 3 个涨停，之后几天股价进入强势调整，股价在 10 日均线附近获得支撑，此时 30 日均线已经走平。1 月 26 日股价再次放量涨停，并突破前期高点，构成短线较好的买点。

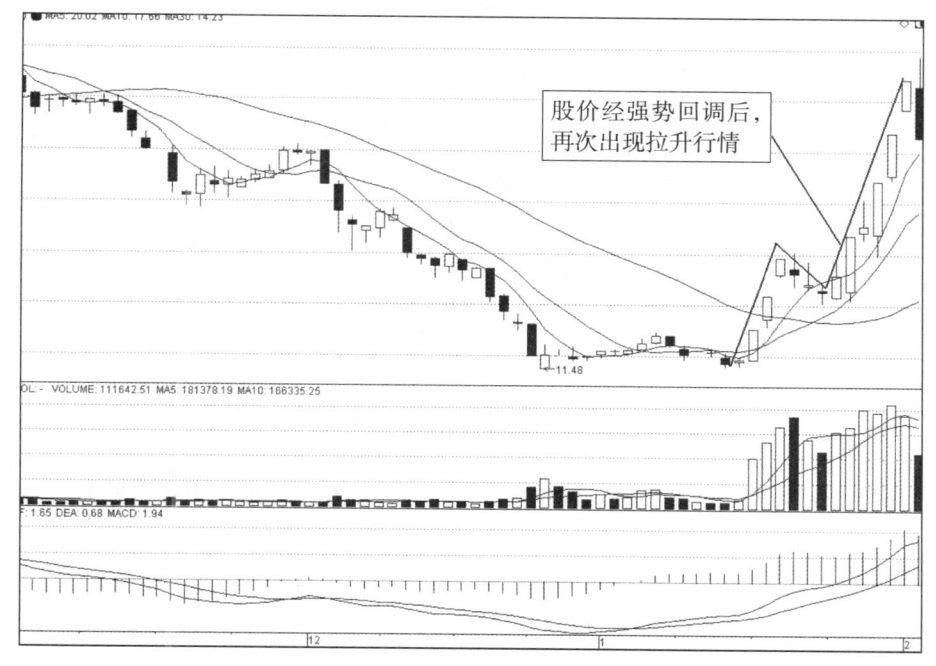

图 23-2　永吉股份（603058）日 K 线图

三、战法剖析

（1）涨停次日缩量调整买入法。实际操作中经常会遇到这种情况，就是当天涨停的股票，次日出现冲高回落或者直接低开低走，根本不给你出局的机会。遇到这种情况怎么办？要仔细分析一下这根涨停 K 线后面的走势，是主力出货还是主力洗盘。如果判断正确这一点，那么，依据这套方法买进才可以稳稳地获利。

买入要领：近日首次出现涨停，跳空封板或尾盘封单很大，次日缩量调整，在靠拢均线（5日、10 日、30 日均线）企稳时大胆买入，短期涨幅相对可观，比盲目排队买涨停效果要好。

如图 23-3 所示，环球印务（002799）的走势图。2020 年 6 月 1 日，股价放量涨停，形成"强烈撞顶"和"蛟龙出海"形态，虽说盘中打开过涨停，但最终还是牢牢封板。次日股价小幅低开振荡，最高价没有超过涨停价，追板买进的散户全部被套，当然，主力封板资金也被套牢。主力花了这么大力气就是为了把自己套进去吗？结合次日这根 K 线的成交量，大家就会发现，调整时成交量没有超过涨停这天的成交量，呈现缩量调整的走势，那么这根缩量调整 K 线就是强势的回踩买点。遇到这种盘面现象时，可以在当天的尾盘入场，或者等待股价回调到均线附近时低吸。

（2）涨停股连续缩量调整，股价回踩 10 日均线买入。

买入要领：涨停以跳空或开盘涨停方式出现，然后出现两根缩量调整 K 线，下影线落到 10 日均线附近，短期均线呈现多头排列，可短线买入。

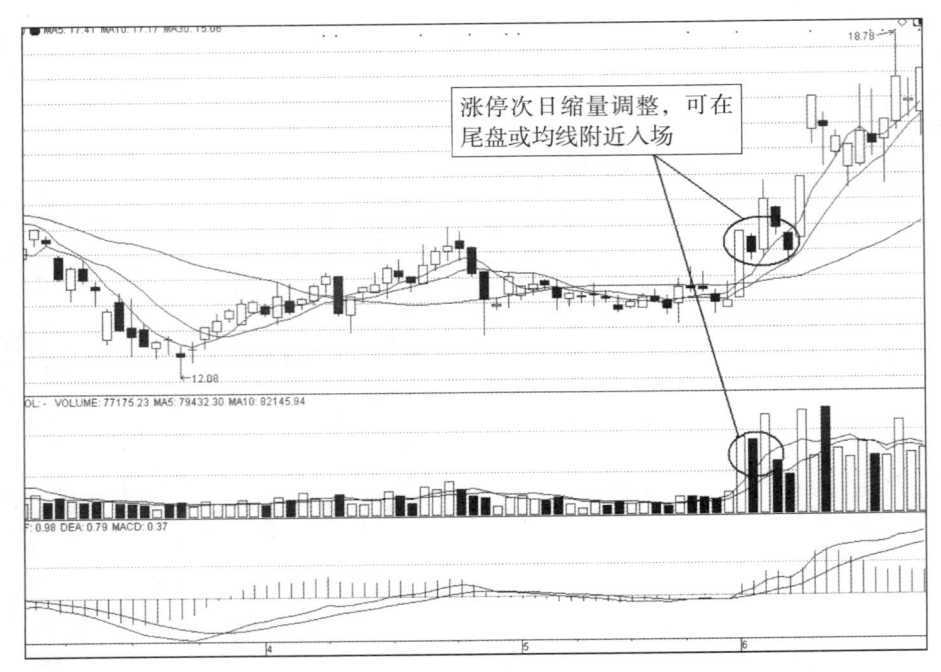

图 23-3　环球印务（002799）日 K 线图

如图 23-4 所示，东方电热（300217）的走势图。2020 年 8 月 18 日，股价放量涨停，之后连续缩量调整两天。投资者可以用缩量回踩买入法进行抄底入场，买点选择在 10 日均线附近挂单买入，耐心持股待涨即可。

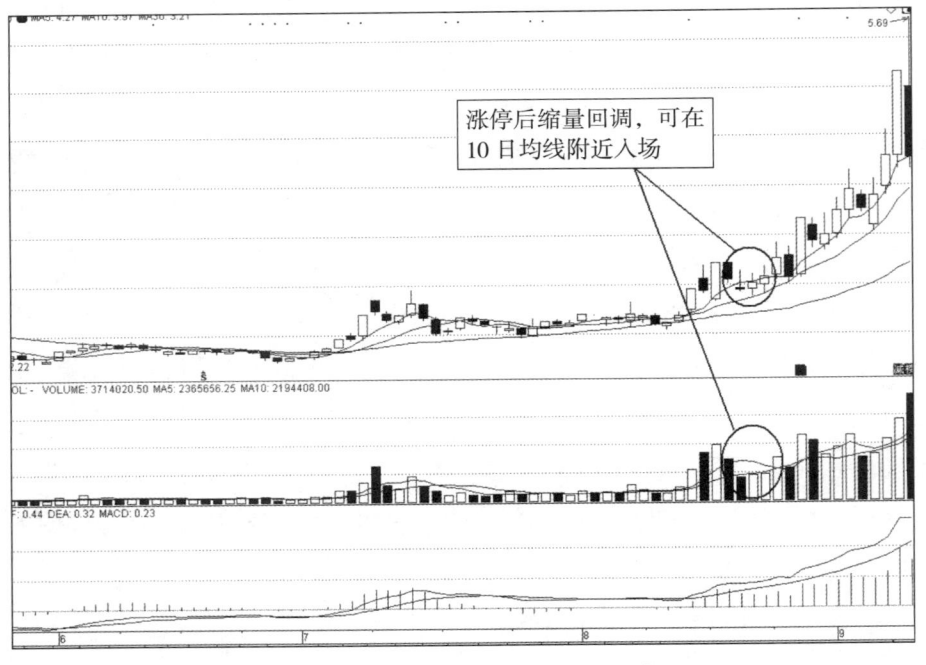

图 23-4　东方电热（300217）日 K 线图

如图23-5所示，兴业科技（002674）的走势图。2020年6月2日，股价放量涨停，次日小幅放量冲高回落后，出现连续缩量调整。也许有人会产生这样的疑问：这个主力不想挣钱吗？肯定不是，主力是在强势整理。投资者可以在均线附近企稳时大胆入场做多。

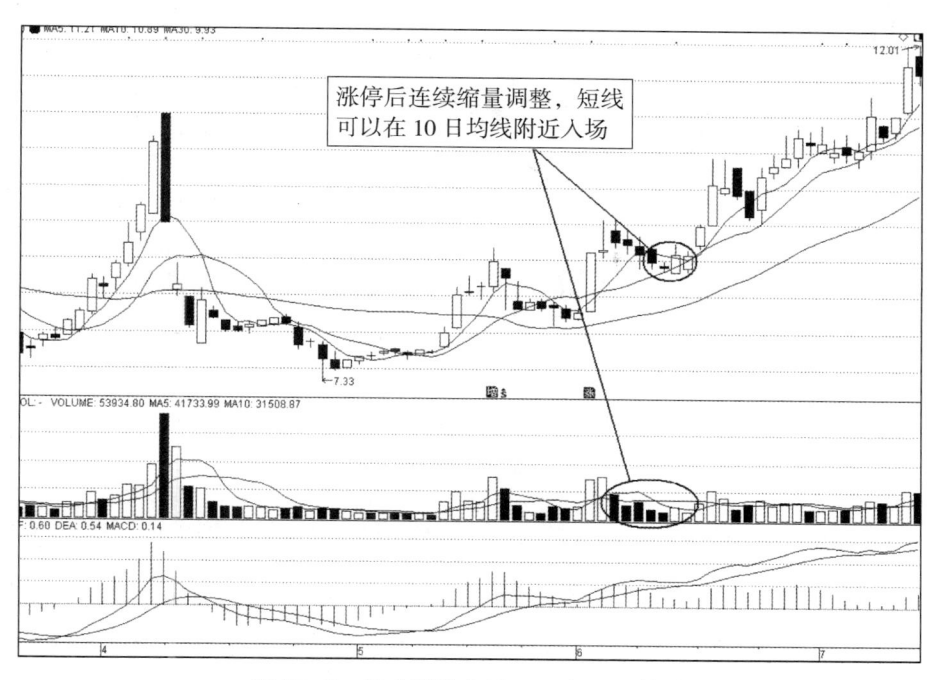

图23-5 兴业科技（002674）日K线图

（3）涨停之后的准跌停战法。

买入公式：2~6个涨停 + 一个中继K线（可有可无）+ 一个跌停 + 一根大阴线（6个点左右），买进。

买入后，股价在3个交易日内不能回升到前一日收盘价附近时，卖出。

如图23-6所示，国芳集团（601086）的走势图。该股经过持续调整后，股价渐渐企稳回升。2018年1月15日开始连拉2个涨停，第3天股价冲高回落，进入强势调整，1月22日股价跌停。当股价调整到30日均线上方时获得支撑，1月25日股价再次涨停，构成短线较好的买点。该股虽然回落幅度比较大，但盘面并没有走弱。只要在支撑位附近获得支撑，就是短线较好的获利机会，既然是短线操作，就应该快进快出。

（4）强势打压。股价在前面强势上涨后，突然强势打压（跌停或大阴线杀跌）甚至跌破前面涨停的低点，但是很快止跌企稳并强势上涨。遇到这种图形，买入需要一定的胆量，只要敢冒险，后面的涨停就是属于你的。因为这是主力在刻意强势打压，打压下来的目的就是能多收集筹码，所以会快速抢筹，并且高度必将超出前一高点的一倍。

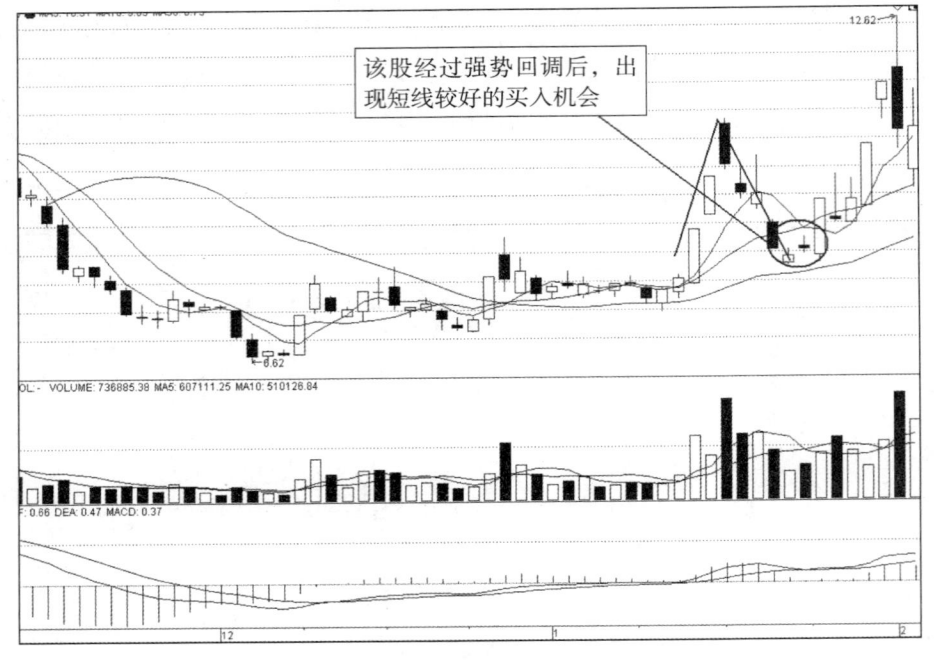

图 23-6　国芳集团（601086）日 K 线图

如图 23-7 所示，青海春天（600381）的走势图。2020 年 6 月 23 日，股价跳空高开 4.58% 后，不到 5 分钟就封于涨停，突破前期整理盘区，强劲攻势明显。可是，次日盘面风云突变，低开 2.18% 后全天弱势走低，股价收跌 6.34%，形态上很难看。然而，第三天高开 2.54% 后，股价强势拉涨停，此后股价向上走强。盘面如此反复，皆因主力作梗，作为普通散户，参与时需要一定的技巧和胆量。

（5）当股价首次出现涨停时，如果此时 30 日均线还在下行中，则不宜过早入场，后续可能还会出现短期调整，需要等待 30 日均线走平或上行。一旦股价在 30 日均线附近强势拉起，可以积极入场。

如图 23-8 所示，爱迪尔（002740）的走势图。2020 年 6 月 3 日，股价持续下跌后首次出现涨停，但此时 30 日均线还处于下行状态，不适合短线入场，需要等待 30 日均线走平或上行后再作决策。6 月 24 日，一根放量涨停大阳线拔地而起，形成"蛟龙出海"形态，此时 30 日均线已经渐渐走平，构成短线较好的买点。

总之，涨停股的选择很有讲究，涨停封单不坚决，封单时间很晚，这样的涨停股若用回调买入法，后果是被套概率大于获利概率。最好选择 10∶30 之前快速封死涨停的个股，跳空封死涨停或一字涨停最佳；涨停后的短期均线要呈现多头排列，调整时要呈现缩量态势，调整 K 线在 5 日、10 日、30 日等均线附近缩量企稳，出现缩量企稳 K 线时在尾盘买进更安全。

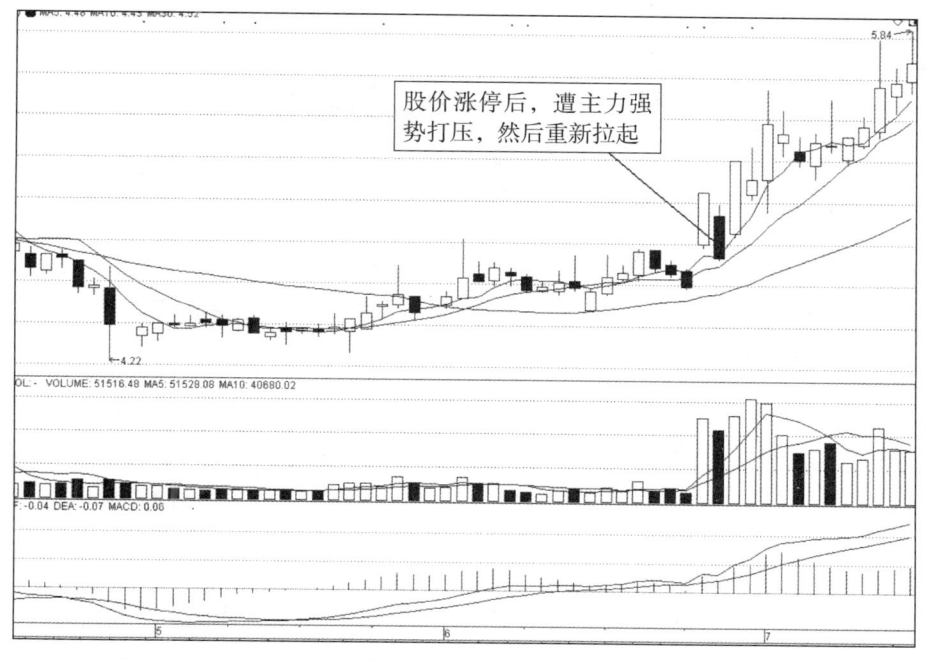

图 23-7 青海春天（600381）日 K 线图

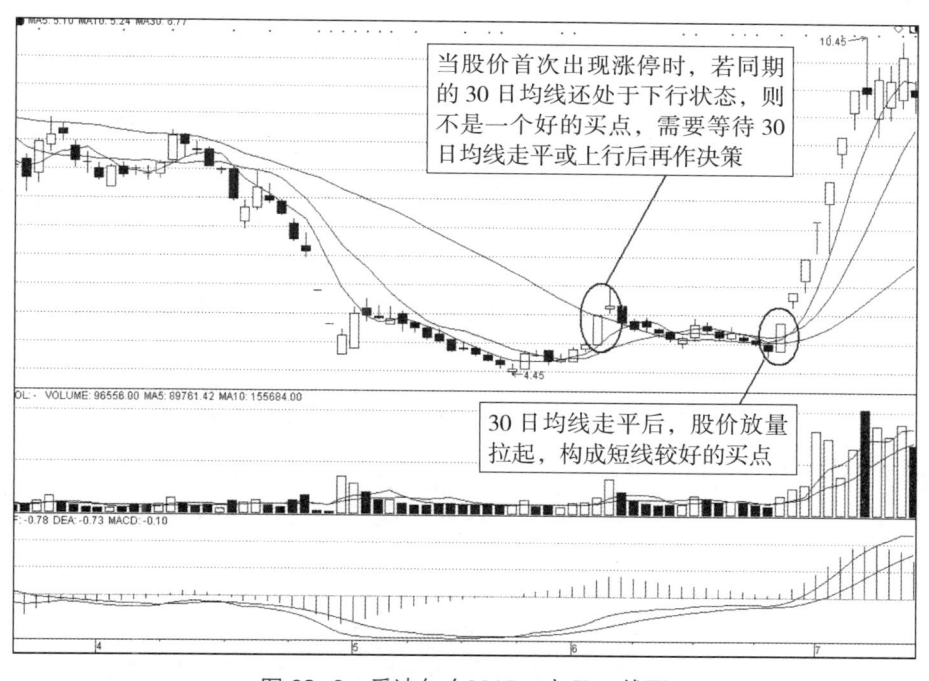

图 23-8 爱迪尔（002740）日 K 线图

买进后的止损方法：买进次日收盘前有效跌破昨日 K 线最低点时，应及时止损卖出。

买进后的止盈方法：次日在 10:30 之前封死涨停，持股等待后期冲高脉冲量无法有效跟上时止盈出局；次日没能封死涨停，则在盘中次高点出局。

四、战法分解

涨停回调买入法是一种经典的短线战法，是阴线战法中的一种，掌握好了的话，其可靠度相当高。该战法最大的优点就是不追高，万一走势不符合预期，止损的代价很小。

该战法内容丰富，下面作进一步分解。

（1）涨停后强势洗盘买入法。

买入公式：涨停（最好是突破性质）+ 一天高开低走 + 一天低开后宽幅振荡。

洗盘不超过涨停实体的 1/2，缩量整理，在尾盘择机介入。

（2）"上天入地"买入法。

买入公式：大涨或涨停 + 一根长上影线 + 一根长下影线。

尾盘或次日开盘低点买入。

（3）一字涨停回调买入法。

一字涨停，表示有重大利好。一字涨停前，形态上已经是上升趋势，量价配合理想。

往往在第 2 天、第 3 天形成往下回调的走势，甚至下杀到一字涨停的起涨价位，洗掉短线跟风盘。

分时图上喜欢尾盘大幅拉升，第 2 天却又大幅低开，然后再一路走高。

（4）涨停后的回调低点买入法。

时间周期：从涨停后的最高点回调下来的第 3 天、第 5 天、第 8 天、第 13 天是关键的时间周期买点，强势股一般回调到第 5 天、第 8 天会有买入机会，超过 13 天行情就会走弱。

涨停后买卖信号的时效性。据统计，涨停后 10 个交易日内出现的洗盘买入信号更具实战效果，10 个交易日之后，行情一般会走弱。同理，高抛信号设为 20 天。

黄金分割线：从涨停后最高 K 线的最高价从上往下画到涨停前的起点，也就是波段最低点，然后在支撑线的 0.382、0.5、0.618 位置附近买入。

均线支撑买入点：强势股的支撑位一般在 5 日均线或 10 日均线附近。

金叉夹角买入法：10 日均线向上金叉 30 日均线，股价上涨后第一次和第二次回调到金叉形成的夹角附近时，往往是最好的买入点。第三次就要小心了，事不过三。

看长做短（日线和周线的配合）：周线决定日线，日线的买入点刚好在周线的支撑位，这是最佳的买入点。关注的股票必须是走上升通道的，简单的方法就是 30 日线和 30 周线都是弯头向上的，呈一定角度上行，这是买入前提。

远离支撑位买入风险提示：涨停后在最高点回调，5 天内在远离支撑位之上买入，会有追高的风险。

（5）涨停阳线的回调支撑买入法。

涨停后短线洗盘回调的最低价，一般会回到前面某个涨停阳线的收盘价、1/3处、均价线这三个位置。主力如果还要做行情，一般不会轻易砸破这三个价位。涨停的支撑作用就在于此。

涨停后从最高点回调下来的第5～8天，在支撑位附近正是短线的绝佳买点。

涨停后的第2天，股价盘中回调到涨停这天的分时均线附近时，是超短线的买入机会，第3天在第2天的最高价附近获利卖出。

（6）强势股首次回踩10日均线买入法。

短线在5日均线之上，收出2～4个涨停。

股价首次回踩10日均线时买入，在30日均线附近加仓。

（7）一箭穿心涨停买入法。

5日、10日、30日均线相交在一起时，当日股价以涨停上穿交叉点，收盘价高于交叉点价格，成交量有效放大，如同"蛟龙出海"形态。

买入要领：均线代表市场的短期成本价格线。5日、10日、30日均线交叉在一起，表示30日内市场交易者的投资成本达到一致，并且30日以前的市场参与者都已经获利。在这种赚钱效应的作用下，必然推动市场参与者的热情增加，股价上涨。

注意事项：第一，"一箭穿心"买入法重点强调的是，5日、10日、30日均线必须同时交织在一起，否则市场效果会减弱，成功概率会大大降低。第二，"一箭穿心"买入法的操作成功率极高，在85%以上。

（8）放量假大阴后涨停买入法。

这种形态是指股价放量高开低走，收出一根实体阴线（实体越大越好），实际涨幅在3%左右。最好在5日均线上方形成跳空缺口，多日以来首次放量，量比在3倍以上。

买入要领：放量突破前一日最高价位时，是比较安全的买入点；涨停价位，最好次日就强势涨停，如果时隔多日后才涨停，时机就差了。

以上方法易学易用，没有复杂高深的指标参数与理论，只需根据形态与量价配合分析，当然，这中间也包含很多的逻辑分析与心理博弈。该战法务必严格执行止盈与止损纪律。任何战法与理论都没有百分百的可靠性，投资须理性。应根据自身情况建立科学合理的操盘策略，并长期严格执行，赢利只是时间问题。

五、操作提示

强势回调买入法就是在涨停的次日或几日内，在股价回调时入场，以期望在第二轮拉升中获利。这种方法也有其局限性，在牛市中运用此法，买入赚钱的成功概率较大，熊市中成功的概率较低。

在牛市中，由于散户和主力资金都对未来行情信心十足，对后市股价看高一线，所以股价大多会有第二波甚至第三波创新高走势，此时运用此法的成功概率就会很高。但在熊市中，运用此方法的成功概率就很低了，大多数股民在熊市中运用此方法，容易买在阶段性头部，最后越套越深。因为熊市中大资金并没有太高的做多意愿，只要有机会主力就会出货，所以股价的上升空间并不大，涨停当天和之后的回调，都是熊市中大资金出货的良机。

实盘操作中有以下一些提示。

（1）打开前一天涨停的分时图，查看这根涨停K线的性质。涨停性质大致可以分为吸筹、洗盘、拉升、出货四种，我们只做吸筹和洗盘这两类。为何拉升的不做呢？因为拉升的涨停根本不会给散户回调低吸的机会。

（2）要排除秒板的涨停，这类个股大多数为"一夜情"的游资行为。这类涨停有两个显著的特点：第一，大多数是属于严重超跌，受短期利好消息刺激而涨停；第二，是横盘或洗盘过程中突发利好消息刺激的涨停，这种涨停大多数都是吃一口就跑路了。

（3）涨停回调战法在选好目标股之后，先要设好止损位——若是单根涨停，其开盘价即为止损点；若是连板涨停，第一天涨停的开盘价为止损点，收盘前10分钟不能拉回时，要坚决止损，这一点非常重要。

（4）涨停回调战法一定要买阴线与买绿盘，操作策略就是：买阴不买阳，买绿不买红。这也是尽可能地控制风险，与止损点近一点，再近一点。同时，买阴线与买绿盘时必须分批买入，不要一次性买满。

（5）介入点以涨停次日开始，如果开盘直接低开，在集合竞价时可以先打入一小部分仓位，这是为了防止开盘后就出现低开高走而踏空。如果当天缩量明显，且收有下影线，第二天还会有低点。次日如果是跳空低开，当股价低点回落到前面涨停开盘价附近就立即拐头，这一天可分3～5次低点买入，当天介入仓位在3成左右。第三天如果集合竞价高开，这时再打入2成仓位，开盘后形成攻击走势。逢回调到均价线附近再拐头时，打入剩下仓位，等待股价上涨带来的喜悦。当股价有效跌破涨停阳线的低点时止损。

涨停 24 式　空头陷阱战法

一、形态特征

所谓空头陷阱，简单地说，就是主力通过打压股价，伴装"空头行情"，目的是引诱散户在低位恐慌性抛货，主力自己则趁机在低位入货。这是主力故意设置的一个圈套，是人为制造的一种假象，并不是市场的本质反映。

空头陷阱通常是股价从高位区跌至一个新的低点区，并继续下跌，造成技术突破的假象。当恐慌抛盘涌出后，股价迅速回升至原先的密集成交区，并向上突破原先的压力线，使在低点卖出者踏空。

市场机理：主流资金大力做空市场，通过盘面显现出明显疲弱的形态，诱使投资者得出股市将继续大幅下跌的结论，并出现恐慌性抛售筹码的情况。通常出现在底部整理末期，主力基本完成建仓计划后，刻意向下打压股价，造成技术破位之势。当最后一批浮动筹码清理完毕后，主力开始发力向上拉起，形成空头陷阱走势，也叫"散户坑"形态。

空头陷阱战法的技术特征和要点如下。

（1）前期股价已经有了较大的跌幅，均线系统出现了明显的空头排列，短期、中期和长期均线出现死叉。

（2）近期各项短期、中期、长期指标出现向好的苗头，成交量逐步温和放量或者不规则地温和放量，说明市场已经到了整理末端。正是在此时，主力用心向下打压股价，使技术形态遭到严重破坏，似乎市场要展开新一轮下跌之势。

（3）成交量处于不规则萎缩中，有时出现无量空跌或暴跌现象，少数个股出现放量现象。

（4）股价下跌幅度不大，便开始修正企稳回升。在回升过程中成交量不仅没有放大，反而呈现出萎缩状态，直到股价向上突破时才出现明显的放量现象。

（5）当股价运行到空头陷阱左边的平台临界点附近时，主力以剽悍的手法激活盘面，股价一发冲天，形成价增量升之势，突破前期平台，开始短线主升浪。

（6）一般情况下，一个空头陷阱后的股价回升走势，几天内有一个涨幅为 10%～25% 的中级波动，有时也可能是 25%～50% 的主要波动。

空头陷阱的应用前提就是"陷阱"，而不是空头市场。如果散户误把空头市场当作空头陷阱，或把空头陷阱当作空头市场，都会出现定性上的错误。

空头陷阱以主力是否建仓为分界线，可以划分为两类：一类是建仓前期的空头陷阱。这时的空头陷阱是以打压建仓为目的，通常下跌幅度大，持续时间长。另一类是庄家建仓后属于洗盘性质的空头陷阱。这类空头陷阱是为了清洗浮筹，抬高散户成本，以减轻拉抬股价的压力。由于此时主力已经大致完成了建仓过程，通常不愿让其他资金有低位吸纳的机会，所以，这一时期的空头陷阱往往下跌速度快，走势形态非常不利，但持续时间却比较短。

如图 24-1 所示，北玻股份（002613）的走势图。该股主力在长期的底部振荡过程中，吸纳了大量的低价筹码，股价出现向上缓慢推升的走势。正当大家看到后市希望的时候，主力反手向下打压股价，制造空头陷阱。经过连续几天的阴跌后，2020 年 2 月 3 日，股价从跌停板开盘，盘中开板后再度跌停，K 线形成倒 T 字形，形态上出现加速下跌之势。次日股价大幅低开 8.54% 后，继续弱势振荡。经过两天的打压下跌，股价击穿了所有的技术支撑，盘面结构面目全非，形态遭到严重破坏，市场完全趋于空头形态。此时不少投资者担心股价进一步下跌，选择止损观望。可是，之后几日股价渐渐企稳回升，2 月 12 日股价放量涨停，开启一波飙升行情，11 个交易日中拉出 9 个涨停。这是主力通过制造空头陷阱，达到洗盘和加仓的目的。

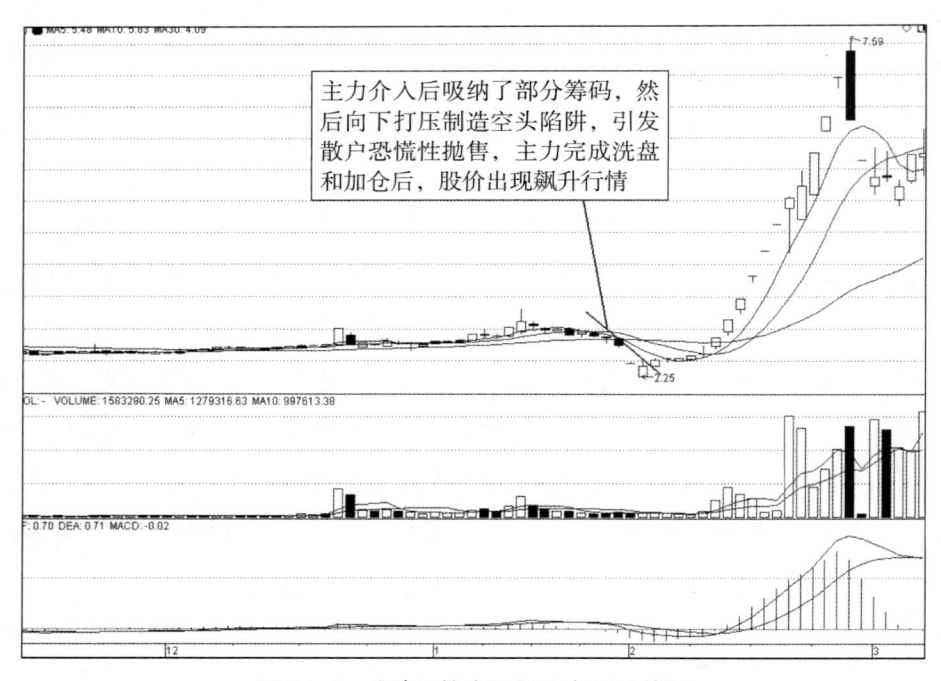

图 24-1　北玻股份（002613）日 K 线图

其实，认真分析盘面走势，就可以判断股价下跌是主力人为打压所致，这是一个空头陷阱，而非真正的空头市场。理由是：一是股价处于长期下跌的底部区域；二是出现长时间的弱势盘整，说明已经到了整理的末期；三是无量下跌，说明主力资金并没有出逃，只是散户割肉止损；四是股价没有持续下跌，经过两天的打压后，就出现止跌走势。

二、战法剖析

（1）底部空头陷阱。主力在运作过程中，中低部经常出现各种空头陷阱。如何甄别是关键：一是看股价前期是否存在长期下跌调整，累积跌幅较大；二是看调整是否接近尾声，主力基本完成主要的建仓计划。

如图24-2所示，中广天择（603721）的走势图。该股在底部进行了长达5个多月的振荡整理，形成一个整理盘区，在盘区里量价配合理想，价增量升，价跌量减，并未出现主力减仓的迹象。从2019年11月25日开始，主力向下缩量打压股价，制造空头陷阱，一直持续到12月18日，形成"散户坑"形态。12月19日，主力盘中大单启动，强势拉涨停，开启短线主升浪行情。

该股前期调整非常充分，下跌空间已经不大，主力基本完成主要的建仓计划，向下打压股价只是为了加仓，并进一步夯实底部根基。

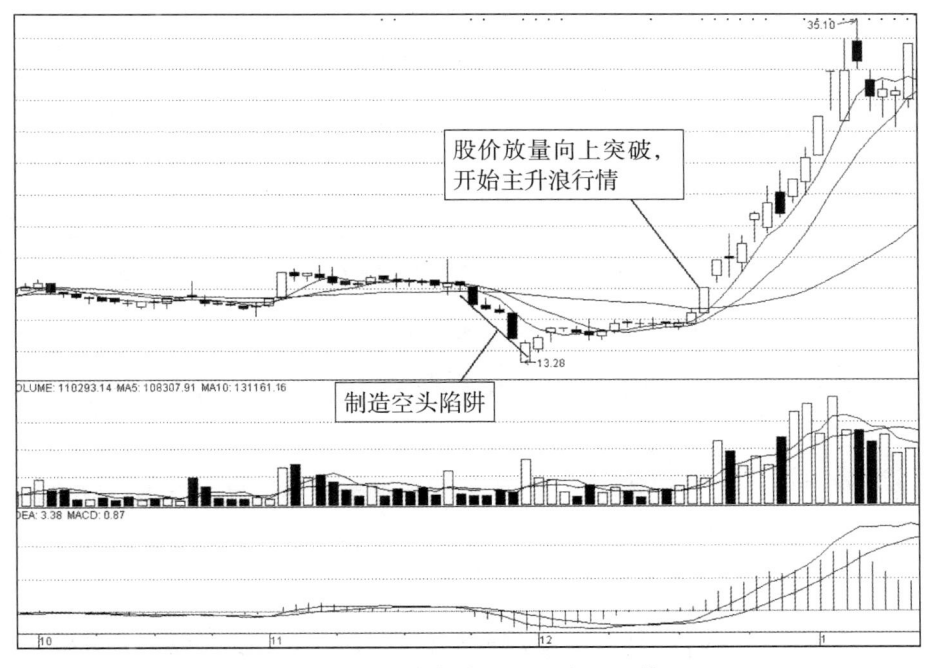

图24-2 中广天择（603721）日K线图

如图24-3所示，广百股份（002187）的走势图。该股主力的操作手法极其恶劣，先制造一个多头陷阱，后制造一个空头陷阱，让散户左右蒙受损失。在制造空头陷阱之前，先将股价往上拉一把，以吸引散户跟风进场，主力在相对高点作减仓处理。然后反手打压制造空头陷阱，将前面跟风进场的筹码全线套牢，逼迫散户在低位止损。

2020年4月27日，股价放量涨停，突破整理盘区，吸引散户入场。次日冲高回落，期间主力作减仓处理。4月29日，股价一字跌停，次日继续大跌8.06%，跟风散户"吃面"受套。然后继续进行弱势振荡，彻底破灭了散户的希望，不少短线散户不得不止损离场。当散户失去耐心和希望的时候，股价渐渐走强，继而进入大幅拉升行情，这就是空头陷阱的危害性。

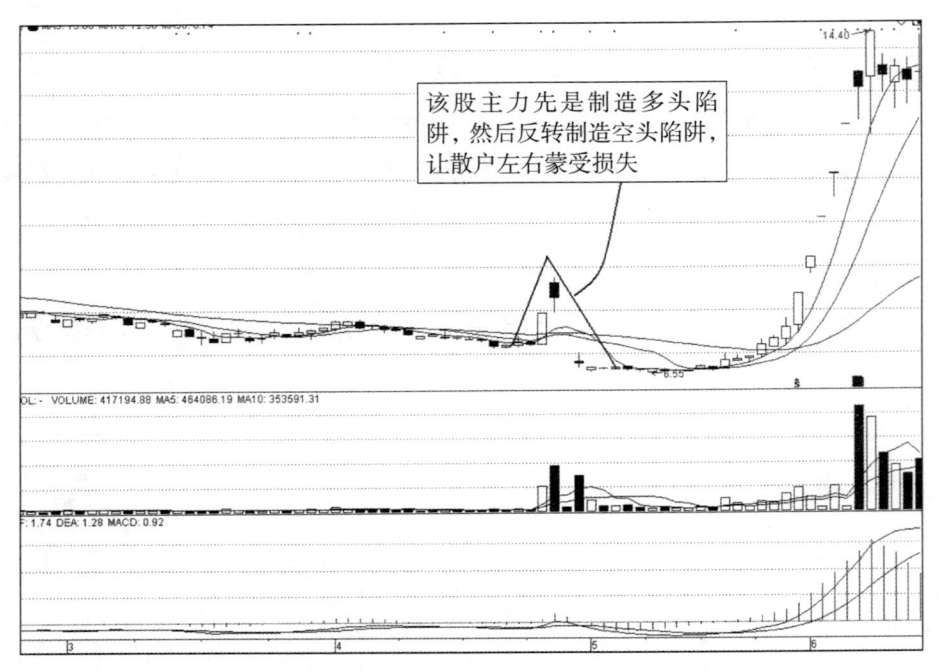

图24-3 广百股份（002187）日K线图

（2）从技术上讲，主力最喜欢利用压力位和支撑位制造空头陷阱。市场中能够成为重要压力位和支撑位的，有前期高点、低点、盘区、均线、趋势线、整数位和黄金分割位等。

当股价回升遇到某个技术压力位时，主力利用盘面优势故意放大压力位的作用，向下回落制造空头陷阱，让散户产生这个压力位无法突破的感觉，选择抛售离场，主力则悄悄承接散户的抛盘。

如图24-4所示，新诺威（300765）的走势图。该股上市后一路向下走低，在底部出现长时间的盘整走势，主力吸纳了大量的低价筹码。在进入拉升前，主力利用前期反弹高点的压力位，刻意放大压力作用，向下打压股价，使技术形态趋向空头，诱发散户止损观望。可是，股价没有下跌多少就止跌企稳。2020年3月23日，股价以一字涨停的方式突破盘区高点压力，产生一波短线拉升行情。

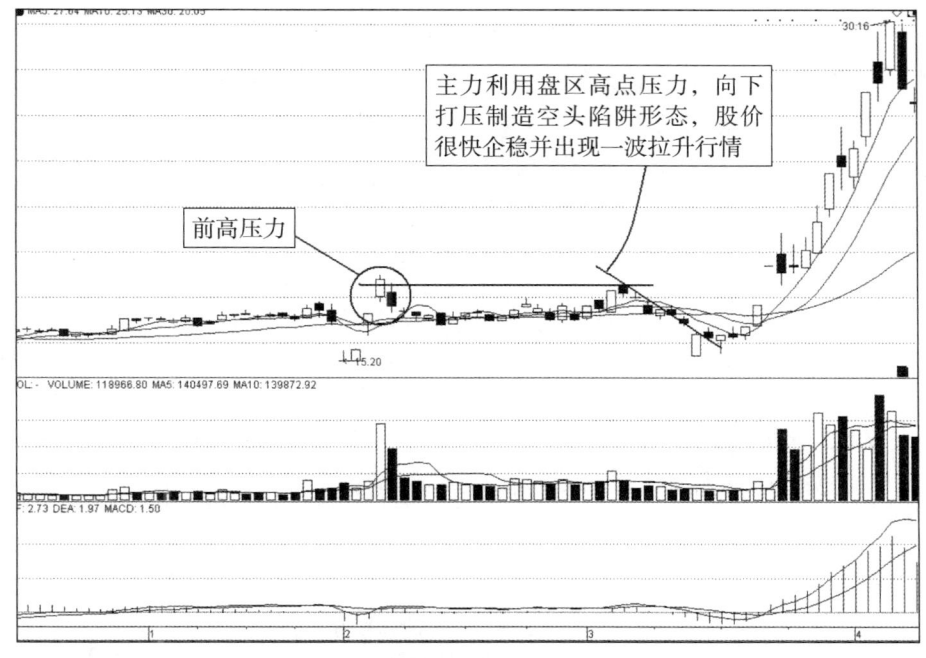

图 24-4　新诺威（300765）日 K 线图

如图 24-5 所示，金力永磁（300748）的走势图。主力利用均线的压力作用向下制造空头陷阱。该股小幅反弹结束后，股价重新回落到 30 日均线之下。均线渐渐下压，股价几次试图向上穿越而不破，主力借机制造空头陷阱。2019 年 4 月底和 5 月初，股价出现明显

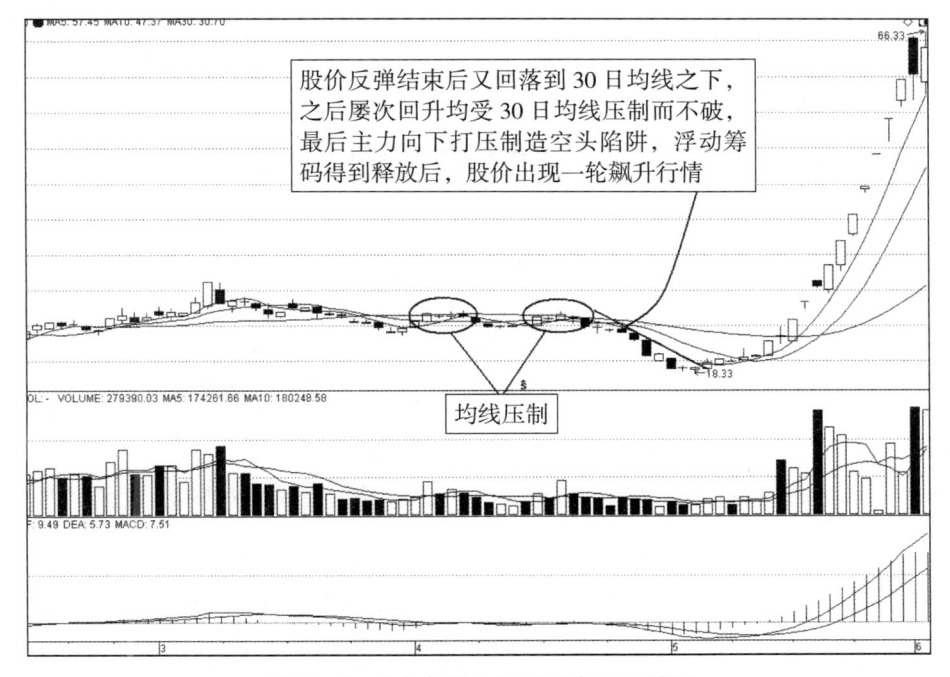

图 24-5　金力永磁（300748）日 K 线图

下跌走势，并跌破了前期盘区低点的支撑，均线系统进一步空头发散。不少散户见此情形，选择抛售离场。可是，股价并没有持续下跌，企稳后渐渐拐头上行，随后出现一波飙升行情。

主力制造空头陷阱最普遍的形式还是跌破支撑位，因为支撑位对散户来说非常敏感，心理作用极为明显，主力正是利用散户的这种心理，在一些重要的支撑位上耍花招，欺骗散户上当。

如图 24-6 所示，新朋股份（002328）的走势图。该股股价见底后小幅向上推升，主力为了后市更好地拉升，向下打压制造空头陷阱。2020 年 2 月 3 日，突然出现一字跌停，股价向下击穿 30 日均线支撑。次日股价大幅低开 8.84% 后振荡收平，引发不少散户抛货离场。可是，股价立即反转向上，出现一波强势拉升行情。

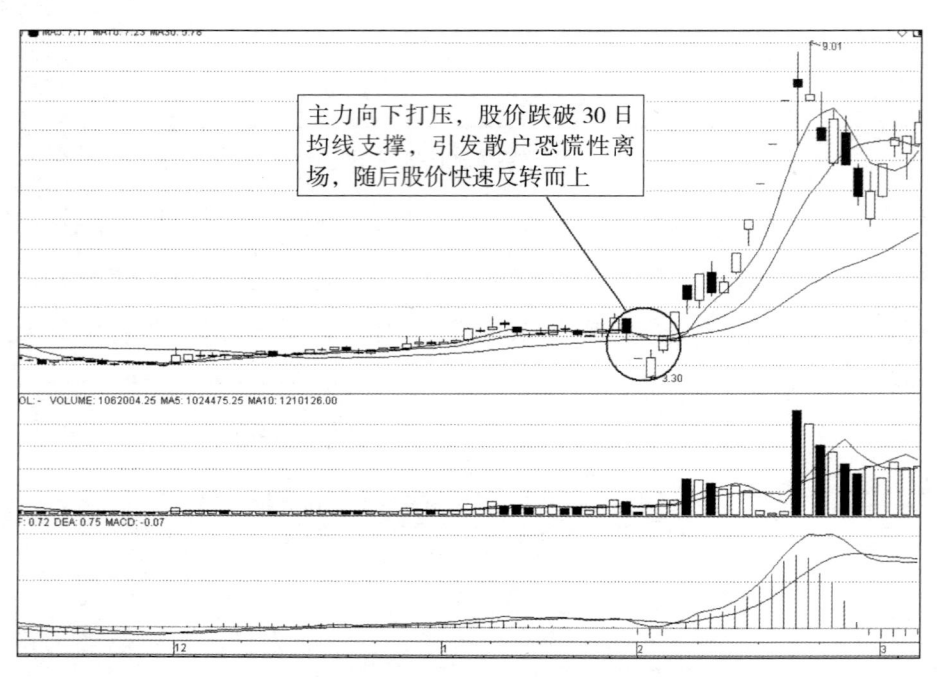

图 24-6　新朋股份（002328）日 K 线图

如图 24-7 所示，远大智能（002689）的走势图。主力利用前期低点的支撑和压力作用，先后制造了两次空头陷阱。主力介入后用少量资金打压，股价击穿前期低点支撑，2020 年 2 月 3 日出现一字跌停，形成加速下跌之势。不少散户感到情况不妙，纷纷离场观望。随后股价渐渐企稳回升，当股价回升到前期破位之处时，由于原先的支撑作用转化为压力作用，主力再次利用压力位制造空头陷阱。2 月 28 日，收出一根光脚阴线，似乎股价要展开新一轮下跌。此时盘中浮动筹码已经不多，次日股价立即止跌回升，并出现快速拉升行情。

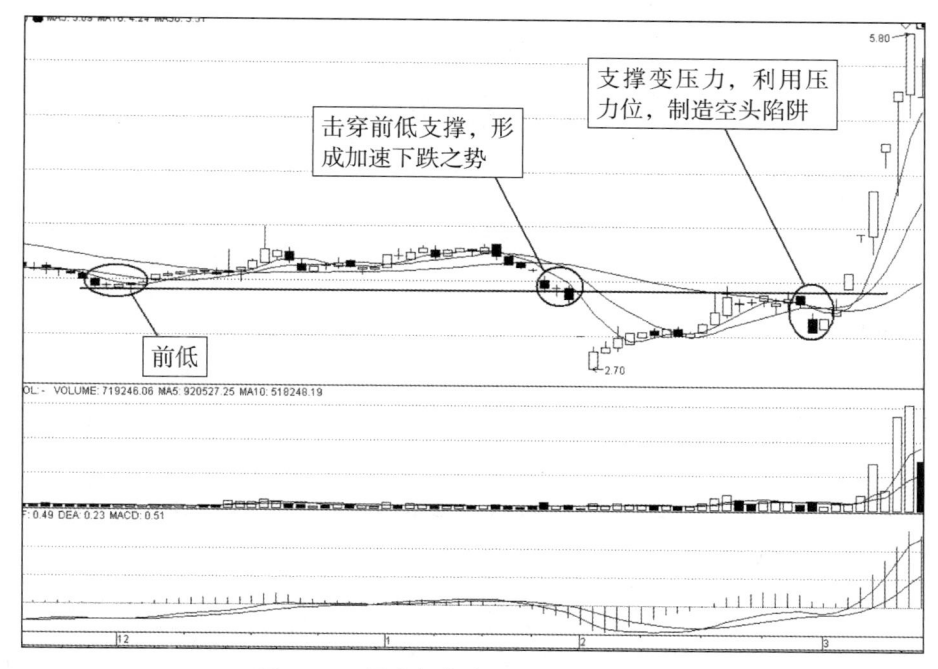

图 24-7　远大智能（002689）日 K 线图

（3）空头陷阱出现后，股价不一定马上会反转上涨。由于股市长时间的下跌，会在市场中形成沉重的套牢盘，人气也逐渐被消耗殆尽。然而，往往是在市场人气极度低迷的时刻，股市离真正的底部已经为时不远。因此，学会用"空头陷阱"选股，不仅需要理性的观察，还需要较大的信心和勇气。

如图 24-8 所示，通光线缆（300265）的走势图。该股在底部出现长时间的振荡整理，2020 年 1 月 23 日股价开始向下破位，盘面趋向空头形态，然后渐渐企稳回升。2 月 24 日，当股价回升到前期盘区附近时，出现短暂的平台整理，形成"散户坑"形态，说明主力利用前期盘区压力进行洗盘换手。3 月 5 日，股价一举拉出涨停，开启一波短线拉升行情。由此可以看出，空头陷阱出现之后，股价不一定马上就反转拉升，主力仍需要根据盘面情况作进一步的整理，然后才进入拉升阶段。

如图 24-9 所示，中国西电（601179）的走势图。主力基本完成主要的建仓计划后，向下打压股价制造空头陷阱，然后股价渐渐企稳，缓缓向上推高，整理时间大约 1 个月左右。2020 年 3 月 5 日，当股价回升到前期盘区附近时（空头陷阱起始位置），主力临门一脚，直接放量突破，股价进入涨升阶段。

（4）在股价上涨过程中，主力通常利用空头陷阱来达到洗盘换手的目的，特别是升势中出现的第一次洗盘走势，往往出现技术破位现象，让底部入场的散户恐慌离场。

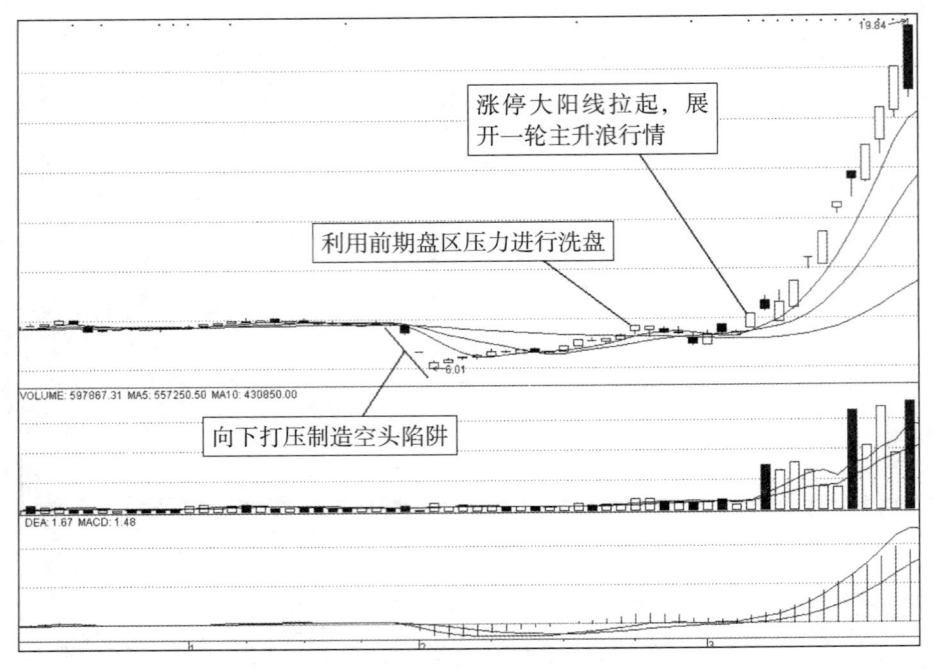

图 24-8　通光电缆（300265）日 K 线图

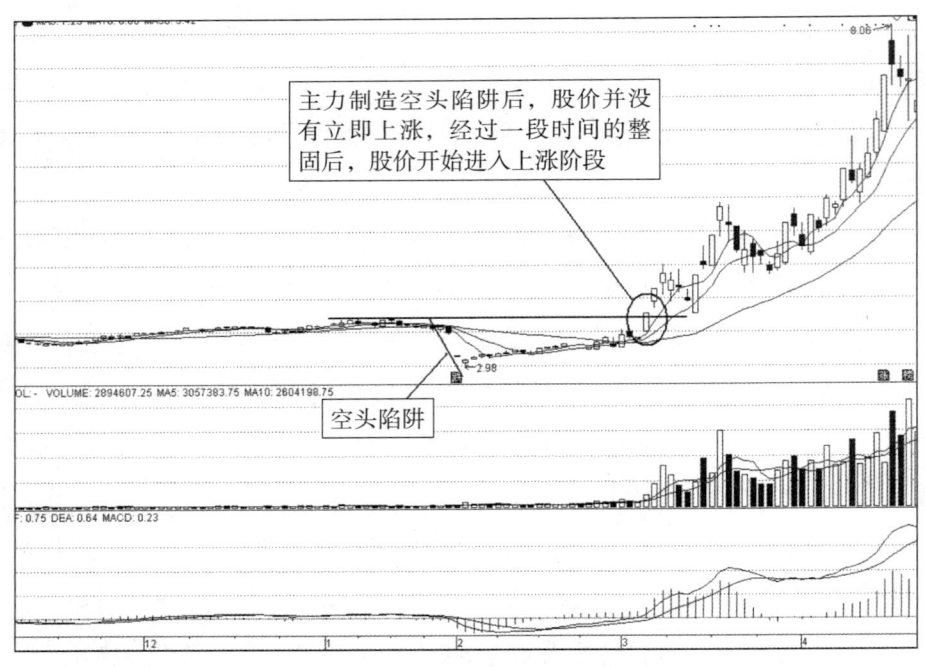

图 24-9　中国西电（601179）日 K 线图

如图 24-10 所示，金太阳（300606）的走势图。该股成功见底后，股价逐波上行，形成稳健的上升通道。为了日后更好地拉升，主力在 2020 年 2 月 3 日向下打压洗盘，股价出现一字跌停。次日从跌停价位开盘后振荡回升，此后几个交易日里出现窄幅整理走势，浮动筹码基本在这一阶段离场观望。当主力洗盘的目的达到后，股价出现加速上涨行情。

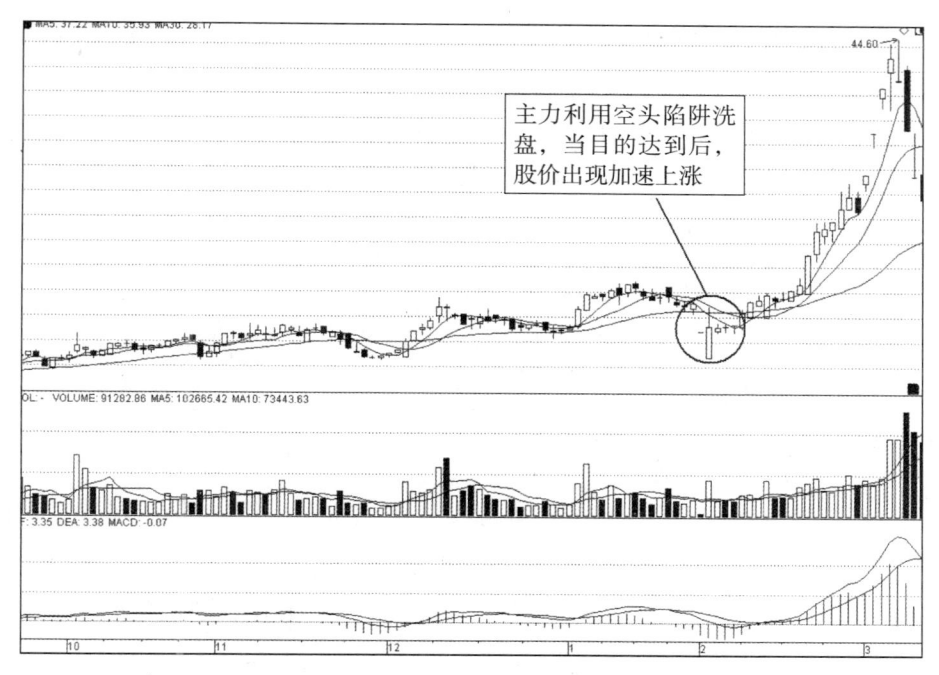

图 24-10　金太阳（300606）日 K 线图

如图 24-11 所示，奥飞数据（300738）的走势图。该股小幅向上走高后，主力利用 30 日均线进行洗盘。2020 年 2 月 3 日，股价以一字跌停的方式直接开盘于 30 日均线之下，短线散户遇到 30 日均线被击穿后，对后市走势产生担忧，因而选择离场观望。但是，股价

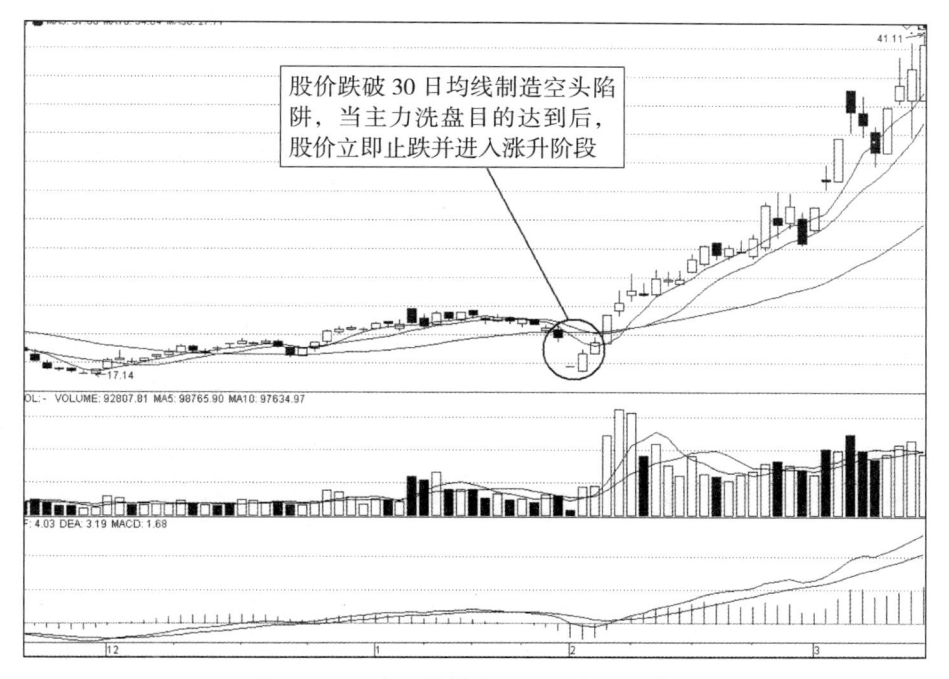

图 24-11　奥飞数据（300738）日 K 线图

很快止跌企稳，2月6日股价放量涨停，形成"强烈撞顶"形态，结束了快速洗盘走势，股价进入涨升阶段。

（5）空头陷阱有时出现在加速赶底时段。当股价下跌接近尾声或略有企稳现象时，主力借助下跌之势，再力推一把，落井下石，使空头行情再延续一小段，然后主力在低位悄然吸纳低价筹码。

如图24-12所示，克劳斯（600579）的走势图。该股反弹结束后再次步入下跌走势，股价屡创调整新低。在低位，下跌趋势渐渐趋向平稳，但趋势并没有完全企稳，重心仍在下沉。这时主力再借力下压，向下猛砸一下，加大空头气氛，导致股价又下降一截，然后主力在低位继续收集低价筹码。2020年2月26日，股价突然放量拉起，连拉7个涨停。

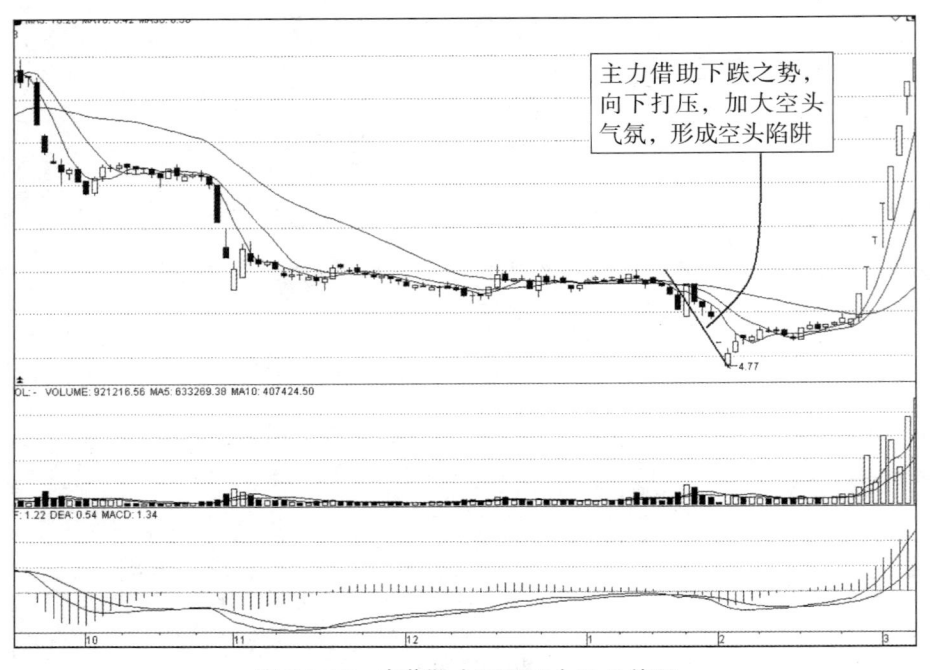

图 24-12　克劳斯（600579）日 K 线图

（6）一只大牛股的诞生，不只是单一的技术形态，常常是由多种形态组成的复合形态。"散户坑+彩虹桥"就是一种比较常见的大牛股复合形态，可以催生短线大黑马。当这种复合形态出现时，投资者应高度重视，把握启动时机，及时跟进，往往会有丰厚的回报。

如图24-13所示，荃银高科（300087）的走势图。该股小幅推升股价后，在2019年11月初向下回落进行弱势整理，成交量大幅萎缩，构筑长达一个多月的"散户坑"形态。12月16日，股价放量拉高，形成圆弧底形态，此刻"散户坑"形态大致完成。随后几个交易日，股价振荡走高。股价抵达前期高点附近时，形成"彩虹桥"形态。2019年12月30日，一根放量大阳线拔地而起，突破前期高点压力，"彩虹桥"形态构筑完毕。接着经过两个交易日的强势整理后，股价连拉5个涨停。该股盘面走势就是典型的"散户坑+彩虹桥"形态。

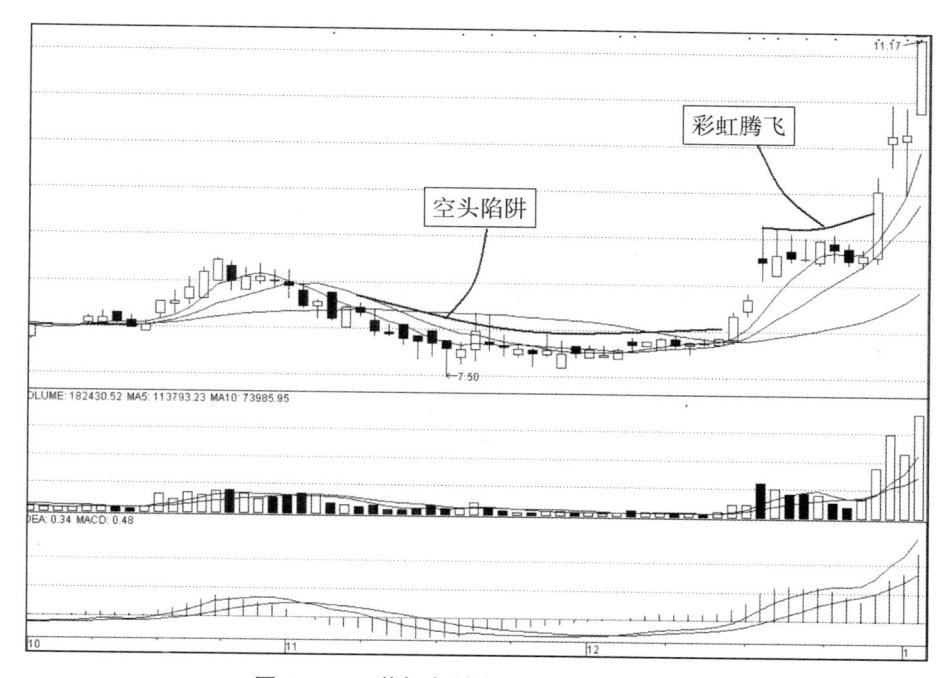

图 24-13　荃银高科（300087）日 K 线图

（7）空头陷阱战法的3个最佳买点。

第一，在股价止跌企稳时，逢低轻仓入场。

第二，在股价回升至盘区附近时，入场。

第三，在股价放量突破压力位时，加仓入场。

如图24-14所示，大连电瓷（002606）的走势图。该股买点非常清晰，2020年2月3日，主力向下打压股价，当股价止跌企稳后，可以逢低轻仓入场。当股价站于30日均线上方时，可以积极关注，增强持股信心。3月5日，股价放量涨停，突破前期盘区压力时，可以加大仓位买入。既然主力敢于在此突破涨停，后市必有拉高行情出现。

三、破解陷阱

1. 空头陷阱的判别方法

对于空头陷阱的判别，主要是从消息面、资金面、宏观基本面、技术分析和市场人气等方面进行综合的分析研判。

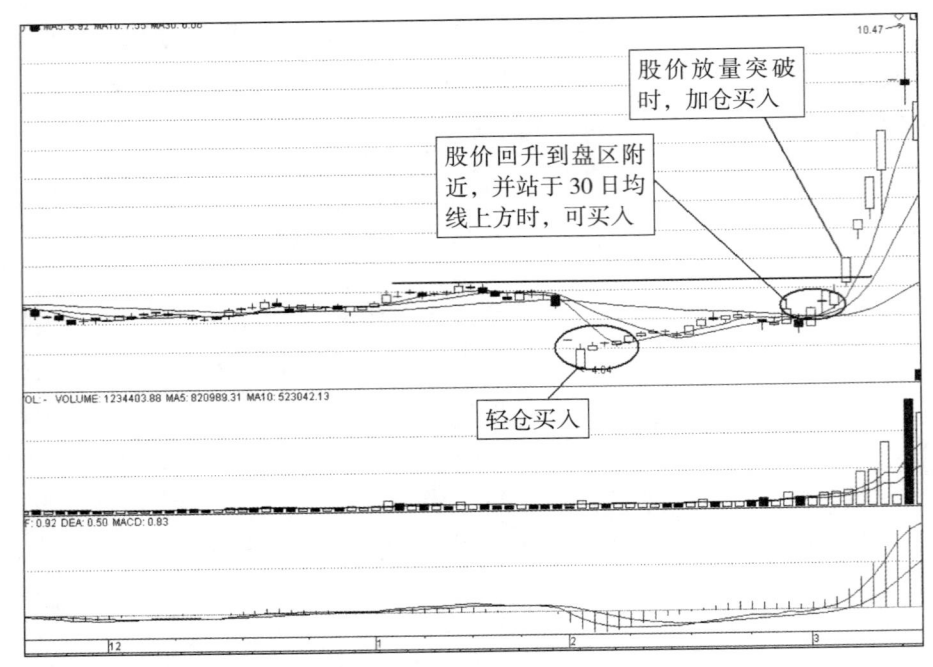

图 24-14 大连电瓷（002606）日 K 线图

（1）从消息面分析。主力资金往往会利用宣传的优势，营造做空的氛围，所以当投资者遇到市场利空消息不断时，要格外小心。因为正是在各种利空消息满天飞的重磅轰炸下，主力资金才可以很方便地在低位建仓。

（2）从成交量分析。空头陷阱在成交量上的特征是随着股价的持续性下跌，量能始终处于不规则萎缩中，有时盘面上甚至会出现无量空跌或无量暴跌现象。盘中个股成交也是十分不活跃，给投资者营造出阴跌走势遥遥无期的氛围。恰恰在这种制造悲观的氛围中，主力可以轻松地逢低建仓，从而构成空头陷阱。

（3）从宏观基本面分析。需要了解从根本上影响市场走强的政策面因素和宏观基本面因素，分析是否有实质性利空因素。如果基本面没有特别的实质性做空因素，而股价却突然出现暴跌走势，这时就比较容易形成空头陷阱。

（4）从技术形态分析。空头陷阱在 K 线走势上的特征往往是连续几根长阴线暴跌，贯穿各种强支撑位，有时甚至伴随着向下跳空缺口，引发市场中恐慌情绪的连锁反应；在形态分析上，空头陷阱常常会故意引发技术形态的破位，让投资者误以为后市下跌空间巨大，纷纷抛出手中的筹码，主力可以在低位承接大量的廉价筹码。在技术指标方面，空头陷阱会导致技术指标上出现严重的背离特征，而且不是其中一两种指标的背离现象，往往是多种指标多重周期的同步背离。

（5）从市场人气方面分析。由于股市长时间的下跌，会在市场中形成沉重的套牢盘，人气也在不断套牢中被消耗殆尽。然而，往往是在市场人气极度低迷的时刻，恰恰说明股市离真正的底部已经为时不远，过度看空后市，难免会陷入空头陷阱中。

2. 空头陷阱与下跌行情的区别

空头陷阱与下跌行情的主要区别如下。

（1）位置不同。空头陷阱出现在股价的中低位，而下跌行情则出现在股价的中高位。

（2）阶段不同。空头陷阱出现在涨升行情开始之前，股价没有大的涨幅，下跌行情则出现在涨升行情结束之后，股价已有较高的升幅。

（3）手法不同。真正的空头陷阱来势凶猛，手硬心软，而真正的下跌行情则来势温柔，口蜜腹剑。

（4）持续时间不同。空头陷阱持续时间较短，下行速度快，而下跌行情则持续时间较长，熊市漫漫。

涨停 25 式　分时台阶战法

一、分时台阶式涨停类别

1. 分时涨停的基本类型

综观涨停的分时走势图，虽然形态各不相同，但大体上可以将分时涨停的类型分为：台阶式涨停、斜推式涨停、脉冲式涨停、振荡式涨停和混合式涨停。典型实例如下。

（1）台阶式涨停：怡达股份（300721）2020年8月21日的分时走势。

（2）斜推式涨停：道道全（002852）2020年8月21日的分时走势。

（3）脉冲式涨停：闽东电力（000993）2020年8月19日的分时走势。

（4）振荡式涨停：协创数据（300857）2020年8月21日的分时走势。

（5）混合式涨停：超频三（300647）2020年8月20日的分时走势，这种涨停方式可能同时包含台阶式涨停、斜推式涨停、脉冲式涨停、振荡式涨停等拉升因素。

此外，如果从分时走势波形上区分，可以分为一波涨停、两波涨停、三波涨停和多波涨停等；从开盘情形进行区分，可以分为开盘涨停（一字板）、高开涨停、平开涨停和低开涨停等；从量能方面进行区分，可以分为放量涨停和缩量涨停等；从涨停性质上区分，可以分为建仓涨停、洗盘涨停、拉升涨停、出货涨停和反弹涨停等；从涨停次数方面区分，可以分为首次涨停和连续涨停等。

2. 台阶式涨停类型

就分时台阶式涨停来说，是指股价经过一波拉升后，在一个相对较小的水平价格区间内进行短暂的休整，让散户投资者进行场内外的充分换手，以抬高散户投资者的持仓成本。同时洗出不坚定的持仓者，以减轻后期拉升的抛压。然后再次拉升，如此反复运作，最终拉升至涨停。由此，在分时走势上会形成类似于台阶的形态，故命名为台阶式涨停。

台阶式涨停的分类有如下几种。

（1）按台阶高低分类：高位台阶和低位台阶。

（2）按是否跳空分类：跳空台阶和无跳空台阶。

（3）按台阶数量分类：单台阶、双台阶、多台阶。

（4）按台阶时间分类：早台阶、中台阶和晚台阶。

二、解密分时台阶式涨停

投资者要想稳、准、狠地抓住台阶式涨停，成功破译台阶式涨停的密码，就必须要对影响台阶式涨停的每一个因素做到深入解剖。能够影响台阶式涨停的因素有：是否有跳空、台阶高度、台阶厚度、台阶长度、台阶形成的时间、台阶数量、台阶的整理形态、台阶攻击波角度、分时走势与平均价格线和量能的三角关系等。

1. 跳空台阶与无跳空台阶

跳空台阶是指早盘有跳空向上，然后出现台阶休整走势，最后拉升至涨停的形态。无跳空台阶是指早盘平开或低开，向上拉高后出现台阶休整，然后拉升至涨停的形态。

跳空可以分为两种现象：一种是日线级别的跳空开盘，在日线图中出现明显的"空档"现象；另一种是分时级别的跳空开盘，这种高开在日线级别中没有出现"空档"现象。实盘技术分析中，两种现象没有本质上的区别，具有同样的技术意义。

如图 25-1 所示，协鑫集成（002506）的走势图。2020 年 8 月 5 日，当天股价跳高开盘 1.60%，出现分时级别的跳空。当股价拉升到 4% 左右时，出现横向振荡整理，然后放量突破整理平台，股价直线拉涨停。

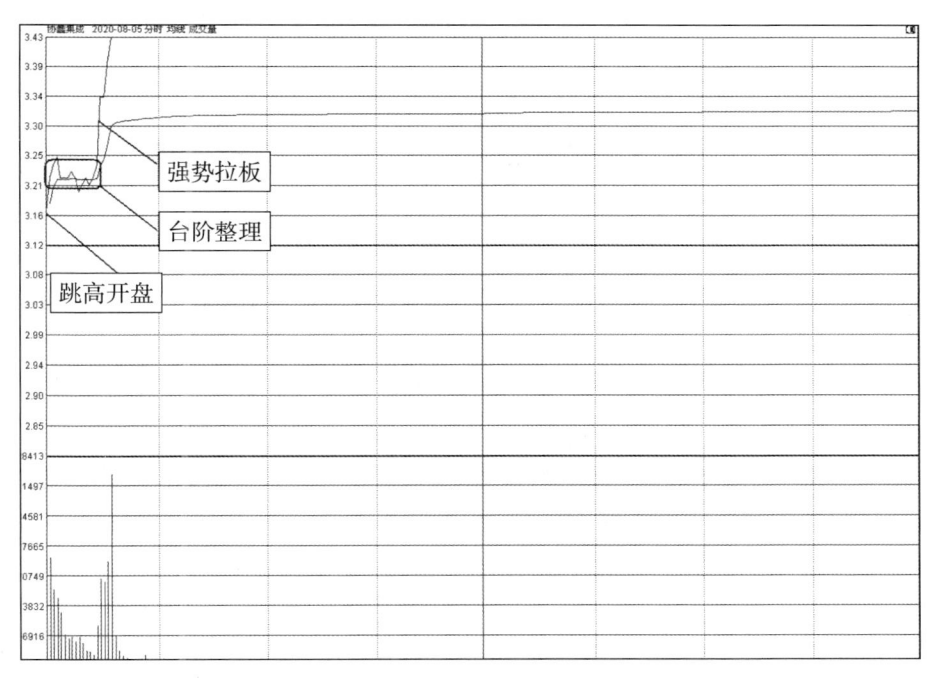

图 25-1　协鑫集成（002506）分时走势图

如图 25-2 所示，日丰股份（002953）的走势图。2020 年 3 月 9 日，股价低开 2.49% 后，出现一波明显的拉升，然后进入台阶整理。整理结束后再次向上拉升，然后继续台阶整理，最后放量拉涨停。该股在日线和分时级别中都没有跳空现象，但股价还是强势涨停，说明庄家实力强大，做多意愿坚决。

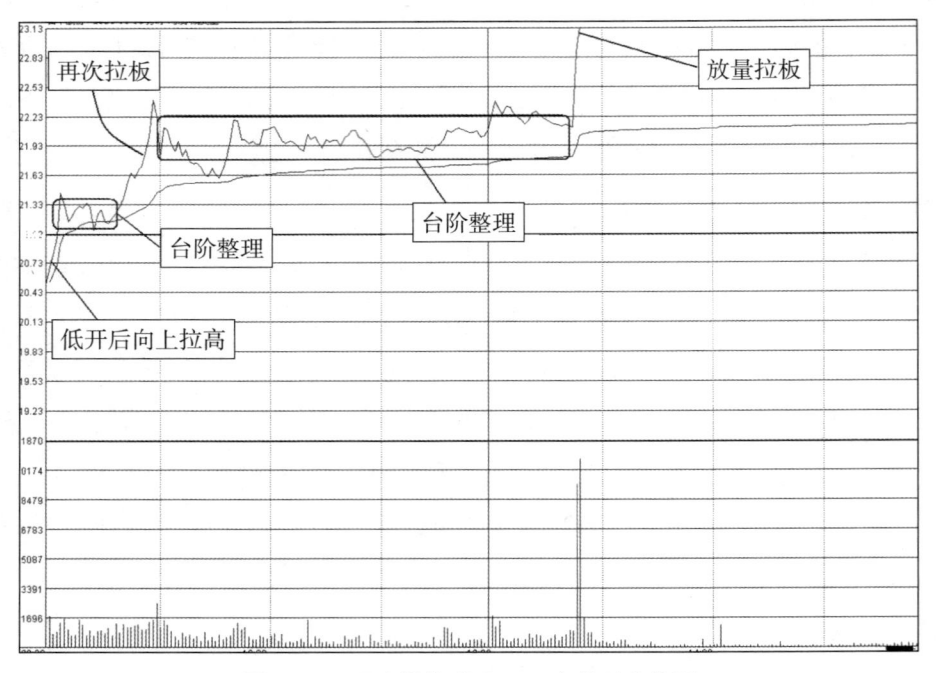

图 25-2 日丰股份（002953）分时走势图

跳空台阶因早盘直接跳空，说明主力向上拉升的欲望明显。而无跳空台阶的早盘稍显疲软，拉升欲望不强，但一旦突破，力量也是强大的。总体上，跳空台阶要强于无跳空台阶。

2. 台阶的高度

分时台阶的高度是指在形成台阶整理平台之前，股价单次所拉升的幅度。按台阶的高度可分为高位台阶和低位台阶，涨幅在 4% 以上的台阶为高位台阶，涨幅在 4% 以下的台阶为低位台阶。

台阶高度越高，说明庄家做多的决心越大，资金实力越雄厚，所以，单次台阶高度越高，拉升至涨停的时间也越早，成功封板的概率也越高。同时，正常情况下，对于台阶式涨停而言，一般单次拉升的幅度在 2%~4% 左右，强势的单次拉升幅度在 7% 左右。

如图 25-3 所示，威唐工业（300707）的走势图。2019 年 12 月 20 日，股价小幅高开后，盘中两次出现小拉动作，拉升幅度均不到 4%，上涨高度不够，属于低位台阶整理情形。低位台阶虽然距离涨停位置较远，但由于庄家实力强大，放量后也可以强势拉涨停。

如图 25-4 所示，常铝股份（002160）的走势图。2020 年 2 月 19 日，开盘后股价强势拉升，单波拉升幅度达到 7%。在台阶整理时，一直处于 4% 以上位置。整理结束之后，庄家轻松拉涨停。高位台阶说明庄家做多意愿强烈，后市股价看高一线，投资者在平台突破时可以积极关注。

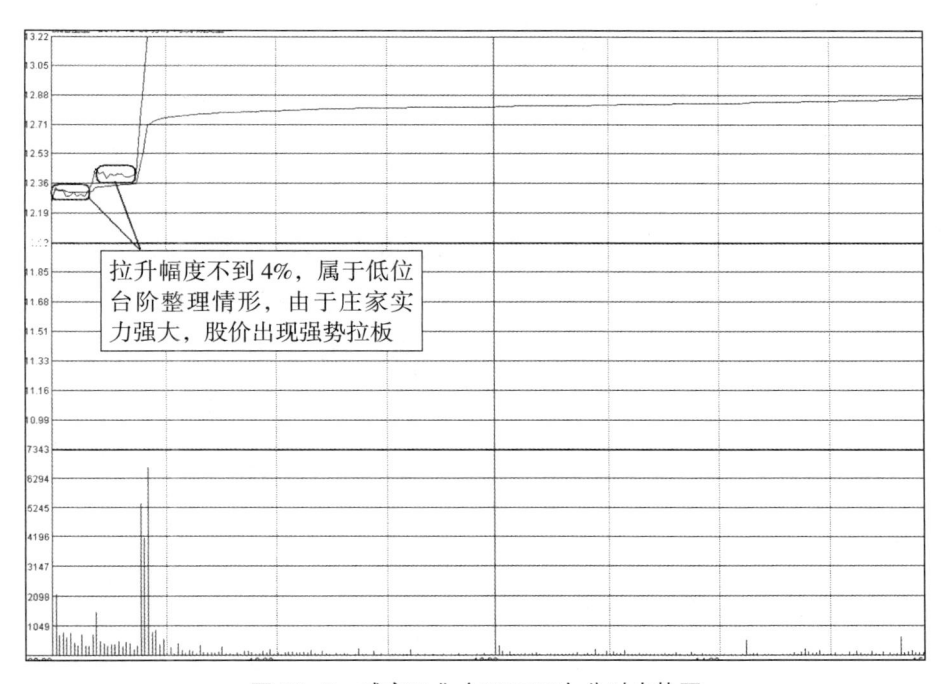

图 25-3　威唐工业（300707）分时走势图

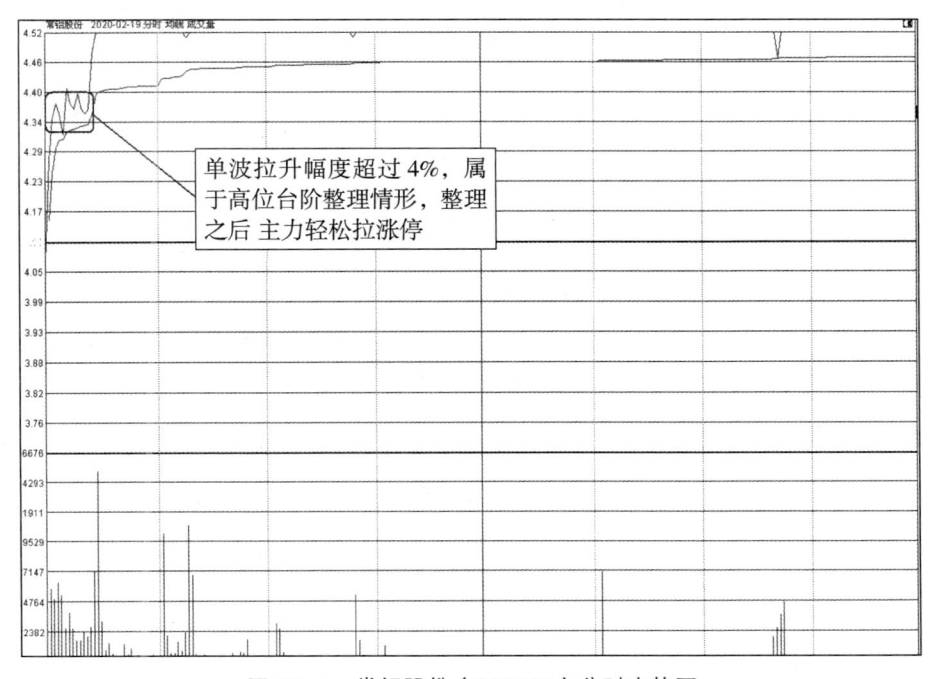

图 25-4　常铝股份（002160）分时走势图

3. 台阶的厚度

分时台阶的厚度是指股价在进行平台整理时的振荡幅度。台阶的厚度越厚，振荡幅度越大，说明多空双方的争夺越激烈，空方力量较为强盛，浮动筹码较多，庄家控盘能力稍弱，后期拉升较为费力；反之，台阶厚度越薄，振荡幅度越小，说明在经过一波拉升后，盘中抛压较轻，浮动筹码较少，主力控盘程度较高，后期拉升较为轻松。另外，就当天分时走势的几个台阶来讲，后面的台阶振幅与前面的台阶振幅相比，后面的振幅越小，则后期拉升越轻松。正常情况下，台阶的振幅在2%以内比较理想。

如图25-5所示，中潜股份（300526）的走势图。2020年3月24日，股价低开后翻红，基本围绕昨日收盘价作横盘整理。然后向上拉升一波后，再作横盘整理。在整理过程中，振荡幅度慢慢收窄，台阶厚度渐渐变薄，说明庄家控盘程度较好。最后的拉升一气呵成，成功封于涨停。

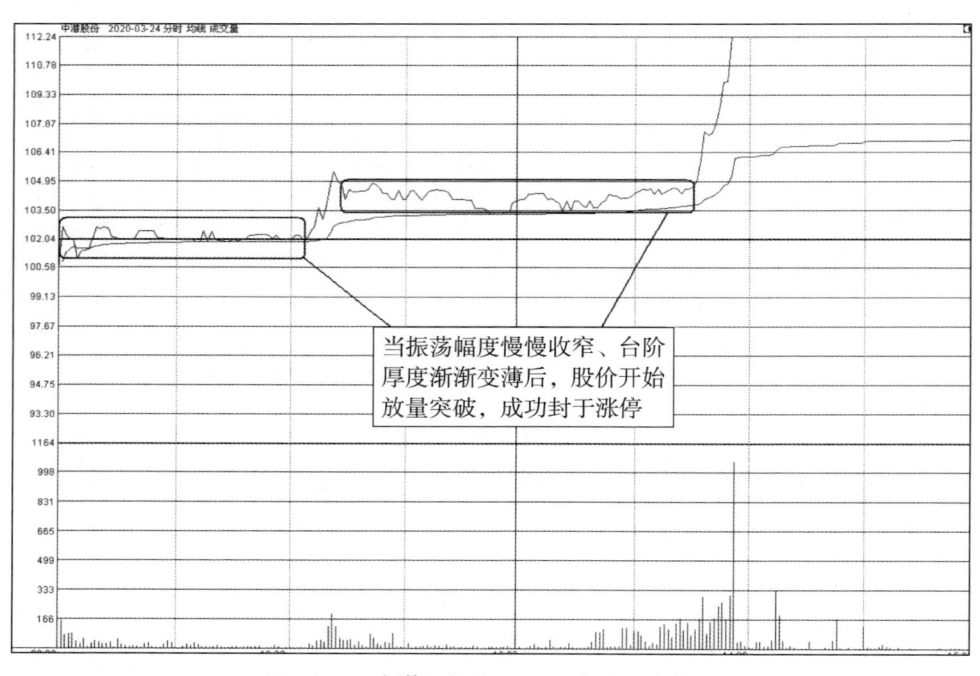

图25-5 中潜股份（300526）分时走势图

如图25-6所示，高澜股份（300499）的走势图。2020年1月22日，股价经过一波拉高后，出现台阶式振荡整理。盘中振荡幅度较大，振幅达到3%，说明盘中浮动筹码较多。在振荡幅度没有缩小的情况下，股价虽然强势拉上涨停，但庄家不得不在盘中开板洗盘，经过再次整理之后才成功封于涨停。

4. 台阶的长度

分时台阶的长度是指在台阶式涨停的分时走势中，股价经过一波拉升后进行平台休

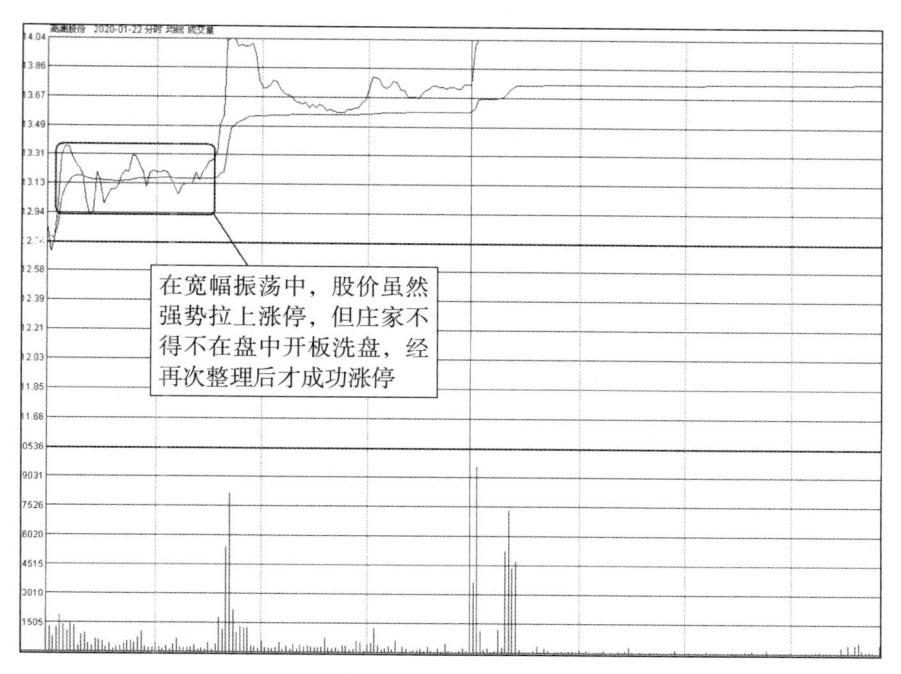

图 25-6 高澜股份（300499）分时走势图

整的时间跨度。一般台阶长度从 10 分钟到 2 小时不等。台阶长度越长，说明需要整理的时间越长，则场内的浮动筹码越多，庄家控盘相对较弱，后期的拉升就会困难；台阶长度越短，则表明庄家拉升的决心越大，后期拉升往往会比较坚定。

如图 25-7 所示，坚瑞沃能（300116）的走势图。2020 年 8 月 21 日，股价略作下探后立即反转回升，出现一波比较好的拉升。然后进入横向运行，整理时间大约为 45 分钟。之后股价突破整理盘区，强势拉板。

如图 25-8 所示，智度股份（000676）的走势图。2019 年 10 月 10 日，股价略作拉升后一直处于横盘运行，呈现低位平台整理，持续时间达 2 个小时，说明浮动筹码较多。午后股价直线拉高到 7 个多点后，再次形成台阶整理。当短线浮动筹码离场后，股价放量拉至涨停。

5. 台阶形成的时间

按台阶形成的时间划分，可分为早台阶、中台阶和晚台阶。早台阶是指在早盘 10:30 以前封死涨停的台阶式涨停；中台阶是指在早盘 10:30 至午盘 14:00 以前封死涨停的台阶式涨停；晚台阶是指在午后 14:00 以后封死涨停的台阶式涨停。

台阶形成的时间越早，说明拉升的时间越早，表明庄家资金实力雄厚，做多决心坚定，往往后期拉升的力度也较强；反之，台阶形成的时间越晚，说明拉升的时间也越晚，表明庄家资金实力稍弱，做多决心不足。

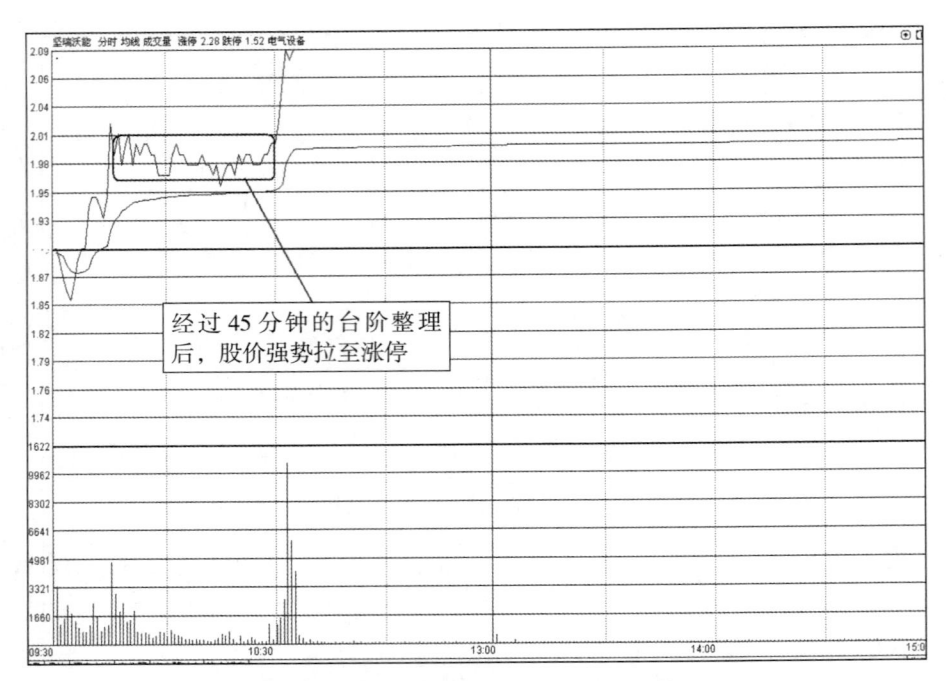

图 25-7 坚瑞沃能（300116）分时走势图

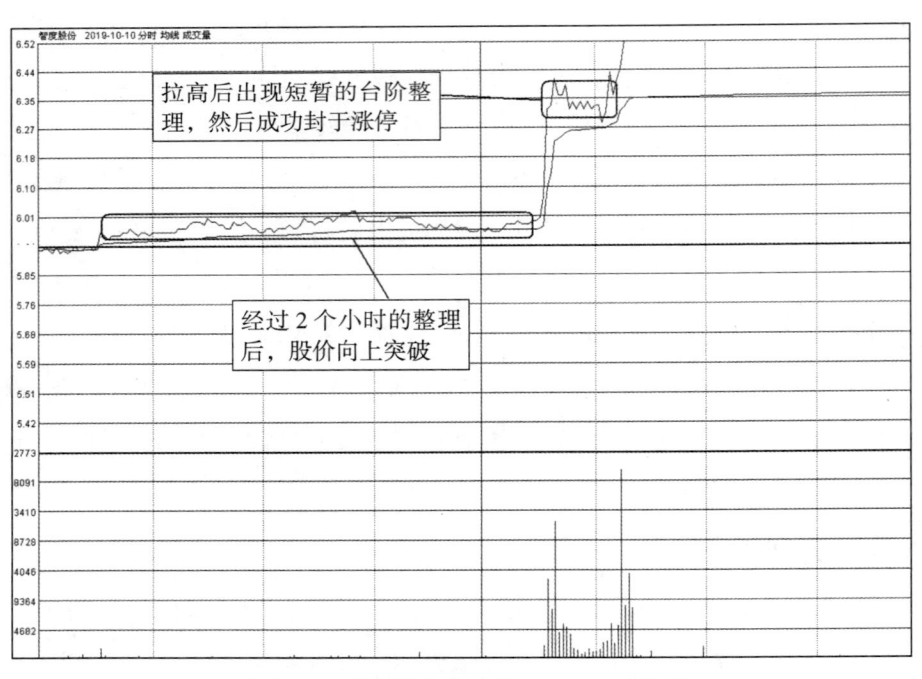

图 25-8 智度股份（000676）分时走势图

如图 25-9 所示，津滨发展（000897）的走势图。2020 年 8 月 20 日，股价跳空高开后出现一波拉升走势，经过短暂的台阶式整理后，股价在 9:46 就强势涨停，说明庄家资金实力雄厚，做多决心坚定，后市股价看高一线。

图 25-9　津滨发展（000897）分时走势图

如图 25-10 所示，银邦股份（300337）的走势图。2020 年 2 月 10 日，股价开盘后振荡走高，然后出现长时间的盘整走势，说明浮动筹码较多。之后股价再次拉起，接着出现晚台阶整理形式，尾盘股价强势拉涨停。

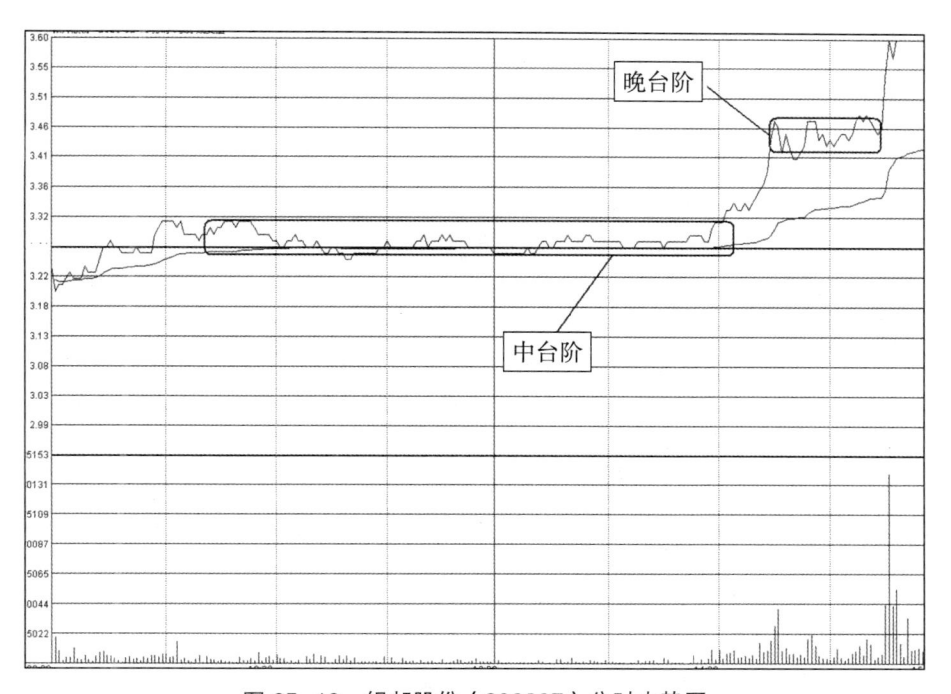

图 25-10　银邦股份（300337）分时走势图

6. 台阶的数量

分时台阶的数量是指当日股价在攻击涨停前所形成的盘整平台数量。按台阶数量可以分为单台阶、双台阶、多台阶。单台阶是指在分时走势奔向涨停之前只有一个休整台阶；双台阶是指在分时走势奔向涨停之前有两个休整台阶；多台阶是指在分时走势奔向涨停之前有两个以上的休整台阶。

正常情况下，在攻击涨停前形成的平台数量越少，说明庄家实力越强，拉涨停的可能性越大；平台数量越多，表明上涨过程中的抛压越大，庄家资金实力不够雄厚，拉升的决心不大，后期上涨的动力往往也较弱。所以往往单台阶强于双台阶，而双台阶强于多台阶。

如图 25-11 所示，山河药辅（300452）的走势图。2020 年 4 月 10 日，股价小幅推高后，出现台阶整理走势，然后股价单波拉板，形成单台阶形态。这种走势说明庄家实力很强，做多意图明显，投资者可以结合日线形态，积极跟进做多。

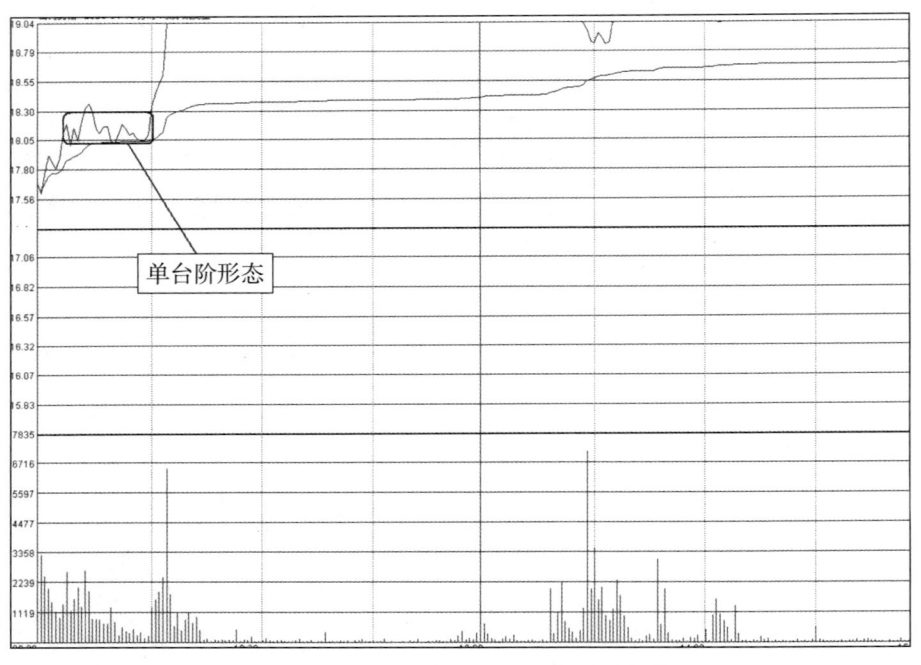

图 25-11　山河药辅（300452）分时走势图

如图 25-12 所示，漫步者（002351）的走势图。2019 年 10 月 25 日，股价开盘后处于弱势整理。午后开始出现逐波走强，呈现双台阶形态。这种走势看起来并不强势，但多头气势仍然不可低估，只要股价日线级别不处在高位，投资者仍可积极关注。

7. 台阶的整理形态

分时台阶的整理形态是指股价拉升一波后所出现的整理形态。在形成台阶平台整理时，往往会有不同的走势形态，其中以收敛三角形、箱体、上升三角形等为主要形态。

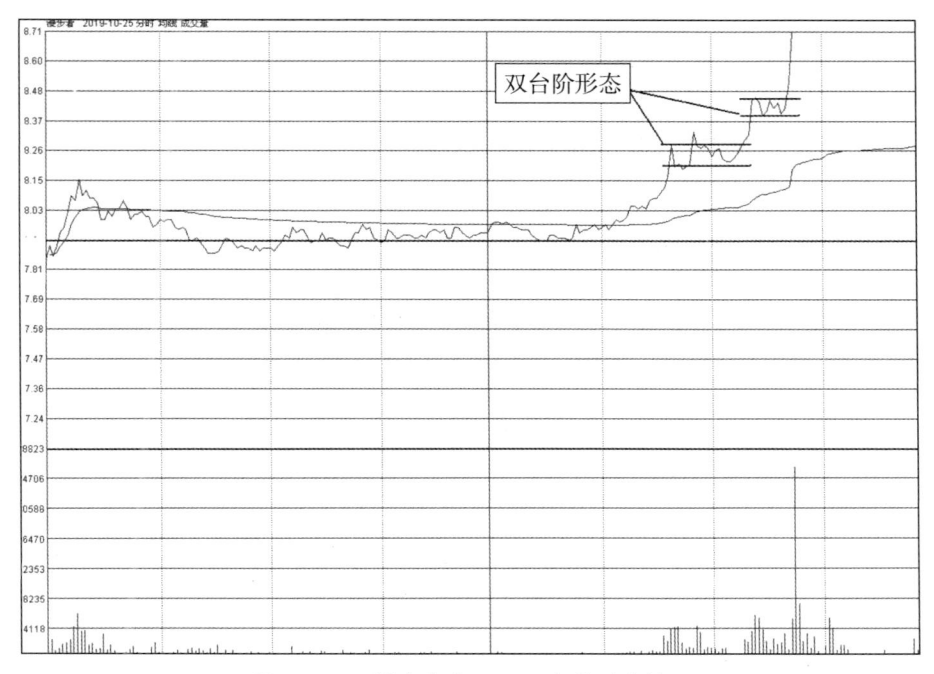

图 25-12　漫步者（002351）分时走势图

如图 25-13 所示，供销大集（000564）的走势图。2020 年 5 月 18 日，股价低开后经过一段时间的盘整，回升到前一天的收盘价附近，呈现箱体整理走势。然后股价再次拉高 7% 以上，形成上升三角形整理形态。最后股价放量拉升，成功封于涨停。

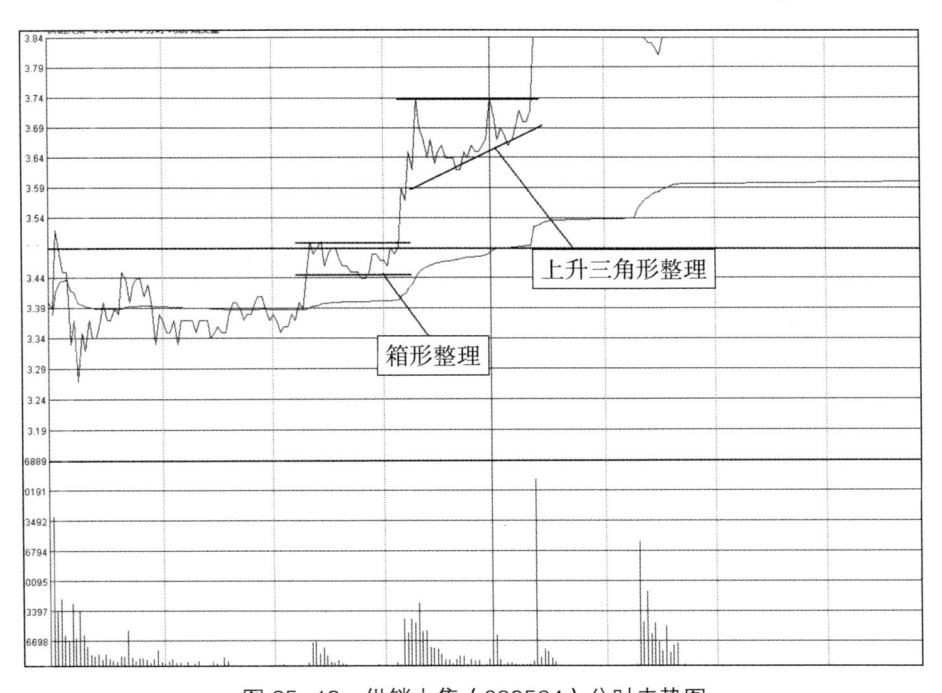

图 25-13　供销大集（000564）分时走势图

如图 25-14 所示，广东榕泰（600589）的走势图。2020 年 8 月 20 日，开盘后股价快速拉高，然后呈现收敛三角形整理形态。在整理末期，股价直线拉涨停。盘面气势强盛，只要股价位置不高，就可以积极关注。实盘中三板以上的涨停应谨防短线调整。

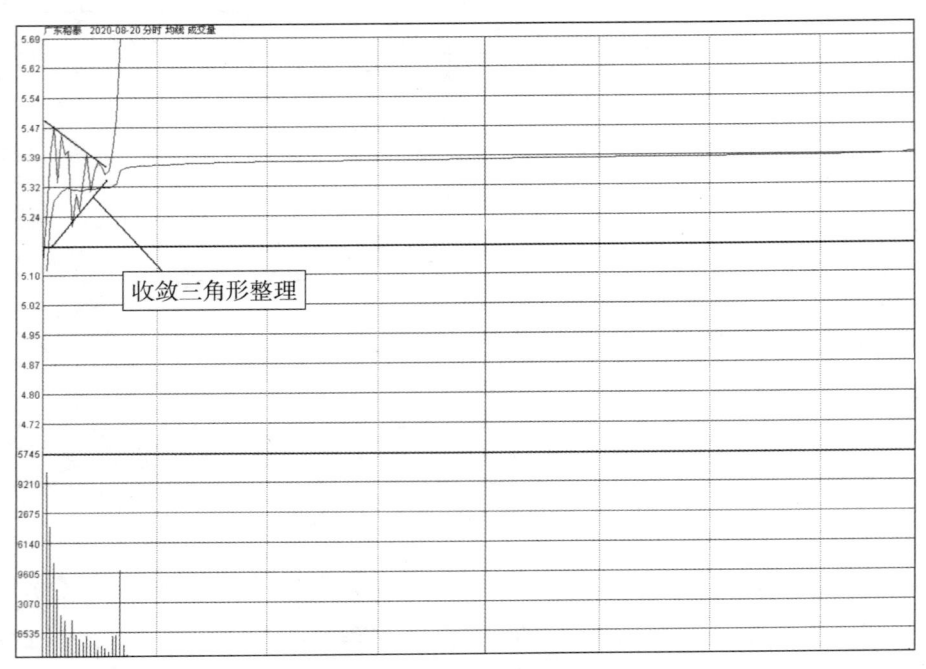

图 25-14　广东榕泰（600589）分时走势图

8. 台阶的攻击波角度

分时台阶的攻击波角度是指在分时走势中拉升时的角度，角度越陡峭，拉升速度越快，说明庄家资金实力越雄厚，做多决心越坚定，有的甚至接近 90 度角拉升；反之，攻击波的角度越小，则说明庄家的资金实力稍弱，做多决心不足。

如图 25-15 所示，汇金股份（300368）的走势图。2020 年 8 月 4 日，股价跳空高开后，形成上升三角形整理形态，然后以接近 90 度的角度一口气拉涨停，攻击力度强劲，说明庄家实力强大，做多意愿坚定。

如图 25-16 所示，科华控股（603161）的走势图。2020 年 8 月 14 日，股价在开盘后经过一段推升走势后，形成低位台阶整理走势。由于上拉角度平坦，攻击力差，且波段高度不够，很难单波拉板，所以随后出现二波台阶整理形态。然后股价强势攻击，快速拉涨停。

9. 分时走势、均价线和量能的三角关系

在台阶式涨停分时走势中，均价线（黄线）会随着即时价格线（白线）的移动而同向移动，两条线有相互牵拉的作用，同时黄线对白线还具有支撑与压力的功能。当白线开

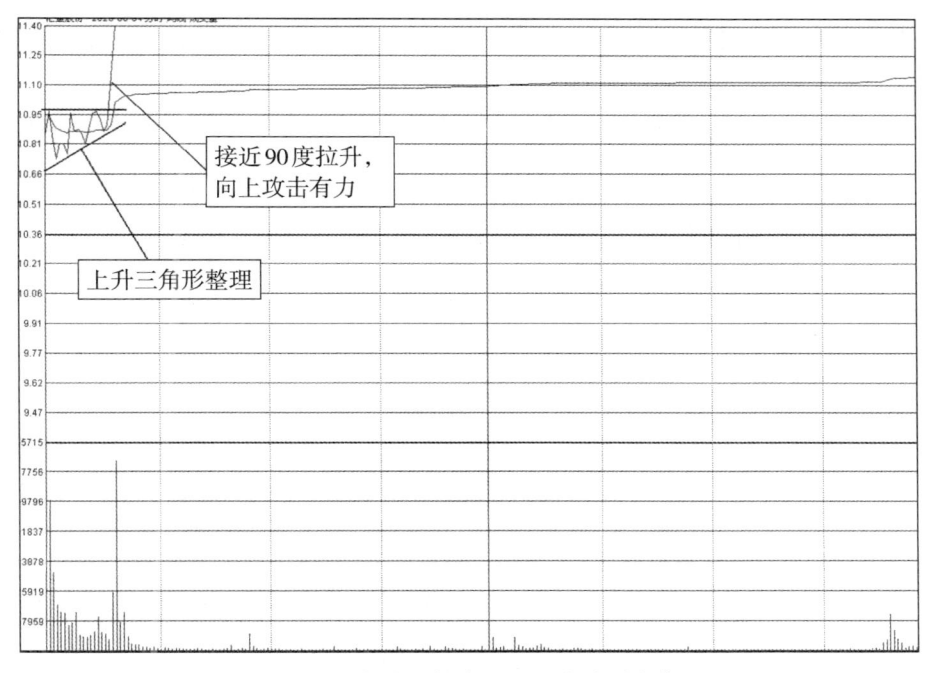

图 25-15　汇金股份（300368）分时走势图

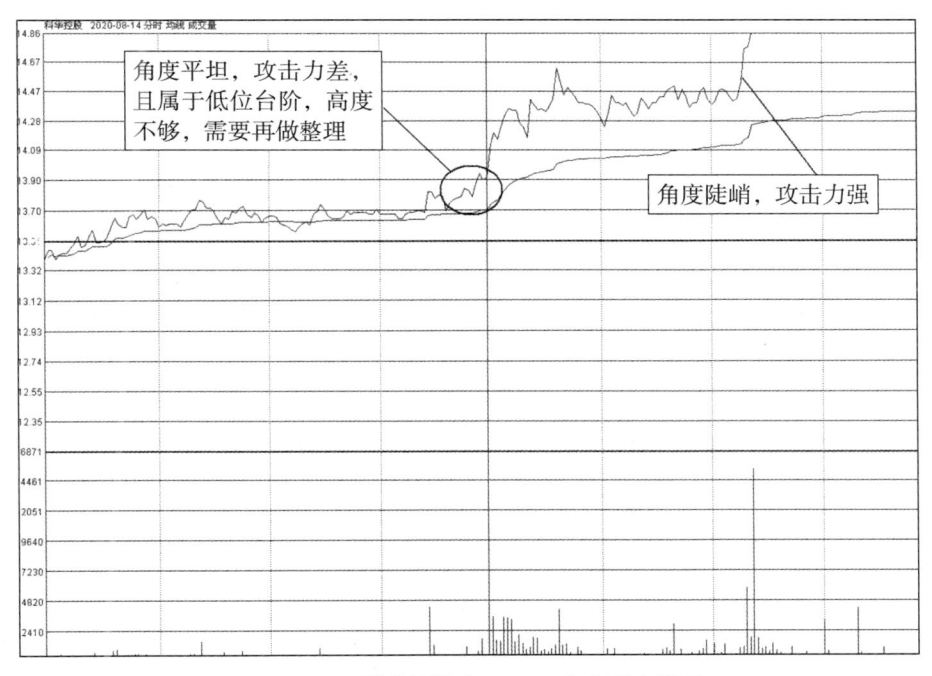

图 25-16　科华控股（603161）分时走势图

始上拉时，黄线最好快速跟上。如果两线距离太远，白线会短暂悬空而下跌。黄线上行需要成交量的放大，所以，当白线在无量拉升时，往往会因为黄线跟不上白线的步伐而出现短暂回落。在分时图上，最好每一波拉升都要放出量能，且后量要超过前量。另外，台阶整理区的量能，要越小越好，且后面台阶整理的量比前面台阶整理的量要小为最佳，这样说明抛压较小，有利于后期的拉升。

如图 25-17 所示，派生科技（300176）的走势图。2020 年 8 月 25 日，股价在每一波拉升时成交量明显放大，在整理时量能越来越小，盘中分时走势、均价线和成交量的三角关系良好，盘面节奏感强，说明庄家对盘面的把控较好，有利于拉升。

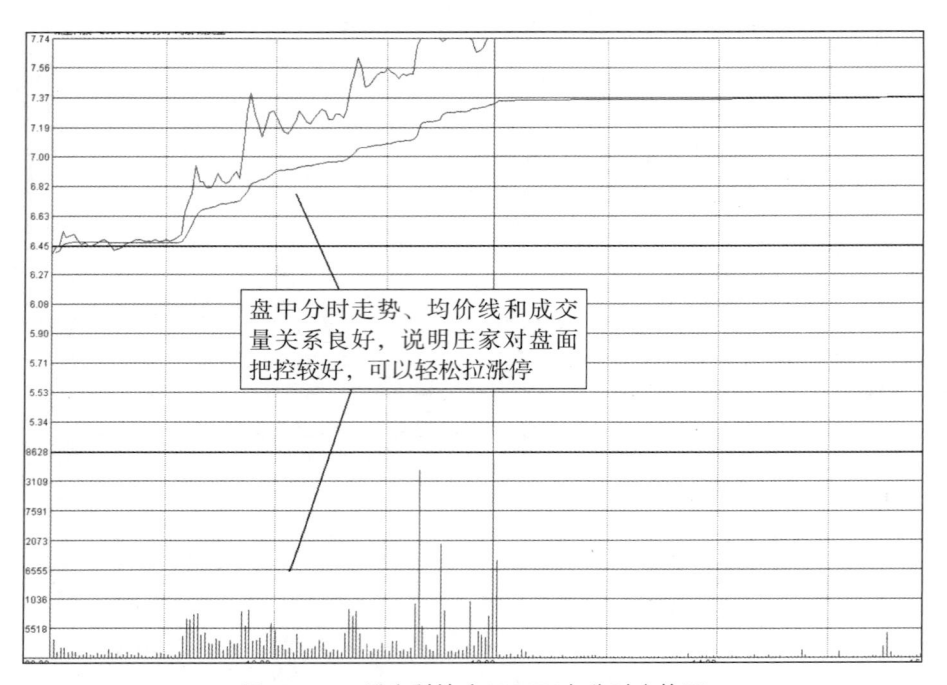

图 25-17　派生科技（300176）分时走势图

三、狙击分时台阶式涨停

在实盘中狙击分时台阶式涨停时，可以按如下几个步骤操作。

（1）盘中按涨幅（通常在 2%～7%）或涨速排行进行排列，将初步判定的个股锁定并跟踪观察。选择个股时同时考虑大盘、板块、个股形态、中长期均线趋势、前期股性等因素。

（2）找出几只在拉升一波后出现横向盘整的个股，同时注意当天的量比情况，量比越大越好，至少大于 2 倍的量。

（3）在分时台阶整理过程中，最好不破当日均价线（黄线）。

（4）在分时台阶整理过程中，当量能缩到极点量，且压盘大单突然消失，同时伴随着高密度的大单成交，要立即跟进。

（5）在分时台阶整理过程中，当突然放量突破盘整的形态压力位时，可立即跟进。

（6）在分时走势中，当白线调整至接近黄线的强支撑时，可重点观察并实时分批跟进。

（7）对于多台阶式涨停，在后面高位台阶处（7%左右）介入的可靠性，远大于在之前低位台阶处介入。此时，一旦出现（4）（5）中所述的放量大单吃进的情况，表明主力奔向涨停的决心已定，则涨停的概率高达90%以上。在低位台阶整理时，因离涨停的距离较大，不确定因素也较多，所以其涨停的概率要远远低于高位台阶。

（8）在早盘10:00—10:30经过第一波拉升后形成的第一个整理台阶，介入时要慎重，因为此时往往是当天大盘、板块、个股的阶段性高点，后市走势存在许多变数。

（9）需要注意的是，出现多台阶整理时，两个台阶不能有重叠现象。也就是说，后一个台阶整理时，股价最好不要回落到前一个台阶整理区域内。若出现这种现象，说明后一波拉升力度不强，盘中抛压重或庄家做多意愿不强。

（10）最佳买入点：在台阶整理收窄后，开始放量向上突破时积极跟进。

如图25-18所示，东岳硅材（300821）的走势图。2020年9月25日，股价在开盘后出现一波拉升，然后进入横盘整理。10:12出现向上突破，但突破之后跟风力量不足，股价重新回落整理。由于回落幅度太深，后面的台阶与前面的台阶出现重叠，说明主力拉升意愿不强烈，短线应离场观望。

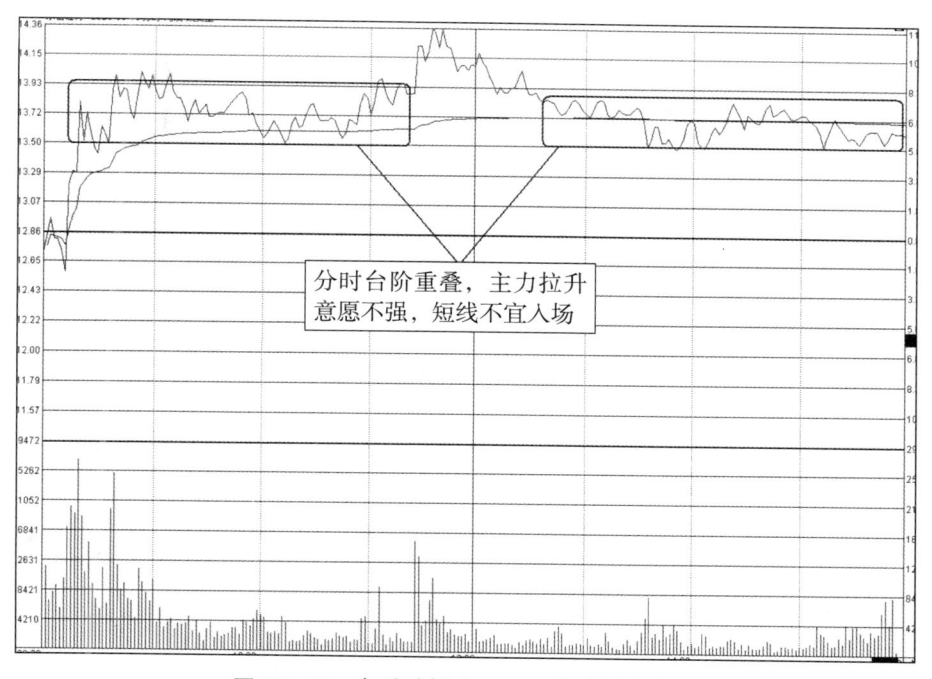

图25-18　东岳硅材（300821）分时走势图

涨停 26 式　垂死挣扎战法

一、技术含义

垂死挣扎线也叫"逃命长阳",是指多头或空头出现最后的拉高或打压而形成的 K 线形态,可以分为多头垂死挣扎线和空头垂死挣扎线两种。

股价经过持续性的大幅上涨后,在高位大幅振荡过程中,庄家为了诱多出货,再次拉出大阳线或涨停大阳线,但股价并没有持续上涨,次日往往冲高回落,表明多头主力在做最后的努力,形成垂死挣扎走势,不久股价转为下跌,所以将这根 K 线称为多头垂死挣扎线。

相反,股价经过持续性的大幅下跌后,在低位大幅振荡过程中,庄家为了诱空吸货,再次砸出下跌大阴线,但股价并没有持续下跌,很快企稳或出现探底回升走势,表明空头在做最后的打压,所以将这根 K 线称为空头垂死挣扎线。

市场机理:一波拉升行情已近尾声,盘面气势和上涨动力开始减弱,但市场余温尚在,主力在做最后的努力,将股价顽强拉高,创造更加有利于自己出货的空间,这是主力出货的前期表现手法,经过垂死挣扎后,市场进入中期调整。

垂死挣扎战法的买卖原则如下。

一般情况下,高位的多头垂死挣扎线作为卖出信号看待,而不作为买入信号,只有在低位的空头垂死挣扎线,才作为逢低吸纳的机会。

(1)垂死挣扎线只作低吸,不宜追板。

(2)涨停次日高开上冲乏力,股价不能持续强势时,应及时离场。

(3)涨停次日股价低开振荡时,应果断离场,不抱任何幻想。

(4)涨停次日股价跌停收盘时,无论何时开板,都应及时离场。

(5)当错过高位离场良机后,后市股价回升到涨停大阳线附近时,也应止损离场。

二、形态特性

(1)前期出现的股价连续或快速上涨行情结束,市场进入强势振荡,此时盘面并没有完全走弱。

(2)成交量大幅放大。前期上涨时放大量的,垂死挣扎线本身量也大,基本与前期持平。

（3）盘面出现大幅度振荡。在垂死挣扎线出现之前的几个交易日，股价出现过深幅回调，或振荡整理走势。

（4）垂死挣扎线本身具有很强的攻击性，一般是涨停大阳线或光头大阳线，只是由于主力出货而未能延续这种攻击走势。

（5）在整个盘区中，垂死挣扎线都有可能出现，并且有可能多次出现。

（6）垂死挣扎线可以是单根K线，也可以是多根K线组成。

如图26-1所示，星期六（002291）的走势图。该股走势符合上述技术特征，股价脱离底部后出现连续大涨行情，出现垂死挣扎线时成交量放大，高位盘面大幅振荡。在主力的整个出货过程中，先后3次出现垂死挣扎走势，分别是2020年2月4日和5日、2月18日以及3月2日开始的反弹走势。其中一次是单根K线，两次是多根K线组成，成交量都出现同步放大现象。

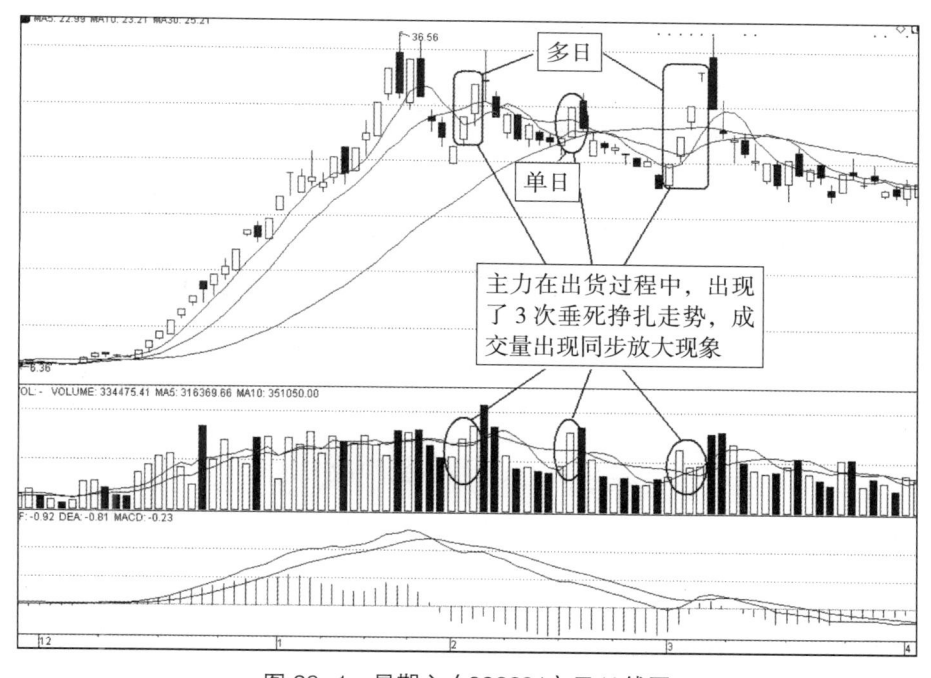

图26-1　星期六（002291）日K线图

三、使用前提

垂死挣扎线出现在大涨之后的高位振荡过程中，也就是主升浪行情已经基本结束，是庄家出货过程中的一种拉高动作。垂死挣扎线的出现有两个前提：一是前期股价出现大涨或快涨；二是涨后出现强势振荡（在趋势持续中不会出现垂死挣扎线）。

如何鉴定前期的大涨或快涨行情，可以参考以下五种情形。

（1）股价前期出现连续涨停（中间可以夹有小星线或小阴小阳线）。

如图26-2所示，戴维医疗（300314）的走势图。该股在2020年6月24日向上脱离底部区域后，出现一波拉升行情，短期股价涨幅较大。在拉升过程中，中间夹带小星线和小阴小阳线，这些细小的K线并不影响整体上涨趋势。当股价短期涨幅较大后，主力在高位不断派发获利筹码，导致盘面出现振荡走势。7月21日，开盘后股价逐波拉高，盘中一度上摸涨停价位，但股价没有封板。次日冲高至前高附近时回落，多头出现垂死挣扎走势，之后股价渐渐走弱。

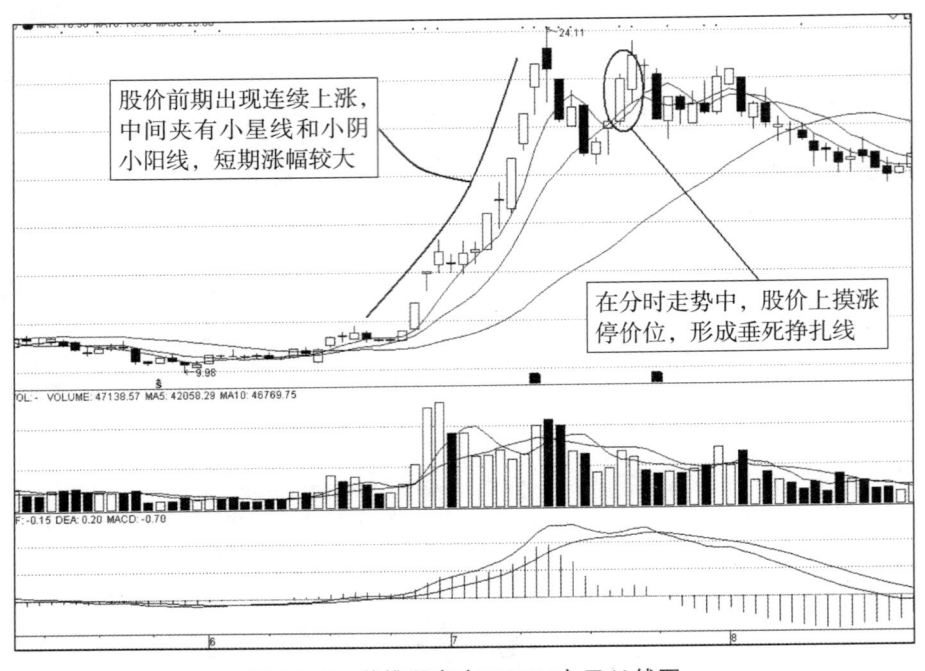

图26-2 戴维医疗（300314）日K线图

（2）股价前期出现加速上涨现象（前期缓缓推升，后期出现急速上涨走势）。

如图26-3所示，宏达矿业（600532）的走势图。该股成功构筑底部后，股价缓缓向上走高。到了后期出现加速上涨走势，这是多头最后的冲刺动作。2020年7月6日，在高位振荡中出现垂死挣扎走势，主力出货迹象明显。第二天高开低走后，股价进入调整走势。

（3）股价累计涨幅较大，主力获利丰厚，在高位出货时收出诱多涨停大阳线。累计涨幅包括拉升涨幅和盘升涨幅（主要指中长线大牛股的总涨幅）两种情况。

如图26-4所示，秀强股份（300160）的走势图。该股突破后出现一轮飙升行情，13个交易日拉出12个涨停，短线涨幅较大，主力获利丰厚，随后股价在高位出现大幅振荡。主力为了出货需要，在2020年3月4日和5日连拉两个涨停，6日惯性上冲至前高附近后回落收跌，两根大阳线形成垂死挣扎线。之后股价快速下跌，形成中期头部。

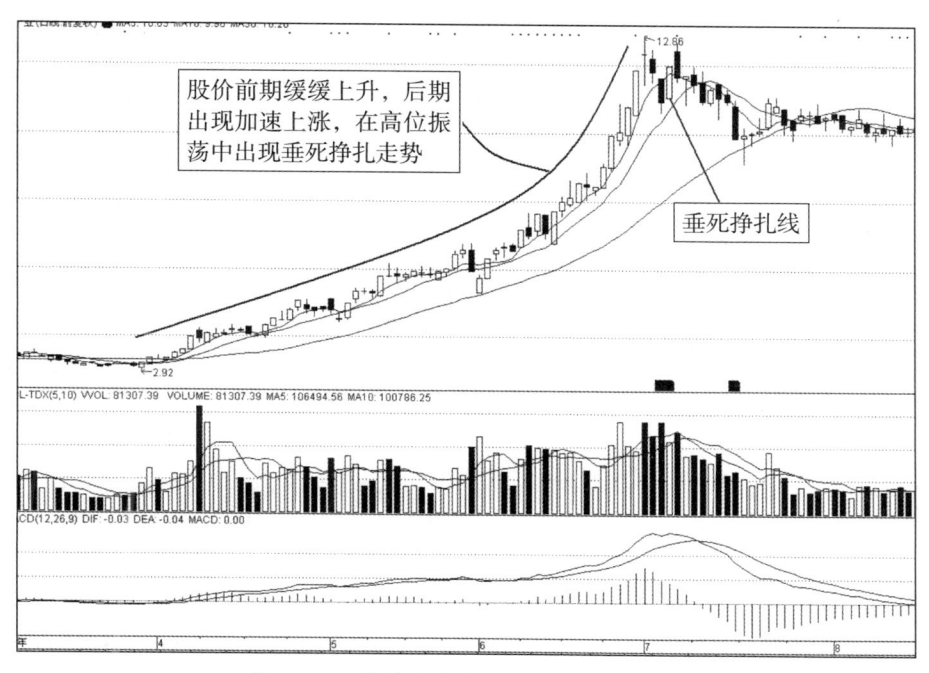

图 26-3　宏达矿业（600532）日K线图

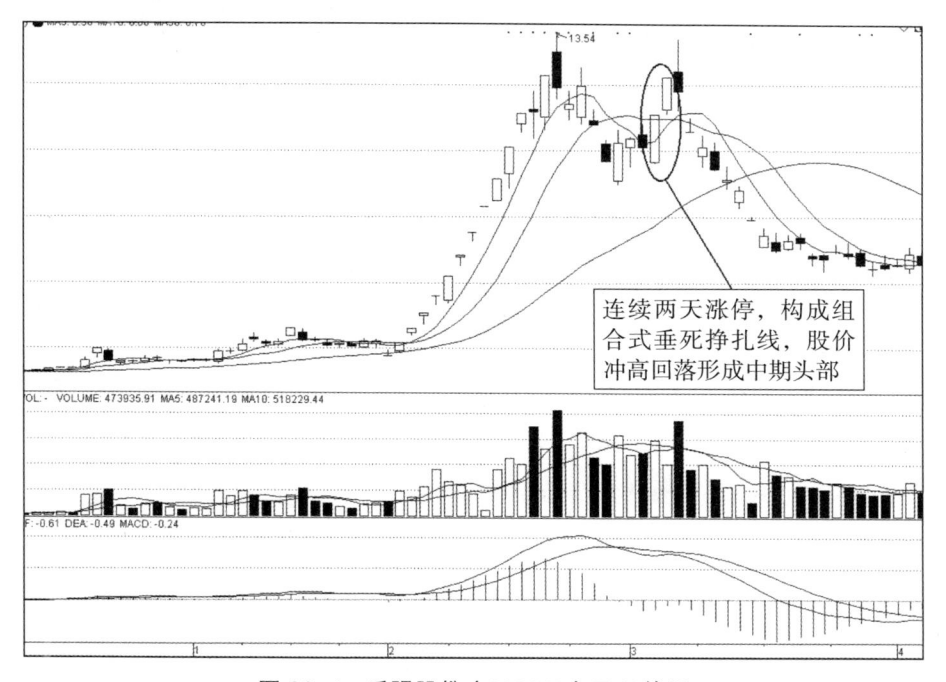

图 26-4　秀强股份（300160）日K线图

（4）在高位一字板之后。通常在 3 个涨停后出现一字板或 T 字板，然后在高位振荡中收出涨停大阳线。

如图 26-5 所示，凯撒文化（002425）的走势图。该股连拉两个实体板后，出现整理星线，然后出现一字板，接着又是实体板，之后连续走出 4 个一字板和 1 个 T 字板，短期股价涨幅较大。主力在高位平台整理中出货，2020 年 7 月 6 日和 7 日在高位连拉两个涨停，形成强势突破之势，大有新一轮大涨行情爆发之兆，以此吸引散户入场。可是，7 月 8 日从涨停价开盘后，股价直线下降，全天弱势振荡，当日收跌 7.66%。高位一根跌幅长达 17.66% 的大阴线，彻底浇灭了上涨气势，股价从此进入弱势整理。

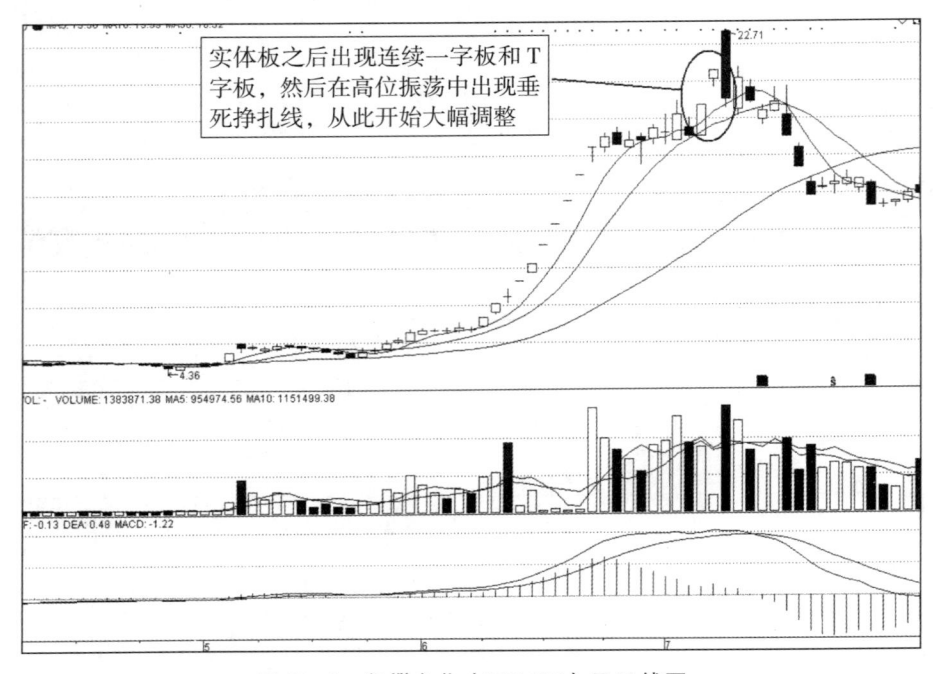

图 26-5 凯撒文化（002425）日 K 线图

如图 26-6 所示，振德医疗（603301）的走势图。在股价大幅上涨已超过一倍的高位，再次连拉 3 个一字板（冲刺走势），然后开板回落调整。由于主力没有顺利完成出货，股价企稳后再次向上推升，2020 年 8 月 3 日涨停。次日冲高创出新高后回落，当日股价以跌停收盘，垂死挣扎线确立，盘面开始走弱。

（5）连续一字板或 T 字板后，在拉高振荡中收出涨停大阳线。

如图 26-7 所示，强生控股（600662）的走势图。该股连拉 7 个一字板后，在高位出现振荡，主力在振荡中不断派发获利筹码。为了吸引市场眼球，2020 年 6 月 3 日股价收出涨停大阳线，形成突破性走势，不少散户跟风入场。可是，第二天股价大幅低开 4.64% 后，全天弱势走低，垂死挣扎线确立，股价从此进入调整走势。

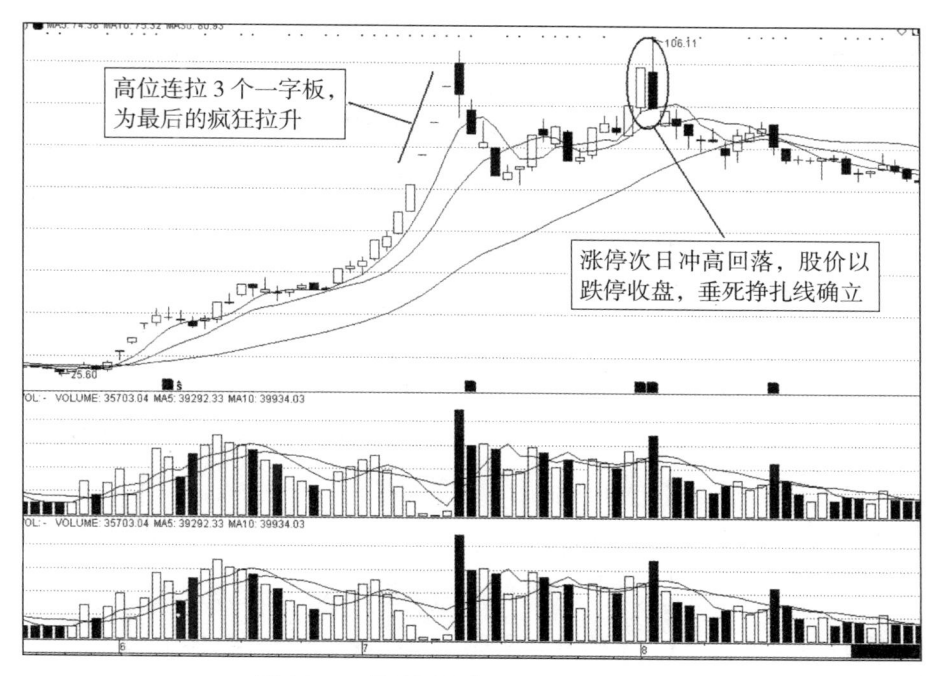

图 26-6　振德医疗（603301）日 K 线图

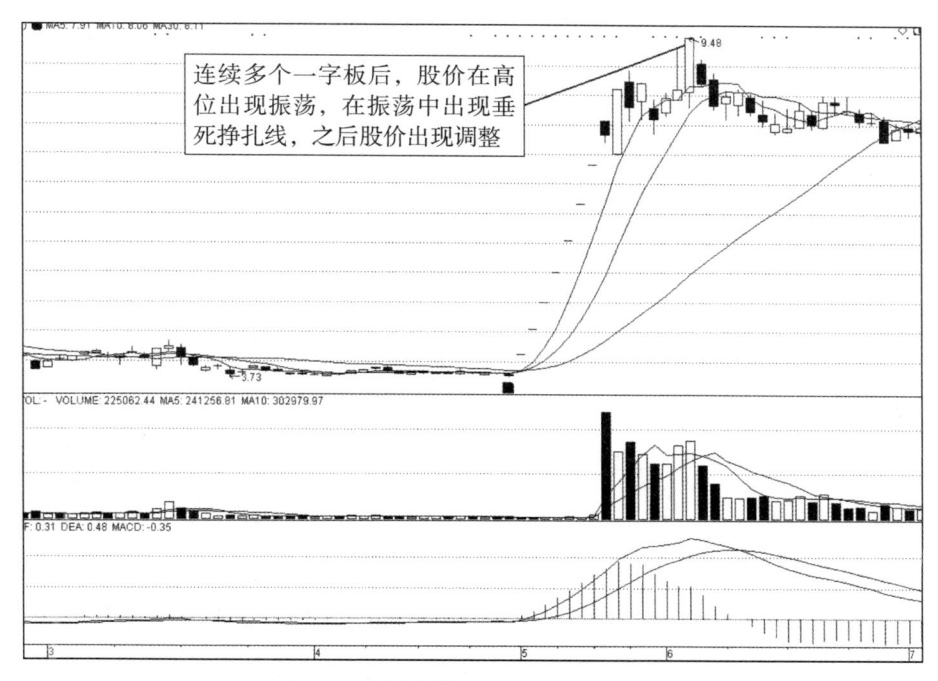

图 26-7　强生控股（600662）日 K 线图

四、技术调整

1. 调整方式

在出现垂死挣扎线之前，一轮上涨行情已经结束，出现明显的调整走势。调整主要有 3 种方式：向下回落式调整、横向盘整式调整和向上倾斜式调整。

调整方式对后面出现的垂死挣扎线的高度有一定影响，分别介绍如下。

向下回落式调整，是最常见的调整方式。由于回调幅度较大（调整幅度大多在 20% 左右），因此垂死挣扎线很难超越前期的上涨高点。股价涨停后，次日上冲至前高附近就会出现回落走势，或次日直接低开低走收阴。如上述案例中的星期六（002291）、戴维医疗（300314）、秀强股份（300160）就属于这种类型。

横向盘整式调整。股价完成主升浪拉升后，在高位维持平台整理，这时出现的垂死挣扎线容易创出新高，形成向上突破之势，以此吸引散户入场。这往往是假突破，次日股价冲高回落或低开低走收阴。如上述案例中的强生控股（600662）就属于这种类型。

向上倾斜式调整。主升浪结束后，继续维持强势运行，股价重心有所上移，这时出现的垂死挣扎线大多会创出上涨新高，形成加速上涨之势，以此误导散户接单。这往往是虚张声势，次日股价冲高回落或低开低走收阴。如上述案例中的凯撒文化（002425）就属于这种类型。

2. 调整时间

调整时间是指主升浪结束后距离垂死挣扎线出现所需要的运行时间，一般在 3～10 个交易日，多次出现垂死挣扎线的间隔时间也在这个范围，大于 10 个交易日的可能不是垂死挣扎线。

3. 调整幅度

调整幅度是指主升浪结束后股价的回调空间。垂死挣扎线的回调幅度大多在 20% 左右，个别股的调整幅度接近 30%。如果回落幅度大于 30% 的，则盘面弱势基本确立，这时出现的涨停大阳线，性质上属于反弹涨停。

如图 26-8 所示，九鼎新材（002201）的走势图。该股经过两轮大幅拉升后，主力获利丰厚，兑现手中获利筹码是当务之急。在高位出货过程中，两次回落后再次拉起，形成垂死挣扎走势，调整幅度均在 20% 左右，调整时间都是 6 个交易日，主力派发大量筹码后股价缓缓下行。之后的 2019 年 11 月 8 日开始出现一波回升走势，而此时调整幅度已大于 30%，时间超过 10 个交易日，属于下跌趋势中的反弹走势。

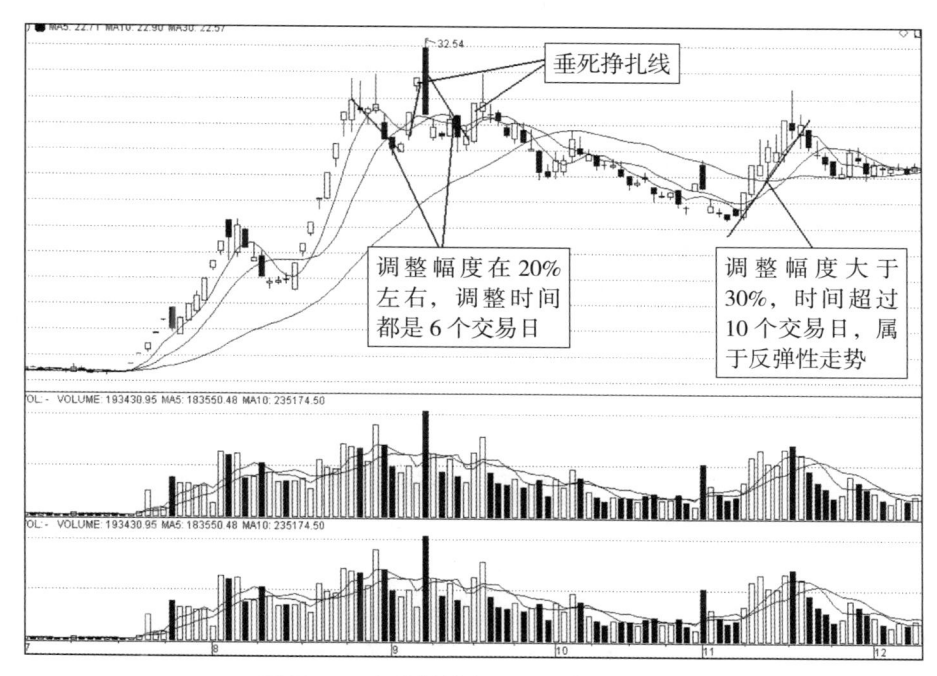

图 26-8 九鼎新材（002201）日 K 线图

如图 26-9 所示，道恩股份（002838）的走势图。该股经过大幅炒作后，呈倒 V 型反转下跌。由于回落速度较快，主力并没有成功出货，于是在 2020 年 4 月 3 日开始连拉 3 个涨停。此时调整时间较长，回落幅度较大，盘面已经明显走弱，形成超跌反弹走势。

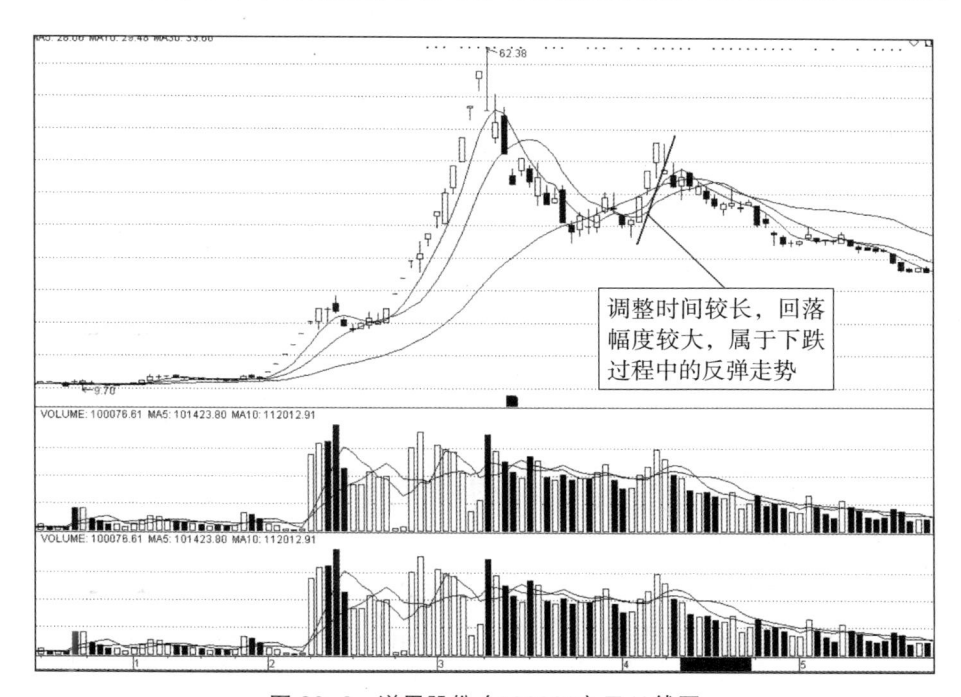

图 26-9 道恩股份（002838）日 K 线图

五、信号确认

在高位振荡走势中出现的涨停大阳线,有时可能是第二波启动信号,不一定都是垂死挣扎线,通常要有一个确认过程。

垂死挣扎线有以下 6 个确认信号。

(1)涨停次日股价冲高回落,或者高开低走,有时候股价当天冲板回落。

如图 26-10 所示,君正集团(601216)的走势图。该股大幅拉升后完成主升浪行情,股价在高位出现振荡走势。在主力出货过程中,出现两次明显的垂死挣扎现象。股价见顶回落后,从 2020 年 8 月 17 日开始连拉 2 个涨停。8 月 19 日股价上冲至前高附近时受压回落,垂死挣扎线确立。在之后的几个交易日里,股价继续下跌。8 月 25 日企稳回升,26 日股价再次强势涨停。27 日高开 2.55% 后几乎没有上冲动作,盘中股价振荡走跌收阴,垂死挣扎线再次确立,此后该股进入弱势调整走势。

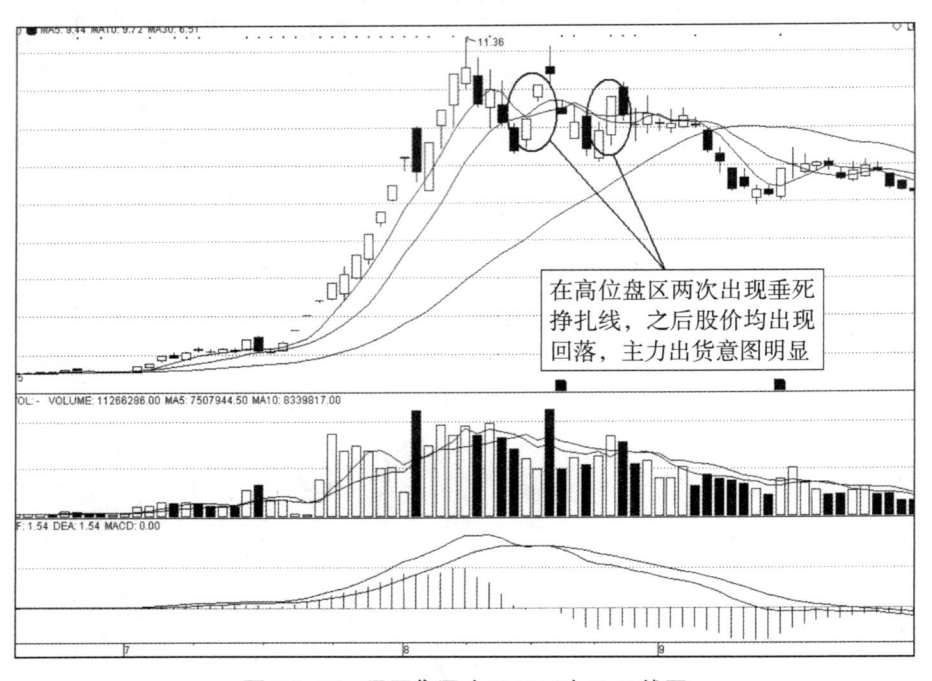

图 26-10 君正集团(601216)日 K 线图

如图 26-11 所示,小商品城(600415)的走势图。该股完成两波拉升后,主力获利丰厚,在高位出货时不断制造诱多动作。2020 年 7 月 21 日,股价小幅低开后强势拉高,10:08 封于涨停,看起来非常强势。但封盘 5 分钟后开板振荡,直到收盘也没有回封,暴露了主力的出货意图,多头垂死挣扎明显。第二天,股价低开振荡,垂死挣扎线得到确立,之后盘面渐渐走弱。

图 26-11 中,股价冲板回落,次日低开振荡,垂死挣扎线确立,股价从此出现调整。

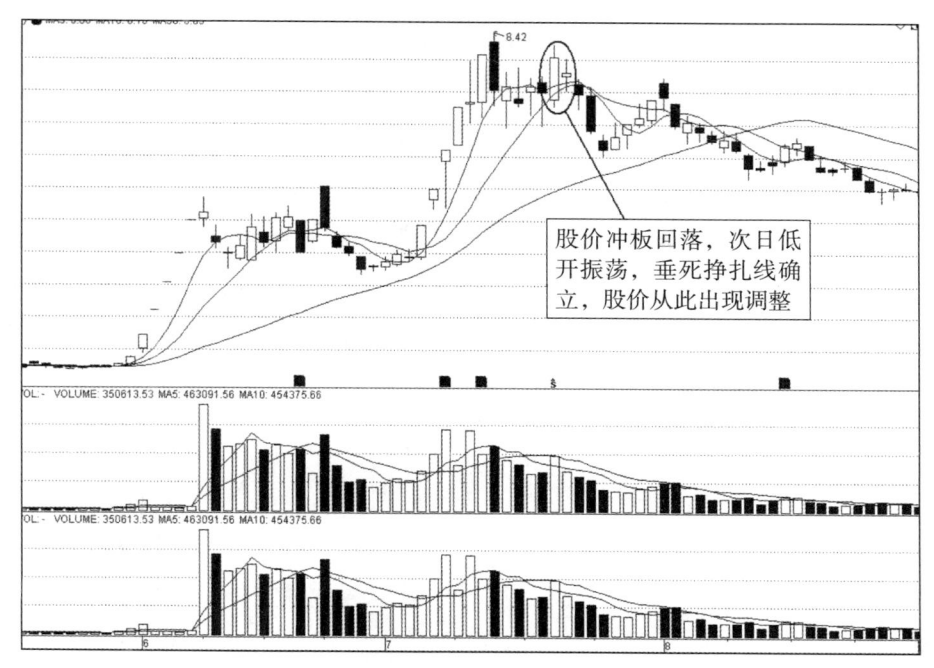

图 26-11　小商品城(600415)日 K 线图

(2)涨停次日股价直接低开,盘中弱势振荡。

如图 26-12 所示,中国软件(600536)的走势图。该股完成一波拉高后,在高位形成平台整理。2019 年 9 月 9 日,股价振荡走高,尾盘封涨停,形成突破之势,似乎展开新的

股价涨停后没有延续强势上涨,次日直接低开走弱,前一天的涨幅几乎被全部抹去,垂死挣扎线确立,盘面从此进入长时间调整

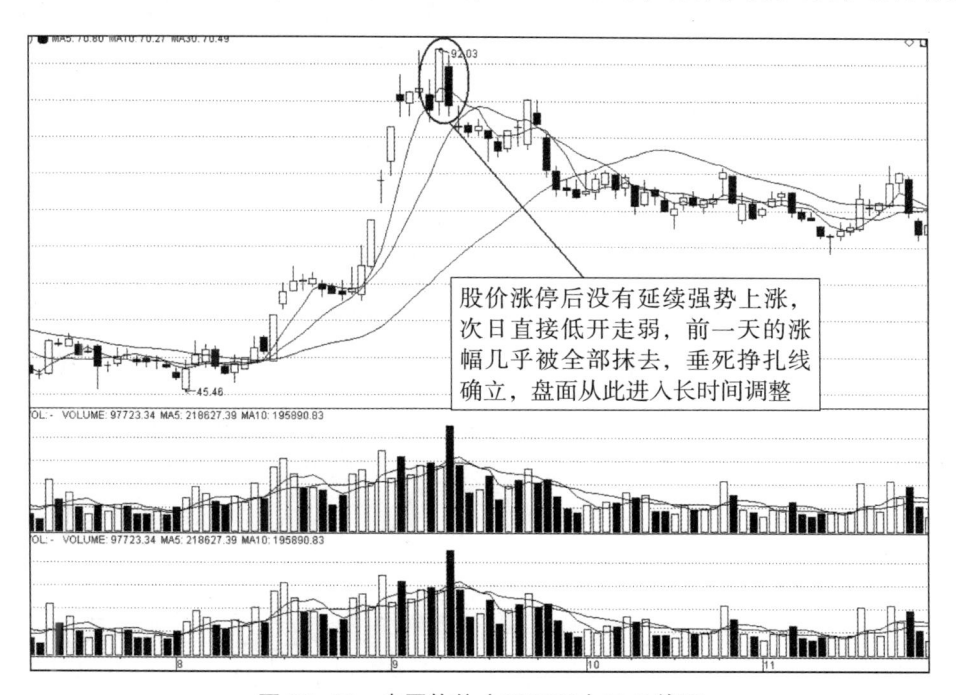

图 26-12　中国软件(600536)日 K 线图

拉升行情。通常股价涨停后第二天有高开或冲高动作，但该股涨停后不但没有延续强势上涨，次日反而直接低开2.59%后走弱。盘中一度跌停，尾盘略有回升，全天下跌8.51%收盘，前一天的涨幅几乎被全部抹去，垂死挣扎线确立，盘面从此走弱。

（3）涨停次日盘面大幅振荡，盘中抛压较重。

如图26-13所示，中航沈飞（600760）的走势图。股价连续拉高后出现振荡走势，2020年7月23日和8月6日分别出现涨停，次日盘面均出现大幅振荡。股价没有延续强势上涨走势，说明盘中抛压沉重，有主力对倒出货的嫌疑。

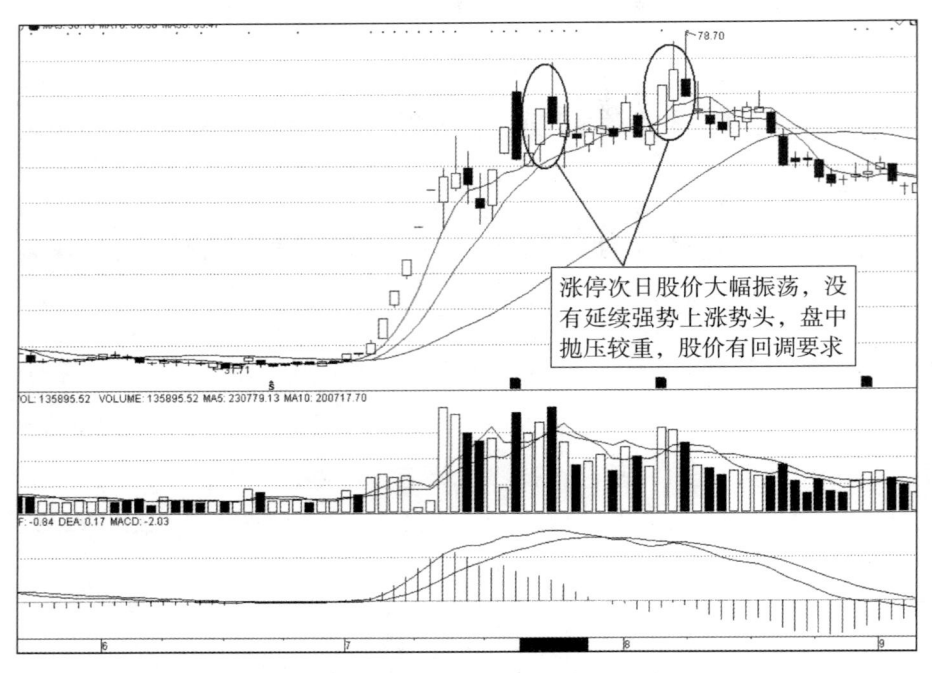

图26-13　中航沈飞（600760）日K线图

（4）涨停次日股价以跌停收盘，甚至直接一字板跌停。

如图26-14所示，海特生物（300683）的走势图。该股连续以一字板和T字板完成拉升后，股价在高位出现振荡整理走势。经过3个交易日的调整后，2020年3月18日，开盘后股价快速拉涨停，盘面强攻态势明显，疑似开启第二波拉升行情，吸引不少散户追板入场。可是，次日股价低开4.25%后快速回落，不到半个小时就封于跌停板。主力在跌停板位置大量出货，垂死挣扎线确立。第二天继续跌停，股价成功脱离头部区域。

如图26-15所示，南京百货（600712）的走势图。该股连续大幅拉高后，主力在高位振荡出货。为了吸引投资者关注，主力刻意制造诱多的假象，2019年12月27日股价向上突破，虽然股价没有涨停，但上涨气势汹汹，似乎要打开新的上涨空间。可是，次日股价直接一字板跌停，全天封板不动，将前面买入的筹码全线套牢在高位，形成垂死挣扎走势，之后股价一路下跌。

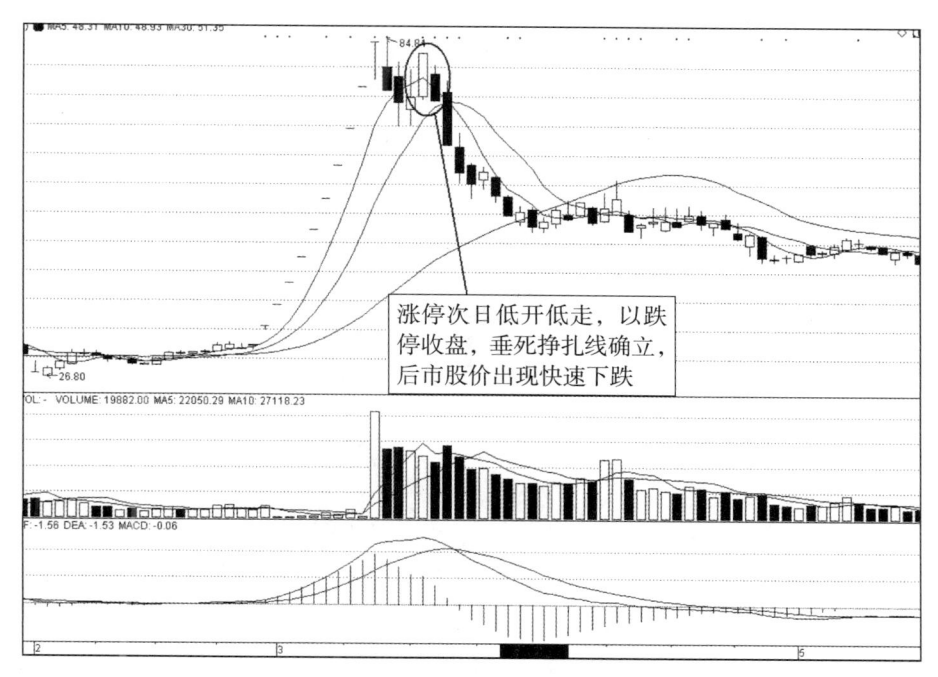

图 26-14　海特生物（300683）日 K 线图

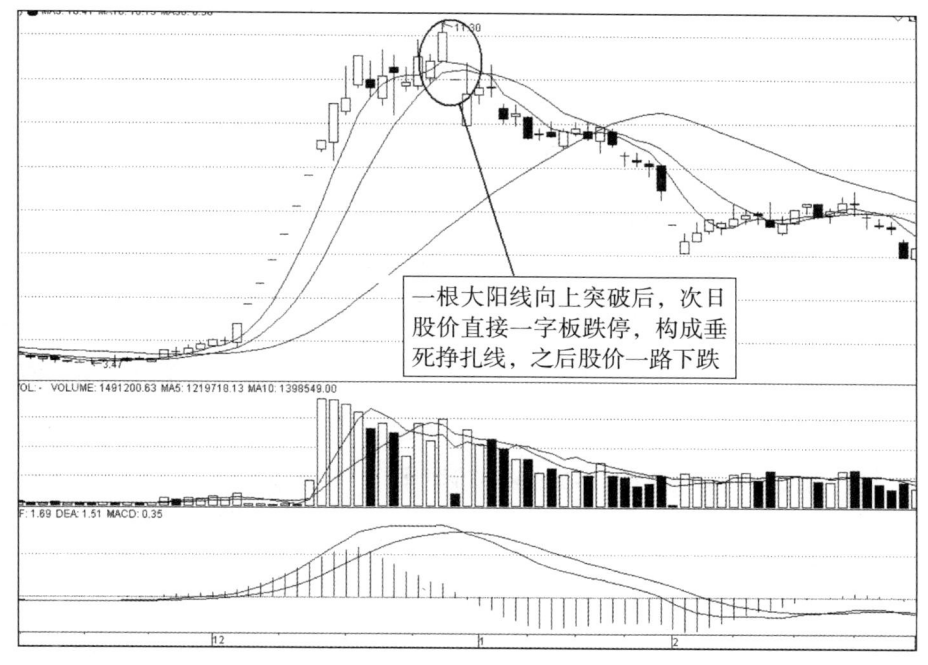

图 26-15　南京百货（600712）日 K 线图

（5）成交量放大，股价出现滞涨。

如图26-16所示，日丰股份（002953）的走势图。在股价拉升后期，出现2个一字板和1个T字板（符合上述情形（4）现象），形成最后冲刺走势。经过短期调整后，2020年3月30日，股价尾盘快速涨停。次日高开振荡回落，成交量放大，股价出现滞涨，以下跌4.72%收盘，垂死挣扎线确立。之后几个交易日，股价快速下跌，脱离头部区域，进入中期调整走势。

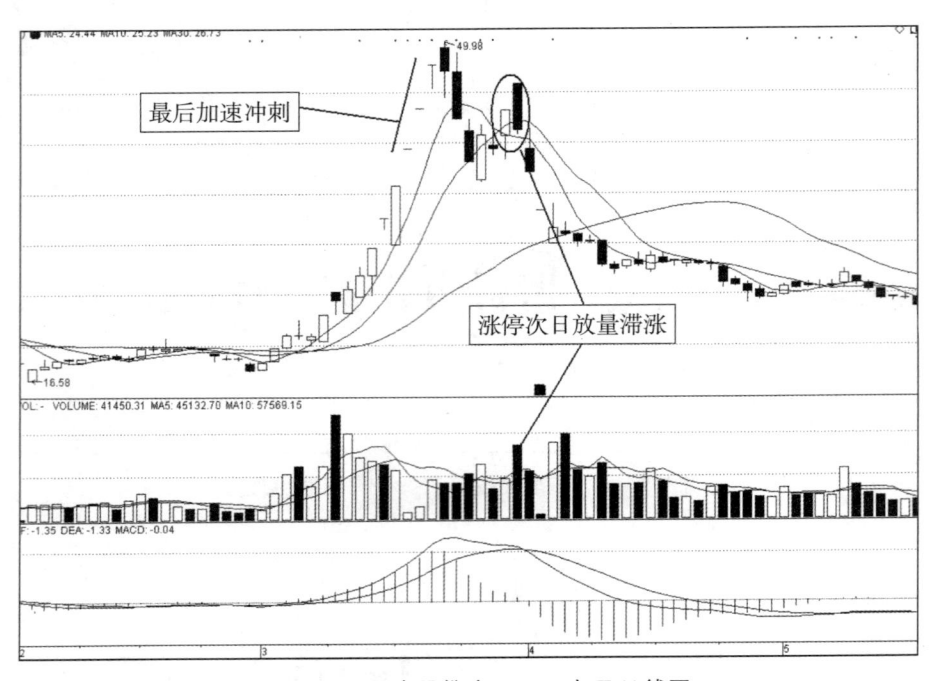

图 26-16　日丰股份（002953）日K线图

（6）K线出现明显的见顶形态，如射击之线、倾盆大雨、乌云盖顶、阴包容等顶部K线形态。

如图26-17所示，模塑科技（000700）的走势图。该股向上突破后出现大幅拉升，短期涨幅超过200%，主力获利丰厚。主升浪结束后，股价在高位出现振荡，主力不断在暗中派发获利筹码。2020年2月19日，股价放量涨停，形成强攻之势。按理说次日应有拉高动作，可是次日股价低开5.17%后冲高回落收阴，K线形成射击之线，垂死挣扎线确立。同时出现放量滞涨现象，顶部信号清晰，此后股价开始走低。

如图26-18所示，立昂技术（300603）的走势图。股价见顶后小幅回落，2020年3月4日，股价强势涨停，次日大幅高开8.90%后，盘中一路振荡走低，构成乌云盖顶K线组合形态，股价从此进入中期调整走势。

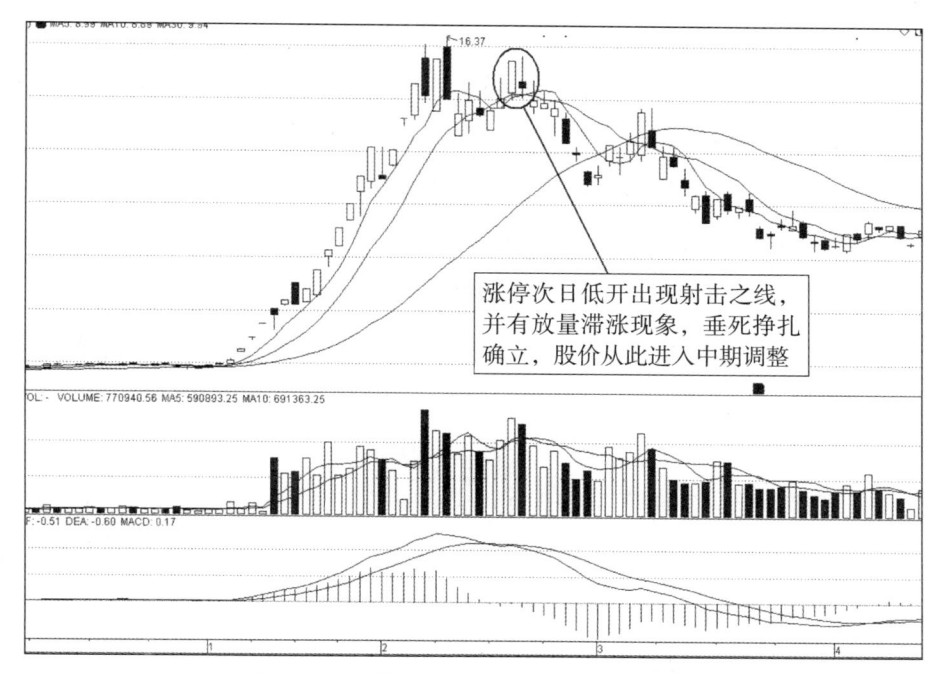

涨停次日低开出现射击之线，并有放量滞涨现象，垂死挣扎确立，股价从此进入中期调整

图 26-17　模塑科技（000700）日 K 线图

涨停次日高开低走，构成乌云盖顶形态，股价从此快速下跌

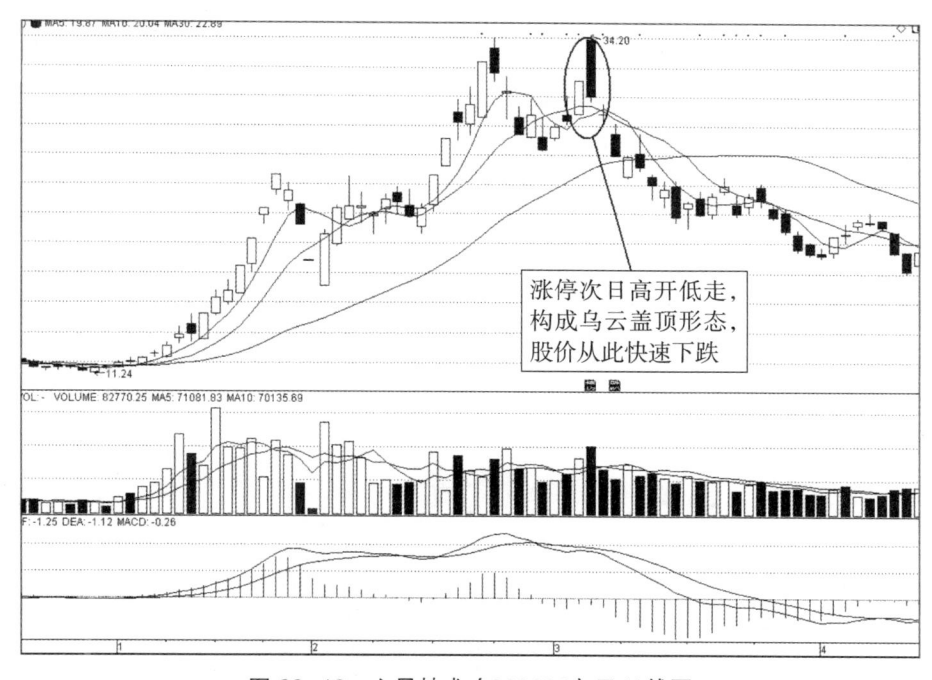

图 26-18　立昂技术（300603）日 K 线图

六、判断方法

在垂死挣扎线没有得到确认之前，它与第二波行情启动非常相似，有时候二者很难区分。二者的相同之处在于都出现在一波拉升行情之后，也都是在调整之后再次拉高，但在

细节上，二者又有明显的不同，主要从以下几个方面进行区分。

（1）多头垂死挣扎时，股价拉升没有持续性，一般在前高附近会回落；而第二波行情持续性较好，能顺利穿越前期高点的心理压力。

（2）垂死挣扎是一波上涨行情结束后的修正走势，是上涨后脉冲式的余波行情；而第二波行情出现在调整结束之后，是新一轮行情的开始。

（3）当后一波的成交量小于前一波的成交量时，大多是垂死挣扎走势；而主力发动第二波行情时，成交量往往大于第一波的成交量。尤其是暴量后的缩量，就很难走出第二波上涨行情。

（4）放量滞涨的，大多是垂死挣扎走势，一般难以产生第二波行情。

（5）从上涨幅度看，股价已经大幅上涨或出现多波上涨的，此时出现的拉升大多是垂死挣扎走势，不是新一波上涨行情。第二波行情启动时，前一波上涨幅度都不大。

（6）从上涨速度看，前期出现快速拉升或加速冲刺的，此时出现的上涨大多是垂死挣扎走势，不是第二波启动行情。

（7）回落幅度过大，时间跨度过长，短期上涨气势减弱，一般很难发动第二波行情。

（8）还可以从其他因素进行判断，如大盘、板块等，以及有无题材方面的配合，是否属于当前的市场热点，都有一定的关系。

如图 26-19 所示，奥特佳（002239）的走势图。该股大幅上涨后见顶回落，经过短期调整后企稳，2020 年 3 月 5 日股价强势涨停。那么，这是多头垂死挣扎走势还是开启了新

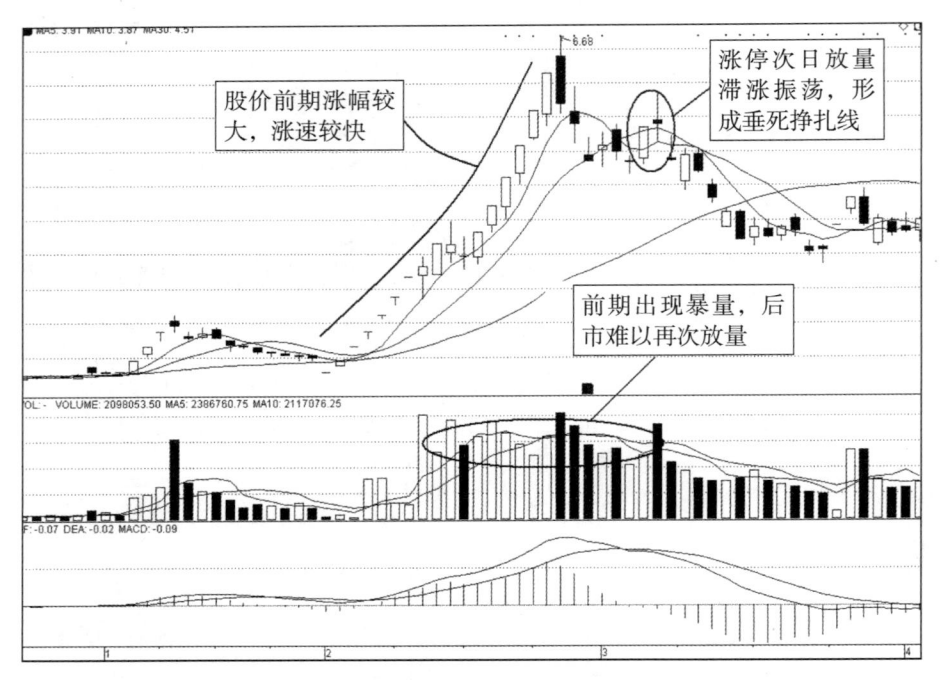

图 26-19　奥特佳（002239）日 K 线图

一波上涨行情呢？经判断，这属于垂死挣扎走势。主要理由是：一是上涨的持续性不够，涨停次日滞涨振荡；二是股价前期涨幅较大，涨速较快，限制了后面的上涨空间；三是前期出现暴量上涨，新一波行情不可能大于这个能量；四是上方压力较大，阻挡股价上涨。所以，主力在此位置难以发动新一波上涨行情，投资者应及时离场观望。

如图26-20所示，万向德农（600371）的走势图。该股洗盘整理结束后，出现第一波铺垫式上涨。经过再次洗盘整理后，出现第二波拉升行情，然后股价向下回落调整。2019年6月24日，股价涨停。这时出现的涨停并不具备新一轮行情上涨的条件，因为前期曾经有过两波拉高行情，盘面走势渐渐转弱，且前期曾经出现过暴量现象，这种情况下出现的上拉动作，大多是垂死挣扎走势，不是新一轮行情的启动，短线投资者应逢高离场。

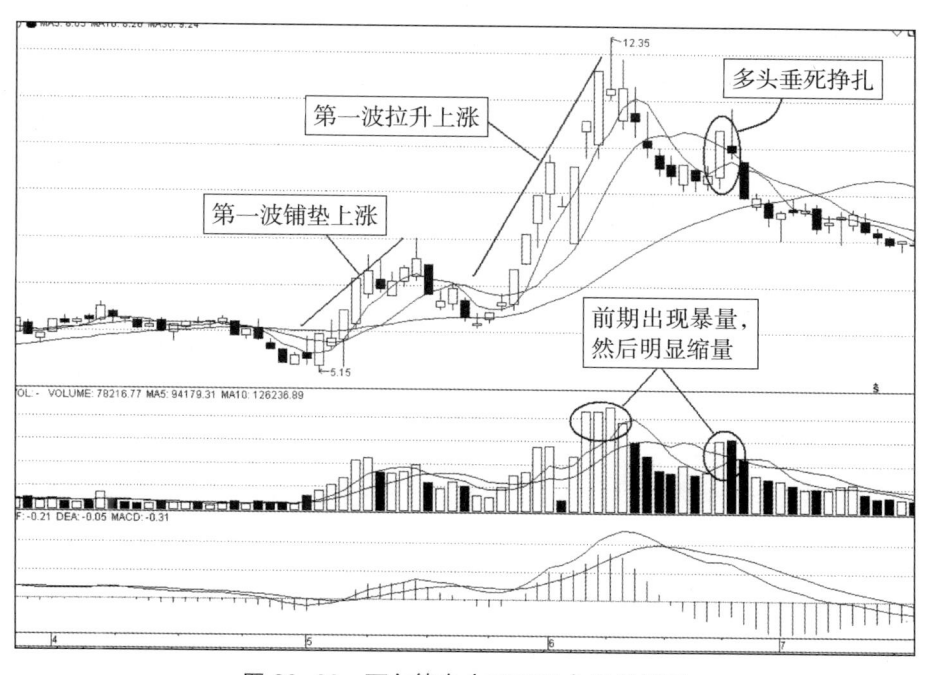

图26-20 万向德农（600371）日K线图

如图26-21所示，轴研科技（002046）的走势图。该股在10个交易日中拉出9个涨停，然后在高位出现放量振荡，产生明显的滞涨现象，疑似主力对倒出货。2020年6月3日，股价低开高走，强势涨停，形成一定的攻势。可是第二天未能延续强势，而是低开弱势振荡，构成垂死挣扎线，股价出现调整走势。

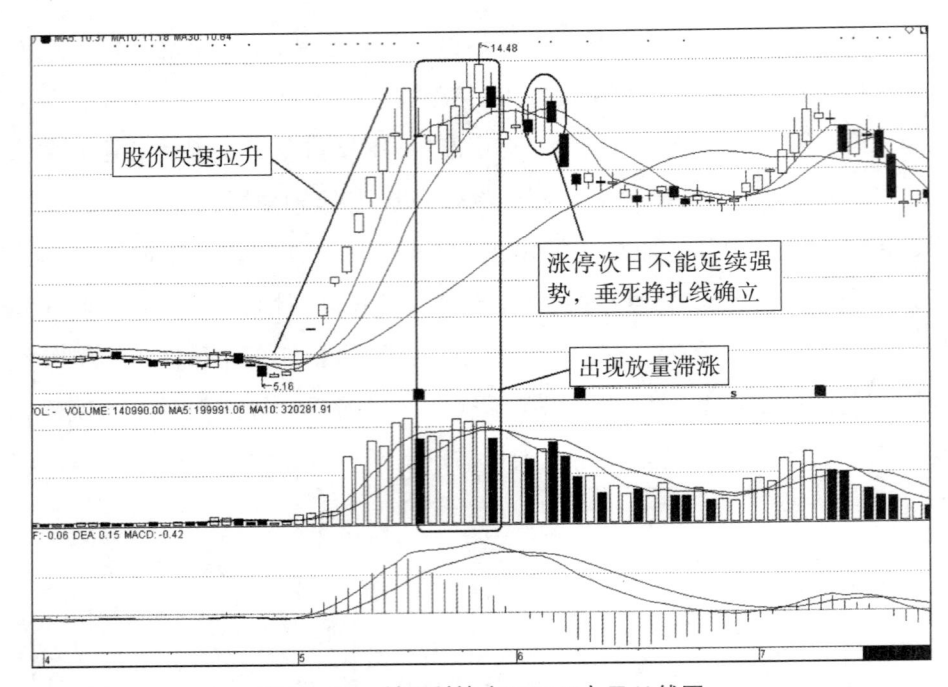

图 26-21 轴研科技（002046）日 K 线图

涨停 27 式　虎口逃生战法

一、形态特征

　　虎口逃生形态就是在主力诱多涨停出货时及时离场，因为一旦落入虎口，就难以保命。出货性质的涨停有两种情形：一是股价处于高位，主力利用涨停出货；二是股价处于下跌反弹阶段，主力利用涨停出货。

　　该战法是垂死挣扎战法的延伸，二者具有连贯性。其区别是：通常先有垂死挣扎，后有虎口逃生；在强度上，垂死挣扎要强于虎口逃生；从理论上讲，垂死挣扎属于涨势后期的冲高，而虎口逃生已经从涨势渐渐转为跌势。

　　市场机理：主力完成了所有的拉升计划，并已产生丰厚的利润，股价也没有持续上涨的理由，于是利用涨停板的隐蔽手法兑现手中的获利筹码。主力为了掩护出货的目的，在一轮上升行情的最后阶段拉出涨停板，形成一种咄咄逼人的上涨气势，让投资者感到茫然，并有买进的冲动。这是主力利用投资大众追涨的心理，借助涨停板来掩护出货的目的。

　　虎口逃生战法的技术特征和要点如下。

　　（1）高位。股价位于阶段高位，前期涨幅较大或快速拉升，盘面出现大幅振荡。

　　（2）压力。盘面开始明显转弱，上方压力显现。

　　（3）放量。量价背离，股价滞涨。

　　（4）次日直接低开，或冲高回落。

　　（5）分时图表现：涨停板位置的成交量密集放大，股价接近涨停板，似涨停还不涨停，这是主力借机出货所致，以吸引跟风盘买入。分时图上主要有两种表现：一是盘中形成脉冲式放量上涨，尾盘 30 分钟内封涨停，涨停反复，继续放量；二是早盘封涨停，盘中通过涨停板反复振荡完成出货。

二、战法剖析

1. 高位快速拉升逃生

　　在所有拉升出货手法中，快速拉升出货型手法是最为强悍的手法，大多出现在小盘股中，多为游资的操作行为。在拉升过程中，K 线往往以接连跳空的一字涨停或大阳线涨停为主。

同时，上涨过程中量能并不是很大（个别股的量比较大），但到了顶部后，会出现巨量滞涨现象，这是出货的明显特征。

就此类凶悍个股的实盘操作来讲，如果出现以下特征时，不应入场。

（1）股价有过快速拉升，成交量巨大，换手率超过20%，且股价明显滞涨。

（2）在日线上出现吊颈线、射击之星、大阴线等顶部K线特征，且出现对应的巨大成交量，则万万不可介入。

如果投资者已经在前期的拉升过程中介入，则可以持有到出现上述K线特征或跌破5日均线时减仓或清空观望。

如图27-1所示，万通智控（300643）的走势图。2019年12月，该股主力借利好快速大幅拉升股价，连拉6个涨停后，在高位大幅放量对倒减仓。由于当时大势环境不佳，主力并未如愿出货。从12月16日开始，实力强大的主力继续快速缩量拔高股价，制造强大的视觉效应，引发市场广泛关注。这样，主力可以在峰后慢慢阴跌出货，并在2020年1月6日和17日又采用了高位涨停诱多出货。当主力基本完成出货后，盘面陷入中期调整走势，股价基本回落到起涨点。投资者遇到这种盘面走势时，不要犹豫，应尽快逢高果断离场。

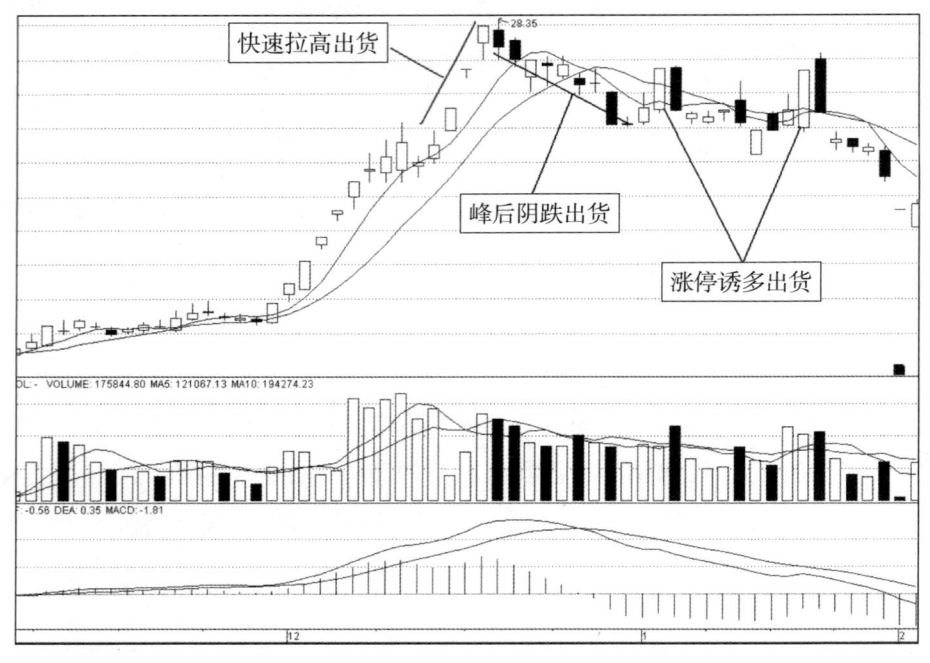

图27-1　万通智控（300643）日K线图

2. 高位边拉升边逃生

边拉升边出货型手法，在中小盘股中比较多见。在整个拉升过程中，虽然没有快速拉升出货法那么凶悍，但拉升也相当迅速，成交量也处于高换手状态。这种手法往往会给投资者介入的机会,所以具有重要的实盘操作意义。对于这类个股,操盘的核心就是跟随短期趋势进行操作。具体操盘方案如下。

第一,买入条件。

(1)技术形态必须保持完好的上升趋势。

(2)在拉升过程中,日换手率不应高于10%。

(3)以5日或10日均线作为短期趋势线,紧贴5日均线分批介入。

第二,卖出条件。

(1)单日巨量换手率超过20%,且股价明显滞涨。

(2)在日线上出现吊颈线、射击之星、大阴线等顶部K线特征,且出现对应的巨大成交量,则万万不可介入。

(3)股价有效跌破短期趋势线,即5日或10日均线。

如图27-2所示,麦克奥迪(300341)的走势图。该股主力成功吸纳了大量的低价筹码后,股价慢慢向上爬高,然后进行短期的横向振荡整理。2019年11月15日,股价以一字板的方式向上突破,股价出现飞涨,短期涨幅翻倍,主力获利丰厚。股价在高位出现振荡,上涨步伐明显有些迟缓,说明主力已无心继续做多,从K线组合排列中可以看出端倪。但主力为了出货方便,还不时地拉出几个涨停来诱多散户,这显然属于主力边拉升边出货型涨停。期间出现的4个涨停,就是主力为了更好地派发筹码而故意拉高的行为。投资者遇此情形时,

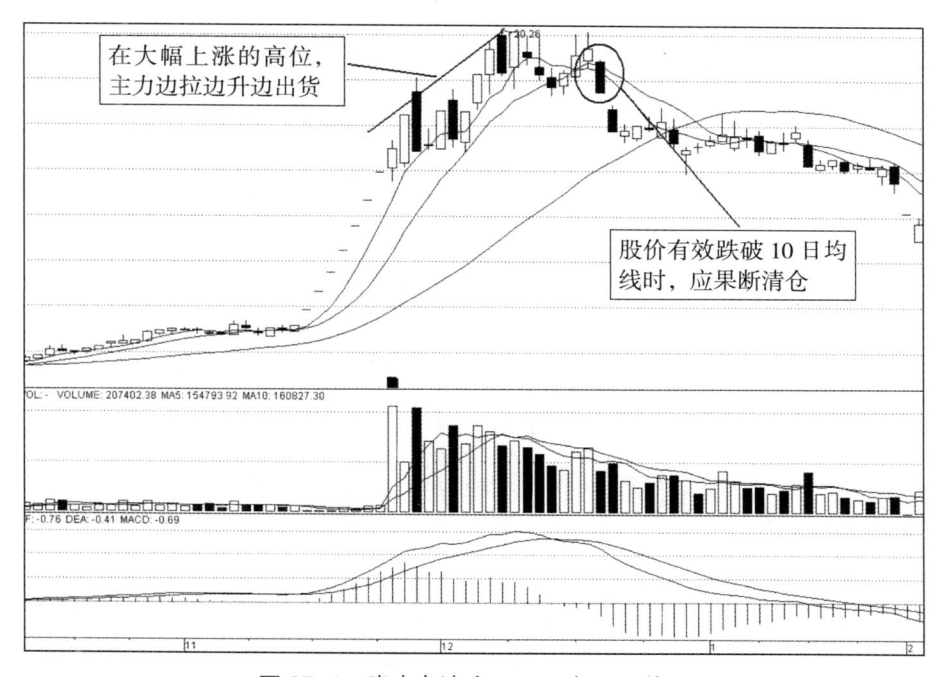

图27-2 麦克奥迪(300341)日K线图

不但不能盲目入场打板，还要做好逢高离场的准备，12月19日，当股价跌破10日均线时，应果断清仓离场。

3. 高位横盘振荡逃生

高位振荡出货法经常出现在中长线主力控盘的个股之中，由于长时间的吸筹、拉升，个股上涨的空间往往较大，但同时主力之前吃货也比较多，难以在较短时间内把筹码派发完，所以经常会采用高位宽幅振荡的手法来引诱投资者高位介入。一般来讲，振荡的幅度在20%～30%之间。它的每一次拉升，都是为了更好地出货，所以就具体实盘来讲，对于稳健型投资者，不建议选择此类个股操作。对于激进型的短线投资者来讲，建议在操作此类个股时，要遵循"轻仓快出快进"的原则，不可重仓参与。

具体的操作要点就是利用整个高位振荡过程中形成的上下轨振荡区间进行操作，在下轨介入，在上轨卖出，利用上下轨之间的距离做差价。

如图27-3所示，金力永磁（300748）的走势图。该股从2019年5月16日开始出现一波暴力拉升行情，在12个交易日里拉出10个涨停，短期股价涨幅巨大。此时主力需要兑现获利筹码，由于主力持仓量大，股价被大幅炒高后，很难在高位一次性完成出货，因此主力就采用反复振荡的方式出货，在高位拉出多个亮丽的涨停，以诱导散户入场接单。可见，在高位收出多个涨停，就是为了吸引投资者跟风而故意设下的美丽陷阱，投资者应谨慎操作，这样的涨停不可追。

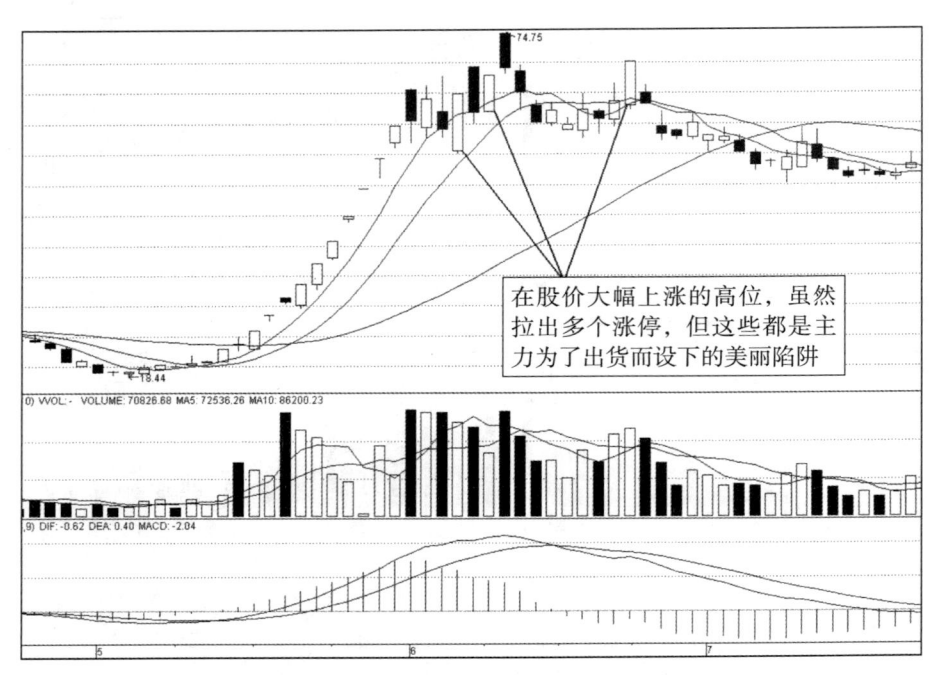

图27-3　金力永磁（300748）日K线图

4. 主力自救时逃生

反弹自救型涨停一般出现下降通道中，主力不惜代价，用巨量拉涨停出货，俗称"逃命长阳"。股价见顶回落后，主力出货就会变得比较困难，同时也压缩了大量的获利空间，所以，当大盘和个股尚有一丝人气的时候，主力会在下降通道中不时拉出涨停，来达到其出货的目的。

其市场特征如下。

（1）股价已经明显见顶，或处于下降通道之中。

（2）平时的日成交量很小，即换手率严重不足，市场底气不足。

（3）拉大阳线之日放量很大，而且很突然，事先一点征兆都没有，这是明显的短庄行为。拉大阳线放巨量之后，这类个股不但没有继续上涨，反而缩量下跌，这是后继无力的表现。

（4）拉大阳线放巨量之日的换手率很高，接近或超过10%，说明主力急于拉高离场。

如图27-4所示，联环药业（600513）的走势图。该股大幅拉高后快速见顶回落，呈现倒V形顶部形态。一般情况下，主力在倒V形顶部中很难一次性完成出货计划，往往还需要后续反弹配合出货。该股在调整过程中，分别在2020年2月25日、3月9日、4月7日出现三次明显的反弹走势。从日K线和分时走势观察，主力在这三次反弹中均有明显的出货动作。

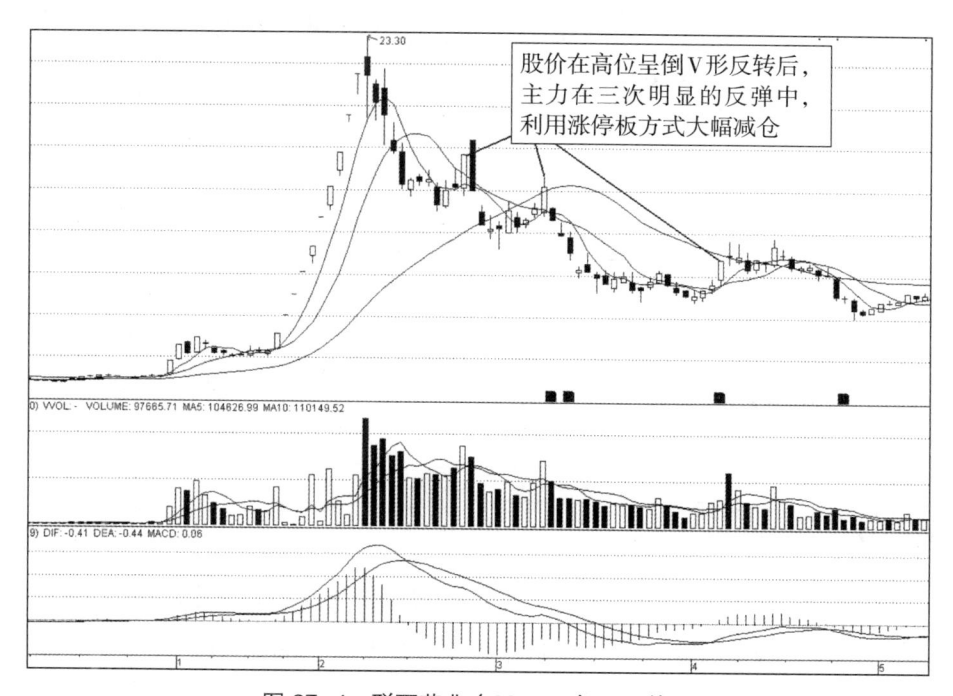

图27-4　联环药业（600513）日K线图

从日K线分析，2月25日股价涨停，封板至收盘，次日股价高开后快速回落，没有给散户减仓的机会，尾盘股价跌停，包容了前一天的涨停阳线，表明主力出货非常坚决。从3月9日的分时走势中可以看出，盘中二度摸板，尾盘小幅跳水，说明主力利用涨停诱多出货。4月7日涨停之后，股价强势上涨，经过短期横向振荡走弱，反映主力在反弹高点不断减仓。散户遇到这些盘面现象，不要被涨停诱多入场，应尽快离场观望。

如图27-5所示，航天长峰（600855）的走势图。该股见顶回落后，在2020年4月23日10:00股价触及涨停价，但主力不直接封板，而是回落横盘整理，形成回调蓄势的假象。主力在横盘中不断出货，上午收盘前几分钟强势封板，保持强势封板状态，让当天介入的散户深感安心，盘算涨停次日将带来的溢价赢利。可是，第二天股价不但没有强势冲高，反而低开后振荡走低，当天以跌停价收盘，吞没了前一天的全部涨幅，从此开启一轮暴跌行情。这是主力利用强势反弹行情，制造虚假的盘面吸引散户打板，看起来主力在用大单护盘，实则小单减仓，对这种弱势中的涨停，投资者应谨慎。

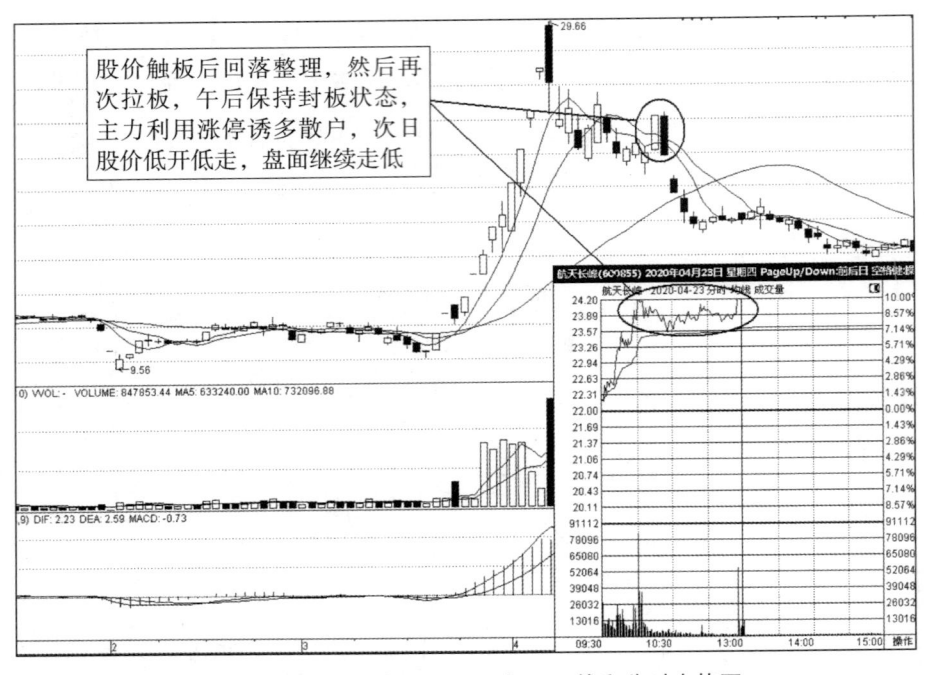

图27-5　航天长峰（600855）日K线和分时走势图

三、分时图形

主力出货是正常的市场行为，买卖筹码是在股市中生存的形式和条件。有时候出货不代表后市股价就会下跌，很多时候也只是市场某一时期的阶段性行为或短期波动，所以不能一概而论。

这里介绍几种典型的分时出货型涨停形态，投资者可以结合日K线进行分析总结。

1. 高开低杀

股价在高位大幅跳空到涨停价开盘，然后几笔或一笔大卖单将股价"秒杀"到前一日的收盘价附近，个别凶狠的主力可能从涨停位置打到跌停位置。然后，股价又放量快速拉起翻红，或上涨8～9个点，甚至再次触及涨停位置。此后，全天呈现逐波振荡走低态势，成交量渐渐萎缩，尾盘大多收于跌停板。这种"途穷日暮式"的分时形态，对于盘感不佳或者动作迟钝的散户有一定的杀伤力，动作稍微迟缓，账户缩水明显。

如图27-6所示，国芳集团（601086）的分时走势图。该股主力的手法极为阴险，连拉2个一字板后，2020年8月14日再次跳空到涨停价位开盘，然后连续几笔大卖单抛出，股价从涨停板直接"秒杀"到跌停板。之后，股价又放量回升，接近翻红，随后股价逐波走低。主力在巨幅振荡中分批出货，最终以跌停收盘，当日收出一根幅度达到20%的大阴线。

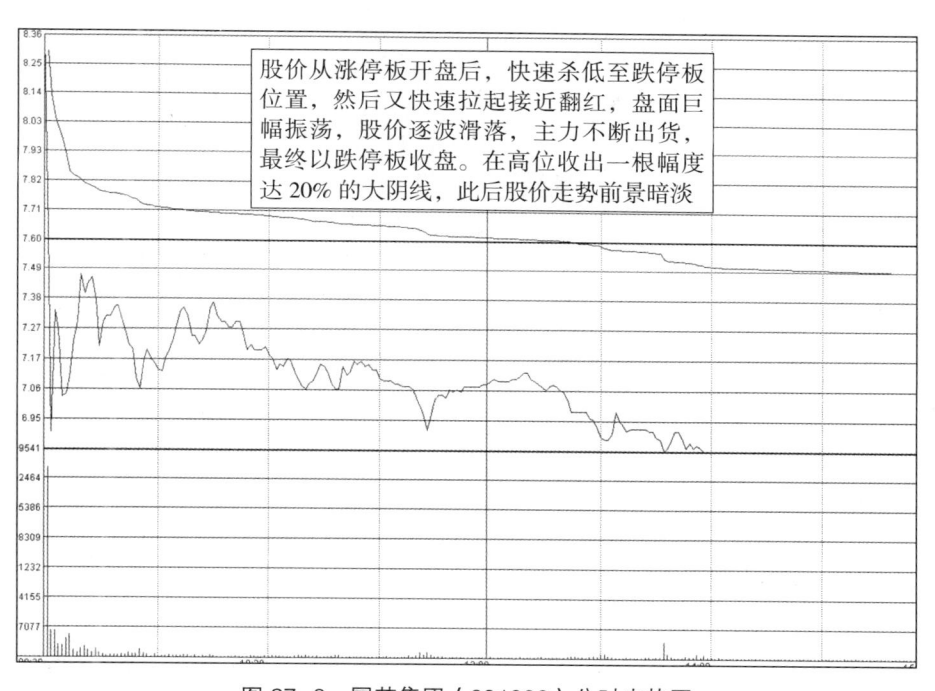

图27-6　国芳集团（601086）分时走势图

2. 低开涨停

这种形式与"高开低杀"相反，股价在高位大幅跳空低开，甚至从跌停价位开盘，然后放量向上拉起。个别凶狠的主力可能从跌停拉到涨停，而主力在拉升过程中不断派发筹码。在分时走势中，大多以直线向上拉升，每拉一波行情后，主力就抓住时机赶紧出货，股价向下振荡回落。回落时盘面并不凶猛，如同一把不见血的温柔之剑，所以在分时图中杀伤力不明显。股价大涨之后离大跌也就不远了，所以已经涨高的个股，追涨需要谨慎。

如图27-7所示，铜峰电子（600237）的走势图。该股主力连拉6个涨停后，2020年2月27日，股价大幅跳空从跌停价位开盘，开盘后瞬间被大单撬开，然后股价逐波振荡上涨，主力边拉边出，股价强势上涨，10:18封板直到收盘。当天收出一根幅度达到20%的大阳线，盘面吸引了不少排单跟风介入。可是，第二天股价直接从跌停价开盘，将前一天追板买入的筹码全线套牢，从此股价走出阴跌走势，主力出货意志极其坚决。

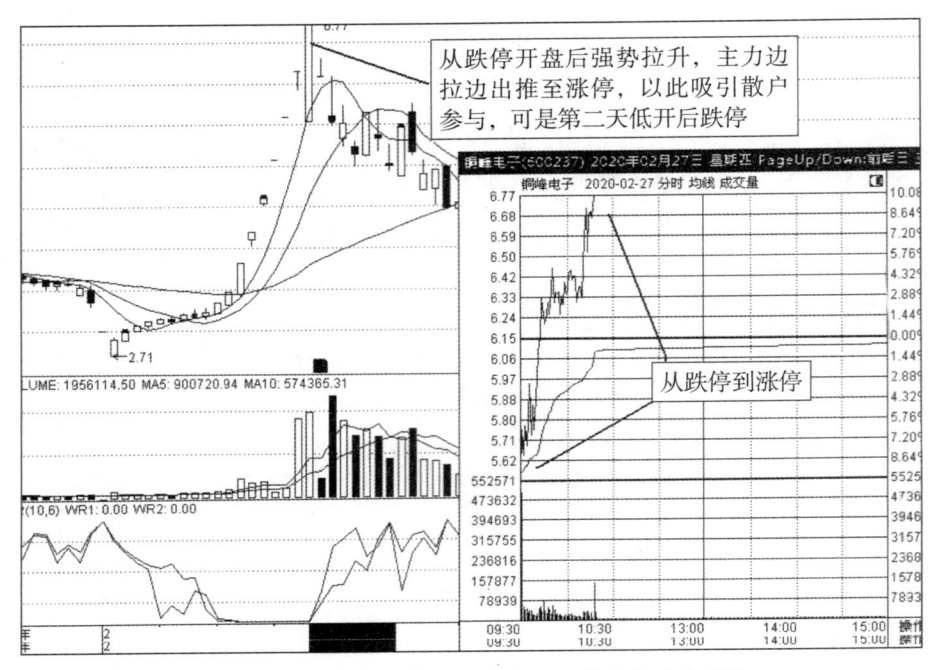

图27-7　铜锋电子（600237）日K线和分时走势图

3. 顽强攻击

这种形态在开盘后不久，多头咄咄逼人，摆出一副大涨的架势，向上发起猛烈攻击，股价逐波强劲上涨或直线单波上行。当涨幅达到8～9个点后，主力停止拉升，股价开始振荡，主力暗中大量出货，大多在尾盘还会出现跳水动作。有的个股更加凶猛，股价顽强上攻，一步步向涨停价逼近，似乎在告诉大家股价封涨停已经没有悬念，于是大批"涨停板敢死队"纷纷扑进。可是，当眼看股价就要强势封涨停时，多方偃旗息鼓，拉升戛然而止。随后股价缓缓走低，以最低点或次低点收盘，K线上形成长长的上影线。也有的个股一度摸板或短暂封板后，主力无心或无力封板，股价逐波向下走低。出现上述现象时，次日股价大概率下跌调整，将当天的跟风追板者套牢。

这种走势总结一句话，就是"上午拉高，下午出货"。在目前的市场中，主力采用这种手法的比较多，几乎每次坐庄都在使用，投资者实盘中应多加注意。

如图27-8所示，二六三（002467）的走势图。2020年2月10日，开盘后多头顽强攻击，走出两波强势拉升，股价一度摸板。此时"涨停板敢死队"纷纷介入，以为股价能封住涨停。可是，股价如同蜻蜓点水，仅仅只是碰触了一下涨停价，便反身向下振荡回落，盘中最大跌幅超过7%。这种走势表明主力故意拉高出货，利用早盘人气旺盛时诱多，当跟风盘达到鼎盛时停止拉高，所以后市股价下跌也在预料之中。

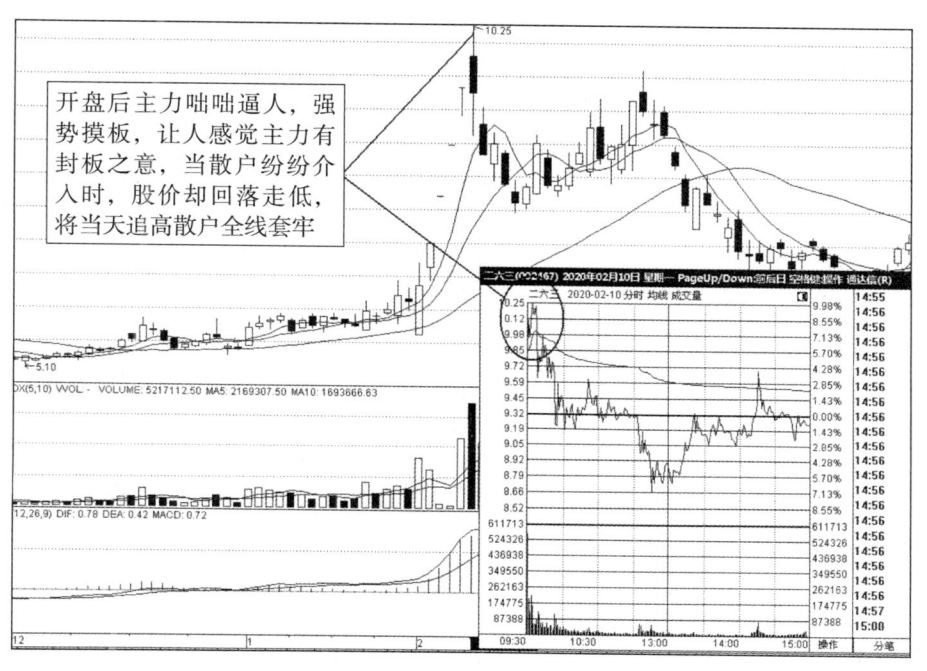

图27-8　二六三（002467）日K线和分时走势图

4. 停而不封

这种形态就是股价拉涨停但不彻底封死盘面，在涨停价附近反复开板。通常在早盘10:30前后快速拉到涨停后，出现短暂（几分钟）的封盘，然后打开再封盘，如此反复，形成"停而不封"的走势形态。但在收盘时往往能封在涨停位置，不过封单一般都不大，次日大多会低开振荡。这是主力让喜欢追涨停的散户有足够的买入时间，是主力常用的出货手法之一。

如图27-9所示，新农开发（600359）的分时走势图。该股前期出现拉高行情，2020年5月20日，股价在开盘后逐波上行，被拉到涨停价位置。封板一段时间后，主力故意打开封盘，在涨停价附近反复开板振荡。这不得不让人产生怀疑，如果主力真的想拉升股价的话，就会果断封死盘面不动，不给散户任何介入机会。在涨停价附近如此敞开大门让散户进入，背后一定怀有不良目的。第二天，股价低开后大幅收跌9.03%，几乎抹去了涨停大阳线的全部涨幅，从此该股陷入短期调整走势。

很明显，这种盘面现象出现于涨势末期。在当日分时走势中，主力巨量开板出货，持续时间之长、抛盘力度之大让人惊叹，司马昭之心，路人皆知。主力出货已到了慌不择路的地步，投资者见此情形，此时不跑更待何时？

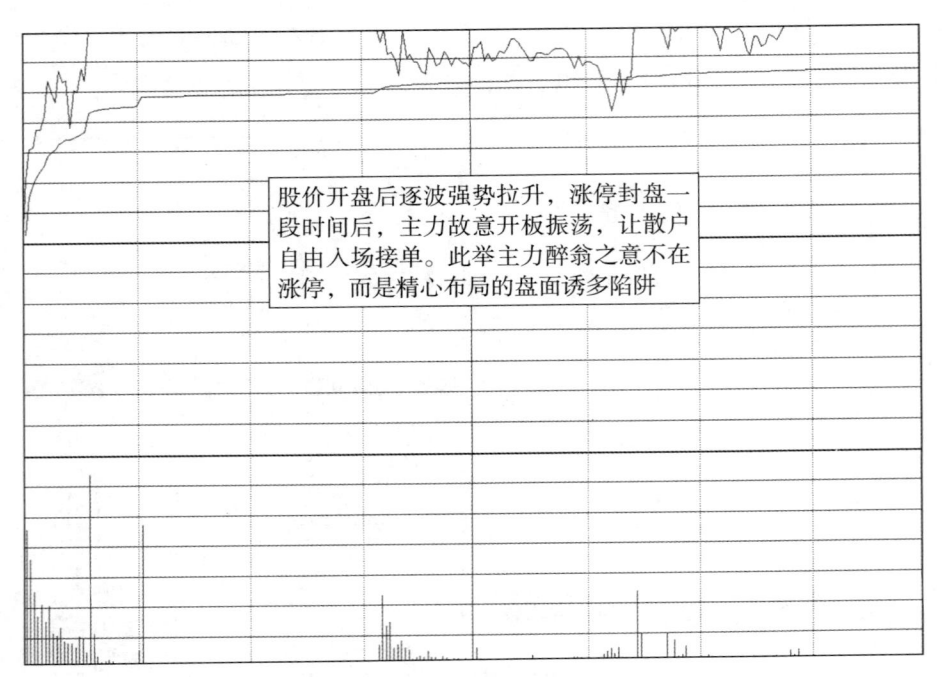

> 股价开盘后逐波强势拉升，涨停封盘一段时间后，主力故意开板振荡，让散户自由入场接单。此举主力醉翁之意不在涨停，而是精心布局的盘面诱多陷阱

图 27-9　新农开发（600359）分时走势图

涨停 28 式　尾盘异动战法

一、尾盘异动

通常所说的尾盘，指的是收盘前的半个小时，即下午 2:30—3:00。这个时间段的走势非常重要，是多空双方博弈的关键时刻，也被誉为"黄金两点半"。

收盘价揭示了整个交易日多空双方争斗的最终结果，也为下一个交易日的开盘价提供了重要依据。同时，由于早盘和盘中的走势具有较多的不确定性，到了尾盘，许多不确定性因素已经消失，多空双方的力量对比基本可以确定。这使得不少短线投资者喜欢在尾盘进行交易，主力也充分利用大家对尾盘的关注，经常在尾盘突然拉高或打压股价。

对于尾盘阶段行情的异动，投资者需要综合分析，仔细鉴别。尾盘异动主要包括"拉尾盘"和"砸尾盘"两种情形，这两种情形根据前期盘面的运行情况，又可以分为同向异动和反向异动。同向异动又分为上涨同向异动和下跌同向异动；反向异动也可分为上涨反向异动和下跌反向异动。

1. 同向异动

上涨同向异动是指原先处于涨势中，在尾盘股价出现加速上涨情形。实盘中经常出现拉尾盘的现象，大盘有之，个股有之。拉尾盘有两种情况：一种是在某一个价位或点位获得支撑，经过反复确认后尾盘拉起，第二天大阳线拉起向上运行。另一种是反复在一个价位附近拉尾盘，这时成交量不但不萎缩，反而在横盘区域聚集了很大的集合成交量。这主要是主力通过拉尾盘出货，完成出货后就向下突破，有时会先向上假突破，然后再向下突破。

下跌同向异动是指原先处于跌势中，在尾盘股价出现加速下跌情形。尾盘下跌也分为两点半开始下跌和临近收盘才下跌两种情形。一般情况下，尾盘下跌有可能是主力利用尾市突击打压出货，也有可能是主力在打压洗盘。不过，不管哪种情形，投资者都不要急于参与。因为即便是主力在打压洗盘，第二个交易日往往还会有低点出现。

2. 反向异动

第一，战法原理。

反向异动是指与原来的运行趋势形成强烈的相反走势，包括日线和分时两种反向异动。尾盘反向异动包括两种情况，一种是原先盘面保持强势上涨，尾盘突然出现反向的砸盘跳水；

另一种是原先盘面处于弱势调整，尾盘突然出现反向的急速拉升。

强势市场的反向异动。在上涨趋势行情的末端，反转行情随时有可能发生。当然，强势末端行情往往也是趋势加速运行最疯狂的时刻，疯狂之后意味着毁灭的开始。通常，在趋势反转日的开盘和中盘走势，依旧保持强势本色，在尾盘时刻往往显示出强势背后的真面目，因为尾盘状态是强势反转日趋势运行的最终结果。

个股强势末端反转往往表现为尾盘大幅跳水。这种反向尾盘异动常常迅速而有力，重要的短线技术关口被轻易击破，成交量急剧放大，使趋势反转多了几分凶狠的意味。

必须注意反向尾盘异动发生的波段位置，这对短线趋势结构的整体分析是非常重要的。反向尾盘异动通常发生在多头趋势的高位，在多头趋势的低位出现反向尾盘异动，往往是一种洗盘行为。

反向尾盘异动要特别小心的是，个股盘中一直保持强势运行节奏，在尾盘却出现大幅跳水，这是趋势发生逆转的重要信号。在出现反向尾盘异动走势时，建议不要在反转日的尾盘匆忙进场，尤其是收盘前最后几笔成交出现的尾盘反向异动值得怀疑，这时要等待并观察次日的走势变化。耐心和冷静是短线交易者最可贵的品质。

弱势市场中的反向异动原理，与上述情形相反。

第二，战法描述。

战法要点如下。

（1）行情末端反转的可能性加大，反向尾盘异动是重要的反转信号。

（2）反向尾盘异动通常发生在多头强势行情的高位。

（3）反向尾盘异动通常会有效突破重要技术关口，成交量同步放大。

（4）必须对短线趋势结构进行整体分析和研判，确定可能的反转位。

（5）多头低位的反向尾盘异动往往是洗盘行为，并不改变趋势性质。

（6）盘中一直保持多头强势，反向尾盘异动，转势的可靠性较大。

（7）多头在反向尾盘异动时出场，空头应耐心等待，观察次日走势的变化。

（8）收盘前最后几笔成交出现反向尾盘异动，反转的可能性较小。

二、尾盘拉升

1. 尾盘拉升的目的

在实盘中，遇到尾盘拉升的股票，是应该当天逢高出局，还是迅速买入等待次日的大涨呢？买还是卖，其实主要看主力的目的是什么。

主力在尾盘拉升的目的有以下几种。

（1）建仓或增仓。如果收盘前半小时左右才出现了某种利好，或者主力刚刚获悉了市场还不知道的某个利好，就会出现尾盘一路向上扫盘买进的情况。这种情况下就会出现尾盘放量拉升，而且放量越大，次日走势越强。

（2）拉升股价。拉升股价有两种情况。第一种情况是主力昨天及之前入场建仓，今天拉升，明天出货；第二种情况是主力在今天上午及下午前半段不声不响地建仓，尾盘半小时突然拉升，然后明天出货。

第一种情况，因为主力手中有筹码，所以往往会有一定的对倒现象出现，也就会出现尾盘放量拉升的情况。

第二种情况，尾盘拉升时放量越明显，对主力越不利，因为放量越大，主力筹码的成本价越高。

（3）护盘。护盘的目的是用尽可能少的筹码，最大程度地拉升股价，所以一般不会出现明显的尾盘放量拉升。

（4）出货。尾盘对倒放量，一边拉升，一边出货，理论上有这种可能，但实盘中真这么做的主力很少。既然要出货，为何不赶早出，而赶在尾盘出呢？万一尾盘出不完怎么办？另外，主力出货一般会尽可能选在大盘上涨的时候，如果尾盘半小时大盘并不是上涨，那么尾盘拉升出货的可能应该被排除。

2. 尾盘拉升的方式

尾盘拉升是尾盘阶段的异动情况，既有第二天出货的嫌疑，也有第二天进入主升浪的可能。这一点要区别来看，仔细鉴别，也是看盘功力的体现。

尾盘拉升的具体表现形式有两种。

一是在两点半之后出现大幅上涨，成交量放大，尤其是拉升后的股价创出当天新高，并且在拉升后股价仍能保持强势，此时投资者需要保持高度关注。如果这种走势出现在一个阶段性的低位，同时全天的成交量出现放大的情形，一般来说意味着股价开始启动，短期内行情仍可看高一线，此时投资者可以短线参与。

二是尾盘最后几分钟快速拉升，一般都在最后一分钟或者几分钟内拉到涨停价位，分时走势上有一定的斜率或直线涨停。拉升过程中多伴有对倒拉升或出货，这种拉升基本上都是主力短打或出货的拉升。

3. 尾盘拉升的原因

尾盘突然拉涨停，说明主力不愿承接全天的卖盘，所以在尾盘闪电拉涨停，目的就是让想卖的不愿卖，想买的买不到，这种情况也说明主力不愿意更多地吸取筹码，次日多半会有回调，建议短线投资者次日卖出。

尾盘拉升的原因多种多样，概括起来有以下7个原因。

（1）主力为了保存实力，在抛盘比较少的时候尾盘拉升，消耗资金少。

（2）主力没有完成出货，需要快速拉高，明天继续出货。

（3）当日主力在底部获得足够多的低价筹码，需快速脱离成本区。

（4）有资金突然获知该股将有重大利好公布，提前尾盘抢筹。

（5）个股全天处于高位徘徊状态，尾盘封住涨停，表明主力做多意愿非常坚定。

（6）全天都在次高位徘徊，大盘尾盘向上翘或回钩，追买人气足。涨停则意味着明天可能会高开或继续上涨，会有短线资金买盘涌入推至涨停。

（7）主力为修饰K线图，拉出光头阳线，显示做多的信心。

从以上原因可以看出，尾盘拉升是有主力于第二日出货或骗线的嫌疑，但也可能会有其他特殊情况，投资者应该具体问题具体分析，不能一概而论。所以，以后大家看到尾盘拉升，最好不要着急买涨，应多加分析。

三、尾盘打压

1. 尾盘打压的目的

尾盘打压是指股价全天走势正常运行，但是在接近收盘的半小时左右，甚至是收盘的前几分钟，突然出现大笔卖单，导致股价出现急速下跌。

尾盘打压的意图不能一概而论，要因个股情况而定。每只股票所处的阶段，以及基本面、消息面都不同，打压的目的也就不同。概括起来说，尾盘打压有以下几个目的。

（1）吸筹。如果是股价处于低位，没有出现过大涨的股票，主力若在该阶段对尾盘进行打压，其大概率是为了吸筹，让很多人不看好这只股票。主力想要吸到带血的筹码，就要在山底下进行控盘，即将要爆发主升浪之时，主力突然在某一天尾盘开始变盘。

当多数散户都抱有积极的心态时，往往会积极主动地买入，也就是抢筹，这时候主力建仓就很难，筹码成本也会很高，后市赢利空间也会缩小。当出现相反的状态时，多数散户对股市将来的行情不抱期望，就不会重仓买入，而是抱着轻仓操作的心态。这样主力可以顺应潮流地吸筹，得到成本较低的筹码。因此，在恐慌性下挫时，主力建仓非常容易，尾盘打压也是主力建仓的一种方法。

（2）洗盘。主力非常狡猾，在大幅拉升前，做一次深打压，也就是洗盘，这样的打压也被许多人称作"黄金坑"。打压的力度越大，日后拉升越强烈。

个股的主升浪是分不同阶段的，大部分股票都是涨涨停停，每涨一个阶段都会进行一次洗盘，也就是把一些不坚定的筹码或获利筹码，通过不同的方式洗出局，为减轻后期的拉升压力做准备。

（3）出货。当股价处于高位时，大部分股票都经过了前期的大幅上涨，已经累积了很多获利筹码，这个时候一旦筹码松动的话，很多人就会开始抛货了。主力也需要在高位出货，只有在高位出了货，主力才能完美收官。这只股票已经从底部一口气拉升了多个涨停板，完成了一波主升浪，随后在高位尾盘出现大量筹码卖出，这种情况十有八九是主力在出货，所以尾盘打压股价的真正意图就明确了。

2. 尾盘打压的方式

尾盘打压的具体表现形式，一般可以分为以下三种情况。

第一种情况是股价全天基本在均价线之上运行，收盘前向下跌破均价线。

第二种情况是股价全天维持窄幅振荡，在区间内运行，收盘前突然向下跌破区间下轨。

第三种情况是股价全天走势以红盘为主，按当日分时盘面本应以阳线收盘，却在收盘前跌为阴线。

在实盘中，如果尾盘打压出现在上涨后的高位，有两种可能：第一种可能是主力出货所致；第二种可能是主力想要再次拉抬股价，在拉抬前为了降低拉抬成本故意打压股价，迫使前期获利者出局，以减轻获利盘的压力。若在低位出现尾盘打压的情况，则很有可能是主力为了获取散户手中的低价筹码。

3. 尾盘打压的原因

引起尾盘打压的原因有两种：一种是自觉性打压，另一种是被动性打压。

自觉性打压，是说主力在尾盘砸盘，制造焦虑心态，让散户在低位抛出筹码，主力就能够在低位拿到廉价筹码。假如大盘自然环境非常好，可以趁机先拉涨股价，然后抛出筹码，当股价下跌后再把筹码接回来，这样做可以控制成本。假如大盘再次下挫的话，就再次打压股价，以更低的价格吸收筹码。

被动性打压，是说当日的热点板块不太好，指数一路下滑，在信息上存有可变性要素。市场担忧盘后利空消息进一步发酵，因此在收市前做空，加重股市下挫。不难发现，指数收大阴线时，尾盘大部分会出现加快下滑的走势。

四、尾盘选股

很多人喜欢尾盘操作，这样不但避免了早盘买入下午跳水被套的风险，同时也可以将当日的股价走势看得更清楚，有助于提高对次日股价走势研判的准确度。

尾盘选股跟平常交易一样，也要尊重趋势和量价关系。任何交易都是顺势操作容易赚钱，尾盘操作也是如此。

具体来说，尾盘如何选股，大致有如下几种情况。

1. 在涨势中（上升趋势）

（1）价涨量平：若在均线系统形成多头排列的初期出现价涨量平，属于惜售现象，是买盘远大于卖盘的表现，可积极介入。一旦当日失去买入机会，可次日介入，但不宜追涨。

（2）急跌量大：这种情况称为尾盘跳水。如果发生在涨幅过大，5日乖离率大于+8以上，且全天呈现一路下跌时的尾盘，应坚决离场。切忌摊薄操作或抢反弹，这种尾盘次日大多低开，并有可能形成顶部。

（3）价涨量增：在涨势中，尾盘价量俱增，是人气看多的征兆，也叫做尾盘抢盘。若5日乖离率小于+5时，投资者可大胆追涨，次日仍会走高。即便是5日乖离率大于+8时，这种盘面次日也会高开上冲，短线也有机会。

2. 在上升盘局中（股价不破10日均线，且10日均线走平）

（1）价跌量增：这种盘局走势不易冒然抢进，次日多为平开或低开，这是耐不住久盘的投资者出局的一种盘面表现。如果这种盘面发生在10日均线处，或者跌破10日均线，且30日均线与10日均线相近，当日盘面有可能是上升盘局中的下跌转折点，投资者可弃股观望。若该走势虽然跌破10日均线或发生在10日均线处，而30日均线仍以原角度上升时，此时中线可不出局，等待30日均线处的盘面表现再决定买卖。

（2）价涨量增：在上升盘局的末期，尾盘突然发动攻势，若此时的盘整期不小于上升过程的时期，并且调整的幅度未破30日均线，是调整结束的迹象，可短线进场。

（3）价涨量平：这种现象多为主力所为，次日走势仍会牛皮盘整，不宜进出。

3. 在下降盘局中（股价在10日均线之下，且10日均线走平）

（1）价涨量增：这种现象要看30日均线的位置与角度。若30日均线走平，且与10日均线相距较近时，多为调整结束信号，可介入，次日有望上攻均线。若30日均线尚未走平，可视为反弹行情，中线不宜进场。

（2）价跌量增：如果发生在一个调整时间等于或大于下跌时间的走势，要慎防诱空行为，不宜贸然杀出，应视次日盘面变化再作抉择；若发生在一个调整时间小于下跌时间的走势，这种盘面多为弱市特征，次日继续下跌的概率极大，不宜抢反弹或摊薄操作。

（3）价涨量平：这种情况多属于主力所为，没有成交量的配合，空头能量得不到释放，反弹必然受阻，次日很难挑战均线，一般不参与这种弱势反弹。

4. 在跌势中（下降趋势）

（1）价跌量平：若在均线系统形成空头排列的初期出现尾盘价跌量平，纯属买盘不济，是投资者对后市信心不足的盘面表现。这种无量下跌不能单纯地理解为惜售，反而卖压得不到释放，会引起大跌发生。

（2）价跌量增：发生这种情况时，投资者应视周线 RSI 指标的位置而定，若周线 RSI 指标未处低位，此现象仍是恐慌性抛盘，次日必将低开，不宜抢反弹，应果断离场。

（3）价涨量增：在下跌初期，均线形成空头排列，这种价涨量增的尾盘较少见，即使有也多为主力拉高出货的行为，不宜追涨。如果这种尾盘发生在跌势末期，是反弹征兆，但由于没有经过长期的横盘筑底，这种反弹不宜看得太高。

5. 警惕尾盘主力的诡秘行为

上面讲述趋势及量价关系对尾盘买入的影响，可能大家看得不是很明白。下面举两个尾盘主力行为的实例，解释主力是如何利用尾盘最后几分钟来诱多或者诱空散户，达到吸筹或者派发筹码的目的的。当然，实例比较极端，但是其他尾盘暴涨暴跌的情况也基本八九不离十，尾盘股价剧烈波动一定是主力所为，主力和散户是对立的，尾盘的异常行为必定存在猫腻。

尾盘最后半小时出现急速杀跌，甚至跌停。对于这样的情况，要仔细思考，主力在尾盘为什么要杀跌？是不是尾盘出现突发性利空？如果该股基本面不出现重大问题的话，那么只有一种可能，主力已经没有什么筹码再去砸盘了，可以理解为是一种诱空的走势。

如图 28-1 所示，模塑科技（000700）的走势图。该股在 2020 年 1 月 14 日一字开盘后，一直封板不动，但尾盘开板放量下杀，当日股价收跌 3.29%。试想一下，在尾盘最后 20 分钟，主力能抛多少筹码，粗略估算，最后 20 分钟共成交近 6 亿元，全天成交 7.91 亿元。尾盘这 6 亿元不可能全部是散户成交的，这样就不能理解为出货，确切地说是主力最后的诱空，恐吓散户离场。次日股价强势涨停，在此后的 13 个交易日中拉出 11 个涨停。

尾盘半小时出现快速上涨，甚至出现涨停，这有点不可思议。这样的情况也要思考，主力既然要抢筹，为什么不在早盘或者早点行动呢？为什么要等到尾盘？早盘吃货不是有一整天时间吗？如果不是这样，那么只有一种可能性，就是诱多，以方便次日出货。

如图 28-2 所示，德威新材（300325）的走势图。2020 年 3 月 10 日，该股早盘弱势整理，午后股价翻红。尾盘 2:51 开始，股价突然直线拉涨停，这突如其来的拉升，让散户来不及挂单出货。若在此时买进，则很可能是诱多，因为本来尾盘急速拉升，入场位置已经是当天的高位，万一次日低开，则很有可能被套。果然，次日股价低开 4.21% 后，一路振荡走低，午后股价跌停，如果不及时止损，则损失更大。所以尾盘急拉升的个股要引起警惕，谨防诱多。

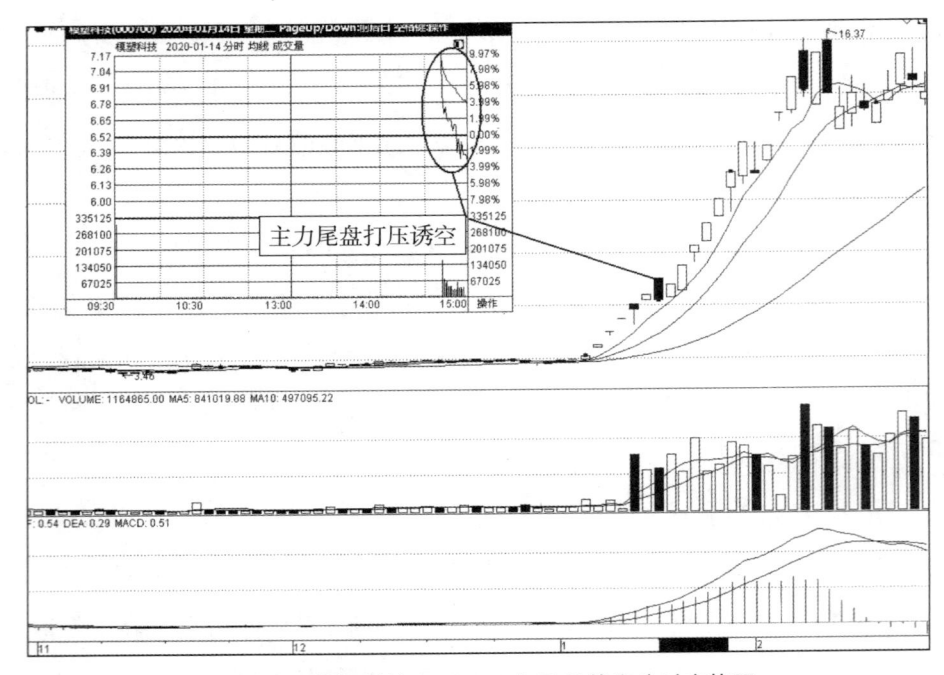

图 28-1　模塑科技（000700）日 K 线和分时走势图

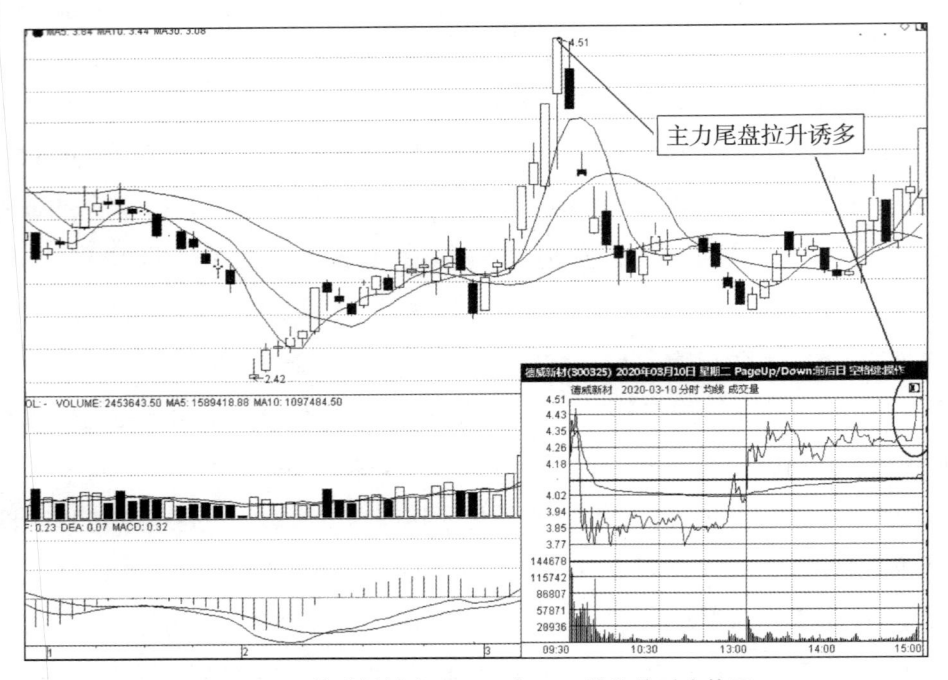

图 28-2　德威新材（300325）日 K 线和分时走势图

综合来看，尾盘买股虽然存在一定的优势，但对交易者的短线技术水平要求较高，尤其是量价关系方面，需要一定的专业基础。普通投资者在利用尾盘战法买入的时候，一定要控制仓位，做到"进可攻，退可守"，时刻牢记"股市有风险，入市需谨慎"。

五、战法剖析

1. 尾盘飙升买入战法

（1）逆转飙升买入战法。在股价底部盘整中，技术上并没有形成明显的强势特征。某日尾盘强势拉升，出现逆转走势，一改过去的疲态，为短线较好的买入机会。

买入要点：在 10 日均线附近或股价回落至关键点位处买入。

如图 28-3 所示，新城市（300778）的走势图。该股长时间处于底部振荡中，在整理期间，交易低迷，主力埋伏盘中收集低价筹码。2020 年 6 月 16 日，出现尾盘快速拉涨停，脱离底部盘区及 30 日均线，成交量正常放大。特别是股价突破后，没有出现回落走势，而是在涨停位置附近横向窄幅缩量整理，保持强势运行，K 线走出小阴小阳线，说明主力在此进一步收集筹码，之后股价强势走高。对于这种尾盘逆转走势，短线可以积极跟进。

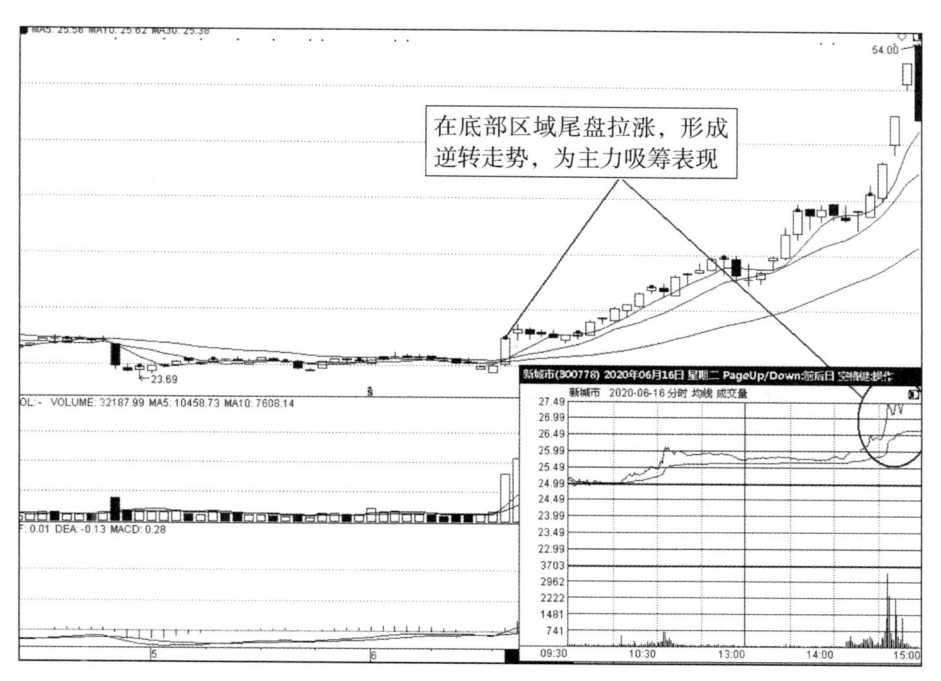

图 28-3　新城市（300778）日 K 线和分时走势图

如图 28-4 所示，正川股份（603976）的走势图。该股见顶后大幅回落，调整幅度超过 50%。2020 年 9 月 15 日，尾盘出现逆转涨停，说明股价下跌已经企稳。之后经过 4 个交易日的整理，9 月 22 日尾盘再次逆转涨停。此时的尾盘涨停意味着股价已经转强，是短线入场的机会。

（2）加速飙升买入战法。这种情况属于做多型拉升，往往是主力建仓完毕后，计划快

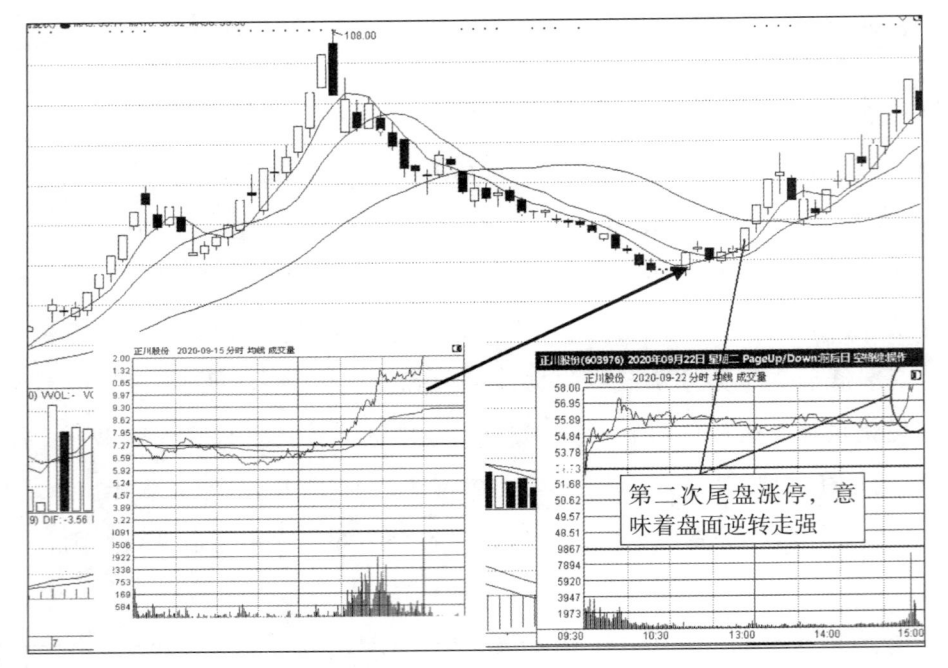

图28-4 正川股份（603976）日K线和分时走势图

速拉升，以迅速脱离成本区，让更多的散户在更高的价格才能够吃到货。采用尾盘急速拉升的手法，多见于上涨阶段，技术形态上有利于多头发展。此时若出现尾盘拉升走势，往往会形成加速上涨走势，是短线较好的买入机会。

买入要点：第二天股价回落至5日均线附近买入。

如图28-5所示，蓝英装备（300293）的走势图。该股见底后缓缓向上走高，运行趋势良好，量价配合理想，均线系统呈多头排列，技术上支持股价向多头发展。2020年6月30日，股价全天处于强势振荡，尾盘强势拉涨停，K线形态构成反包形态，股价有加速上涨含义，次日可以在5日均线附近买入。

如图28-6所示，青龙管业（002457）的走势图。2020年7月3日，股价放量向上突破，次日出现强势整理。第三天开盘后继续维持振荡格局，但在尾盘不到半个小时的时间里，股价强势拉涨停，说明主力洗盘换手结束，短线可以积极介入。

2. 尾盘飙升卖出战法

（1）连续飙升逃顶战法。这种情况属于出货型拉升，主力为了完成出货的目的，在尾盘进行疯狂的拉升。出货型拉升有两种：第一种是尾盘突袭拉升，第二天早盘继续冲高拉升，打出出货空间，然后向下疯狂出货；第二种是利用尾盘拉升，做出漂亮的K线形态，掩盖其出货的本质，以欺骗散户。

出逃要点：当天尾盘或第二天快速冲高后卖出。

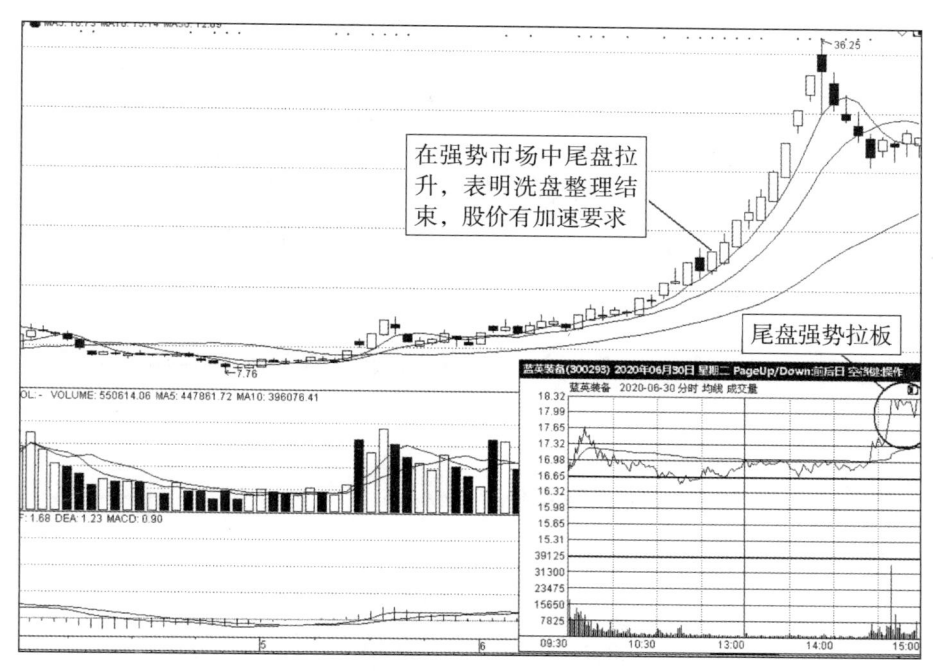

图 28-5 蓝英装备（300293）日 K 线和分时走势图

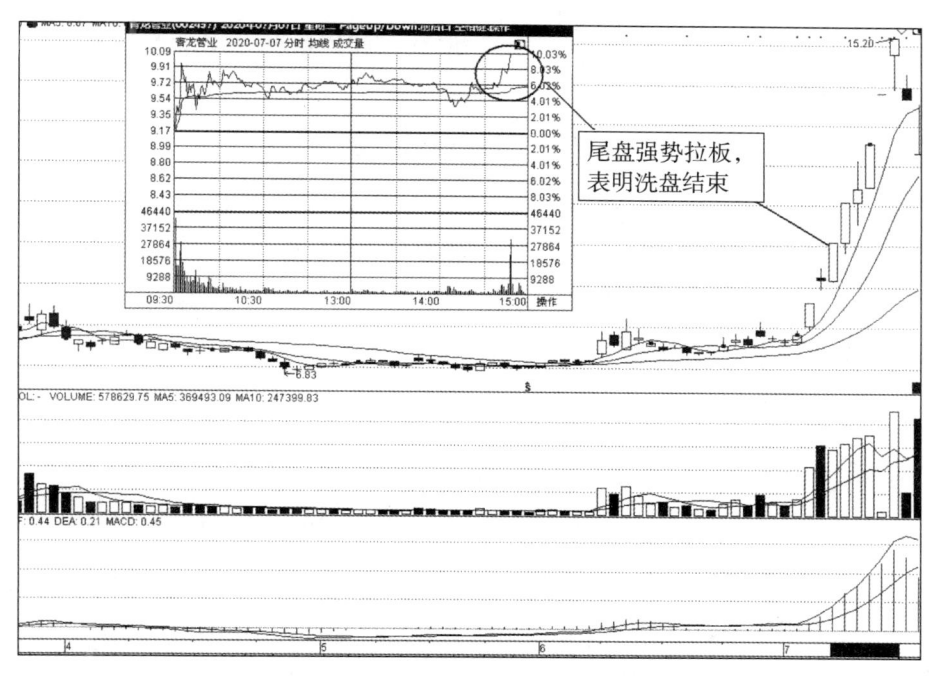

图 28-6 青龙管业（002457）日 K 线和分时走势图

如图 28-7 所示，力帆股份（601777）的走势图。该股见底后出现一波盘升行情，2020 年 6 月 19 日开盘后一直在水下弱势运行。下午 2:29 股价直线拉板，一分钟成交金额达 7459 万元，占全天总成交金额的 1/12，为主力拉高诱多出货行为，应及时离场。次日，股价从跌停价开盘后冲高回落，尾盘继续跌停，此后股价走势渐行渐弱。

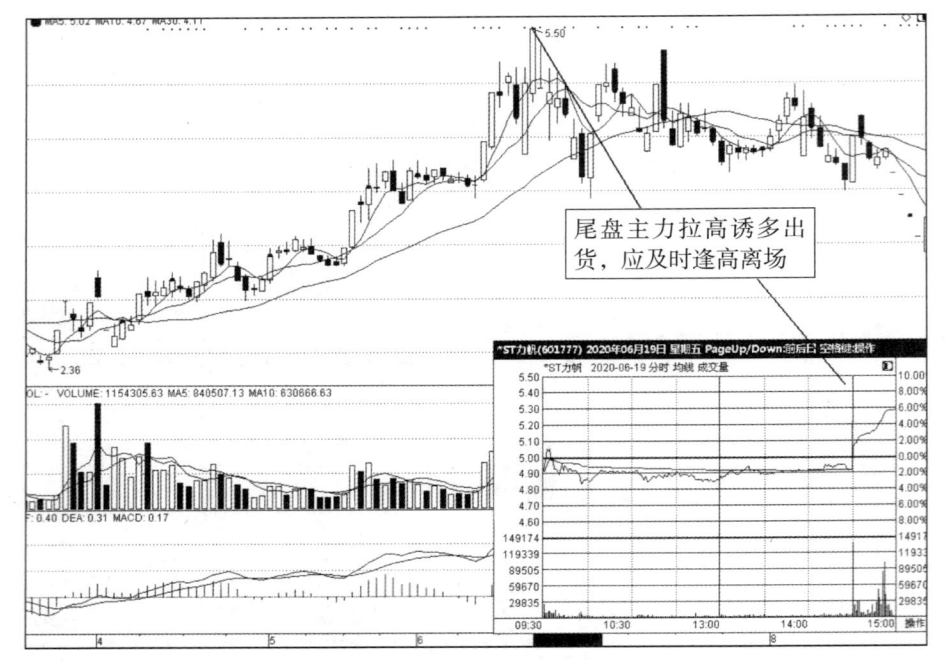

图 28-7　力帆股份（601777）日 K 线和分时走势图

（2）飙升诱多逃脱战法。下跌趋势已经形成，股价已有一定跌幅，主力为修复技术形态，在尾盘快速拉升，成交量未见异常放大。

卖出要点：当天或第二天开盘立即卖出，或者冲高后卖出。

如图 28-8 所示，浙商证券（601878）的走势图。该股前期走出 7 连板行情后，股价见顶回落，盘面弱势调整。2020 年 8 月 6 日，主力在尾盘进行诱多拉升。为什么说是诱多行为？一是股价前期有过暴涨行情，二是上方压力沉重。在这种环境下，难以走出持续的上涨行情，投资者应及时离场。

3. 尾盘打压买入战法

在长期调整的底部区域，主力为了吸纳低价筹码，往往采用打压手法。在打压吸筹中，主力利用尾盘最后几分钟快速将股价打低，一般用几笔大卖单将股价打低 2%～3%，然后在低位收集更便宜的筹码，以降低持仓成本。K 线形态上出现带长上影线的光脚阴线或十字线，技术图形非常难看，这种现象其实就是空头陷阱。

尾盘打压分两种情况：一是出货型尾盘跳水。主力为了不惊动散户，在全天交易过程中不进行疯狂抛售，而在尾盘趁散户不注意时进行突袭，疯狂出货，这种情况往往发生在高位区间。二是吸筹型尾盘跳水。主力为了在更低的价格吸到筹码，利用尾盘疯狂暴跌砸出恐慌盘，这种情况往往发生在低位区间。

如图 28-9 所示，基蛋生物（603387）的走势图。2020 年 2 月 3 日，股价大幅低开 8.07%

后，盘中快速翻红，然后小幅回落，全天弱势运行。临近收盘时向下打压，制造恐慌气氛。很明显，主力采用了两次诱空动作，先是大幅低开诱空，然后尾盘打压诱空，建仓效果非常好，很快股价进入拉升行情。

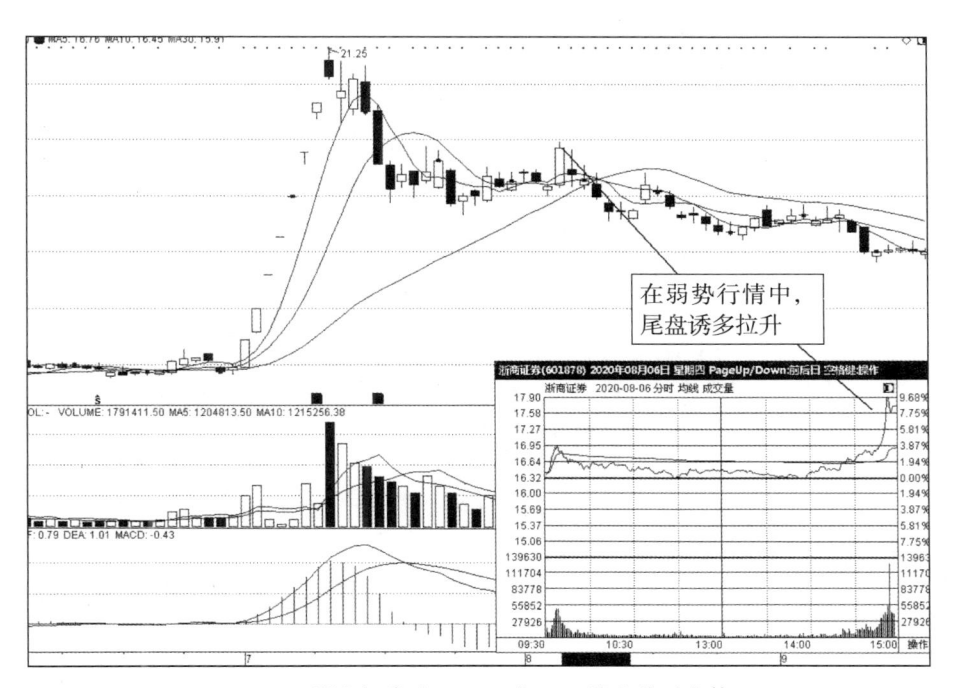

图 28-8　浙商证券（601878）日 K 线和分时走势图

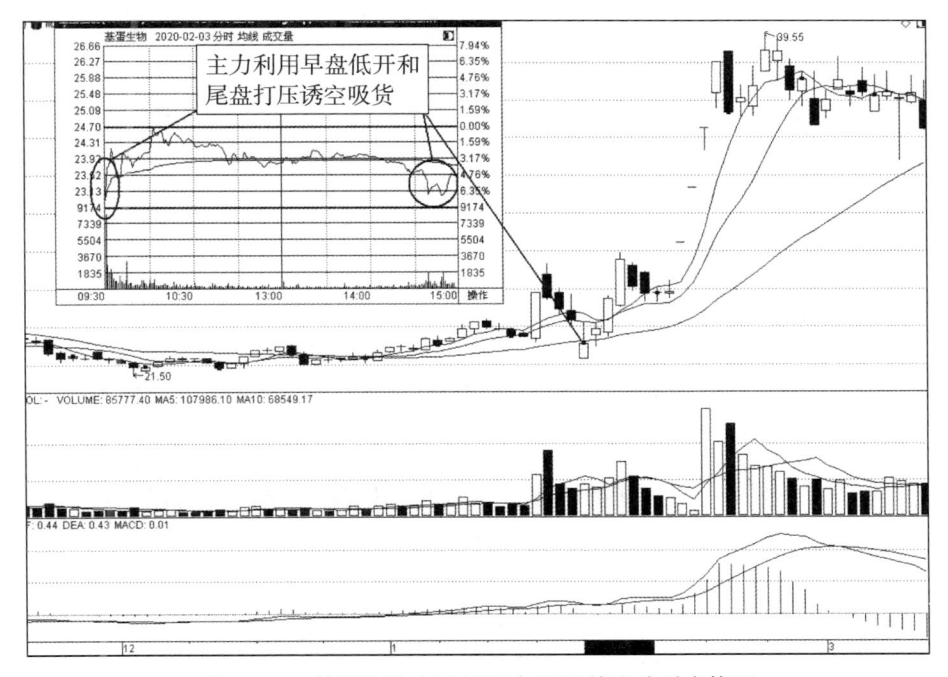

图 28-9　基蛋生物（603387）日 K 线和分时走势图

在上涨过程中，主力为了清理浮动筹码，也经常采用打压手法洗盘。这种情况不要急于参与，因为主力打压洗盘，第二个交易日往往还会有低点出现。重要买点可以选择在关键支撑位附近。

如图 28-10 所示，起步股份（603557）的走势图。该股成功见底后，股价渐渐振荡走高，均线系统呈现多头排列。2020 年 7 月 24 日，出现整理走势，午后股价重心下行，尾盘主力再次压低，K 线上收出一根光脚大阴线。短线散户见此情形选择离场，次日股价高开强势拉涨停。

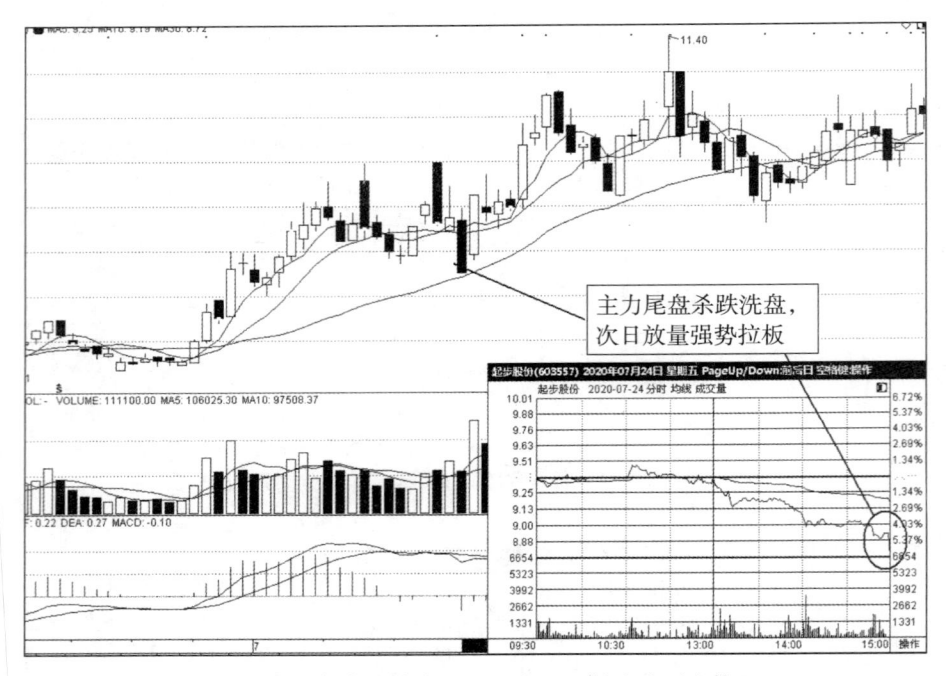

图 28-10　起步股份（603557）日 K 线和分时走势图

六、特别提示

1. 应对方法

盘尾拉升在实盘中经常遇到，研究其意义及应对办法，可以更好地把握买卖时机，提高收益率，减少损失。

（1）大盘的不同状态。在大盘弱势时，个股盘尾拉升基本可以肯定为吸筹打压，或者拉高股价寻找出货机会，次日下跌的概率极大。应对的办法是及时逢高卖出，越拉越卖，千万不要犹豫，不要错过减仓的好机会。

在大盘强势时，低位尾盘拉升有进一步走强之势，短期继续看好，高位谨防最后的疯狂；在趋势中期尾盘打压，大多属于洗盘性质，后市仍有走强的动力。

（2）个股的不同位置。在个股低位出现尾盘急拉现象，一般说明主力掌握的筹码不足，拉高是为了吸筹，以备打压股价之用。次日甚至此后数日，下跌概率极大，应对的办法是逢高卖出，以后加强观察。

在个股中位出现尾市急拉现象，一般说明属于拉升中继。如果全天股价均在高处，则次日上涨的概率较大；如果全天股价处于盘整状态，尾市急拉说明洗盘即将开始，尾盘拉升是为了加大洗盘空间，但同时又不愿深跌，以免廉价筹码被散户抢去。应对的办法是既可以出局，也可以观察待变。

在个股高位出现尾市急拉现象，一般是为了加大出货空间，逢高及时卖出是明智的选择。

主力控盘的股票尾市拉升，一般可以不理会、不参与，因为主力可以随意定义股价，既然可以拉升，也完全可以打压。

（3）流通盘不一的个股。在大盘股的炒作中，尾盘拉升出现的概率一般要大于小盘股，因为在大盘股的炒作中，主力必须努力解决不控盘的问题。近年来，高控盘的炒作模式已被市场根本否定。庄股的大跳水，给新的市场主力敲响了警钟。在当前行情中，发现一种新的操作手法：不控盘操作正在被市场广泛应用。如何做到既不控盘又能推高股价？一是充分利用大盘的气势和板块效应；二是多次使用尾盘拉升的手法。因为尾盘的时间短，抛压小，拉升时成交量不大，主力买入的筹码有限。第二天，如果大盘不是太坏的话，一般股价都能在高位撑住。出现盘尾拉升走势后，并不意味着股价会下跌，相反，继续上涨的概率较大。应对的办法是只要股价不在高位，说明股价仍处于拉升中途，可继续持股。

2. 注意事项

尾盘拉升在实盘中经常见到，有些可以参与，有些就是陷阱。为了更好地把握买卖时机，提高买进的成功率，减少失误率，投资者在参与时需要注意以下事项。

（1）当天大盘的强弱。如果当天大盘在尾盘出现急速拉升，而且市场中出现价量齐升的板块，投资者可以顺势参与尾盘急速拉升的股票，但要注意控制好仓位，设置好止损位。一旦次日走势偏弱，跌破买进价，就应考虑止损出局。如果当天大盘走势偏弱，分时图上出现振荡下行的走势，个股在尾盘出现急速拉升，投资者可以借此良机逢高卖出。

（2）股价与均价线之间的位置。如果股价在均价线上方运行，说明当天的分时走势比较强劲。当股价经过盘整之后，突然摆脱盘整区域快速上涨，呈现跳跃式上升，且上升速度很快，上升角度很陡，投资者可以顺势追进。反之，则说明当天的分时走势偏弱。当股价经过一波又一波的振荡下行以后远离均价线，突然出现急速的尾盘拉升，对于此种上涨，投资者应该谨慎对待，不参与追涨，可以适当逢高减仓。

个股开盘之后长时间围绕均线上下振荡，而且振荡幅度非常小，往往上下2%左右。

一般振荡时间越长，启动拉出涨停的概率越大。个股启动的时候分时线和均线一起启动，下方成交量迅速放大，可以果断买入。

（3）成交密度和大单成交。成交密度就是股价在成交连续性上的紧密程度，是指股价在1分钟的单位时间里的成交间隔度。成交密度越大，说明参与者越多；参与者越多，则人气越旺，成交越活跃；成交越活跃，则尾盘拉涨停的概率就越大。在尾盘拉升过程中，如果出现连续的大单挂单或者断续的大单挂单，表明主力开始参与其中。反之，投资者就不必追高参与。

（4）当找到个股的时候，如果成交量异常放大，这样的个股不追涨买入。在正常情况下，如果行情还没有结束，量能放大到前量的数倍以上，一旦量能衰竭，第二天低开的机会较大，或高开之后迅速跳水。